中国品牌建设报告

2022

国家发展改革委产业发展司 | 编

·北京·

图书在版编目（CIP）数据

中国品牌建设报告. 2022／国家发展改革委产业发展司编. — 北京：中国市场出版社有限公司，2022.12

ISBN 978－7－5092－2281－2

Ⅰ.①中… Ⅱ.①国… Ⅲ.①品牌－企业管理－研究报告－中国－2022 Ⅳ.①F273.2

中国版本图书馆 CIP 数据核字（2022）第 204307 号

中国品牌建设报告（2022）

ZHONGGUO PINPAI JIANSHE BAOGAO（2022）

编　　者：国家发展改革委产业发展司
责任编辑：宋　涛　刘佳禾

出版发行：中国市场出版社
社　　址：北京市西城区月坛北小街 2 号院 3 号楼（100837）
电　　话：（010）68034118/68021338
网　　址：http：//www.scpress.cn

印　　刷：河北鑫兆源印刷有限公司
规　　格：170mm×240mm　16 开本
印　　张：27.75　**字　　数：**420 千字
版　　次：2022 年 12 月第 1 版　**印　　次：**2022 年 12 月第 1 次印刷
书　　号：ISBN 978－7－5092－2281－2
定　　价：78.00 元

《中国品牌建设报告（2022）》

编 委 会

编 写 组

前言

PREFACE

品牌彰显着质量、文化、个性和价值，是企业核心竞争力的重要组成部分，是行业、区域乃至国家总体实力的综合体现。品牌建设是建设现代化经济体系、构建新发展格局的重要举措，是实现我国由经济大国向质量强国转变的有效途径，是满足人民日益增长的美好生活需要的必然要求。2014 年 5 月 10 日，习近平总书记在河南省考察中铁工程装备集团有限公司时指出，“推动中国制造向中国创造转变、中国速度向中国质量转变、中国产品向中国品牌转变”。“三个转变”的重要论述，为我国品牌建设工作提供了根本遵循。2016 年 6 月，国务院办公厅印发《关于发挥品牌引领作用推动供需结构升级的意见》（国办发〔2016〕44 号），对品牌建设工作做出重要部署。2017 年 4 月 24 日，国务院同意将每年 5 月 10 日设立为“中国品牌日”，以“中国品牌 · 世界共享”为永久主题，持续深入开展年度系列活动。《中华人民共和国国民经济和社会发展第十四个五年规划和 2035 年远景目标纲要》提出“开展中国品牌创建行动，保护发展中华老字号，提升自主品牌影响力和竞争力”。2021 年 9 月，党中央、国务院印发《知识产权强国建设纲要（2021—2035 年）》，将品牌竞争力大幅提升列入发展目标。

近年来，各地区各部门以习近平总书记关于品牌建设工作的重要指示批示精神为根本遵循，深入落实党中央、国务院决策部署，扎实推进品牌的培育、创建、提升、推广，品牌建设工作取得积极进展。一是品牌建设法律法规和政策体系持续完善，一批具有较强针对性的政策措施落地见效。二是质量提升行动深入开展，高端品质认证和标准化建设工作不断深化，品牌发展的质量基础更加殷实。三是一批优质企业、品牌从激烈的国内外市场竞争中脱颖而出，“中国品牌”的竞争力和国际影响力显著增强。四是不同行业领域和区域品牌建设成效显著，农业品牌化水平明显提高，工业品牌建设开创新局面，服务业品牌质量和价值稳步提升，一批融合地方特色优势、具有市场竞争力的区域品牌成长壮大。

国家发展改革委联合中共中央宣传部、工业和信息化部、农业农村部、商务部、国务院国资委、国家市场监督管理总局、国家知识产权局、上海市人民政府组织各有关方面，持续开展中国品牌日系列活动，品牌建设社会氛围日渐浓厚，形成了企业主动创建、政府有效引导、社会积极参与的良好局面。中国品牌日系列活动已成为凝聚品牌发展社会共识、促进品牌建设、加强品牌交流的国家级盛会，也是全世界了解熟悉中国品牌、认可共享中国品牌的重要窗口。

当前，世界正经历百年未有之大变局，时代之变和世纪疫情相互叠加，以国内大循环为主体、国内国际双循环相互促进的新发展格局加快构建，内外部环境的新形势、新变化对品牌建设工作提出了新目标、新要求。同时，我国品牌发展水平与全面建设现代化国家的要求相比，与经济社会高质量发展的要求相比，与人民对高品质生活的期待相比，仍然存在不足和差距。2022 年 7 月，国家发展改革委联合工业和信息化部、农业农村部、商务部、国务院国资委、市场监管总局、国家知识产权局等部门印发《关于新时代推进品牌建设的指导意见》（发改产业〔2022〕1183 号），明确提出以习近平新时代中国特色社会主义思想为指导，深入贯彻习近平总书记关于品牌建设的重要指示精神，立足新发展阶段，完整、准确、全面贯彻新发展理念，构建新发展格局，坚持质量第一、创新引领，开展中国品牌创建行动，进一步引导企业加强品牌建设，进一步拓展重点领域品牌，持续扩大品牌消费，营造品牌发展良好环境，促进质量变革和质量提升，推动中国制造向中国创造转变、中国速度向中国质量转变、中国产品向中国品牌转变，久久为功促进品牌建设高质量可持续发展。

为深入贯彻习近平总书记关于品牌建设的重要指示批示精神，落实党中央、国务院关于品牌建设工作的决策部署，全面展示部门、地区、行业近年来推进品牌建设工作的进展与成效，国家发展改革委产业发展司牵头组织编写了《中国品牌建设报告（2022）》，对近年来我国品牌建设工作进行系统总结，既有全国面上情况的梳理分析和取得的成绩，也有地方做法和典型行业的经验提炼，既有品牌发展面临的任务要求，也有下一步工作的部署考虑，全方位、多角度呈现了我国品牌建设全貌。国家发展改革委产业经济与技术经济研究所负责具体编写工作。中共中央宣传部、工业和信息化部、农业农村部、商务部、国务院国资委、国家市场监督管理总局、国家知识产权局等部门，各省、自治区、直辖市及计划单列市、新疆生产建设兵团发展改革委，中国纺织工业联合会、中国钢铁工业协会、中国机械工业联合会、中国石油和化学工业联合会、中国食品工业协会、中国家用电器协会、中国施工企业管理协会、中国质量协会等行业协会为报告的编写给予了大力支持，在此一并致以衷心感谢。希望《中国品牌建设报告（2022）》的出版，能够促进社会各界更深入地了解、关心、支持品牌建设工作，形成合力，共同为我国品牌建设工作作出应有贡献。

编　者

2022 年 11 月

目录

CONTENTS

总报告

ZONG BAOGAO

部门篇

BUMEN PIAN

地方篇
DIFANG PIAN

行业篇

HANGYE PIAN

总报告

ZONG
BAOGAO

建设质量强国 畅享中国品牌

国家发展改革委

品牌建设是质量强国建设的重要组成部分，是建设现代化经济体系、构建新发展格局的重要举措，是高水平对外开放的有效途径，是满足人民日益增长的美好生活需要的必然要求。近年来，我国品牌建设工作取得显著成绩，全社会品牌意识持续增强，产品和服务质量不断提升，涌现了一批在全球具有较高市场占有率的本土企业和品牌，品牌价值持续提升，品牌国际话语权和影响力进一步提高，为推动高质量发展、创造高品质生活提供了有力支撑。

一、我国品牌建设已形成良好局面

党的十八大以来，党中央、国务院持续加强对品牌建设工作的顶层设计，各地区各部门以习近平总书记关于品牌建设工作的重要指示批示精神为根本遵循，深入贯彻落实党中央、国务院决策部署，扎实推进品牌的培育、创建、提升、推广，积极营造品牌建设社会氛围，形成了企业主动创建、政府有效引导、社会积极参与的良好局面。

（一）党中央、国务院高度重视品牌建设工作

品牌彰显着质量、文化、个性和价值，是企业核心竞争力的重要组成

部分，是行业、区域乃至国家综合实力的体现。习近平总书记高度重视品牌建设工作，对品牌发展和品牌建设工作多次做出重要指示批示。2014 年 5 月 10 日，习近平总书记在河南省考察中铁工程装备集团有限公司时指出，“推动中国制造向中国创造转变、中国速度向中国质量转变、中国产品向中国品牌转变”。2015 年 7 月 16 日，习近平总书记在吉林考察调研时指出，“粮食也要打出品牌，这样价格好、效益好”。2019 年 5 月 21 日，习近平总书记在推动中部地区崛起工作座谈会上明确要求，“推动优质产能和装备走向世界大舞台、国际大市场，把品牌和技术打出去”。2020 年 7 月 23 日，习近平总书记在吉林考察时强调，“推动我国汽车制造业高质量发展，必须加强关键核心技术和关键零部件的自主研发，实现技术自立自强，做强做大民族品牌”。2021 年 3 月 5 日，习近平总书记在参加全国两会内蒙古代表团审议时强调，“要发展优势特色产业，发展适度规模经营，促进农牧业产业化、品牌化”。2021 年 4 月 26 日，习近平总书记在广西考察时指出，“要把住质量安全关，推进标准化、品牌化。”习近平总书记关于品牌建设的重要指示批示精神，为品牌发展和品牌建设工作指明了方向，提供了根本遵循。

国务院出台政策措施，对品牌建设做出重大决策部署，积极推动品牌建设工作和品牌发展。李克强总理在 2017 年政府工作报告中提出，“引导企业增品种、提品质、创品牌”“培育众多‘中国工匠’，打造更多享誉世界的‘中国品牌’”。2018 年以来，李克强总理连续四次对“中国品牌日”活动做出重要批示。2016 年 6 月，国务院办公厅印发《关于发挥品牌引领作用推动供需结构升级的意见》（国办发〔2016〕44 号），提出更好发挥品牌引领作用，加快推动供给结构优化升级，适应引领需求结构优化升级，为经济发展提供持续动力。

（二）品牌建设法律法规和政策体系不断完善

品牌建设是一项系统性工程，需要有法可依。随着《中华人民共和国商标法》《中华人民共和国产品质量法》《中华人民共和国消费者权益保护法》《中华人民共和国民法典》等法律法规的颁布修订实施，我国品牌建设法律法规体系不断完善。品牌建设更是一项长期性工作，需要各领域各部门协同发力、久久为功。“十二五”规划《纲要》提出，推动自主品牌建设，提升品牌价值和效应，加快发展拥有国际知名品牌和核心竞争力的大型企业，品牌建设工作首次纳入国民经济和社会发展五年规划。“十三五”规划《纲要》提出，实施质量强国战略，开展质量品牌提升行动，加强商标品牌法律保护，打造一批有竞争力的知名品牌。“十四五”规划《纲要》提出，深入实施质量提升行动，推动制造业产品“增品种、提品质、创品牌”；开展中国品牌创建行动，保护发展中华老字号，提升自主品牌影响力和竞争力，率先在化妆品、服装、家纺、电子产品等消费品领域培育一批高端品牌；实施文化品牌战略，打造一批有影响力、代表性的文化品牌。

各部门围绕品牌建设工作，制定实施了一批具有较强针对性的政策措施，品牌建设政策体系加快完善。国家发展改革委联合工业和信息化部、农业农村部、商务部、国务院国资委、市场监管总局、国家知识产权局等部门印发《关于新时代推进品牌建设的指导意见》（发改产业〔2022〕1183号），立足新发展阶段、贯彻新发展理念、构建新发展格局，提出未来一个时期我国推进品牌建设的总体思路、发展目标、重点任务和保障措施，为新时代品牌建设指明了方向；印发实施《关于推动生活性服务业补短板上水平提高人民生活品质的若干意见》，提出加强服务标准品牌质量建设，创建生活性服务业品牌。农业农村部印发实施《关于加快推进品牌强农的意见》（农市发〔2018〕3号）等政策文件，推动开展品牌目录制度建设，连续发布《中国农业品牌发展报告》。工业和信息化部联合相关部门出台《促进装备制造业质量品牌提升专项行动指南》（工信部联科〔2016〕268号）等政策文件，从2016年起每年组织开展消费品工业“三品”专项行动方案。国务院国资委制定印发《关于加强中央企业质量品牌工作的指导意见》（国资发综合〔2017〕191号）等政策文件，组织开展中央企业品牌建设对标，引导企业做好全面品牌管理，系统提升品牌建设工作水平。商务部等八部门印发《关于促进老字号创新发展的意见》（商流通发〔2022〕11号），围绕加大保护力度、健全传承体系、激发创新活力、培育发展动能四个方面提出系列政策举措，大力推动老字号健康发展。市场监管总局等八部门印发《关于实施企业标准“领跑者”制度的意见》（国市监标准〔2018〕84号），强化标准引领作用，促进全面质量提升，推动打造质量品牌。国家知识产权局印发《关于进一步加强商标品牌指导站建设的通知》（国知发运字〔2021〕24号），指导地方积极推进商标品牌指导站建设，面向企业、产业和基层加强商标品牌建设的指导和服务，大力提升商标品牌的市场价值和社会效益。

（三）品牌建设质量支撑基础更加坚实

1. 推动品牌标准化建设

“十三五”期间，累计发布实施品牌评价相关国家标准25项。截至2021年底，我国品牌领域国家标准达到40项。推动相关协会、企业加大品牌评价标准实施力度，指导开展公益性品牌价值评价活动，覆盖制造业、农业、服务业等行业。积极推动品牌国际标准化工作，成功推动成立国际标准化组织品牌评价技术委员会（ISO/TC 289），牵头制定品牌评价国际标准，2019年3月我国提出并主导制定的《品牌评价 基础和原则》（ISO 20671）国际标准正式发布，品牌建设国际影响力显著提升。

2. 打造品牌质量竞争优势

聚焦消费品、原材料、服务业等九大领域开展质量提升专项行动，截至2021年共推动全国2.7万家企业参与“百城千业万企对标达标提升专项行动”，引导企业大力实施质量比对、质量攻关、质量改进活动，促进企业质量品牌成长壮大。引导产业园区、产业集聚区等开展质量品牌示范区创建，建立品牌培育长效机制，推动产业提质增效，培育了质量品牌竞争优势。持续开展中国质量奖评选表彰活动，打造了一批具有竞争力和国际影响力的“国家质量名片”。

3. 利用认证手段培育品牌

推进内外贸产品“同线同标同质”工作，打造内外贸产品“三同”品牌。截至2021年底，全国已有“三同”产品近1万种、企业约3000家。

大力推进绿色产品认证、有机产品认证，增加高端产品供给，截至2021年底，实施绿色产品认证范围覆盖近90种产品，有机产品年销售额突破800亿元。各地以认证助力品牌建设，不断推动地方特色产业转型升级，打造了浙江“品字标”“上海品牌”“江苏精品”和深圳“圳品”等一批知名度、美誉度高的区域品牌。

（四）品牌竞争力和国际影响力显著增强

企业是品牌建设的主要载体。近年来，我国企业品牌竞争力和国际影响力加快提升，品牌价值不断拓展，一批优质企业、品牌从激烈的国内外市场竞争中脱颖而出。

中央企业等大型骨干企业积极推动品牌建设，制定品牌发展战略，品牌管理水平不断提高，对全行业品牌发展引领带动效应显著增强。中国核工业集团有限公司和中国广核集团有限公司不断推进技术创新和品牌建设，创建了三代核电技术“华龙一号”国家名片，打造了享誉全球的核工业知名品牌；中国三峡集团不断以绿色发展行动提升品牌价值，铸就了三峡工程、白鹤滩等代表“中国建造”的大国重器，在全球40多个国家和地区保障了当地民生、改善了能源结构，在全球范围内树立了“赋能绿色生活、共建美好家园”的品牌形象；中国建筑集团有限公司始终秉持“民心相通”理念，在海外130多个国家和地区建设7000多个项目，融入当地社区，尊重属地文化，推动交流合作，为塑造良好国家形象作出了积极贡献；中国铁路工程集团有限公司全面发力品牌建设，强化品牌优势，突破了高温超导高速磁悬浮、桥梁隧道、高铁建造、装备制造等一批前瞻性和关键性技术，盾构机产销量连续四年世界第一，以发起成立丝路国际联盟为基础，全力推动中老铁路、雅万高铁等“一带一路”重点项目，诠释并践行了“永远的开路先锋”品牌理念；中国交通建设集团有限公司积极构建品牌管理格局，强化品牌价值维护，深化品牌内涵建设，打造了港珠澳大桥、洋山港、京新高速公路、肯尼亚蒙内铁路、斯里兰卡科伦坡港口城等国内外知名品牌工程，擦亮了“中国桥”“中国港”“中国路”等中国名片。

民营企业通过培育品牌加快提升产品、服务的市场竞争力和国际影响力，形成多层次、多领域、特色鲜明、丰富多彩的品牌发展格局。在家用电器行业，海尔、美的、格力、海信、TCL等企业不断加大技术研发投入，加快产品迭代创新，广泛应用精益生产等质量管理方法，围绕用户需求提高产品服务质量与品牌竞争力，积极布局全球市场，成为全球家电产业创新发展的主力军、海内外消费者值得信赖的消费选择；在大容量冰箱、大容量洗衣机、热水器、空气净化器、净水器、美容美发等领域，一批中国品牌快速崛起，逐渐占据国内市场主导地位。在食品行业，涌现出多个具有较高国际知名度的品牌、众多全国性知名品牌、大量细分门类标志性产品品牌和区域产品品牌，娃哈哈、农夫山泉、双汇等品牌成为中国食品品牌格局的重要组成部分。在服装行业，安踏、李宁、鸿星尔克等自主品牌在产品中广泛融入中国传统文化元素，创新服装设计，提升消费体验，国货品牌受到新一代年轻消费者广泛关注，国潮兴起成为标志性社会现象。

（五）行业和区域品牌建设取得积极成效

1. 农业品牌化水平显著提高

各地大力推进质量兴农、绿色兴农，扎实开展农业生产“三品一标”建设，以优势企业和行业协会为依托，立足特色农业资源、产业基础和优秀农耕文化，深入实施地理标志农产品保护工程，打造出一大批有影响力的农产品区域公用品牌。各地围绕特色产业，积极构建农业品牌发展体系，建立农业品牌目录制度。天津市将“津农精品”目录建设纳入天津市“三农”大数据管理平台，建立品牌准入与退出机制。甘肃省发布《“甘味”农产品品牌目录》，涵盖全省“牛羊菜果薯药”六大特色产业及地方主要特色农产品。新疆维吾尔自治区编制《新疆农产品生产供应企业名录》，收纳了新疆农牧林渔业各产业具有代表性的约200个区域公用品牌和企业品牌。广东省推行“12221”农产品市场体系，举办“喊全球吃荔枝”等系列营销活动，有效促进荔枝、菠萝、贡柑等岭南鲜果出海全球。河南省实施农业走出去战略，集中打造豫农优品和双汇、三全、思念等一批知名企业品牌，出口市场遍及137个国家和地区。四川省在省内高速服务区建成品牌农产品展示展销专柜，组织农产品入驻各类客运场站，搭乘中欧班列走出国门。海南省依托中国（海南）国际热带农产品冬季交易会，开展“海南十大农产品地理标志”和“海南十大最受欢迎绿色食品”评选等活动，提高海南品牌农产品知名度。西藏自治区立足区位优势和资源禀赋，积极打造特色农牧产品品牌，培育形成“金紫绒”“雪绒王”等国内知名羊绒品牌。青海省成立牦牛产业联盟、三文鱼产业发展联盟、优质农产品联盟、青稞产业联盟和油菜产业联盟等，全力打造“青字号”农牧业特色品牌。新疆生产建设兵团组织实施特色农产品数据采集，完成 14 个师市名优特产品、地理标志产品农产品资源采集，为农产品品牌创建打下坚实基础。

2. 工业品牌建设开创新局面

深入开展工业产品质量提升行动，着力破解关键共性技术瓶颈和质量共性问题，推动工业企业重点产品质量分级评价，推进品牌培育管理体系行业标准贯标，推出更多设计精美、制作精良、品质精益的优质产品，打响一批拥有自主知识产权、美誉度好、市场占有率高的品牌产品，持续提升工业品牌形象和影响力。加强品牌标准宣贯，指导企业建立完善品牌培育管理体系，企业经营质量和效益得到明显改善，品牌竞争力和附加价值显著提升。持续开展年度工业质量品牌建设工作，截至 2021 年，20 余个省、区、市和机械、轻工、纺织等十余个全国性工业行业协会建立了本地区、本行业的质量标杆、工业企业品牌培育、产业集群区域品牌建设等常态化工作机制，安徽省实施制定《“安徽工业精品”提升行动计划》，在制造业领域打造一批名品、名企、名家、名牌、名园，培育一批“品质卓越、技术领先、性能优良、用户赞誉、效益良好”的安徽工业精品；山东省通过构建品牌体系、打造标准体系、完善技术创新体系、夯实质量基础设施建设体系、创新质量评价体系、深化信用体系、搭建运营推广体系等“七大体系”，全力打造“好品山东”品牌形象；湖南省大力建设产业集群区域品牌，培育形成醴陵陶瓷产业、石峰轨道交通产业、浏阳花炮产业、长沙湘绣产业、岳阳电磁装备产业等一批具有地方特色和核心竞争力的工业品牌。

3. **服务业品牌质量和价值稳步提升**

近年来，我国服务业得到长足发展，对产业结构升级、居民生活品质提升和扩大就业发挥了重要作用。通过征集优质服务先进案例、召开先进企业经验交流会等多种形式，借助品牌日、质量奖、质量月等契机和载体，引导各地多形式、多渠道加强优质服务品牌推介。以研发设计、金融、现代物流、商贸、科技和信息服务等生产性服务业和养老、育幼、文化、旅游、体育、家政等生活性服务业为重点，培育形成一批服务质量高、口碑良好、知名度高的大型跨国企业，塑造一批特色化、专业化服务品牌，服务业标准化、品牌化发展的基础性战略性地位显著提升。深入实施“中华老字号保护发展工程”，设立老字号名录共享机制和老字号知识产权重大侵权案件快速维权通道，截至 2021 年，95 项中华老字号传统技艺被纳入国家级非遗名录。“中华老字号故宫过大年”文化交流活动隆重举办，老字号品牌依托中国品牌日活动得到广泛宣传推介，“老字号数字博物馆”项目和“非遗购物节”等活动加快开展，一批文化特色浓、品牌信誉高、有市场竞争力的中华老字号得到消费者充分认可。

4. **区域品牌建设成果丰硕**

以区域稀缺性自然资源、特色人文资源为依托、以优势产业为基础，建设区域公用品牌，推动形成区域性产业集群，促进区域相互合作、协调发展。启动建立农产品区域公用品牌建设标准，制定《农产品区域公用品牌建设指南》，引领带动全国区域公用品牌健康有序发展。将品牌建设作为乡村振兴的重要内容，充分利用农业展会、产销对接等平台，支持广大乡村开展农产品市场营销，恩施玉露、利川红、南疆大枣、藏区牦牛、临夏牛羊肉、怒江松茸、凉山苦荞等一批品牌农产品受到各界高度关注，农业品牌认知度和影响力不断提升。深入推进产业集群区域品牌建设，打造特色鲜明、竞争力强、市场信誉好的区域工业品牌，引领产业集群高质量发展。总结提炼了古镇灯饰、温岭机床工具、随州专用汽车、清溪光电、四平换热器、深圳内衣等一批区域品牌建设经验，形成区域品牌与企业品牌互动发展的格局。各地依托特色资源优势，大力培育文化、旅游、餐饮等特色服务品牌，如北京市打造“北京文化消费品牌周”活动，围绕“设计北京”“影视北京”“艺术北京”“书香北京”“云游北京”五大主题，推出“艺术京城·大戏看北京”“影视京城·一起看电影”等品牌活动，推动文化消费市场提质升级；吉林省面向国内外市场持续打造“温暖相约·冬季到吉林来玩雪”“清爽吉林·22℃的夏天”两大特色文旅品牌，组织开展“雪博会”等文旅活动；重庆市加快建设国际美食名城，打造国际美食载体，提升“重庆火锅”“渝菜”“重庆小面”等品牌的国际影响力，推动餐饮业繁荣发展；福建省持续打响文化旅游品牌，“清新福建”成为全国唯一实现“商标全要素组合在45个全类别”注册成功的省级旅游品牌；贵州省打造红色文化旅游带、千里乌江滨河度假旅游带和民族文化旅游带等，持续提升“山地公园省·多彩贵州风”旅游品牌影响力。

（六）中国品牌日平台影响力不断提升

《国务院办公厅关于发挥品牌引领作用推动供需结构升级的意见》（国办发〔2016〕44号）明确：设立“中国品牌日”，大力宣传知名自主品牌，讲好中国品牌故事，提高自主品牌影响力和认知度。2017年4月24日，国务院同意将每年5月10日设立为“中国品牌日”，并由国家发展改革委商有关部门组织实施。五年来，国家发展改革委联合中共中央宣传部、工业和信息化部、农业农村部、商务部、国务院国资委、国家市场监督管理总局、国家知识产权局、上海市人民政府，以“中国品牌·世界共享”为永久主题，持续深入开展年度系列活动，品牌建设社会氛围日渐浓厚，形成了企业主动创建、政府有效引导、社会积极参与的良好局面。中国品牌日系列活动已成为凝聚品牌发展社会共识、促进品牌建设、加强品牌交流的国家级盛会，也是全世界了解熟悉中国品牌、认可共享中国品牌的重要窗口。

1. **高标准、高水平举办中国品牌博览会和中国品牌发展国际论坛**

2018年5月10日，首届中国品牌博览会和中国品牌发展国际论坛在上海隆重开幕，博览会吸引了732家品牌企业和18家品牌服务机构参展，共有6.4万观众、52个团组通过组团的方式参观。2019年中国品牌日活动以“加快品牌建设，引领高质量发展；聚焦国货精品，感受品牌魅力”为年度主题，举办中国品牌发展国际论坛主论坛和7场分论坛，1000多名中外嘉宾进行交流研讨。围绕轻工、纺织、汽车、电子信息等四大消费品领域，设置13个中国品牌消费品体验区，现场吸引近6万名观众参与互动体验。2020年，中国品牌日活动以“全面小康，品质生活；全球战‘疫’，品牌力量”为年度主题，为克服新冠肺炎疫情的不利影响，首次创新性举办了线上中国品牌发展国际论坛主论坛和云上博览会，各地论坛分会场参加开幕式和主论坛的人数达1800余人，超过226万网民当日通过各大合作媒体观看直播云上论坛，云上博览会设置了序厅和37个地方展厅，1300余家品牌企业入驻线上展馆。2021年，中国品牌日活动以“聚力双循环，引领新消费”为年度主题，举办中国品牌发展国际论坛主论坛和8场分论坛，1500余位各界人士现场参会；中国品牌博览会线下线上同步开展，37个地区和19个央企均搭建了线下线上展厅，1500余家品牌企业线上参展、600余家企业线下参展；活动期间，“中国品牌 世界共享”“新国货正当潮”等话题累计阅读量超17.36亿次，“支持中国制造 唱响中国风”等热议话题得到网民高度关注和高频转发，在全社会产生强烈反响。

2. 各地精心组织开展中国品牌日活动等品牌宣传推介活动

广泛组织地方优质品牌企业参加每年的中国品牌日活动，全方位展示优势品牌和区域特色品牌。2021年中国品牌日活动期间，湖北省在上海举办“恩施硒品牌推介活动”，同时利用云上湖北馆开展直播带货活动14场次；陕西省以“致臻三秦”为主题，设置了开放陕西、智造陕西、创新陕西、健康陕西等云上展馆，以图文、视频、3DMAX、VR等新技术展示陕西企业发展新风貌；山西省设立“汾彩晋韵”线上、线下展馆，设置创新山西、智造山西、服务山西、特色山西、大美山西五大板块，遴选39家省内知名品牌企业和创新型品牌企业集中亮相；云南省依托中国品牌日活动将云南品牌推向全国，参展云南企业展示的云花、云药、云茶、云果、云咖啡等品牌产品以及刺绣等民族工艺品深受消费者喜爱；内蒙古自治区开展“爱上内蒙古”主题品牌宣传活动，通过线上线下展馆和原创融媒体作品，大力推介天赋河套、兴安盟大米、乌兰察布马铃薯、锡林郭勒羊、源味武川等区域公用品牌，受到广泛关注和好评；黑龙江省以“品味龙江”为参展主题，在上海设置龙江好米、黄金奶仓、健康五谷、肉中贵族、绿野仙饮等系列板块，同步开展线下直播活动，直播浏览量超百万人次。

3. 行业协会积极组织开展品牌日推广活动

2019 年，中国纺织工业联合会围绕纺织服装行业分论坛、纺织服装行业自主品牌消费品体验区等举办中国品牌日纺织行业专场活动，邀请优势品牌进行主题分享，展现纺织行业品牌发展新面貌；中国石油和化学工业联合会联合机械、钢铁、轻工等八个全国性行业协会，向全国工业界发出了“加快培育壮大工业品牌倡议”，推动企业品牌培育能力和品牌竞争力同步提升；中国家用电器协会组织多家知名家电自主品牌参加中国品牌日活动，以“创新智慧家居 便捷百姓生活”为主题开展家电行业自主品牌现场体验活动。2020 年，中国食品工业协会组织开展“抗击疫情·点赞中国食品品牌”公益活动，大力宣传自主食品品牌和食品企业为抗击疫情、保障民生作出的突出贡献。2021 年，中国质量协会承办中国品牌发展国际论坛中国企业品牌建设分论坛，积极开展中央企业一把手谈品牌、品牌典型案例、优秀品牌故事征集等活动，印发中央企业品牌建设案例和品牌故事汇编，合力推动品牌发展；中国钢铁工业协会结合中国品牌日活动，通过《中国冶金报》《世界金属导报》等行业主流媒体及钢协官网等平台，大力开展品牌宣传和舆论引导，推广先进企业经验和优秀质量管理成果。

二、新时代品牌建设面临新要求

当前和今后一个时期，我国发展仍处于重要战略机遇期，但机遇和挑战都有新的发展变化，品牌建设也面临新机遇新挑战。必须统筹中华民族伟大复兴战略全局和世界百年未有之大变局，深刻认识我国社会主要矛盾变化带来的新特征新要求，深刻认识错综复杂的国际环境带来的新矛盾新挑战，完整、准确、全面贯彻新发展理念，推动新时代品牌建设工作行稳致远。

（一）坚持创新发展

好品牌来自好产品，好产品离不开持续创新，创新是品牌建设的关键举措。拥有自主创新能力是品牌可持续发展的动力之源，决定着企业品牌的未来走向。近年来，我国企业创新主体地位不断巩固，产品创新、品牌创新、产业组织创新、商业模式创新不断涌现，但企业技术创新能力不强，基础技术、基础工艺能力不足等问题仍未能有效解决，关键核心技术创新能力同国际先进水平相比还有较大差距。

新一轮科技革命推动生产方式、社会结构和生活方式发生深刻变化，催生新产品、新模式和新业态；物联网、大数据、云计算、5G、人工智能等新技术正给整个社会带来巨大变革，成为带动经济高质量发展的重要引擎；网络信息技术与企业的结合也在不断深入，互联网正在贯通于企业的研发、生产、流通、消费以及服务等全产业链，并带来行业新模式、新业态的不断涌现；适应多元化、个性化、差异化、品质化消费需求，大量企业推动生产模式和产业组织方式创新，走向智能化。新形势新要求决定了中国品牌必须转变发展方式，坚持把科技创新作为推进品牌建设的重要支撑，以科技赋能品牌建设，以创新驱动品牌发展和品牌建设。

（二）坚持协调发展

推动城乡协调发展，迫切需要补齐农业农村短板弱项。进入新发展阶段，我国“三农”工作重心转向全面推进乡村振兴，农业品牌建设贯穿农业供给侧结构性改革全过程，乡村振兴战略为农业品牌发展提供了全新的机遇。

当前，我国农业品牌总体上仍处于普通品牌多、知名品牌少，区域品牌多、国际品牌少的状态，农业品牌建设一定程度上存在“重创建、轻保护”“重营销、轻管理”的现象。从国内消费看，农业品牌引领带动消费作用尚未充分发挥，还未能完全体现优质优价。从国际市场看，我国粮食、蔬菜、水果、肉类、水产品产量均位居世界第一，但很多优质特色农产品在国际市场上知名度不高，还未能有效发挥带动区域经济、农民增收和乡村振兴的引擎作用。按照农业生产“三品一标”建设要求，农业品牌建设将围绕全面推进乡村振兴战略实施，拓展全产业链增值空间，发挥品牌在壮大乡村产业、发展富民产业，推进农业农村绿色发展等方面的作用，为推动全面推进乡村振兴，加快农业农村现代化提供坚强支撑。

（三）坚持绿色发展

我国加快经济发展全面绿色转型步伐，提出力争 2030 年前实现碳达峰、2060 年前实现碳中和的战略目标，将碳达峰碳中和纳入生态文明建设整体布局，品牌建设工作也面临绿色转型的新要求。随着绿色品牌的影响力越来越大，绿色在品牌发展和品牌建设中所占的分量越来越重，积极推进品牌绿色发展会极大提升企业的品牌声誉和美誉度。

实现品牌绿色发展必须在满足消费需求的同时，在产业结构、产品结构、服务方式等方面全面向绿色低碳转型。这要求品牌企业要积极推行清洁生产，构建绿色制造体系，推行绿色制造理念，增强绿色精益制造能力，采用能耗低、环境友好的制造工艺与设备，提高能源回收利用效率及相关材料的综合利用水平，降低产品制造能耗水平；推动绿色设计，鼓励易拆卸设计、模块化设计和节材设计，推广绿色包装材料及绿色包装设计；构建绿色供应链，通过产业链协同创新，采用符合环保要求的绿色原材料和零部件；进行相关生产线改造，加速高温室效应物质的淘汰和替代。在此形势下，全社会对品牌的绿色责任和绿色形象会提出更高要求，这也给品牌发展和运营带来全新的机遇和挑战。

（四）坚持开放发展

品牌是企业乃至国家竞争力的综合体现，是参与全球竞争的重要资源。坚持对外开放是联动国内外两个市场的必要条件，也是企业品牌建设的重要助力。近年来，我国企业增强品牌意识、把握发展机遇，打造出一大批知名度高、美誉度强、影响力大的优秀品牌，成为国际市场上闪光的“中国名片”。

共建“一带一路”倡议的实施推进，中国产品与服务国际化进程不断加快，这对提升我国企业品牌国际影响力形成了良好的带动作用。一批区域双边及多边贸易协定已成为我国企业参与国际大循环的平台，这对国内本土品牌国际化带来了重大机遇。但在品牌国际化进程中，部分企业仍沿袭既有的管理模式，对国际品牌的运营缺乏深入分析和研究，还未能有效立足自身品牌特点制定出科学可行的措施、系统塑造品牌的国际形象。如何在国际市场获得品牌认知，在境外消费者心目中提升品牌的知名度和认可度，也是我国企业品牌国际化面临的重大挑战。

（五）坚持共享发展

我国社会主要矛盾已经转化为人民日益增长的美好生活需要和不平衡不充分的发展之间的矛盾，人民对美好生活的需要在经济生活中主要体现在对高质量产品的需求。2021 年，我国人均国内生产总值达 1.25 万美元，人口总量 14.13 亿人，城镇化率 64.7%，中等收入群体超过 4 亿人，市场规模巨大。随着居民收入水平提高和中等收入群体扩大，消费结构加快向高端化、服务化、多样化方向升级，居民对产品质量、品质、品牌的要求日益提高。但我国品牌发展还滞后于人民对美好生活向往的新期盼，在大量细分领域特别是直接面向消费者的有关领域，企业在品牌打造、品牌运营等方面还存在不足，一定程度上影响了人民日益增长的高品质美好生活需要。

构建新发展格局需要居民收入提升下的消费升级，而消费升级离不开品牌拉动所带来的优质供给。2011—2019 年我国最终消费支出对国内生产总值增长的贡献率连续 9 年超过 50.0%，平均稳定在 60.0%。统筹疫情防控和经济社会发展，2021 年最终消费支出对国内生产总值增长的贡献率达到 65.4%，消费在新发展格局中的作用进一步凸显。近年来，我国消费需求呈现智能化、健康化、品质化、个性化趋势，这必然会倒逼企业改善供给结构，全面提升产品品质和档次，满足不同人群的消费需求，这也对企业品牌发展和品牌建设提出了更高的要求。

三、推动我国品牌建设迈上新台阶

我国品牌建设工作取得了显著成绩，但品牌发展与全面建设现代化国家的要求相比仍有差距。未来一段时间，要以习近平新时代中国特色社会主义思想为指导，深入学习宣传贯彻党的二十大精神，深入贯彻习近平总书记关于品牌建设的重要指示批示精神，落实党中央、国务院的决策部署，增强品牌建设的质量技术基础，丰富品牌文化内涵，加大品牌宣传营销，推动品牌国际化，加强品牌保护，健全政策支持体系，营造良好环境，促进品牌高质量可持续发展。

（一）提升技术和质量水平，夯实品牌建设基础

全面开展产品服务质量提升行动，着力破解制约品牌建设的技术瓶颈和质量问题。深入实施制造业创新中心、智能制造、绿色制造、工业强基等重大工程，鼓励品牌企业开展产学研合作，依托骨干企业组建创新联合体、技术创新战略联盟，协同解决关键共性技术问题，促进科技创新、成果转化和推广应用。推进企业技术中心建设，提高优质企业自主创新能力，运用数字化技术改造提升传统产业，不断提高中高端消费品供给能力。建设若干国家级质量标准实验室。推进品牌培育、品牌管理、品牌评价等标准化建设，构建完善的品牌标准体系。推动标准升级迭代和国际标准转化应用，加快建立健全质量分级制度，实施中国精品培育行动。鼓励企业制定高于国际标准、国家标准水平的企业标准，推动形成一批具有引领带动作用的企业标准“领跑者”和一批具有市场竞争力的领跑者标准。推动国家现代先进测量体系建设，鼓励符合条件的地区发展检验检测认证公共服务平台。实施质量基础设施拓展伙伴计划，打造质量基础设施集成服务基地。鼓励企业推广先进质量管理模式，开展质量管理数字化升级，建立全周期全流程质量安全追溯体系，持续提高产品、工程、服务的质量水平。

（二）丰富品牌文化内涵，彰显民族品牌魅力

立足博大精深的中华文化和丰富多彩的民族文化、地域文化等资源，融入文化创意、科技创新等元素，有效提升自主品牌生命力和竞争力。鼓励以中华文化凝练中国品牌文化，坚持在品牌文化建设中传承和弘扬中华优秀传统文化，积极推动文字、符号、书法、绘画、建筑、地标、音乐、舞蹈、戏曲、武术等中华文化元素融入中国品牌，深度挖掘非物质文化遗产、中华老字号文化、节庆文化精髓，加强老工艺、老字号、老品种的保护与传承，厚实品牌文化底蕴。鼓励以地域文化提升区域品牌文化，支持将方言、饮食、建筑、民俗、民风、民歌、民谣等体现的地域文化融入区域品牌建设，加强区域文旅品牌打造以及文化 IP 资源运营，突出区域品牌产品的地域生态、自然地理、民族文化和民俗民风特质。深入挖掘历史地理、名人轶事、饮食文化等题材，创新文化元素，灵活运用传统工艺、创意设计、民事体验等方式，积极促进品牌建设与重要文化遗产、民间技艺、乡风民俗等深度融合，培育兼容现代潮流和乡土特色、民族风情的优秀品牌。

（三）加大品牌宣传营销，提升品牌知名度

积极搭建品牌宣传、展示、交流、交易平台和渠道，打造品牌立体传播矩阵。围绕“中国品牌 世界共享”永久主题，持续办好中国品牌博览会、中国品牌发展国际论坛和地方特色活动等，大力宣传知名中国品牌。扩大中国品牌日影响力，引导更多优秀企业品牌亮相中国品牌日系列活动。推进中国品牌故事“走基层、入民心”，引导国民增强中国品牌消费情感。依托中国品牌日系列活动、中国农民丰收节、全国消费促进月等重要展会节庆，引导企业开展品牌首发、展示、宣介等推广活动。鼓励企业利用移动新媒体和数字传播方式，围绕线上与线下各类品牌接触点，向消费者和公众、媒体等传播品牌文化、品牌故事，提升品牌感知质量、情感价值和社会价值。深入挖掘和宣传品牌建设先进企业，依托行业协会和公共媒体，持续寻找、征集和跟踪报道匠心产品和工匠企业。发挥各类质量奖的引导作用，宣传推广各级政府质量奖获奖企业，树立品牌质量标杆。

支持建设品牌专业化服务平台或品牌中介服务机构，提升品牌营销服务、广告服务等策划设计水平。

（四）扩大品牌全球影响力，助力中国品牌国际化

鼓励企业实施国际品牌战略，拓展国际市场，积极参与品牌建设国际规则制定。引导企业用国际化视野和经营理念不断优化内部管理，深入研究和响应当地细分需求，提供差异化产品和服务，更好地满足全球各地客户需要。支持中国品牌注册国际商标，针对不同国家和地区推出独立运作的子品牌，在海外构建研发、采购、生产、品牌营销、售后服务一体化体系。鼓励有实力的中国品牌企业以参股、换股、并购等形式与国际品牌企业合作，提高品牌国际化运营能力。引导行业龙头企业带动中小企业联合进行品牌海外营销推广，合作共建展销中心、营销渠道、服务网络、研发体系和公共海外仓。支持中国品牌参加中国国际进口博览会、中国国际消费品博览会等大型展会和各类海外高水平展会，积极利用跨境电商等新模式，推动中国品牌出海。组织开展中国品牌海外展示专题活动，鼓励中国企业参与国际知名品牌奖、质量奖的评选，提升中国品牌国际知名度。支持大型骨干企业融入国家形象塑造，参与奥运会、世界博览会等国际重大交流活动，传递中国品牌，不断增强全球消费者对中国品牌的认同感。深化品牌标准化国际合作，积极参与品牌评价、品牌管理等领域国际标准的制修订，加快品牌标准应用和标准信息共享，推动建立更加科学、公平和国际化的品牌价值评价体系。夯实品牌建设国际合作的质量基础，推进重点领域计量、标准、检验检测、认证认可结果国际采信、互认。推动行业协会、品牌中介服务机构与国外相关组织开展合作交流，提高服务品牌建设的专业化能力。

（五）加强品牌保护，维护优秀品牌形象

统筹推进商标、地理标志、字号、域名、专利、商业秘密、著作权等保护工作，加强品牌风险管理。支持企业加强品牌保护和维权，严肃查处商标、专利、地理标志侵权违法行为，严厉处罚故意侵权、重复侵权等严重违法行为。完善中国品牌维权与争端解决机制，形成经营主体自我保护、行政保护和司法保护三位一体、相互结合的品牌保护体系。做好知识产权法治宣传，进一步加大知识产权执法和反不正当竞争工作力度，完善跨部门、跨区域知识产权执法协作机制，制定覆盖专利、商标、版权等领域的信用信息基础目录，推动全国知识产权信用信息共享平台与全国信用信息共享平台实现数据共享，有效降低知识产权维权成本。充分发挥行业协会、中介组织的桥梁纽带作用，建立健全品牌纠纷调解机制。完善品牌诚信体系，推行“双随机一公开”监管，在政府采购、奖项评选等领域推广应用信用信息，实施联动奖惩，逐步形成激励守信、惩戒失信的品牌信用监督机制。深入开展“质量月”、“3·15”国际消费者权益日、“全国知识产权宣传周”等活动，推动全社会形成爱护品牌、享受品牌的良好氛围。加强中国品牌海外保护机制，优化海外商标布局，加强同国外商标主管部门的合作，积极开展国际品牌建设合作，为中国品牌海外商标注册和保护创造条件。支持中国品牌海外维权，加强品牌保护、纠纷处置的跨国协作。引导企业增强品牌海外维权意识，提升国家海外知识产权纠纷应对指导中心、国家海外知识产权信息服务平台等服务能力，加强海外纠纷应对指导服务。

（六）健全政策支持体系，优化品牌建设环境

建立健全品牌建设激励机制，强化品牌建设要素和理论支撑，营造品牌建设良好政策环境。持续优化市场化、法治化、国际化营商环境，加快与品牌建设相关的产权制度、市场体系、市场准入和公用事业等改革，健全品牌发展法律法规，支持自由贸易试验区在推进品牌建设方面深化改革创新。推进商标注册便利化改革，实现商标专利注册申请和质押登记“一窗通办”。加强对品牌消费环境建设的支持，持续开展国际消费中心城市、区域性消费中心城市培育建设，推动城市商圈、重点商业街区、社区生活网点、步行街等提升服务功能、优化空间布局。不断完善品牌建设支持政策，鼓励地方设立品牌建设专项工作资金，引导社会组织发起设立品牌建设基金，激励龙头企业加大对产业集群品牌、区域公用品牌的投入，支持金融机构向企业提供以品牌为基础的商标权、专利权等质押融资。推进品牌指导服务站建设，严格规范品牌评估、评定、评价、发布等活动，严肃处理误导消费者、扰乱市场秩序等行为。实施企业品牌人才提升计划，鼓励企业完善品牌人才引进和培训机制，建立与品牌文化相适应的高素质员工队伍，提高品牌建设和运营能力。发挥知名品牌的导向作用，引导区域、行业、企业、产品对标先进，提升自主品牌培育能力，适时总结推广典型经验和做法。深化品牌价值评价研究，鼓励开展品牌策划、品牌培育、品牌营销、品牌保护、品牌消费、消费维权等应用理论研究，积极拓展品牌心理、品牌集群、品牌创新等延伸理论研究，提升品牌研究服务品牌建设和高质量发展的能力。

部门篇

BUMEN
PIAN

中宣部推进品牌建设工作情况

“十三五”以来，品牌宣传工作扎实推进，持续讲好中国品牌故事，深入解读品牌培育所蕴含的新发展理念，寓新发展理念阐释于品牌成长故事之中，有效发挥品牌引领作用。

1. 做好“中国品牌日”宣传报道

各媒体积极报道品牌日重大活动、采访典型品牌企业，刊发专家深度解读文章，制作播出专题片，生动展示中国品牌在自主创新、质量提升、转型发展、责任建设等方面的努力和成效。

2. 做好集中采访报道

中央主要新闻媒体及所属新媒体开展“新理念·名品牌调研行”集中采访，赴江苏、浙江、广东、江西等地对知名品牌进行实地采访，统一开设专栏，推出系列有分量、有特色的稿件和节目，深入宣传中国民族品牌。

3. 做好日常品牌宣传

各媒体根据各自特色建立品牌宣传常态化机制，推出常设专栏专题，宣传各地区各有关部门完善标准体系、加强知识产权保护、净化市场环境、支持品牌创新发展等方面举措和成果；宣传一批国内外知名的中国品牌，弘扬工匠精神和企业家精神，引导广大消费者增强自主品牌情感，提振品牌消费信心。

4. 加大对西部产业宣介推广

做好首届中国国际葡萄酒文化旅游博览会、第二十八届中国杨凌农业高新技术成果博览会等报道，宣传推介西部特色产业和产品，提升品牌影响力和知名度，助力西部地区打造发展和竞争优势。

5. 对外讲好品牌故事

中央媒体结合国际舆论关切，加大对外宣传力度，推出《海外感知"中国造"：从量大迈向质高》《海外感知"中国造"的研发、品牌和本工化管理》等报道，展现中资企业从"输出产品"到"塑造品牌"的特色品牌塑造之路，提升"中国制造"整体形象。

下一步，各媒体将继续精心策划，持续开展品牌宣传，讲好中国品牌故事，深入推进新发展理念的贯彻落实，推动自主品牌创建和消费，助力构建新发展格局。

工业和信息化部推进品牌建设工作情况

品牌建设是关乎经济社会发展的战略性任务，是建设制造强国、质量强国的必然要求。“十三五”期间，工业和信息化部认真学习领会习近平总书记“推动中国制造向中国创造转变、中国速度向中国质量转变、中国产品向中国品牌转变”重要指示精神，坚决贯彻党中央、国务院决策部署，将工业品牌建设作为推动制造业高质量发展的重要抓手，统筹部署工业质量提升和品牌建设等工作，扎实推进工业品牌的培育、提升、推广，积极营造品牌建设社会氛围，努力开创工业品牌建设新局面，取得了积极成效。

一、推进品牌建设的做法经验和工作成效

（一）加强政策引导，提升全行业品牌意识

坚持长期规划与年度计划相结合，出台系列工业品牌建设指导文件，统筹推进工业品牌建设。从 2016 年起，每年印发消费品工业“三品”专项行动计划，稳步促进消费品工业迈向中高端，更好满足和创造消费需求，不断增强品牌信誉、引领消费、拉动经济的基础作用。2016 年，会同有关部门出台《促进装备制造业质量品牌提升专项行动指南》，明确以装备制造业质量品牌建设为牵引，带动制造业产品质量和品牌整体提升。2018 年，会同有关部门出台《原材料工业质量提升三年行动方案》，部署

原材料工业质量品牌建设。2019年，印发《关于促进制造业产品和服务质量提升的实施意见》，强调发挥品牌促进作用。

工业和信息化部在年度重点工作计划中注重加强工业质量提升和品牌建设工作。每年印发年度工业质量品牌建设工作通知，部署年度重点任务，推动各级工信部门、行业协会、专业机构、企业持续加强质量品牌工作。上海、江苏、湖南、河南、陕西、贵州、江西等20余个省、区、市和机械、轻工、纺织等10余个全国性工业行业协会建立了本地区、本行业的质量标杆、工业企业品牌培育、产业集群区域品牌建设等常态化工作机制，开展各具特色的品牌培育行动。如四川省开展“四川制造”品牌提升三年行动、安徽省开展“工业精品”培育行动、山东省推进“好品山东”品牌建设、江西省推进特色产业集群区域品牌建设，等等，形成了全行业、全系统推进品牌建设的良好氛围。

（二）推广先进方法，增强品牌培育能力

坚持科学发展、授人以渔理念，引导工业企业科学系统培育品牌。在“十二五”期间开展工业企业品牌培育试点工作的基础上，“十三五”时期，重点推动企业品牌培育从试点先行向标准引领升级发展。2018年，支持机械、轻工、纺织、石化、建材等十大行业发布“品牌培育管理体系实施指南”系列行业标准，指导建立企业品牌培育成熟度评价机制。会同国家标准委，支持有关专业机构编制发布了《品牌管理要求》（GB/T 39906—2021）和《企业品牌培育指南》（GB/T 38372—2020）国家标准。

加强品牌标准宣贯。“十三五”期间，举办品牌培育交流和标准宣贯活动200余场，出版了《品牌培育管理体系实施指南理解与应用》《品牌培育之道 工业企业品牌培育精选》等专业图书，指导企业建立完善品牌培育管理体系，遴选品牌培育示范经验，截至2019年底，超过一万家企业开展了品牌培育试点。根据对200多家品牌培育示范企业的调查，通过3~4年品牌培育，企业主营产品国内市场占有率平均从17.8%提高到31.4%，工业增加值率从21.8%提高到26.2%，顾客重复购买占比从43.4%提高到60.2%，企业经营的质量和效益明显改善，品牌竞争力和附加价值显著提升。

深化推进产业集群区域品牌建设，打造特色鲜明、竞争力强、市场信誉好的区域品牌。支持109个产业集群开展区域品牌建设试点，引导试点单位实施品牌化发展战略，强化区域品牌定位，凝练品牌核心价值，整合推广产业形象，引领产业集群高质量发展。总结提炼了古镇灯饰、温岭机床工具、随州专用汽车、清溪光电、四平换热器、深圳内衣等一批区域品牌建设示范经验，支持出版《工业产业集群区域品牌品牌建设机理和模式研究》等专著，构建了区域品牌与企业品牌互动发展的格局。落实部省合作协议，2020年支持贵州省打造“贵州刺梨”产业区域品牌，2021年支持西藏自治区以“西藏好水”“地球第三极”为品牌，提高西藏水产业知名度和美誉度。

（三）促进质量提升，夯实品牌发展基础

部署实施重点产业质量提升行动，促进关键领域质量升级。落实消费品“三品”专项行动，支持消费品工业向智能、绿色、柔性和高效制造发展，增加中高端消费品供给，促进产品向高性价比优势转变。指导原材料工业提升产品质量的可靠性、稳定性、一致性，增加高性能、功能化、差别化产品的有效供给，为制造业高质量发展提供保障。培育一批专精特新“小巨人”、制造业单项冠军、产业链领航企业，提高企业和产品竞争力，提升品牌核心价值。组织开展重点领域质量共性技术攻关，针对电子级磷酸、高性能钢铁、关键液压元件等12类行业亟须的关键原材料、元器件实施质量提升项目，产品性能和质量水平显著提升。针对工程机械、智能家电及高端消费类电子产品等开展可靠性提升工程，提升产品可靠性水平。

组织开展全国质量标杆遴选和经验交流活动，带动更多企业应用先进的质量管理方法，推动产品、服务质量和效益的稳步提升。截至2021年底，树立近400项全国质量标杆，组织超万家企业现场学习实践质量标杆经验。积极推广卓越绩效模式、六西格玛管理、精益生产、可靠性工程等方法，提高企业质量管理能力。依托工业和信息化领域公共服务能力提升专项，面向原材料、航空、电子信息、机械装备、智能机器人及家用电器等10余个行业推广现代质量工程技术方法，举办交流活动200余场，培训人员超过一万人次，有力促进了行业产品质量提升。

（四）完善质量品牌公共服务，营造品牌发展环境

鼓励行业协会和专业机构围绕产品性能、技术能力、用户需求等制定质量分级标准，运用检验检测、合格评定、满意度调查等手段，建立质量分级、应用分类的市场化采信机制，倡导优质优价，促进优秀品牌脱颖而出。推动机械、钢铁、石化、建材、轻工、电子等行业围绕重点产品开展质量分级评价试点。指导建材行业制定质量分级团体标准，按产品性能特征对智能坐便器等产品进行分等，按照应用环境对超低能耗建筑用窗进行质量分级。指导钢铁行业针对流程性产品特点建立面向钢材生产线的质量能力评级标准，评价结果已经在中石化、中船工业等企业的招标项目中得到应用。面向装备、电子信息、石化等10个领域建立220家高水平工业产品质量控制和技术评价实验室，提升检验检测公共服务能力。

结合品牌建设需要，探索创新品牌专业化和品牌人才培养机制。推进品牌智库建设，2018年在国家制造强国建设战略咨询委员会设立质量品牌发展分组，对工业品牌建设的战略性、全局性和前瞻性问题开展调查研究。推进工业企业品牌专业人才培养，发布首席品牌官、品牌经理和品牌专员培训大纲，支持专业机构开展品牌人才培养，“十三五”期间累计新增4000余名登记备案的品牌经理。支持北京、上海、江苏、山东、广东等地区试点开展首席品牌官培训，组织开展企业高管品牌游学等活动，培养品牌领军人物，探索高级品牌人才培养模式。发挥品牌培育专家组作用，支持地方和行业加强品牌公共服务能力建设，建立品牌管理体系咨询和评价专家库，组织品牌专业机构交流活动，提高品牌专业服务水平。

（五）丰富宣传渠道，讲好中国品牌故事

组织策划形式多样的品牌专题宣传和交流活动，加强品牌建设宣传的总体策划和系统推进。配合国家发展改革委组织开展“中国品牌日”活动，共同举办“中国品牌日”论坛和展览活动。支持举办“中国品牌经济（上海）论坛”“国家制造强国战略咨询委质量品牌论坛”“中国制造卓著品牌发展论坛”“一带一路品牌共创共享”等系列活动。2019年品牌日期间举办的“工业品牌培育工作交流会”上，支持中国钢铁工业协会、中国机械工业联合会等9个行业协会联合发出了《加快培育壮大工业品牌倡议》，吹响了工业战线加快品牌建设、推动制造业高质量发展的号角。

指导上海、山东、河北、湖北、广东、青岛等省市开展中国工业品牌之旅活动，宣传推广品牌建设的丰富实践、重大成就、典型经验，形成广泛的社会反响。支持专业机构组织全国品牌故事大赛、品牌创新成果发布等工作，2021年举办的第九届全国品牌故事大赛覆盖上海、深圳、郑州、拉萨等28个赛区，在全国总决赛上，89个演讲作品、90个征文作品、75个微电影作品、50个短视频作品脱颖而出，成为“中国品牌故事”的优秀代表。在装备制造等重点领域，2021年开展的“看见中国汽车”品牌巡礼全国行，在央视等主流媒体以及微信、抖音等新媒体广泛宣传，总观看量超过10亿人次。

二、品牌建设面临的形势和问题

党的十九大以来，党中央多次强调“以深化供给侧结构性改革为主线”推动经济高质量发展，十九届五中全会提出“加快构建以国内大循环为主体、国内国际双循环相互促进的新发展格局”的发展战略，对品牌建设提出了新的、更高的要求。

近年来，我国对个性化、品质化消费品以及新功能、高性能装备和原材料产品的需求占比显著提高，为品牌建设创造了广阔空间。坚持创新驱动、质量为先，制造业高质量发展效果呈现，自主知识产权含量和产品质量明显提升，为品牌建设奠定了坚实基础。华为、中铁装备等一大批优秀企业品牌，乃至中国高铁、中国航天等“国家名片”成为国际产业竞争的重要力量，为品牌建设开辟了良好局面。社会品牌意识增强，以及品牌培育理念和科学方法的推广，为品牌建设注入了强大动力。中国工业品牌进入了厚积薄发、破茧成蝶的关键时期。同时，品牌培育能力不强、产品差异化不足，以及部分产品质量不高等问题仍然存在，从中国产品向中国品牌转变任重道远。

推进制造业品牌建设，需要把握好三个要点：

1. 以推动制造业高质量发展为引领

坚持质量第一、效益优先，以创新驱动发展为根本路径，不断提升供给体系质量水平，在关键领域提质增效实现突破，丰富制造业品牌价值内涵。深入实施质量提升行动，推动制造业“增品种、提品质、创品牌”。加快补齐产业技术基础检验检测、试验验证、认证认可瓶颈短板，提升制造业质量基础设施技术保障水平和综合服务效能。

2. 以构建双循环新发展格局为发力点

推动进出口协调发展，加快质量标准、检验检疫、认证认可相衔接，推进同线同标同质，优化出口商品质量和结构，稳步提升出口附加值。全面促进消费引领和倒逼制造业企业质量创新。强化消费者权益保护，完善质量标准和后评价体系，健全缺陷产品召回、产品伤害监测、产品质量担保等制度，完善多元化维权机制和纠纷解决机制。

3. 以深化供给侧结构性改革为主攻方向

适应个性化、差异化、品质化消费需求，推动生产模式和产业组织方式创新，扩大优质消费品、中高端产品供给，提升产品和服务质量，提高顾客满意度。建立健全质量分级制度，加快标准升级迭代和国际标准转化应用。推动开展“中国制造”品牌创新行动，提升自主品牌影响力和竞争力，培育一批高端品牌。

三、推进品牌建设的下一步工作考虑

“十四五”期间，工业和信息化部将以习近平新时代中国特色社会主义思想为指导，按照立足新发展阶段、贯彻新发展理念、构建新发展格局、推动高质量发展的要求，统筹部署工业和信息化领域品牌建设工作，做强做优“中国制造”品牌，以更丰富的品种、更过硬的品质、更优秀的品牌，有效适应市场需求，满足消费升级需要，推进各方合力营造有利于品牌建设的社会氛围和市场环境。

（一）强化创新驱动，持续提升品牌价值

深入实施制造业创新中心、智能制造、绿色制造、工业强基等重大工程，加快完善制造业创新体系，加强关键核心技术研发，推进企业技术中心建设。在重点领域推广应用以绿色、智能、协同为特征的先进设计技术，培育一批专业化的工业设计企业，鼓励代工企业建立研究设计中心，提升品牌价值内涵。

（二）深化“三品”行动，推动优质优价

推动“三品”行动从消费品工业向全制造业深化拓展，运用数字化技术改造提升制造业，适应个性化、差异化、品质化消费需求，提高原材料和装备制造业“增品种、提品质、创品牌”能力和水平。指导行业协会、专业机构和企业开展质量分级、用户满意度调查等活动，提高社会对优质产品的识别能力，推动供需协调匹配，促进优质优价。

（三）引导企业和行业科学培育品牌

指导地方和行业开展品牌培育系列行业标准宣贯，推广品牌培育管理体系方法，支持建立品牌培育成熟度评价机制，提高企业品牌培育能力。深化推进产业集群区域品牌建设，围绕品牌创建、联链强链、质量提升、标准引领等专题，提高产业集群综合竞争力，打造产业价值高地。加快培育一批专精特新“小巨人”、制造业单项冠军、产业领航等企业，扩大优秀品牌影响力。

（四）强化品牌建设的专业化支撑服务

建设质量品牌专业化服务平台，完善产业标准、计量、检验检测、知识产权等产业技术基础能力。完善知识与人才开放共享平台，依托企业经营管理人才素质提升、专业技术人员知识更新等工程，培养品牌领域管理人员和专业技术人员。建设一批促进制造业协同创新的公共服务平台，促进科技创新、成果转化和推广应用。指导地方和行业开展品牌人才培养，提高质量品牌专业化服务能力。

（五）加强制造业品牌创新研究

支持专业机构对企业、区域和产业品牌加强调研，构建工业品牌发展状况分析模型，评估工业品牌竞争力和品牌价值总体状况，研究品牌建设对制造业高质量发展、供给侧结构性改革和双循环新发展格局的作用，探索制造业卓著品牌培育壮大的系统化路径，为品牌建设的政策措施提供科学依据。

（六）扩大“中国制造”品牌影响

鼓励地方工业和信息化主管部门、行业协会和专业机构开展中国工业品牌之旅、全国品牌故事大赛、品牌创新成果发布、行业优质品牌培育等活动，持续提升“中国制造”品牌形象，讲好“中国制造”故事。在装备制造等重点行业，持续做好中国汽车品牌向上发展专项行动，提升国产汽车品牌竞争力。充分发挥“中国品牌日”“全国质量月”等平台作用，加强与主流媒体合作，进一步深入挖掘自主品牌在历史文化传承以及创新、质量、信誉等方面的内涵，积极拓展“中国制造”的品牌传播渠道，宣传优秀“中国制造”品牌。

农业农村部推进品牌建设工作情况

农业农村部深入贯彻落实习近平总书记“推动中国制造向中国创造转变、中国速度向中国质量转变、中国产品向中国品牌转变”重要指示精神，按照党中央、国务院决策部署，把农业品牌建设作为全面推进乡村振兴、加快农业农村现代化的重要抓手，深入推进品牌强农，强化政策创设，夯实品牌根基，创新营销推介，农业品牌建设快速发展。在各级政府部门、行业协会和市场主体的共同推动下，农业品牌政策体系逐步完善，发展基础日益夯实，营销推介创新有力，品牌溢价效应逐步显现，形成了政府大力推动、企业主动创建、社会积极参与的良好局面。

一、推进品牌建设的主要做法和成效

（一）健全工作机制，不断完善政策体系

认真贯彻落实《国务院办公厅关于发挥品牌引领作用推动供需结构升级的意见》，将2017年定为“农业品牌推进年”，组织召开全国农业品牌创建推进大会，举办了一系列品牌活动，旨在凝聚发展共识，提振发展信心，加速发展进程。2018年实施农业品牌提升行动，印发《农业农村部关于加快推进品牌强农的意见》，明确了品牌强农主攻方向、目标任务和政策措施。2019年推动开展品牌目录制度建设，指导行业协会持续发布农业品牌目录和消费索引。2020年指导举办中国农业品牌政策研讨会，发布

《中国农业品牌发展报告》，着力破解农业品牌理论研究不足、培育手段有限、发展机制不健全等问题。2021 年印发《农业生产“三品一标”提升行动实施方案》，系统推进品种培优、品质提升、品牌打造和标准化生产。当前，农业品牌建设工作机制不断健全，政策体系日趋完善，为农业品牌建设提供了政策保障。

地方各级农业农村部门立足资源禀赋和产业基础，加强政策创设，强化组织保障，完善工作机制，加快推进品牌强农。河北省建立农业品牌建设联席会议制度，成立农业品牌建设中心，制定“区域、企业、产品”三位一体品牌发展战略，大力实施区域品牌培育工程、企业品牌提升工程和产品品牌孵化工程。重庆市成立现代农业品牌服务促进中心，实施“农业品种品质品牌工程”，将品牌工作纳入省（市）政府考核。江苏省连续四年将农业品牌工作写入省委一号文件、省政府年度重点工作，深入实施“品牌强农 营销富民”工程，构建省级农业品牌赋能机制，推进农业品牌科学发展。浙江省制定《浙江农业品牌振兴行动计划》，培育农业领军企业和国内外知名品牌。上海市将农业品牌工作纳入乡村振兴目标管理体系，实行“月报告、季通报、年考核”机制，设置家庭农场品牌发展扶持资金，探索开展农产品品牌发展指数测评工作，营造品牌建设“比学赶超”的良好氛围。内蒙古自治区制定《内蒙古农畜产品区域公用品牌建设三年行动方案》（2021—2023 年），制定农畜产品区域公用品牌建设时间表、任务书、路线图，着力提升产业化、品牌化发展水平。山西、江西、安徽、新疆等省（区）强化政策引导和资金支持，积极培育“晋字号”“贡字号”“皖字号”“疆字号”农业品牌。全国农业品牌摸底调查结果显示，截至 2021 年底，各省级农业农村部门重点培育创建的农产品区域公用品牌约 3000 个、企业品牌 5100 个、产品品牌 6400 个。

（二）提升供给质量，筑牢品牌发展根基

近年来，各级农业农村部门大力推进质量兴农、绿色兴农，扎实开展农业生产“三品一标”建设，筑牢农业品牌建设根基。截至 2021 年底，累计创建认定特色农产品优势区 308 个、国家现代化产业园 200 个、农业产业强镇 1109 个、优势特色产业集群 100 个，支持建设产地冷藏保鲜设施 5 万余个，建设全国性农产品产地市场 21 个。认定全国绿色、有机和地理标志农产品生产主体 2.8 万家，产品超过 5.9 万个。洛川苹果、赣南脐橙、盐池滩羊、盱眙龙虾等强势品牌脱颖而出。

加强农业品牌标准建设。2021 年，农业农村部农产品冷链物流标准委员会增设农业品牌标准组，研究制定农业品牌标准体系，全面推进农业品牌标准建设。启动建立农产品区域公用品牌建设标准，制定《农产品区域公用品牌建设指南》，作为农业品牌首个行业标准，将对引领带动全国区域公用品牌健康有序发展发挥积极作用。指导建立公益性农业品牌价值评估体系和影响力指数体系，强化农业品牌量化研究，夯实品牌建设基础。

（三）发挥品牌引领，带动特色产业发展

农业农村部指导各地以推进农业供给侧结构性改革为主线，以提升农业质量效益和竞争力为目标，按照“一个特优区塑强一个区域公用品牌”的思路，结合资源禀赋、产业特色和文化传承等因素，实施差异化品牌发展战略，带动特色产业快速发展。甘肃省发展现代丝路旱寒农业，打造“甘味”品牌，引领“牛羊菜果薯药”六大特色产业独树一帜。湖北省安排财政专项，支持创建省级特色农产品优势区，重点打造湖北特色农产品品牌。黑龙江省实施品牌强稻战略，创新举办国际大米节，搭建国际化稻米产业交流合作平台，引领黑龙江稻米特色产业高质量发展。青海省实施牦牛青稞产业发展三年计划，通过资金投入、政策引导、产业链打造等综合措施，推动牦牛和青稞产业品牌建设。云南省打造世界一流“绿色食品牌”，构建云茶、云花、云咖、云果、云菜、云畜、云药、云菌等“云系”特色品牌，引领高原特色农业高质量发展。贵州省大力实施黔茶品牌战略，以“都匀毛尖”“湄潭翠芽”“绿宝石”“遵义红”为重点品牌，大力扶持“梵净山茶”“凤冈锌硒茶”“石阡苔茶”“瀑布毛峰”等特色茶叶品牌。海南省聚焦三亚芒果、澄迈桥头地瓜、东方火龙果、海口火山荔枝等中国特色农产品优势区，全力打造海南热带特色农产品优势品牌。西藏自治区打造藏东北牦牛、藏中奶牛、藏中优质粮油、藏香猪等七区七带特色农牧业产业格局，形成一批“藏字号”现代农牧业品牌。

（四）创新营销推介，促进品牌产品消费

农业农村部以市场为导向，不断创新品牌营销模式，依托中国国际农产品交易会、中国国际茶叶博览会、中国农民丰收节等展会节庆活动，以农产品区域公用品牌为重点，相继举办了省部长推介品牌农产品、“我为品牌农产品代言”名人公益推介、“乡人乡味”农民推介、“稻花香里说丰年”市县长推介、“小康之年话丰收 感恩奋进立新功”农业企业推介等系列活动，举办农业品牌高峰论坛、农业品牌大会等活动，发布中国百强农产品区域公用品牌、中国十大茶叶区域公用品牌、中国农业品牌目录 300 个区域公用品牌等，营造了农业品牌创新发展的良好氛围。2016 年以来，农业农村部指导相关单位聚焦重点产业，举办系列品牌活动，包括中国苹果品牌大会、中国大米品牌大会、中国水产品品牌大会等，推选出了“十大苹果区域公用品牌”“十大大米区域公用品牌”“中国十大好吃米饭”“最具影响力水产品区域公用品牌和水产品企业品牌”等，有力提升了行业品牌创建意识，引导带动相关行业品牌快速发展。组织品牌企业参加境外线上线下知名农业食品展会，范围涵盖亚洲、欧洲、美洲等，助力企业开拓国际市场，提升我国农业品牌国际知名度和影响力。

各地农业农村部门积极创新品牌营销，组织开展了形式多样、特色鲜明的农业品牌营销推介活动。湖北省以央视宣传拓展品牌农产品销售渠道，遴选 25 个重点品牌投放央视黄金频道、黄金时段，通过 2 年时间强力宣传，湖北品牌农产品销售实现量价齐增。广西壮族自治区推出农业品牌冠名高铁专列，打造沉浸式品牌展示空间，提升品牌市场知名度。山东省打造“空中博览馆”，将烟台苹果等 12 个区域公用品牌广告载满山航飞机，送上万米高空。四川省在省内高速服务区建成品牌农产品展示展销专柜，组织农产品入驻各类客运场站，搭乘中欧班列走出国门。湖南省组织开展了“芒果扶贫云超市”大直播、快手“百城县长直播助农”湖南专场、抖音“真湘好物集市”直播、湖南数字乡村峰会暨“湘品网上行”推介系列活动，有力促进了“湘字号”农产品销售。天津市组织“赶大集”

品牌农产品进社区、“购天津·春风行动”“网农对接”等活动，提升“津农精品”市场号召力。辽宁省加大特色农产品推介，连续多年在北京、上海、广州等城市举办特色农产品推介会。广东省推行“12221”农产品市场体系，举办“喊全球吃荔枝”等系列营销活动，评选出十大最美果园、十大优质荔枝品种，有效促进了荔枝、菠萝、贡柑等岭南鲜果出海全球。河南省实施农业走出去战略，集中打造豫农优品和双汇、三全、思念等一批知名企业品牌，出口市场遍及137个国家和地区，河南已由“国人粮仓”成为“国人厨房”“世人餐桌”。

指导相关行业协会聚集优势资源，举办各具特色的营销推介活动。组织“百企产销对接助力乡村振兴”活动、京津冀品牌农产品产销对接活动、品牌热销庆丰收等活动，推动产销衔接，促进品牌农产品销售。举办品牌农业发展国际研讨会、品牌农业影响力年度盛典、“春风万里·绿食有你”绿色食品宣传月活动、中国地方好物公益推广等活动，加大品牌营销推介，营造农业品牌宣传推广良好氛围。策划畜产品消费节，连续多年举办中国牛肉美食文化节、六月六兔肉节、黄鸡美食文化节、中国牛肉美食烹饪大赛、“盐池滩羊”推荐会、骆驼那达慕等一系列品牌推介活动。开展国民水产品消费促进行动，举办中国优质水产品推介会、策划举办鲜生活·名优水产食材推介会、水产品菜品研发推广专题活动等特色活动，引导水产企业转型，促进水产品消费。

（五）开展公益帮扶，助力脱贫地区品牌打造

精准扶贫靠产业，产业扶贫靠品牌。近年来，农业农村部将品牌扶贫作为农业品牌建设的重要内容，汇聚优势资源，激发产业扶贫动力，助力脱贫地区实现从“卖资源”到“卖品牌”。加大政策扶持，在特色农产品优势区认定、仓储保鲜冷链设施建设、品牌目录认定、农产品产销对接等工作中，加大脱贫地区品牌创建扶持力度，优先支持符合条件的农业品牌。启动公益帮扶，聚焦乡村振兴重点帮扶县和部帮扶县，开展农业品牌公益帮扶，首批选择四川雷波、贵州剑河、重庆巫溪、西藏当雄等11个县，“一对一”支持开展品牌创建，探索脱贫地区农业品牌创建机制和发展路径。加强营销推介，充分利用农业展会、产销对接等平台，设立扶贫展区，举办品牌公益推介，减免展位、搭建等相关费用，为贫困地区品牌建设提供产销平台。指导行业协会创建全国初级农产品产销对接平台和联盟，开展线上线下产销对接，支持脱贫地区品牌推介和渠道开拓。截至2021年底，牵头举办了38场脱贫地区产销对接活动，四分之三以上脱贫县参加，累计签约额超500亿元。持续开展公益宣传，组织出版《中国特色农产品精粹》《百强品牌故事》《全国农产品品牌日历》等，讲好品牌故事，不断提升脱贫地区农业品牌传播力。恩施玉露、利川红、南疆大枣、藏区牦牛、临夏牛羊肉、怒江松茸、凉山苦荞等一批品牌农产品受到各界高度关注，有力助推了脱贫地区农业品牌建设。

（六）加强文化塑造，丰富品牌发展内涵

农业农村部鼓励各地立足乡土风情，深入挖掘历史地理、名人轶事、饮食文化等题材，创新农业文化元素，灵活运用传统工艺、创新设计、民事体验等方式，积极促进农业产业发展与重要文化遗产、民间技艺、乡风民俗等融合，产业文化博物馆、展览馆、体验馆等纷纷建立，文化学术交流活动日益频繁，进一步丰富了农业品牌的内涵和底蕴，增强农业品牌竞争力。2021年，农业农村部面向全国征集农业品牌创新发展典型案例，总结品牌创建经验，讲好品牌故事，促进品牌交流，传播品牌文化。北京市以京西稻为抓手，擦亮老字号招牌。筹建京西稻博物馆，建立京西稻影像档案，弘扬京西稻文化，并与故宫合作打造京西稻伴手礼，推出稻艺画等文创产品，推动“皇家”稻谷销售。吉林省制作拍摄长白山人参品牌纪录片、《知味》《回味》《寻味》鲜食玉米故事片等，宣传吉林农业品牌文化。陕西省出版发行反映洛川苹果成长、成就、文化的《金土地红苹果》《魅力洛川》《洛川苹果文化卷——理论卷》《情系洛川苹果》等多部图书和电影。宁夏回族自治区建设中国滩羊馆、滩羊小镇、枸杞博物馆等，将宁夏独特地域民族文化与农产品品牌融合，推动产业、文化和品牌互融互促。福建省创作农业品牌主题歌曲，设计品牌形象周边，宣传一都枇杷、安溪铁观音等区域公用品牌。

二、推进品牌建设的下一步工作考虑

进入新发展阶段，我国三农工作重心历史性转向全面推进乡村振兴。农业品牌打造要着眼服务三农工作大局，落实“既要保数量，也要保多样、保质量”的工作要求，在确保粮食安全和重要农产品供给的基础上，找准定位、精准发力，完善顶层设计，强化基础支撑，加强发展规律研究，构建部门协同推进机制，营造社会广泛参与的良好氛围，为全面推进乡村振兴、加快农业农村现代化提供有力支撑。

1. 紧扣产业发展，提升品牌竞争力

加快实施农业生产“三品一标”提升行动，加强育种创新攻关，推动品质分级评价，加大核心技术攻关，加强冷链物流基础设施建设，全面提升品种创新能力、精深加工能力和流通供应能力。加快绿色食品、有机农产品、地理标志农产品发展，推行农产品全程质量控制，推进食用农产品承诺达标合格证制度，持续增加绿色优质、营养健康农产品供给，不断提升农业品牌核心竞争力。

2. 加大精品培育，增强品牌发展力

实施农业品牌精品培育计划，加快品牌标准研究制定，优先培育具有产业领先优势、市场空间大、文化底蕴深厚的农业品牌，引领带动全国农业品牌创新发展。结合粮食生产功能区、重要农产品保护区、特色农产品优势区和现代农业产业园等建设，塑强一批品质过硬、特色鲜明、带动力强、信誉度美誉度高的精品区域公用品牌，培育推介一批具有核心竞争力的企业品牌和绿色优质农产品品牌，不断满足人民群众日益增长的美好生活需要。

3. 开展品牌帮扶，增强品牌带动力

深入开展脱贫地区农业品牌公益帮扶行动，聚焦乡村振兴重点帮扶县和部帮扶县，建立帮扶机制，创新帮扶模式，重点围绕品牌规划、产品认证、营销宣传、产销对接、人才培训、品牌保护等方面给予指导，支持脱贫地区打造一批特色农产品品牌，带动产业提质增效和农民增收。

4. **创新营销推介，提升品牌影响力**

充分利用中国国际农产品交易会、中国国际茶叶博览会、中国农民丰收节、农产品产销对接活动等平台，推动营销模式和业态创新，提升农业品牌营销能力。实施好“互联网+”农产品出村进城工程，推动农村电商发展，让更多“小而美”“小而特”农业品牌行销全国。加强品牌国际合作，提升国际推广能力，讲好品牌故事，提升中国农业品牌国际影响力，使其成为推动农业国际贸易合作的靓丽名片。

5. **顺应消费需求，增强品牌消费力**

发布品牌消费索引，激发消费意愿，培育消费热点，扩大品牌农产品消费。抓住传统节日、节庆假日和网络消费热点时机，办好农民丰收节金秋消费季、品牌热销等特色活动。鼓励开展跨区域合作，举办美食荟、小吃节、品鉴会等特色农产品促消费活动，引导周边产供销企业深化合作，促进品牌农产品消费。

商务部推进品牌建设工作情况

商务部坚决贯彻习近平总书记关于推动中国制造向中国创造转变、中国速度向中国质量转变、中国产品向中国品牌转变的重要指示精神，认真落实党中央、国务院决策部署，始终将品牌建设作为推动商务事业高质量发展的重要任务，充分发挥商务工作联通内外、贯通城乡、衔接产销的优势，统筹利用国际国内两个市场、两种资源，实施了一系列促进品牌发展的政策措施，不断健全有利于品牌发展的长效机制，努力让中国的市场成为世界的市场，让中国的品牌成为世界的财富。

一、主要做法和成效

（一）优化品牌发展环境

1. 出台政策支持措施

2017 年以来，5 次修订《外商投资准入特别管理措施（负面清单）》，不断放宽市场准入。2018 年，经国务院批准，会同相关部门印发《关于完善跨境电子商务零售进口监管有关工作的通知》，明确跨境电商零售进口监管政策。2020—2021 年，连续两年发布《中国外商投资指引》，不断提升营商环境便利度透明度，为外资进入中国提供服务。2021 年，《中华人民共和国政府与欧洲联盟地理标志保护与合作协定》正式生效，确立了中欧间高水平的地理标志保护规则，有效加强中欧之间地理标志产品和品牌保护，对阻止假冒双边贸易中的地理标志产品和品牌具有积极作用。2022年，经国务院同意，联合7部门出台《关于促进老字号创新发展的意见》，建立健全老字号保护传承和创新发展的长效机制。

2. 完善品牌标准体系

制定《零售业自有品牌开发与经营管理规范》（SB/T 10619—2011）、《品牌管理专业人员技术条件》（SB/T 10761—2012）等行业标准，立项《商业品牌量化评价体系》等行业标准，不断推动完善品牌标准体系，制定品牌相关行业标准，对品牌开发、经营、管理等提出规范性引导。

3. 推动降低进口关税

在国务院关税税则委员会框架下，推动优化关税结构，降低消费品进口关税。目前我国关税总水平已降至7.4%，有效促进国外商品进口。

4. 创新发展进口贸易

设立14个国家进口贸易促进创新示范区，充分利用两个市场、两种资源，结合地方特色优势，打造贸易平台，开展政策创新，有效激发进口贸易潜力和市场主体活力。

5. 推进知识产权对外谈判

通过自由贸易协定中的知识产权章节谈判达成商标保护、禁止恶意商标注册、地理标志保护等条款，确立对商标品牌、地理标志品牌的高水平保护规则。

（二）加大品牌培育力度

1. 创新传统品牌

推动大型电商平台设立老字号专区，支持老字号企业探索发展直播带货、云上展销等新业态新模式。会同相关部门将95项中华老字号传统技艺纳入国家级非遗名录、将16家中华老字号企业确认为国家级非遗生产性保护示范基地，举办3期老字号非遗技艺传承人群研培班。推动老字号对接资本市场，引导创业投资、股权投资对品牌价值高、发展潜力大的老字号加大资金、管理和技术投入，鼓励老字号利用多层次资本市场做大做强。

2. **推广农产品品牌**

2018—2020年，组织全国开展1260场产销对接活动，多渠道拓宽贫困地区农产品营销渠道，采购和销售贫困农产品167.3亿元。2021年以来，举办300余场全国农产品产销对接助力乡村振兴活动，销售额达180亿元，促进农产品高效流通。组织开展“数商兴农”行动，指导中国电商乡村振兴联盟开展“三品一标”认证培训和资助，累计对21个省（市）的1678家企业进行认证培训，对396家企业进行认证资助，在新疆、青海、四川等地开展10余场品牌推介活动，大力开展农产品品牌培育和推广。

3. **发展外贸品牌**

2017—2021年，在美国、俄罗斯、德国、法国、意大利、加拿大等6个国家举办境外专业性品牌展19个，参展企业共计527家，有效提升自主品牌国际知名度。2020年至今，会同上海等8个省（市）举办9场“外贸优品汇 扮靓步行街”活动，促进外贸品牌产品内销，助力国内国际双循环。

4. **引进外资品牌**

办好中国国际投资贸易洽谈会、中国中部投资贸易博览会等投资促进展会，举办“跨国公司地方行”等投资促进活动，推出“进博会走进地方”系列活动，加强对重点引资来源地的招商招展和项目对接，支持中西部地区和东北地区更好承接跨国公司投资转移。

（三）加强品牌交流推广

1. **搭建展会平台**

高质量举办进博会、广交会、服贸会、消博会等大型展会，支持各地推介地方名优特色品牌，促进国内外品牌交流对接。

全力办好进博会。在扩大品牌进口的同时，连续三年在进博会上设置“非物质文化遗产暨中华老字号”展示活动，其中第四届展示面积达3.2万平方米，较第三届扩大近50%，共吸引261项非遗项目、104家中华老字号参与展示，支持山东、江苏、湖北、山西等省份设置长期展示窗口，推动中国自主品牌在国际交流中走出国门、走向全球。

持续办好广交会。自2004年起在广交会设立品牌展区，集中展示各行业优质企业和先进技术产品。目前，广交会拥有品牌企业超2000家，展位数超1.2万个，平均成交额比一般性展位高出约1.2倍，有效助力自主品牌培育和中国品牌全球推广。2022年第131届广交会，品牌企业上传展品数、新产品数、绿色低碳产品数占比均超过20%。

精心办好服贸会。成功举办8届服贸会，展览展示全面覆盖服务贸易十二大领域，2021年吸引153个国家和地区的1.2万余家企业线上线下参展参会，举办专题论坛会议活动200余场，国内外各类参会主体交流洽谈采购活跃，实现各类成果1672个，为推动我国服务贸易开放合作、促进全球企业务实合作提供重要平台。

举办首届消博会。2021年成功举办首届消博会，展览总面积达8万平方米，共计1505家企业、2628个品牌参展，国内品牌数量和参展面积占比分别达到48%和25%。组织各地消费精品和老字号参展，举办“闽货精品”“粤贸全国”等10场地方精品推介会，引导国内外品牌同台竞技，促进专业交流和产品创新，提升品牌形象。

2. 加强海外推广

支持各类符合条件的企业“走出去”，开展多种形式的对外经济合作业务，鼓励优质品牌开展境外投资合作，提升自主品牌国际知名度。2021年度《世界品牌500强排行榜》上中国品牌数达44个，较2012年增加21个。

提供政策保障。会同相关部门安排专项资金，通过支持外贸企业专利申请、商标注册等措施，引导打造自主品牌，增强国际竞争力。鼓励企业并购国际品牌和海外销售渠道，建立境外服务体系。

畅通投资渠道。支持有实力、信誉好的企业按照“政府引导、企业主体、市场化运作”原则，通过绿地投资、并购重组等方式开展对外投资合作，提升品牌国际知名度。坚持“备案为主、核准为辅”管理模式，实施对外投资无纸化管理，降低企业走出去的非经营性成本。

加强投资指引。按年度更新发布对外投资合作发展报告、国别（地区）指南等公共服务产品，为企业提升国际知名度提供权威指引。截至2020年底，2.8万家境内投资者在国（境）外共设立对外直接投资企业4.5万家，分布在全球189个国家（地区）。2020年中国内地和中国香港124家企业进入财富世界500强，超过美国位居世界第一。

3. 强化宣传推广

积极联合相关部门、新闻媒体、行业协会等有关单位，组织开展形式多样的宣传推广活动。

拓展宣传渠道。指导央视摄制播出中华老字号纪录片（微电影）和两期《焦点访谈》特别节目，深入挖掘老字号文化底蕴，弘扬中华优秀传统文化。

丰富推广载体。联合国家发展改革委等部门共同举办“中国自主品牌博览会”等相关活动，支持人民日报社连续多年举办“中国品牌论坛”，联合相关部门开展“中华老字号故宫过大年”文化交流活动，积极营造培育品牌、创造品牌、尊重品牌、呵护品牌的浓厚氛围。

创新展示方式。建设上线“老字号数字博物馆”，运用数字化技术保存老字号发展史料，讲述老字号传承故事，弘扬老字号优秀文化，打造面向全社会展示老字号品牌形象、弘扬中华优秀传统文化的数字化平台，讲好中国故事，传播中国声音。

（四）激发品牌消费活力

1. 释放品牌消费潜力

高质量举办“全国消费促进月”“老字号嘉年华”“中华美食荟”“双品网购节”“全国网上年货节”等重点活动，组织各地和电商平台线上线下同步开展形式多样、内容丰富的专题活动，促进品牌消费。

举办“全国消费促进月”。连续11年组织开展“全国消费促进月”，指导各地组织举办形式多样、丰富多彩的消费活动，打造促进品牌消费重要平台。

举办“老字号嘉年华”。连续三年组织各地和大型电商平台开展系列活动，2021 年开展活动 147 场，实现直接销售 15.3 亿元，带动线上线下销售 162 亿元，打造促进国潮品牌消费的重要平台。

举办“中华美食荟”。联合相关部门举办“中华美食荟”餐饮促消费活动，支持各地开展系列特色活动，打造餐饮消费热点，促进餐饮业恢复发展。

举办“双品网购节”。连续举办四届“双品网购节”，围绕品牌建设和品质消费，充分发挥新型消费平台作用，培育国货新品牌和“小而美”网络品牌。

举办“全国网上年货节”。连续两年开展“全国网上年货节”，引导电商平台及相关企业为人民群众春节采购提供便利，营造安全、便利、舒心的网上消费环境。

2. 打造品牌消费载体

培育建设国际消费中心城市、改造提升步行街、完善跨境电子商务零售进口监管措施，打造品牌消费载体，畅通品牌消费渠道。

培育建设国际消费中心城市。报请国务院批准，在上海、北京、广州、天津、重庆率先开展国际消费中心城市培育建设，建立部际联席会议机制，指导五个培育城市高标准编制实施方案，扎实有序推进落实，积极引进国内外知名品牌开展首店、首秀、首展活动，提升品牌资源集聚度。

改造提升步行街。充分发挥步行街平台载体作用，组织各地依托现有步行街，因地制宜开展各类消费促进活动，鼓励各步行街适度集聚当地特色品牌和老字号品牌，丰富本地特色品牌商品供给，开展名优产品与品牌推广活动，打造消费升级平台，满足不同消费群体需求。

促进跨境电商零售进口规范健康发展。2018 年以来，逐步将跨境电商零售进口试点范围扩大至 31 个省（区、市），推动相关部门完善监管措施。2020、2021 年，跨境电商零售进口规模连续两年超 1000 亿元，带动更多境外品牌进入中国市场。

二、下一步工作考虑

商务部将坚持以习近平新时代中国特色社会主义思想为指导，深入贯彻落实党中央、国务院关于品牌工作的战略部署，立足商务工作职责定位，聚焦优环境、育品牌、提影响、扩消费、强保护五个方面，会同相关部门认真做好工作，以品牌的力量助推商务领域和经济社会高质量发展，更好服务构建新发展格局。

（一）优化品牌发展环境

发布 2022 年版《中国外商投资指引》，举办各类投资促进活动，积极引导外资加大对品牌产品的投资。指导北京等 5 个城市深入推进国际消费中心城市培育建设，加快推进吸聚全球市场主体、培育本土品牌等各项任务。继续完善商务领域品牌标准体系，持续抓好相关标准制修订工作，加强标准宣传贯彻和实施应用。

（二）加强优质品牌培育

深入实施中华老字号保护发展工程，促进老字号创新发展，支持一批文化特色浓、品牌信誉高、有市场竞争力的中华老字号做精做强，充分发挥老字号在建设自主品牌、全面促进消费、坚定文化自信方面的积极作用。扎实推进“数商兴农”行动，继续开展农产品“三品一标”认证帮扶，大力发展农产品网络品牌，推动培训线上化并覆盖更多的市场主体。加强茧丝绸产业品牌培育，鼓励长三角地区打造丝绸产品聚集区，培育一批认可度高的国际知名品牌。

（三）提升品牌国际影响

不断提高进博会、广交会、服贸会、消博会等重点展会质量，打造集展示、营销、洽谈、交易、服务于一体的综合平台。引入更多跨境电商、海外仓等新业态新服务企业，支持国货精品与国际品牌同台竞技，推动国内更多消费精品进入全球市场。

（四）持续扩大品牌消费

在做好疫情防控的前提下，继续办好“全国消费促进月”“老字号嘉年华”“中华美食荟”“双品网购节”“全国网上年货节”等重点活动，指导各地因地制宜组织开展特色活动，引导国内外知名品牌开首店、发新品，深挖品牌消费潜力，更好满足人民美好生活需要。

（五）提高品牌保护水平

继续做好自贸协定中商标、地理标志等知识产权条款谈判，通过合理设置案文，不断提高品牌知识产权保护水平，推动中国地理标志产品和品牌进入更广阔的国际市场。

国务院国有资产监督管理委员会推进品牌建设工作情况

党的十八大以来，习近平总书记在考察中央企业时多次对加强品牌建设提出明确要求，国资委深入贯彻习近平总书记重要指示精神，全面落实党中央、国务院决策部署，将品牌建设作为助力供给侧结构性改革、实现“三个转变”、培育具有全球竞争力世界一流企业的重要抓手，统筹推进中央企业品牌建设工作，取得积极进展和明显成效。

一、推动品牌建设的主要做法

国资委积极研究制定相关政策，不断强化组织推动、政策驱动、示范带动、交流联动，多措并举推进中央企业品牌建设工作。

（一）强化组织推动

国资委积极部署、扎实推动中央企业品牌建设，在历年中央企业负责人会议上都对加强品牌建设工作提出明确要求，将品牌建设作为重要内容纳入中央企业“十三五”和“十四五”规划以及推进创建世界一流企业方案，不断营造有利于企业品牌发展的有利环境。委领导在出席重要会议活动、赴企业调研时，多次强调中央企业要结合供给侧结构性改革，围绕培育具有全球竞争力世界一流企业目标，不断加强品牌建设，加快高质量发展。

（二）强化政策驱动

制定印发《关于加强中央企业品牌建设的指导意见》《关于加强中央企业质量品牌工作的指导意见》等文件，推动企业做好品牌建设工作的统一规划、统一投入、统一管理、统一维护和统一评价，引导企业进一步优化资源配置，强化组织机构，做好全面品牌管理。组织开展中央企业品牌发展战略、国际标杆企业品牌建设模式、中央企业品牌建设工作成熟度评价等课题研究，为指导企业做好品牌建设工作夯实基础。开展中央企业品牌资产侵权保护情况专项调查，梳理企业在品牌保护方面的主要困难，研究相关举措，推动企业强化品牌保护意识，加强商标、域名和字号管理，不断增值品牌资产。

（三）强化示范带动

组织开展中央企业品牌建设对标，分析国际、国内知名品牌榜单评价办法，研究构建中央企业品牌建设工作对标指标体系，印发专门通知，组织中央企业开展自对标、自诊断，查找工作差距和短板，系统提升品牌建设工作水平。汇编《国际标杆企业品牌建设案例集》，积极开展中央企业一把手谈品牌、品牌典型案例、优秀品牌故事征集等活动，编制相关成果汇编，进行线上集中展示，推动企业间学习借鉴，加快提高品牌建设工作水平。

（四）强化交流联动

联合主办中国品牌日系列活动，组织动员中央企业积极参与中国品牌博览会和中国品牌发展国际论坛，合力推动品牌发展。积极参加人民日报社“中国品牌论坛”等品牌活动，举办国有企业品牌建设论坛，发布中央企业年度品牌发展报告，不断为中国品牌发展发出央企声音，提供央企智慧和方案。组织举办中央企业年度品牌培训和系列专题研讨，分享经验做法，探讨共性问题，实施专业辅导，不断促进中央企业加快品牌新发展。

二、品牌建设取得的主要成效

在国资委指导推动下，中央企业把握经济规律，顺应全球产业发展趋势，紧抓机遇，结合实际，大力加强品牌建设，取得积极进展。

（一）品牌工作体系不断完善

中央企业积极推动品牌工作体系建设，强化品牌建设工作“一把手”工程，不断优化资源配置，完善统筹协调机制，设立品牌管理委员会或品牌领导小组，将品牌工作纳入所属企业负责人和经营业绩考核，加大品牌工作资金投入和品牌人才的引进、培养和使用，确保品牌工作有序推进、层层落实，逐步形成横向协同、纵向联动的工作格局。中国石化设立品牌管理专职部门，通过自上而下构建品牌管理组织体系、由点至面建立全面管理制度、重点投入加强常态资源保障、优势互补组建品牌建设专业团队，不断推动品牌建设与企业生产经营管理同研究、同部署、同推进、同落实、同考核。国家电网围绕企业自身发展和国家形象提升，创新品牌研究工作体系，根据所属企业发展状况和工作实际，汇聚优势资源，分区域、分主题创建若干品牌实验室，不断加强品牌理论研究和内部人才队伍建设，为品牌建设理论在企业的有效落地提供了新路径。中国中车集团成立伊始就高度重视品牌建设，将品牌建设提升到企业总体发展层面，并配套出台多个相关制度和工作流程，在集团层面成立品牌决策委员会和品牌管理委员会，在子公司层面成立品牌执行委员会，不断推进集团品牌建设的整体实施。华侨城集团强化顶层设计，设立集团品牌决策委员会、执行委员会和综合协调机构，强化集团品牌和所属子品牌协同发展。

（二）品牌战略统筹能力逐步加强

中央企业充分发挥品牌引领作用，深化品牌理念，强化战略统筹，结合总体发展战略、内外资源禀赋、企业文化传承等因素，制定适合本企业的差异化品牌战略，着力破解品牌工作“孤岛现象”，将品牌战略贯穿到企业发展战略实施的各层面、全过程，形成品牌建设和经营业务融合发展的良性机制。中国电子以品牌价值体系、品牌架构、品牌建设行动计划三方面为主要抓手，重点推进品牌管理创新、品牌业务支撑提升、品牌传播促进、品牌 IP 化四大工程，不断传递企业品牌核心理念和价值主张，彰显中国网信产业国家队的责任担当。国机集团大力推动集团品牌一体化战略，建立专门工作机构，举办战略启动会，制定实施方案，编制工作指导手册，大大提高了品牌资源的配置效率和品牌建设投入效率，“国机集团”品牌知名度和影响力逐步提升。中国旅游集团针对品牌内涵不明、品牌定位缺失、品牌标识滥用等问题，以品牌战略为统领，明确品牌定位、更新品牌标识、强化品牌认知，不断形成集团与所属企业良性互动的品牌体系，巩固和提升整体品牌资产。

（三）品牌管理水平进一步提高

中央企业积极发挥集团整体优势，结合品牌战略规划，整合内外部品牌资源，不断丰富品牌理念，优化品牌架构，完善品牌识别，创新品牌传播，加强品牌保护，注重品牌资产管理，强化品牌考评，逐步搭建了统一管理、分工协作、分级负责的全面品牌管理体系，品牌管理水平大幅提高。航天科工借鉴国内外品牌评估理论和实践成果，结合企业实际，研究构建适用自身的品牌价值内部评估模型，为客观评价集团品牌建设工作成效提供了有效抓手，为企业兼并、收购、融资等经营活动提供了决策依据。中国中化建立以集团总部、事业部、所属专业公司相关部门组成的三级联动维权行动小组，积极开展商标全球保护性注册，创新商标维权机制，建立“事前、事中、事后”全过程维权工作体系，并与第三方机构合作在全球范围内进行商标监测，及时发现和处理侵权案件，捍卫公司品牌资产。华润集团根据多元多业经营特点，综合单一品牌、多品牌、背书品牌等策略，搭建契合自身实际的综合式品牌架构，并配套制定《华润集团品牌管理制度》《商标管理与许可办法》等系列规章制度，逐步形成了以“华润”母品牌为统领，以雪花、怡宝、东阿阿胶等特色子品牌为支撑的品牌发展生态。

（四）品牌创建路径持续优化

中央企业“质量是品牌之基、创新是品牌之核、责任是品牌之魂”意识进一步增强，不断提升供给质量和档次，加强创新驱动，积极履责担当，丰富文化内涵，将品牌建设作为改善供需结构的重要抓手，持续增强品牌的创新力、市场的吸引力和核心的竞争力，加快推动中国制造向中国创造转变，中国速度向中国质量转变，中国产品向中国品牌转变。

中核集团、中广核大力加强自主创新、协同创新和“双创”，创建了具有自主知识产权的“华龙一号”核电品牌，在“一带一路”倡议引领和差异化品牌推广下，中国核电品牌迅速走出国门、走向世界，“华龙一号”成为名副其实的“国家名片”。中国建筑逐步探索形成品牌引领型的社会责任推进模式，从责任理念、责任文化、责任管理、责任实践、责任传播5个方面，为利益相关方创造综合价值，向利益相关方展现集团责任芳华之路，使“中国建筑”品牌获得更加广泛认同与尊重。原中国宝钢和中国武钢合并重组的中国宝武传承两家企业品牌优质资产，整合既有的关键技术、核心资源、知名品牌、市场渠道，逐步建立、完善重组后品牌运作模式和管理体系，积极推动品牌、文化、管理和资源的同步整合，不断形成聚集效应，增强品牌张力，进一步提升品牌影响力。

（五）品牌保护意识逐渐增强

中央企业逐步健全品牌保护体系，建立品牌危机管理机制，不断加强商标、字号和域名保护，积极推进自有品牌商标注册、防御性商标注册和中国驰名商标申请，加强商标侵权、舆情危机等动态监测，不断提高危机识别、分析和处理能力，努力形成“不敢侵、不能侵”的品牌保护氛围。航天科技开展集团公司品牌建设宣贯会，提高全员品牌保护意识，多次组织集团公司及下属单位品牌工作人员参与品牌建设、管理和商标注册等相关培训学习，大幅提高各级品牌工作人员的意识水平和工作能力。中粮集团成立知识产权维权中心，配备专职人员接受投诉和处理侵权案件，并编写《中粮商标维权手册》下发给市场监管和打假人员。中国中化创新商标维权机制，建立“事前、事中、事后”全过程维权工作体系，并与第三方机构合作在全球范围内进行商标监测，及时发现和处理侵权案件，捍卫公司品牌资产。国药集团积极推动老字号传承保护，优化工艺技术，激发旗下同济堂、冯了性等百年老字号的品牌活力。

（六）品牌国际化取得积极进展

中央企业积极践行“一带一路”倡议，结合企业国际业务发展实际和未来需要，加强海外市场研究，加快马德里商标国际注册和业务目标国商标注册，不断适应国际传播新形势新趋势，积极参与全球重大交流活动，加强海外社交媒体账号等新媒体平台运营，推动优质装备走向世界大舞台、国际大市场，品牌全球影响力和竞争力不断提升。

三、重点央企品牌建设工作情况

中国石油天然气集团有限公司（简称中国石油）是中国重要骨干企业和全球主要的油气生产商、供应商之一。“十三五”以来，中国石油坚持以习近平新时代中国特色社会主义思想为指导，围绕“绿色发展、奉献能源，为客户成长增动力、为人民幸福赋新能”价值追求和塑造“诚信、创新、安全、卓越”国际知名品牌目标，持续深化全面品牌管理，突出顶层设计、完善制度标准、狠抓日常管理、构建长效机制，不断丰富“统一规范、特色鲜明”的品牌架构体系。连续 15 年对外发布社会责任报告、国别报告和专题报告，打造“旭航”助学等系列公益品牌项目，开展“一带一路”油气合作圆桌会议等品牌外事活动，在海外油气重大战略项目建设中屡创“中国奇迹、中国速度”，成为世界油气行业气候倡议组织唯一的中国能源企业，被联合国全球契约组织授予“实现可持续发展目标企业最佳实践”荣誉，在国内国际资本市场享有良好的品牌形象和企业声誉。

中国石油化工集团有限公司（简称中国石化）是中国重要骨干能源企业。“十三五”以来，中国石化深入贯彻落实习近平总书记“三个转变”的重要论述和在胜利油田视察时提出的“能源的饭碗必须端在自己手里”的重要指示精神，将打造世界领先品牌提升到公司发展战略的高度，提出了打造“软硬实力皆位居行业前列的世界领先品牌”目标，叫响了“创新引领行业未来、责任创享美好生活”品牌主张，做出了“能源至净、生活至美”品牌承诺。近年来，中国石化着力以系统化管理和一体化思维实施“五于”策略，不断从于大局构建“战略性”品牌规划，立于国际打造“全球化”品牌格局，依于定位塑造“有特性”品牌气质，落于业务夯实“价值链”品牌承诺，传于故事树立“好口碑”品牌形象，在打造与世界领先洁净能源化工公司相匹配的世界领先品牌征程中迈出坚实步伐，探索出一条特色品牌建设之路。

国家电网有限公司（简称国家电网）是关系国家能源安全和国民经济命脉的国有重点骨干企业。“十三五”以来，国家电网认真贯彻习近平新时代中国特色社会主义思想，胸怀“国之大者”、牢记使命担当，把履行政治责任、经济责任和社会责任作为品牌建设的核心，不断践行“人民电业为人民”的企业宗旨和“为美好生活充电，为美丽中国赋能”的企业使命，为超过 11 亿人口提供安全可靠、经济高效的电力供应，不断满足人民日益增长的美好生活需要。近年来，国家电网把品牌战略作为公司总体发展战略的重要内容，不断把握品牌建设规律，坚持以自主创新为品牌之核建设电力技术强国，坚持以绿色发展为品牌之根引领全球能源变革，坚持以社会责任为品牌之本全力打造责任央企的品牌形象，坚持以国际化为品牌之路彰显中国品牌力量，坚持以绿色发展理念增强品牌价值认同，努力争当能源革命的推动者、先行者、引领者，成为适应和引领能源变革的先锋力量，走出了一条具有国家电网特色的品牌发展之路。

国家能源投资集团有限责任公司（简称国家能源集团）是全球规模最大的煤炭生产公司、火力发电公司、风力发电公司和煤制油煤化工公司。“十三五”以来，国家能源集团坚持以习近平新时代中国特色社会主义思想为指导，全面推进化石能源清洁化、清洁能源规模化、能源供给智慧化，以可持续方式提供可持续能源，为经济社会发展提供不断前进动力。2021 年，国家能源集团向社会让利 600 多亿元，全力保供保暖保民生，煤炭产销量、发电量分别占全国 17% 和 15%，保供担当、守护万家灯火的“可持续能源”品牌形象进一步深入人心。近年来，中国能源集团将“品牌一流”作为企业发展战略的重要内容，坚持以创新为魂、质量为本、诚信为根，秉承公司改革创新、一体化、可持续、平等共享品牌精神，创新提出了 RISE 品牌战略，明确了品牌理念、品牌架构和品牌发展策略，不断打造具有全球影响力的靓丽名片。

中国电信集团有限公司（简称中国电信）是中国特大型通信运营企

业。“十三五”以来，中国电信深入学习贯彻习近平总书记“三个转变”重要指示精神，服务大局，聚焦重点，传承红色基因，深化改革树立标杆，履行中央企业责任，书写品牌好故事，强化品牌正面宣传，传播电信声音。近年来，中国电信不断弘扬“听党指挥、信念坚定、一心为民、变革创新、崇尚科技、安全畅通”的红色电信精神，强化建设网络强国、数字中国、维护网信安全的主力军责任担当，推动云网融合新型基础设施建设，不断夯实数字经济发展底座，打造“服务型、科技型、安全型”通信企业品牌形象。深入践行以人民为中心的发展思想，着力提供优质综合智能信息服务，深入推进智慧家庭、智慧社区、数字乡村建设，开展“暖春行动”“春晓行动”助推数字经济，提供优质适老化服务服务民生，赋能体育产业助力“体育强国”建设。

中国移动通信集团有限公司（简称中国移动）是全球网络规模最大、用户数量最多、品牌价值和市值排名位居前列的电信运营企业。“十三五”以来，中国移动始终坚持将自身发展融入党和国家事业发展大局，坚决贯彻落实习近平总书记提出的“三个转变”重要指示要求，坚持品牌建设，铸就大国重器。聚力自主创新，建强基础设施，激发品牌“源动力”。持续提升信息服务供给质量，确保5G发展领先，推动5G等新一代信息技术与经济、社会、民生全面深度融合。推动运营转型，做优客户服务，释放品牌“影响力”。以客户为中心，积极转型变革，全面升级全球通、动感地带、神州行三大客户品牌，目前三大品牌无提示认知度、品牌力等品牌评估指标全面提升，品牌影响力进一步扩大。践行社会责任，彰显国企担当，夯实品牌“凝聚力”。牢记央企责任，聚焦脱贫攻坚、普遍服务等关键领域，推动社会可持续发展。

东风汽车集团有限公司（简称东风公司）是中国骨干汽车企业。“十三五”以来，东风公司认真贯彻落实习近平新时代中国特色社会主义思想，秉承“让汽车驱动梦想”的使命和“品质、智慧、和悦”的品牌主张，不断做强做优，努力建设“为用户提供优质汽车产品和服务的卓越科技企业”，稳步迈向具有全球竞争力的世界一流企业。近年来，东风公司将品牌作为核心竞争力和重要资产，坚持品牌战略引领，通过构建简洁统一的品牌理念体系，确立清晰的“东方风起 科技跃迁”品牌战略，打造了岚图、东风风神、东风品牌商用车等自主品牌。东风公司积极孵化无限星、龙擎、马赫、鲲跃等科技和服务生态品牌，开展年轻化的品牌沟通与创新传播，践行脱贫攻坚和乡村振兴等社会责任，构建全过程的品牌管理机制，持续提升公司品牌价值，全力打造科技东风形象，推动民族品牌向上，助力建设汽车强国。

中国机械工业集团有限公司（简称国机集团）是中国机械工业领域覆盖面广、研发能力强、国际化程度高、产业链优势突出的特大型综合性企业集团。“十三五”以来，国机集团认真践行习近平总书记“三个转变”重要指示精神，坚持“锻造国机所长、服务国家所需”，大力推进科技创新、转型升级、提质增效，企业创新潜力有效激发、质量效益不断提升、品牌效应逐步展现。近年来，国机集团设置专门品牌管理机构，搭建品牌组织体系，发布品牌专项规划，大力实施品牌形象一体化战略，积极参加中国自主品牌博览会等重大品牌交流活动，举办国机品牌发展线上论坛，在国家级展会平台、央企阵容中展示国机品牌形象，国机品牌知名度和美誉度不断提升，为做优做强做大国机品牌、提升国机集团核心竞争力、推动企业高质量发展奠定坚实基础。

中国南方航空集团有限公司（简称南航集团）是中国运输飞机最多、航线网络最发达、年客运量最大的航空集团。“十三五”以来，南航集团深入贯彻落实习近平新时代中国特色社会主义思想，始终坚持“人民航空为人民”，发扬“勤奋、务实、包容、创新”的南航精神，持续推动“大运行”“大服务”建设，不断提升“亲和精细”的服务品质，以服务塑造品牌、赢得市场。南航集团秉持“绿色、和谐、创新”的可持续发展理念，率先在中国业内推出“双碳行动计划”和“绿色全旅程”服务，累计节约餐食超过 500 万份、2300 多吨。坚持创新发展，打造“南航 e 行”全流程一站式服务平台，App 累计下载激活超 7400 万人次、月活跃用户数 320 万，位居中国民航首位，不断创造比较竞争优势。近年来，南航集团积极谋划建设世界一流航空运输企业，确立“五五六六”战略发展思路，明确品牌经营战略作为公司五大战略之一，通过“阳光、亲和、绿色、创新”品牌建设路径，不断擦亮南航品牌。

中国中化控股有限责任公司（简称中国中化）是全球规模最大的综合性化工企业。“十三五”以来，中国中化以习近平新时代中国特色社会主义思想为指导，基于创建世界一流综合性化工企业品牌目标，着力推进两化重组后品牌重塑，系统盘点和梳理两化品牌资产，搭建起包括企业愿景、使命、战略定位、品牌理念、核心价值及品牌形象在内的完整品牌理念系统，建立并发布了全新“牡丹花”品牌形象，为品牌建设提供内核和灵魂。近年来，中国中化坚持从战略规划、理念系统、管理系统、形象系统、传播系统的全方位重新构建，发布《中国中化品牌管理规定》等系列品牌管理制度，构建起三级联动品牌管理机制，确定以单一品牌为主，包含母子、背书、独立品牌等的混合品牌架构模式，不断夯实品牌管理基础。中国中化立足新公司品牌推广需求，打造形成风格鲜明、协同互补的十大主要宣传平台和渠道，积极搭建立体化海外传播阵地，加强与全球利益相关方的沟通交流，全新的“中化”品牌不断深入人心。

中国旅游集团有限公司（简称中国旅游集团）是中国发展历史最长、产业链条较全、经营规模较大、品牌价值较高的旅游龙头企业。“十三五”以来，中国旅游集团深入贯彻习近平总书记关于品牌建设的重要指示精神，立足于打造具有全球竞争力的世界一流旅游集团愿景，根据重组整合和业务发展需要，全面启动品牌升级，完善顶层设计，明确品牌战略，聚焦品牌定位，确立品牌形象，重塑品牌视觉，搭建品牌架构，逐步建立符合企业实际的新品牌体系，奋力开启百年中旅品牌强企新征程。近年来，中国旅游集团发布“十四五”品牌建设专项规划，完善品牌视觉体系，制定集团品牌管理制度，明确品牌管理范畴，厘清品牌管理边界，规范品牌管理流程。全面搭建“集团一网两刊十一号”全媒体矩阵平台，实现全方位、多渠道、立体化品牌传播。

中国中车集团有限公司（简称中国中车集团）2015 年由原中国南车、

中国北车合并成立，是全球规模领先、品种齐全、技术一流的轨道交通装备供应商。“十三五”以来，习近平总书记三次视察中国中车集团所属企业，指出“高铁动车体现了中国装备制造业水平，是一张亮丽的名片。”近年来，中国中车集团深入贯彻落实习近平总书记重要指示精神，将品牌建设上升到企业战略高度，系统梳理品牌文化根脉，按照“品牌战略+品牌价值体系、品牌形象体系、品牌传播体系、品牌管理体系”的“一战略四体系”的架构系统构建、分步实施，不断推动品牌建设融入企业总体战略，为提升企业国际竞争力、打造中国制造“国家品牌”提供坚强保证，不断向社会公众传递了中国中车集团深厚的品牌底蕴。

中国铁道建筑集团有限公司（简称中国铁建）前身是中国人民解放军铁道兵，目前已发展成为全球最具实力和规模的特大型综合建设集团之一。“十三五”以来，中国铁建坚持以习近平新时代中国特色社会主义思想为指导，深入推进“建筑为本、相关多元、协同一体、转型升级”发展战略，紧紧围绕建设最具价值创造力的综合建筑产业集团目标，建设了以京雄高铁、京张高铁、成都地铁为代表的一大批重点工程、优质工程，荣获鲁班奖45项，国家优质工程奖206项，为中国铁建品牌建设打下了坚实基础。近年来，中国铁建全面启动品牌提升工作，完善三级品牌架构，构建品牌理念体系和品牌管理体系，制定品牌提升5年规划，积极推动品牌落地，不断打造优势核心子品牌，促进企业创造的经济价值和社会价值有效转化为品牌价值。

中国广核集团有限公司（简称中广核）是中国最大、全球第三大核电企业，全球领先的清洁能源供应商与服务商。“十三五”以来，中广核坚持以习近平新时代中国特色社会主义思想为指导，牢牢把握清洁能源与“双碳”战略高度契合的优势，增强品牌创新意识，发挥品牌引领作用，推出三代核电技术“华龙一号”，不断实现“中国产品”到“中国品牌”转变。近年来，中广核定好品牌战略“总纲领”，绘制品牌管理“路线图”，强化品牌塑造“视觉锤”，传递品牌价值“好声音”，当好中国品牌“代言人”，不断在企业文化中塑造品牌内核，在行动实践中丰富品牌内涵，在沟通传播中扩大品牌影响，走出一条具有特色的全球竞争力品牌创建之路。

四、下一步工作考虑

下一步，国资委将坚持以习近平新时代中国特色社会主义思想为指导，立足新发展阶段，贯彻新发展理念，构建新发展格局，统筹谋划、积极推动中央企业加强品牌建设，引导中央企业进一步建立健全品牌创建、保护和发展的体制机制，不断打造好“中央企业”这一大品牌，加快建设成为产品卓越、品牌卓著、创新领先、治理现代的世界一流企业。

（一）开展中央企业品牌提升专项行动

根据新时代新要求，坚持统筹推动、分类指导，聚焦企业品牌建设薄弱环节，深入开展中央企业品牌提升专项行动。不断加强系统部署，指导企业充分发挥品牌在改善供给结构、提高供给质量的引领作用，大力实施品牌战略。引导企业不断建立健全品牌工作机制和管理体系，将品牌理念真正融入企业重要决策和生产经营，逐渐形成上下联动、重点突出的品牌工作格局。

（二）指导推动企业加快提升品牌管理水平

针对企业诉求，系统总结中央企业在品牌战略、品牌投入、品牌管理、品牌创建路径和品牌国际化等方面的优秀做法，制定相关工作指引，指导企业不断提高品牌管理专业化水平。引导企业通过微电影、短视频、图画等多种方式，讲好品牌故事，将企业发展和品牌建设成果形象化、可视化，不断增强社会各界对国资央企的品牌认同。进一步强化激励、鼓励先进，在不同行业、不同层级、不同类型选树一批拿得出、立得住、叫得响的企业品牌、产品品牌、技术品牌、服务品牌，形成比学赶超的浓厚氛围。

（三）指导推动企业强化品牌关键影响要素

指导企业不断弘扬工匠精神、专业精神和企业家精神，不断推动质量变革、效率变革、动力变革，不断创建更多质量好、美誉度高、受人民喜爱的品牌产品和服务。推动企业深入实施创新驱动发展战略，大力提升品牌的科技含量和附加值，不断为品牌健康发展提供蓬勃活力。指导企业坚持绿色低碳发展，积极履行社会责任，树立可信赖、受人尊敬的责任央企品牌形象。引导企业发扬大庆精神、“两弹一星”精神、载人航天精神、新时代北斗精神、载人深潜精神，结合中华传统文化和企业文化特色，赋予品牌鲜活个性。

（四）指导推动企业加速品牌国际化进程

指导企业积极践行“一带一路”倡议，加快品牌“走出去”步伐，加强国际战略互信、经贸合作和人文交流，实现与所在国相关方的共商、共建、共享、共赢。推动企业加强跨文化沟通，运用更接地气、国际受众喜闻乐见的方式，传递品牌理念。从信息披露、环境保护、公益援助、人权保障等方面，加强海外社会责任建设，不断提高品牌认可度、美誉度，树立良好的国际品牌形象。引导企业积极融入国家形象塑造，继续做好中国品牌日等重大交流活动，不断增进世界对央企品牌的情感认同、理念认同、价值认同。

（五）积极创造品牌建设良好环境

加强部门交流合作，联合主办中国品牌日系列活动，组织中央企业积极参加中国品牌博览会和中国品牌发展国际论坛，指导举办国有企业品牌建设论坛，加大对相关工作的宣传推广力度，为中国品牌发展提供央企智慧，发出央企声音。加强和世界一流企业沟通合作，积极组织与国际企业间经验交流，适时组织现场参观，深入学习先进品牌理念和品牌建设方法。加大智力引进，结合企业需求，邀请国际知名专家进行专题讲座，不断为企业品牌建设搭建国际交流平台。分主题、分层次举办央企品牌建设工作培训交流活动，通过专业辅导、分享交流和研究探讨，推动企业增强品牌意识，提高品牌建设水平。

打造质量品牌 建设质量强国

——国家市场监督管理总局推进品牌建设工作情况

品牌是高质量产品和服务的体现，是国家经济社会发展综合实力的象征。习近平总书记强调，要“推动中国制造向中国创造转变，中国速度向中国质量转变，中国产品向中国品牌转变”。市场监管总局认真贯彻习近平总书记重要指示精神，按照党中央、国务院决策部署，全面实施质量强国战略，大力推进品牌建设，取得了积极成效。

一、推进品牌建设工作的主要做法和成效

（一）推动品牌标准化建设，夯实品牌发展基础

1. 持续完善品牌相关国家标准体系

“十三五”以来，累计发布实施品牌评价相关国家标准25项，主要涉及品牌价值评价要素、城市品牌评价、区域品牌评价、品牌培育等。截至2021年底，我国品牌领域国家标准达到40项。同时，推动相关协会、企业加大品牌评价标准实施力度，指导开展公益性的品牌价值评价活动，近8年来共发布4279个品牌价值评价结果，覆盖制造业、农业、服务业等行业，涉及企业品牌评价、产品品牌评价、自主创新品牌评价、区域品牌评价、中华老字号品牌评价和城市品牌评价等不同类型。

2. **积极推动品牌国际标准化工作**

我国推动成立国际标准化组织品牌评价技术委员会（ISO/TC 289），牵头制定品牌评价国际标准。2019 年 3 月，我国提出并主导制定的 ISO 20671《品牌评价 基础和原则》国际标准正式发布，2018 年提出《品牌评价 地理标志产品》国际标准提案并获立项，有力提升了我国品牌建设的国际影响力，以先进标准助力中国品牌“走出去”。

（二）着力培育质量品牌，提升企业品牌发展能力

按照《中共中央 国务院关于开展质量提升行动的指导意见》关于“着力打造中国品牌”的要求，大力开展质量品牌建设。

1. **深入开展质量提升行动**

联合相关部门，聚焦消费品、原材料、服务业等九大领域扎实开展质量提升专项行动，推动全国 2.7 万家企业参与“百城千业万企对标达标提升专项行动”，引导企业大力实施质量比对、质量攻关、质量改进活动，促进企业质量品牌成长壮大。

2. **实施国家质量激励制度**

“十三五”以来，连续开展第二、三、四届中国质量奖评选表彰活动，截至 2021 年底，共有 28 家组织获得中国质量奖，223 家组织获得中国质量奖提名奖，打造了一批具有竞争力和国际影响力的“国家质量名片”，不断推广质量管理最佳实践，传播先进质量理念，弘扬优秀品牌文化。

3. **利用认证手段培育品牌**

大力推行高端品质认证，提升相关产业品牌发展水平。会同商务部印发《关于推进内外贸产品“同线同标同质”工作的通知》，推进内外贸产品“同线同标同质”工作，打造内外贸产品“三同”品牌，截至 2021 年底，已有“三同”产品近 1 万种、企业约 3000 家。推进绿色产品认证体系建设，增加绿色产品供给，截至 2021 年底，实施绿色产品认证范围覆盖近 90 种产品，共颁发绿色产品认证证书 18 万余张。鼓励引导有机产品认证，截至 2021 年底，全国共有 1.5 万家企业获得 2.4 万余张有机产品认证证书，有机产品年销售额突破 800 亿元。

（三）积极推动质量品牌创建示范，提升产业和区域品牌发展水平

1. 开展“全国质量强市示范城市”创建活动

全国共有181个城市参与，31个城市获得命名。通过树立城市质量标杆，推动广大城市优化质量发展环境，提升发展质量，提高人民群众质量满意程度，用质量打造城市品牌新形象。

2. 引导产业园区、产业集聚区等开展质量品牌示范区创建

全国31个省份和新疆生产建设兵团的558个各类产业园区积极参与，通过规范产业发展，建立品牌培育长效机制，园区提质增效升级效果明显，培育了质量品牌竞争优势。

3. 指导和支持各地推进区域质量品牌建设

在地方党委、政府的领导下，各地市场监管部门围绕区域内优势特色产业，培育知名度、美誉度高的区域质量品牌，不断提升产业和区域质量品牌效益。浙江省市场监管部门持续推动“品字标”建设。“品字标”品牌建设连续7年纳入省政府工作报告，并纳入高质量建设共同富裕示范区和新一轮制造业“腾笼换鸟、凤凰涅槃”攻坚行动方案。浙江省每年组织开展“品字标”产品与国际知名品牌的质量比对活动，推动“品字标”企业质量承诺100%公示、品牌产品100%贴标、厂区车间100%亮标。通过主流媒体持续推介区域品牌，利用“中国品牌日”、全国“质量月”、中国-中东欧国家博览会、中国义乌国际小商品（标准）博览会等平台，举办“品字标”品牌主题展览、系列论坛和信息发布。上海市市场监管部门推动建立“上海品牌”制度。通过加强顶层设计、制度保障、宣传发动和有效监管等举措，支持引导市场主体、专业机构、行业组织等各方形成合力，共同培育认定一批特色鲜明，代表上海乃至国家参与国际竞争的品牌产品和服务。已认证98家企业的154项产品和服务，实现上海服务、上海制造、上海购物、上海文化“四大品牌”领域全覆盖。江苏省市场监管部门牵头打造“江苏精品”品牌。结合推进先进制造业优化升级、服务业提质增效、农产品优质供给等要求，遴选了行业龙头企业、各级政府质量奖企业、行业“隐形冠军”等736家企业列入“江苏精品”重点培育名单，全省累计

150家企业166个产品（服务）通过了“江苏精品”认证。山东省市场监管部门牵头开展“好品山东”区域品牌建设。“好品山东”突出高标准、高质量、高效益、高信誉度品牌要求，建立产品、企业、行业、区域、地理标志“4+1”品牌体系，促进消费向绿色、健康、安全发展。首批共推出15类、127家农产品、消费品类品牌，展现群众舌尖的、日常消费的“好品山东”。吉林省市场监管部门牵头开展“吉致吉品”区域品牌建设。“吉致吉品”写入吉林省地方国民经济和社会发展规划，列入省政府重点工作。吉林省结合培育壮大市场主体行动和实施“专精特新”中小企业培育计划，共建立企业培育库1000家，2021年首批获得区域品牌认证企业25家，通过区域品牌建设引导企业推动技术创新和科技成果转化，对标国际标准提升产品和服务质量，带动新投资，形成新动能。深圳市市场监管部门牵头打造“圳品”品牌。深圳市构建从农田到餐桌全链条供深食品标准体系，率先在食用农产品领域开展“圳品”评价，提升产品供给质量水平，形成高标准、高质量的食用农产品城市品牌，保障市民食品安全，促进产业高质量发展，助力乡村振兴。上市销售“圳品”567个，覆盖市民餐桌主要产品种类，实现以高品质产品引领消费新需求，以品牌优势吸引和带动食品相关产业提升行业素质、管理能力和产品品质。

（四）强化品牌保护，营造品牌发展良好环境

1. 加大打击侵权假冒工作力度

“十三五”以来，针对侵权假冒易发高发领域，围绕互联网领域、进出口环节、农村和城乡接合部市场等，组织开展专项治理，推进跨区域、跨部门执法协作，严厉打击侵权假冒违法行为。自2019年起，连续2年制定印发知识产权执法“铁拳”行动方案，围绕侵权假冒高发的重点实体市场、互联网领域和关系人民群众健康安全的重点商品，深入推进知识产权执法工作，严厉查处商标侵权、违法使用商标、恶意申请注册商标等违法行为，全国共查处商标违法案件6万余件。2021年，组织开展民生领域案件查办“铁拳”行动，依法查处酒水饮料和节令食品等商标侵权违法行为，加大曝光力度，全年办理案件2.4万余件。2021年4月23日，全国打击侵权假冒工作领导小组办公室组织16省（区、市）开展同步销毁行动，共销毁一大批涉及知名品牌的侵权假冒伪劣商品2000吨，货值7亿余元，形成强大震慑。

2. 加大反不正当竞争执法力度

自2018年起，每年开展反不正当竞争专项执法行动，加大对仿冒混淆等不正当竞争行为查处力度，共查办各类不正当竞争案件4.1万件，罚没金额19.6亿元。强化品牌商业标识保护，2018年、2019年连续开展查办跨区域重大案件工作，维护企业合法权益。

3. 加大广告产业监管力度，推动广告产业发展

“十三五”时期，我国广告产业规模稳步增长，创新创业活力激发，广告业与国民经济三大产业融合发展，服务自主品牌建设的能力持续加强。

（五）加强品牌宣传，形成品牌发展的浓厚氛围

1. 开展“中国品牌日”相关宣传活动

2017年以来，配合国家发展改革委组织开展“中国品牌日”系列活动，同时充分利用市场监管系统宣传阵地，积极开展品牌主题宣传活动，指导局属媒体开设《品质品牌》周刊等栏目，讲好中国品牌故事，推动实施品牌战略。

2. 着力加强质量品牌宣传

利用全国“质量月”、中国质量奖评选表彰等重要时间节点，会同人民日报、央视等主流媒体开展建设质量强国、提升质量品牌的专题宣传，弘扬精益求精、追求卓越、崇尚质量的价值导向和时代精神，引导广大企业和全社会树立品牌意识。

3. 开展品牌保护宣传教育活动

每年印发打击侵权假冒宣传工作通知，将品牌保护作为宣传重点。结合知识产权宣传周等活动，刊发“铁拳”行动的典型做法、案例和事迹等。自2017年开始，发布中英文版《中国知识产权保护与营商环境新进展报告》，宣传展示我国保护知识产权、强化品牌建设、优化营商环境工

作成效。连续4年会同世界知识产权组织（WIPO）举办打击侵权假冒国际合作论坛。举办反不正当竞争论坛，发布《反不正当竞争执法年度报告（2020）》和反不正当竞争十大影响力事件，加强反不正当竞争普法宣传。

二、推进品牌建设的下一步工作考虑

（1）贯彻落实党中央、国务院关于建设质量强国的决策部署，健全质量品牌培育发展机制，完善品牌相关标准体系，开展质量品牌创建示范活动，大力实施“中国精品”培育行动，树立中国国家品牌的精品形象。

（2）进一步加大知识产权执法和反不正当竞争工作力度，严厉打击品牌仿冒、商标侵权等违法行为，提升全社会知识产权保护和品牌意识。

（3）继续参与组织开展好“中国品牌日”活动，与世界知识产权组织（WIPO）联合举办第五届打击侵权假冒国际合作论坛，加大品牌宣传力度，进一步营造推动中国品牌创新发展的良好社会氛围。

建设知识产权强国 推动商标品牌和地理标志高质量发展

——国家知识产权局推进品牌建设工作情况

商标、地理标志等知识产权是品牌的核心和主要表现形式，是品牌获得保护、统一标准、实现价值的法律保障，是企业参与市场竞争的重要资源，是促进品牌经济和特色经济发展的有效载体，是创新发展的“刚需”和国际贸易的“标配”。我国拥有巨大的市场、众多的市场主体、悠久的历史和深厚的文化积淀，商标品牌和地理标志资源丰富，截至 2021 年底，我国有效商标注册量达到 3724 万件，马德里商标国际注册累计有效注册量达 48689 件，累计认定地理标志保护产品 2490 个，累计核准地理标志作为集体商标、证明商标注册 6562 件。

一、“十三五”以来有关工作情况

深入学习贯彻习近平总书记关于知识产权工作的系列重要指示精神，坚决落实党中央、国务院决策部署，采取一系列措施，持续强化知识产权创造、保护和运用，推动商标品牌和地理标志高质量发展，有效支撑品牌强国建设。

（一）健全商标、地理标志相关法律法规，构建品牌法律保障体系

1. 完成《中华人民共和国商标法》特别修改及宣传解读工作

为进一步优化营商环境，更有效地遏制商标恶意注册，加大商标专用权保护力度，积极配合立法部门高效完成《中华人民共和国商标法》（以下简称《商标法》）特别修改，涉及条文共6条，自2019年11月1日起施行。《商标法》修改决定发布后利用官方媒体及时发布宣传解读材料，在北京、上海、湖南等地举办宣讲培训共26场次，线上线下共直接覆盖约6000人次。

2. 推进相关部门规章、规范性文件的制修订工作

完成《规范商标申请注册行为若干规定》《商标印制管理办法》《商标一般违法判断标准》《商标审查审理指南》《商标注册档案管理办法》的制修订及宣传解读工作，持续推进《商标代理监督管理规定》《集体商标、证明商标注册和管理办法》的制修订工作。

3. 积极推进《商标法》及其实施条例修改准备工作

持续关注修改后《商标法》和相关规章的实施效果，对实施过程中出现的问题及时跟进、及时分析。同时，继续推进《商标法》进一步修改准备工作，围绕规制恶意注册等重点问题开展调研论证，形成论证报告和条款建议，为完善商标法律制度奠定基础。

4. 推进完善地理标志法律制度

一是开展《地理标志产品保护规定》修订研究。通过司法部网站、局网站等渠道对外公开征求意见。召开相关部委、司法机关、地方知识产权管理部门、专家学者、行业协会、代理机构等参与的7场意见征求会，为进一步开展地理标志法律制度建设奠定基础。二是开展地理标志保护法律制度论证工作。赴山东、福建、四川、北京、云南等地开展实地调研，结合我国地理标志保护实践，论证地理标志专门立法的必要性、可行性。

（二）提升商标审查质效，加强品牌源头保护

1. 全面深化商标注册改革，提升商标注册便利化水平

“十三五”期间，相继出台《关于大力推进商标注册便利化改革的意见》《关于深化商标注册便利化改革切实提高商标注册效率的意见》《商标注册便利化改革三年攻坚计划（2018—2020年）》。设立5个京外商标审查协作中心，商标注册平均审查周期从“十二五”末的9个月缩短至4个月，设立296个地方商标业务受理窗口，两次下调商标业务规费，多次简化优化申请手续和流程，商标注册证明“立等可取”，网上申请可办理37项商标业务，同日申请实现线上抽签，商标注册网上申请比例达98%。设立上海、天津、济南、成都、烟台5个巡回评审庭，加强商标案件口头审理和远程审理，提供方便快捷、智慧精准、公开透明的商标评审服务。商标注册便利化改革入选全国深化“放管服”改革优化营商环境典型经验100例。

2. 持续推进商标注册保护关口前移

2021年，制定《商标审查审理指南》，明确不以使用为目的的商标恶意注册申请审查标准。建成商标审查、异议、评审及后续业务联动的工作机制，精准发力打击恶意注册申请。仅2021年，商标注册领域累计打击不以使用为目的的商标恶意注册申请48.2万件，依职权对1700余件注册商标主动宣告无效，快速驳回抢注“长津湖”“全红婵”等商标注册申请1111件。商标知识产权源头保护得到强化，商标注册秩序治理成效明显，为商标品牌建设发展营造公平有序的市场环境。

3. 发挥集体、证明商标促进区域经济发展作用

制定《含县级以上行政区划地名的普通集体商标和证明商标的审查标准》《含“硒”地理标志商标审查标准》，核准注册“丽水山耕”“化隆牛肉面”等一批集体、证明商标，助力地方实现产业规划目标，促进地方产业集群和区域品牌发展。

4. 持续加大马德里商标国际注册体系推广力度

一是为马德里商标国际注册申请人提供便利化服务。2018年，正式上线运行我国自主开发的马德里商标国际注册网上申请系统，经过系统完善优化，目前我国申请人办理马德里商标国际业务已全面实现电子化。实现网上申请、电子通知、网上补正、在线支付、续展、指定代理人、转让、删减等网上申请功能。2020 年，及时发布《关于疫情期间马德里商标国际注册网上申请有关事项的说明》，克服疫情影响，有效保障申请人利益。2021 年底，我国申请人马德里商标国际注册网申请比例达 97%。二是做好马德里商标国际注册体系宣传推广。推广马德里商标国际注册“东营经验”“青岛经验”，引导企业在实施“走出去”战略中商标先行。充分利用商标集中宣讲平台，加大马德里体系宣传推广的精准度和有效性。2020 年宣讲活动线上线下累计 110.6 万人次参与，活动满意度达 97.2%；2021 年宣讲活动线上线下累计 114 万人次参与，活动满意度达 99.89%。

5. 社会商标品牌意识明显提升

商标年申请量由 2015 年的 287.6 万件增长为 2021 年的 945 万件，年均增长率达到 21.9%。截至 2021 年底，我国有效商标注册量达到 3724 万，约为“十二五”末期的 3.6 倍。同时，企业海外商标布局意识也明显提高，我国国内申请人马德里商标国际注册申请量由 2016 年的 3104 件增长到 2021 年的 5928 件，从 2017 年起，一直位列马德里联盟缔约方第三位。截至 2021 年底，我国马德里商标国际注册累计有效注册量达 48689 件，是 2016 年的 2.19 倍，越来越多的中国商标品牌走向世界。

（三）加大商标品牌和地理标志保护力度，打造良好营商环境

1. 加强业务指导，持续加大商标行政保护力度

“十三五”以来，尤其是机构改革以来，立足商标执法业务指导职责，持续加强商标行政保护。一是强化商标执法指导部门联动。就中央网信办、最高人民检察院、公安部、司法部等有关商标违法侵权判断等疑难问题做出 16 件答复。二是及时回应社会关切。指导上海、湖北等地查处恶意申请注册“雷神山”等商标行为，指导辽宁、江苏等地查处涉嫌恶意抢注“全红婵”“杨倩”等东京奥运会中国运动员姓名及相关热词商标案件，指导陕西、河南等地妥善处置“潼关肉夹馍”、“逍遥镇”胡辣汤等商标纠纷事件。三是加强各地商标专利执法办案业务指导。受理北京、上海等 16 省（区、市）请示案件，就有关商标的事实认定、程序规定、法律适用等累计做出 41 件行政答复。指导相关地方依据行政批复，加大商标违法案件查

处力度，山东、河南等地集中查办一批侵犯“青岛啤酒”注册商标专用权案件，有力打击商标侵权违法行为，浙江查处冒充“龙泉宝剑”注册商标案件，进一步规范商标管理秩序。四是持续评选发布商标专利执法典型案例和指导案例。每年全国知识产权宣传周期间集中发布年度商标行政保护十大典型案例，编印《知识产权行政保护典型案例集》，“十三五”期间，累计发布 50 个商标执法典型案例，发布 5 个知识产权行政执法指导案例及其理解与适用。

2. 以驰名商标为重点，加强商标品牌保护

驰名商标因其为相关公众所熟知，一般具有良好的声誉、较高的价值、巨大的消费号召力以及较强的市场竞争力，容易受到不法分子的仿冒侵害，侵权案件易发多发。“十三五”以来，会同相关部门协同配合构建驰名商标大保护工作格局，实现跨类别、跨领域保护。一是加强审查授权环节的保护。及时将行政认定驰名商标信息在商标注册与管理自动化系统中加注，加强商标申请、异议、评审等全注册流程对驰名商标的保护。二是加强企业登记管理环节的保护。与市场监管总局建立驰名商标信息定期更新、快速共享机制，累计在全国名称规范管理系统中更新驰名商标信息超过 8000 条，并全部向地方推送。三是加强行政执法环节的保护。2019 年 11 月印发《关于加强查处商标违法案件中驰名商标保护相关工作的通知》，2021 年 5 月，发布该通知的理解与适用，进一步要求各地对查处商标违法案件中批复认定的驰名商标及时保护，有行政认定记录的驰名商标援引保护，查处商标侵权假冒案件时对有行政认定记录的驰名商标重点保护。从通知印发到 2022 年 1 月，全国 26 个省（区、市）共报送 404 件查处商标违法案件中驰名商标请示，批复认定其中 97 件商标为驰名商标，并由立案机关依法予以扩大保护。其中，认定“庐山云雾茶”“正山小种”等地理标志证明商标 7 件，认定“玉泉”“都匀毛尖”等中华老字号商标 2 件，认定的“都匀毛尖”“建阳建盏”商标还涉及对国家非物质文化遗产的保护。

3. 全面加强地理标志保护和管理

一是严格审批登记。截至 2021 年底，我国累计核准地理标志作为集体商标、证明商标注册6562件，其中，“十三五”以来，新核准注册地理标志商标3578件。累计认定地理标志保护产品2490个，核准地理标志专用标志使用市场主体17111家，注销464家市场主体地理标志专用标志使用资格。加强特殊标志核准和保护工作。统一和规范地理标志专用标志使用，印发《地理标志专用标志使用管理办法（试行）》。二是严格保护管理。在行政执法方面，联合市场监管总局印发《关于进一步加强地理标志保护的指导意见》，推动地理标志高水平保护、高标准管理、高质量发展。在保护机制和能力建设方面，推进第一批12个省（市）开展地理标志保护产品专用标志使用核准试点改革，手续更便捷、流程更优化、核准更高效。组织开展2021年国家地理标志产品保护示范区申报推荐工作，印发《国家地理标志产品保护示范区建设管理办法（试行）》，批准筹建西湖龙井等50个国家地理标志产品保护示范区，批准成立钧瓷和龙安柚国家地理标志产品保护示范区。为健全地理标志标准化体系，公开启动征集2021年度地理标志国家标准制修订项目，《地理标志认定 产品分类与代码》完成国家标准立项。三是积极开展教育培训。2020年、2021年，连续两年在河北省张家口市崇礼区举办中欧地理标志保护能力提升培训班，各省（区、市）知识产权管理部门从事地理标志保护工作的业务骨干等700余人次通过线上和线下相结合的方式参加培训。

（四）持续加强商标品牌建设和培育，着力促进知识产权价值实现

1. 加强企业商标品牌能力建设

深入推进知识产权优势示范企业培育工作，推动贯彻实施企业知识产权管理规范国家标准，发挥示范引领作用，提高企业知识产权综合能力，引导企业加强商标注册、管理和运用，提升品牌价值，培育知名品牌。截至2021年底，培育国家知识产权示范企业963家，国家知识产权优势企业4766家，全国知识产权贯标认证企业超过6万家，企业商标品牌管理和运用能力不断提升。

2. 创新金融模式赋能企业品牌发展

一是积极推进商标专用权质押融资工作。2020年，发布《注册商标

专用权质押登记程序规定》公告，简化商标专用权质押登记材料和程序，压缩办理时限。会同银保监会出台加强知识产权质押融资专项政策，2021 年，与国家发展改革委、银保监会启动实施入园惠企三年行动，鼓励银行业金融机构对包括商标专用权在内的各类知识产权进行质押。2018—2021 年，商标专用权质押融资逐年增长，质押金额分别达 339 亿元、411 亿元、622 亿元及 899 亿元。二是开展商标、地理标志在内的知识产权保险创新。2019 年，与中国人民财产保险股份有限公司续签战略合作协议，将合作内容由专利扩大到专利、商标、地理标志等知识产权。知识产权保险产品体系不断丰富，多地推出专利、商标、地理标志等多类别知识产权混合保险，浙江宁波大力推进“商标专用权保险”，江苏盐城落地“东台西瓜”地理标志集体商标保险。三是探索开展知识产权证券化试点。指导地方规范探索知识产权证券化，将底层资产知识产权类型扩展至商标，2021 年，广州知识城发行全国首只纯商标知识产权证券化产品。

3. 推动地方加强商标品牌指导站建设

2021 年 7 月，印发《国家知识产权局关于进一步加强商标品牌指导站建设的通知》，指导地方积极推进商标品牌指导站建设，面向企业、产业和基层加强商标品牌建设的指导和服务，推广普及商标品牌知识，大力提升商标品牌的市场价值和社会效益，切实为群众办实事。截至 2021 年底，全国各省（区、市）已建成商标品牌指导站 1600 余家。各地多措并举开展商标品牌指导站建设，进行各类有益探索和实践。服务于企业，推动优化企业商标管理体系，建立重点联系机制，帮助有需求的企业完善商标使用、许可、档案记录；服务于产业，赋能区域品牌经济发展，协助地方政府部门开展地理标志运用促进工作，指导开展集体商标、证明商标的保护、运用、管理、推广工作；服务于基层，提升社会商标品牌意识，举办商标品牌专题培训和沙龙活动，组织开展商标品牌宣传推广等工作，多途径提升当地商标品牌知名度和影响力。

4. **指导发布“中国商标品牌发展指数”**

2020年11月，指导中华商标协会首次发布“中国商标品牌发展指数2020”，对全国各省（区、市）商标品牌发展综合水平进行指数测评。2021年12月，进一步修改完善指标体系，指导中华商标协会编制发布“中国商标品牌发展指数（2021）”，围绕商标品牌运用推进、质量提升、潜力挖掘、环境优化、效益实现等方面，共设置5个一级指标、11个二级指标和26个三级指标，力求全面、客观、科学反映各地区商标品牌发展水平和特征差异。指数显示：2020年度，我国商标品牌发展总体状况良好，但东高中西低、南强北弱的区域差异较为显著，与各地经济发展水平表现出较高一致性。“中国商标品牌发展指数”是国内首个量化测评区域商标品牌整体发展水平和建设成效的指数化工具。与国内外现有其他品牌评价榜单多关注单个企业品牌价值不同，该指数旨在为各地方商标品牌建设政策制定和绩效评价提供参考，引导区域品牌经济高质量发展。

5. **全面加强商标代理监管，促进商标代理行业健康发展**

截至2021年底，全国备案的商标代理机构共63958家。通过商标代理机构代理的商标申请代理率超过90%。近年来，国家知识产权局全面加强商标代理监管，促进行业健康发展。一是组织开展自查整改和信用承诺，组织备案商标代理机构对照重点整治事项开展全面自查，2.3万家商标代理机构完成自查并提交报告。二是快速打击恶意商标申请代理行为。先后印发《关于严厉打击与疫情相关非正常商标申请代理行为的通知》《关于严厉打击恶意抢注相关奥林匹克运动会热词商标申请代理行为的通知》，已立案查处130余起代理商标恶意抢注案件。三是加大对商标代理重大案件督办力度。直接停止3家机构商标代理业务，严打扰乱商标代理秩序行为。四是规范平台型商标代理和交易行为。通过“互联网+”监管手段加强对不规范行为的监控，组织对13家平台型机构进行行政约谈，针对其商标代理行为，要求规范经营、立即整改，随后，有关平台下架正在交易的涉嫌不以使用为目的的恶意申请商标207万余件。

（五）深入推进地理标志品牌建设，打造区域经济高质量发展“金字招牌”

1. 实施地理标志运用促进工程，开展品牌建设行动

先后印发《地理标志运用促进工程实施方案》《关于组织开展地理标志助力乡村振兴行动的通知》，组织各省（区、市）加强地理标志品牌运用指导、宣传推广和价值提升，发展地理标志特色产业助力精准扶贫和乡村振兴。2019 年以来，共实施 21 个国家地理标志运用促进工程项目，涉及兴安盟大米、平昌青花椒、盐池滩羊等 32 件地理标志。当地政府已配套投入逾 1.2 亿元，涉及地理标志产业产值超过 210 亿元，有效激发当地农户内生发展动力。2021 年，启动地理标志助力乡村振兴行动，面向全国遴选出首批 160 件地理标志列入重点联系指导名录（包括大同黄花、盘锦大米、西湖龙井等），进一步加强业务指导、项目支持和政策扶持，推动提升地理标志的品牌影响力和产品附加值，发展壮大地理标志特色产业。

2. 加大地理标志宣传力度，突出地理标志品牌特色

围绕“地理标志助力乡村振兴”遴选汇编一批成效突出、特色鲜明的典型案例，推广宣传各地在实践中塑造地理标志品牌优势、发展地理标志产业的成功做法，创响一批“土字号”“乡字号”地理标志品牌。加强对地方知识产权系统的培训指导，推广地理标志精准扶贫“宁德经验”、“淮安经验”和“山东现象”，组织“地理标志精准扶贫”西部宣讲活动并成功完成广西、新疆、四川、贵州、内蒙古站宣讲，累计万余人参与活动，切实提升基层业务能力水平。组织开展“商标富农和运用地理标志精准扶贫十大典型案例”评选和中央媒体“地理标志精准扶贫一线行”活动。连续举办 8 届“全国地理标志商标摄影大赛”。支持辽宁举办首届“地理标志直播节”系列活动，推进“地理标志+”发展模式，助力打造地理标志品牌形象、拓展地理标志产品营销渠道、提升公众对地理标志产品的社会认知。指导安徽建设地理标志展示推广中心，汇集优质地理标志产品资源，以线上线下相结合的方式助推品牌宣传打造。

（六）提高知识产权公共服务能力，支撑商标品牌做大做强

1. 知识产权信息公共服务体系不断完善，商标品牌公共服务有效加强

积极推进知识产权公共服务体系建设，截至2021年底，实现知识产权公共服务机构省（区、市）级全覆盖，推动建设地市级综合性知识产权公共服务机构97家，联合世界知识产权组织（WIPO）建设101家技术与创新支持中心（TISC），联合教育部建设80家高校国家知识产权信息服务中心，确定中华商标协会、内蒙古商标品牌协会等88家知识产权公共服务机构为国家知识产权信息公共服务网点，新增邯郸等5个商标业务受理窗口开展知识产权信息公共服务试点工作。实施知识产权公共服务能力提升工程，着力解决知识产权公共服务供给不充分不均衡等问题。部分节点和网点积极围绕商标业务知识培训、建立知识产权综合服务平台、商标品牌信息分析研究、品牌培育与保护等方面提供服务。例如，中国（深圳）知识产权保护中心TISC通过微信公众号发布《一图看懂各国商标注册程序》业务指引；宁夏回族自治区知识产权服务中心TISC创建宁夏特殊商标数据库，汇集宁夏地理标志、证明商标、集体商标、驰名商标等数据，并按照区域分布、注册类别等形式归类。

2. 上线运行国家知识产权公共服务网

2020年1月，正式上线试运行国家知识产权公共服务网，初步实现专利、商标、地理标志等业务“一网通办”。2021年，在国务院客户端小程序上线“全国知识产权公共服务机构信息查询”模块，开发并运行公共服务网百度小程序，截至2021年底，180余个外部网站链接公共服务网，累计访问量300万余次，推动社会公众、创新主体与知识产权公共服务的精准对接和多点联动，进一步提升知识产权公共服务的可及性和便利化，为推进品牌建设提供基础支撑。

3. 推动商标数据开放，开展商标数据国际交换

商标数据在2018年底实现开放，向社会免费公开6125万余条商标信息并定期更新，范围覆盖注册商标基本信息、商品/服务信息、优先权信息、商标图样等内容，推动加强商标数据利用，发挥其经济价值和社会效

益。2020 年 9 月，与欧盟知识产权局签订中欧商标信息交换协议，实现商标领域数据首次国际交换合作。为充分利用交换的欧盟商标数据资源，2021 年 4 月 26 日，正式上线欧盟商标查询系统，为社会公众提供欧盟商标信息的检索、浏览和单个商标数据检索结果下载服务，填补海外商标查询工具空白，助力我国企业加强商标品牌的海外布局。

（七）推动商标品牌国际合作，服务支撑新发展格局

（1）深度参与 WIPO 框架下商标、地理标志与外观设计委员会，以及马德里国际商标注册体系、里斯本体系等方面规则协调与磋商。

（2）与共建“一带一路”国家拓展商标和地理标志务实合作，举办商标审查在线培训班，完成商标审批流程对比研究项目，制作并推广《如何在中国保护商标》英文版小册子。

（3）以更加积极主动的姿态参与中美欧日韩商标五局（TM5）合作，主办 2021 年 TM5 年度会议，推动通过 TM5 合作联合声明，明确未来合作方向，引领合作机制完善，并首次提出牵头合作项目。

（4）积极深化与相关国家和地区合作。推动达成中欧地理标志保护与合作协定，2021 年 3 月 1 日，《中华人民共和国政府与欧洲联盟地理标志保护与合作协定》正式生效，这是我国对外商签的第一个全面的、高水平的地理标志双边条约，中欧双方通过单独申请、互认试点和协定互保等模式累计实现 110 个中国地理标志在欧保护，134 个欧盟地理标志在华保护；签署中法地理标志有关合作议定书，推进中泰地理标志“3+3”互认互保试点项目；与欧盟知识产权局（EUIPO）签署升级版谅解备忘录。

（5）积极推介商标和地理标志助力脱贫攻坚的中国实践。与联合国 2030 可持续发展议程相结合，提炼“两片金叶子，富了一个县：知识产权助力精准扶贫”的经验和实践，在 WIPO 和 TM5 合作平台推介分享。

（八）加强宣传推广，积极营造有利于品牌发展的良好舆论氛围

1. 举办大型活动，促进公众意识提升

每年联合市场监管总局、中央宣传部等共 20 个部委共同开展全国知识产权宣传周活动，全面展示专利、商标、地理标志等方面的创造、保护、运用、管理、服务工作成果，大力倡导以“尊重知识、崇尚创新、诚信守法、公平竞争”为核心的知识产权文化理念，促进社会公众尊重和保护商标品牌、地理标志的意识。组织举办中国专利奖评选、中国国际商标品牌节、中国专利技术和产品交易会、中国无锡国际设计博览会等重大活动，进一步宣传大国品牌的匠心精神、创新活力和知识产权含金量。

2. 组织新闻发布，积极做好政策解读

“十三五”期间，先后围绕重新组建国家知识产权局，实现专利、商标、地理标志集中统一管理，以及中央办公厅、国务院办公厅印发的《关于进一步强化知识产权保护的意见》等一系列党和国家相关重大政策的出台实施，主动开展政策解读，促进社会公众了解商标品牌、地理标志等知识产权事业发展动态，凝聚社会各界支持知识产权强国建设共识。在国新办召开“知识产权助力精准扶贫”专题新闻发布会，介绍专利技术强农、商标品牌富农、地理标志兴农突出工作成果，展现知识产权与脱贫攻坚、乡村振兴相融合、共发展的新路径。自2018年起，在每年一、三季度的局例行新闻发布会上，集中发布包括商标、地理标志内容在内的年度、半年度知识产权重要工作统计数据和相关工作情况，并由局有关部门负责同志回答境内外记者提问，主动回应社会公众关注的热点问题。

3. 协调各类媒体，加强重点工作宣传

坚持以历年来国家知识产权专项规划中相关工作部署为统领，结合局党组重点工作任务安排，积极协调中央媒体、统筹局属媒体，持续开展商标品牌、地理标志专项宣传报道。结合《国家知识产权战略纲要》收官，邀请人民日报、新华社等十余家中央主流媒体开展集中宣传报道，重点关注商标、地理标志领域工作新进展新成效。持续围绕知识产权审查提质增效、打击商标恶意注册申请、“蓝天”专项行动等商标、地标领域重点工作的进展及成效，在局政府网站、《中国知识产权报》、局属“两微、抖音、推特”等媒体持续开展宣传报道。自2018年起，每年组织中央主流媒体赴地方开展“知识产权 竞争未来”主题采访活动，行程遍及安徽、浙江、广东、海南、陕西等十余个省区市，深入报道商标注册便利化改革、地理标志保护示范区建设等工作为地方经济社会发展带来可喜变化的鲜活案例。

4. 注重内容创新，打造宣传精品佳作

2021 年全国知识产权宣传周活动期间，结合中欧地理标志协定实施生效的重要突破，联合中央对外联络部、新华社中国搜索平台共同策划制作推出《餐桌上的“地标”故事》动画短视频，通过新华社、“学习强国”、光明网等 300 余家国内主要新闻媒体平台以及中国网、国家知识产权局官方推特等海外传播矩阵同步推出，全球播放量超过 1.3 亿次，向境内外广大受众广泛地宣传我国地理标志产品品牌和地标保护工作成果，得到社会公众特别是境外受众的积极评价。围绕商标注册便利化改革工作进展，在局政务抖音平台推出“小明与商标的故事”“商标网上自助申请指引”等一系列内容活泼生动的动画作品，累计浏览量超 110 万次，进一步促进包括商标品牌权利人、地理标志产品生产者在内的广大创新主体积极依法保护自身合法权益，助力营造优良营商环境。

二、下一步工作考虑

坚持以习近平新时代中国特色社会主义思想为指导，全面贯彻落实《知识产权强国建设纲要（2021—2035 年）》和《“十四五”国家知识产权保护和运用规划》决策部署，深入实施商标品牌战略，着力推进知识产权强国建设。

1. 完善知识产权法律政策体系

将着力进行《商标法》及其实施条例修改准备工作，继续深化研究，广泛听取意见建议，形成兼具前瞻性、针对性和可操作性的法律法规修改建议。推动出台《商标代理监督管理规定》，修改《集体商标、证明商标注册和管理办法》。加快推进地理标志专门立法研究论证工作，提出地理标志统一立法的基本框架和主要内容。

2. 全面深化商标注册改革

加快推进商标审查理念更新、工作创新、技术革新，推动完善商标法规政策，逐步建立国家需求导向和用户体验导向的审查工作机制，继续加大打击商标恶意注册和治理囤积行为力度，持续优化商标服务，努力建设一流商标审查机构和申请便捷、保护高效、服务优质的商标注册体系。充分发挥集体商标、证明商标注册管理制度作用，依法依规做好集体、证明商标和地理标志商标审查工作，依法核准一批特色鲜明、竞争力强、市场信誉好的产业集群和区域品牌商标。继续加强马德里商标国际注册体系的推广，服务中国企业商标海外布局。

3. 持续强化知识产权保护

深入学习贯彻习近平总书记在中央政治局第二十五次集体学习时关于加强知识产权保护工作的重要讲话精神，持续强化知识产权保护工作力度。开展国家级知识产权保护示范区建设，打造知识产权保护标杆。加大商标行政执法业务指导力度，加强知识产权行政保护专业技术支撑。加强商标品牌协同保护，持续加大驰名商标保护力度，推进跨部门跨地区协作保护。推进国家地理标志产品保护示范区建设，支持“一区一品”“一区多品”等多类型、国家级与省级多层级示范区建设。加大对商标滥用行为的规制。加强海外知识产权纠纷应对指导，推进海外维权援助能力建设，更好助力我国品牌“走出去”。

4. 着力提升企业、产业商标品牌建设能力

推动企业实施商标品牌战略，加强商标品牌资产管理，强化商标使用导向。修订企业知识产权管理规范，将商标品牌纳入修订重点内容，推动完善商标品牌管理体系。继续深入开展知识产权质押融资入园惠企行动，扩大商标专用权质押融资的普及度和惠益面。加强商标品牌指导站建设，强化商标品牌培育帮扶指导。进一步完善中国商标品牌发展指数指标体系，加强指标引领。推动打造产业集群和区域品牌，助力区域经济发展。持续加强商标代理行业监管，提升行业服务水平。

5. 不断提高地理标志运用水平

继续深入实施地理标志运用促进工程，探索地理标志品牌运营，加强地理标志展示推广，提升地理标志品牌价值。加强部门联动，促进地理标志与旅游、文创等关联产业相融互促，与互联网、电子商务等领域跨界融合，拓展地理标志营销传播渠道，讲好地理标志故事，传播品牌形象，传递品牌价值。

6. 稳步推进知识产权公共服务能力建设

进一步加强知识产权信息公共服务体系建设，提升知识产权公共服务效能。加大知识产权公共服务信息化基础设施建设，加快知识产权保护信息平台立项建设，持续优化国家知识产权公共服务网功能。持续推动商标基础数据开放，做好中欧商标数据交换、与 WIPO 的商标数据交换工作，满足社会公众便捷获取商标数据的需求。结合数字经济和大数据的发展，深入挖掘商标数据价值，推动商标数据的广泛运用。

7. 加快推动中国品牌国际化进程

深度参与 WIPO 等平台全球治理，推动完善知识产权国际规则体系。统筹推进商标和地理标志国际合作和竞争，探索与共建“一带一路”国家开展商标和地理标志合作。在 TM5 合作中深入推进我局牵头合作项目。深化地理标志领域国际合作，推动中欧地标地理标志协定下一阶段落实，推进中泰“3+3”地理标志产品互认互保项目。

8. 推动讲好知识产权领域中国故事

加强对商标品牌工作的调研谋划，围绕相关工作重要进展和有效成果，积极主动做好对内对外宣传，提升商标品牌和地理标志产品的国内国际知名度，助力营造知识产权强国、品牌强国建设的良好舆论环境。充分利用中国品牌日、中国国际进口博览会、中国国际商标品牌节等重大活动，加强商标品牌宣传和全球推广。

地方篇

DIFANG
PIAN

立足“四个中心”的核心功能 精心打造“京”品品牌

——北京市品牌建设工作进展与展望

北京市委、市政府高度重视品牌建设工作，全面贯彻落实习近平总书记关于品牌建设的重要指示批示精神，对品牌建设做出战略部署，品牌建设工作有力、有序、有效开展。

一、品牌建设工作情况

（一）以首台（套）机制促进新技术新产品应用，打造“北京首创”“北京原创”

2020 年 7 月，北京市建立了市领导牵头、多部门协同参与的首台（套）统筹联席会制度，研究完善了首台（套）政策。2021 年，完成全市第一批首台（套）产品的遴选认定和示范应用项目征集，遴选认定 60 个首台（套）产品。第一批首台（套）产品瞄准高精尖，六成达到国际先进水平，七成填补国内空白。

（二）以“双创”力量营造创新氛围，助力企业创新发展

2015—2021 年，连续成功举办 7 届“全国大众创业万众创新活动周北京会场”活动，充分释放全社会创新创业活力，持续推动“大众创业、万众创新”与国际科技创新中心建设同频共振，双创主体活力不断释放。

2020年，每日新设科技型企业超过300家；集聚国家级高新技术企业2.9万家，占全国1/10以上；独角兽企业数量达93家，居世界城市首位；新增3家国家级双创示范基地，累计拥有国家级双创示范基地30家，约占全国的1/7；拥有科技企业孵化器、众创空间和大学科技园等各类平台超过500家。

（三）以搭建发展平台为支撑，推动品牌在京发展

2020年9月印发《关于鼓励发展商业品牌首店的若干措施》（2.0版），鼓励企业在京开设首店。对落地首店品牌方、首店引进方和首发首秀活动举办方在场地租赁、搭建等方面给予资金支持。2019年以来，累计开设首店1962家。2021年，共引进首店901家（中国品牌767家，国际品牌134家）超过前两年当年同期数。其中，全球首店4家，亚洲首店7家，中国首店59家，北京首店831家。以2022年冬奥会举办为契机，推动京冀一体化，实现区域品牌联合发展，有效提升品牌认知度和影响力，带动两地优质农产品产业发展，共同打造独特区域品牌文化。

（四）以颠覆性、前沿性、突破性创新，助力实现科技自立自强

积极发挥首都创新资源集聚优势，在支撑国家重大活动、经济社会发展、突破“卡脖子”关键核心技术等领域突破创新，打造北京“创新”品牌。现代农业领域，无土栽培和水培蔬菜、功能性食品开发、高效生态养殖模式、观光采摘和设施高效生产、景观农业、工厂化生产和高品质绿色安全生产等技术不断突破发展，助力现代农业加快发展。原始创新突破“卡脖子”关键核心技术，成功研发了我国第一台场发射枪扫描电子显微镜、极低温运行的无液氦稀释制冷机、破纪录的长寿命超导量子比特芯片等先进技术设备，打破了国外垄断，填补了国内空白，为我国前沿科学研究和战略新兴产业高端设备的自主可控提供了重要支撑。

（五）以消费促发展，实现品牌强力引领消费

2020—2021年，连续两年举办“北京消费季”系列活动，累计开展商旅文体活动超1900项。2017年起，兼具产业功能与消费业态的新兴文创园区，郎园Vintage等一批“网红打卡地”应运而生，成为文化消费新空间代表，对年轻消费群体产生了极强的吸引力。2020 年，北京市商务局重点监测企业销售额较 2019 年同期增长 12.8%；全市 52 个重点商圈客流量约 4.7 亿人次，同比增长 49.5%。2021 年 1—11 月，全市 52 个重点商圈限额以上商业单位零售额 2666.7 亿元，占全市社会商品零售总额比重达到 19.7%，同比增长 30.6%，对社会商品零售总额贡献达到 48.9%，拉动社会商品零售总额增长 5.1 个百分点；截至 2021 年 12 月底，全市 52 个重点商圈客流量约 12.2 亿人次，同比增长 15.1%。

二、品牌建设具体举措

（一）注重搭建展示平台，推动品牌聚力发展

1. 举办“品牌日”及系列活动

积极推进中国自主品牌博览会北京展馆的各项筹备工作，2018—2021 年，连续四年举办“品牌日”活动，扩大北京品牌影响力和传播力。2020 年举办“5·10 中国品牌日——企业自主品牌发展与保护”线上宣传，邀请不同类型企业分享商标品牌发展和保护案例，对北京市商标保护的新模式、新方法进行有益探索，服务北京市自主品牌发展与保护。2021 年以“商标战略引领发展中国品牌世界共享”为主题举行“5·10 中国品牌日”北京商标品牌发展论坛，活动立体化展示北京自主品牌发展成就，生动讲述北京品牌故事，集中展示北京优质品牌企业的新科技、新产品、新成就。

2. 举办北京商业品牌大会

“2022 北京商业品牌大会暨 2021 年度（第十七届）北京十大商业品牌系列活动”以直播的形式在云端隆重举行，被业界誉为北京商业领域规模较大、最具权威性、影响力深远的年度评选活动。其中，北京十大商业品牌评选活动已成功举办 16 届，主要表彰年度表现最为突出、引领行业发展方向的 10 家商业品牌，它们代表了年度北京商业发展的最高水平，拥有丰富的品牌内涵和外延。

3. 举办“北京消费季之首发节”活动

为品牌首店、新品首发搭建平台，打造“北京文化消费品牌周”和“北京文化消费品牌榜”。自2020年9月启动以来，陆续开展了国际品牌首秀、文创新品、老字号新国潮、科技造物新品四场国际国内品牌首发首秀活动；2021年，“北京首发节”先后在SKP、龙湖天街、郎园等商圈举办20余场线下专场活动，600余个国际品牌和本土品牌集中发布近两万款新品，持续激发市场活力。与此同时，“北京文化消费品牌周”围绕“设计北京”“影视北京”“艺术北京”“书香北京”“云游北京”五大主题，按照“品牌+直播+体验+带货”的方式，促进文化消费，持续拉动京城文化消费市场提质升级。

4. 举办北京国际设计周活动

2021年9月举办北京国际设计周活动，以“品牌力量”为主题，着力培育具有自主知识产权、独具特色的产品品牌、企业品牌和国家品牌，聚焦北京国际消费中心城市建设，推动创新设计消费品在北京的首发、首秀，积极引进国内外品牌在北京落地首店，克服疫情影响，保持国际设计交流与合作的正常化，推动中国产品向中国品牌的转化，激发设计力量在消费市场的活力。

5. 举办中国（北京）国际服务贸易交易会（简称京交会）

自2012年举办以来，京交会通过搭建全球服务贸易行业领域的专题展示、国际论坛、交易洽谈平台，吸引了来自百余个国家和地区数万名展客商参会洽商合作，实现了参展国家和地区、参会客商以及意向签约额的逐届递增。京交会已逐渐成为全球优质创新服务展示的舞台，国际服务贸易政策和信息发布的窗口，各国服务贸易企业对接交易的平台，国际先进服务“引进来”和中国服务“走出去”的重要桥梁。

（二）注重本土品牌建设，推动品牌传承与创新

1. 支持“老字号”企业发展

2018年印发《关于推动北京老字号传承发展的意见》等系列文件，完善政策体系支撑。发布老字号传承发展项目申报指南，利用商务发展资金

支持老字号门店等装修改造，鼓励老字号创新产品和营销模式。北京市经商务部认定“中华老字号”达117个，数量位居全国前列。2021年新认定9家“北京老字号”，截至2021年9月“北京老字号”总数达206家。

2. 推动现代农业高质量发展

2017—2019年，连续三年开展“北京农业好品牌”的遴选工作，累计遴选出100个优质品牌，包括企业品牌51个、产品品牌43个、农产品区域公用品牌6个。注册“北京优农”品牌并积极推广，发挥农业品牌引领产业发展。建立“北京优农”品牌目录，培育提升品牌价值，2021年出台《北京市优农品牌认定管理办法》，规范“北京优农”品牌认定与管理，认定130个农业品牌收入2021年“北京优农”品牌目录。

3. 注重本土自主品牌孵化

推出南阳共享际、红桥市场、王府井19号府和朝阳区郎园Station等4个新消费品牌孵化基地。南阳共享际聚焦文艺演出和文化类品牌孵化，王府井19号府为品牌提供优质商业环境和珍贵的品牌孵化实验机会，朝阳区郎园Station聚焦国际时尚和文化创意类品牌，开展森林城市艺术节、打造共享空间、举办北服毕业作品展示秀、开设创意市集等活动，践行“场景+流量”孵化理念。

（三）注重优化营商环境，助力品牌“无忧”发展

1. 不断加大知识产权保护力度

加强顶层设计，出台《关于进一步加强北京市知识产权公共服务的意见》等系列文件，营造良好政策环境。推进行政保护与司法保护有效衔接，探索建立专利、商标、原产地地理标志等规范化管理。加强知识产权交流与国际合作，支持企业积极参与国际竞争。推进知识产权服务行业建设，提升服务质量，开展北京市知识产权服务业品牌机构评选和培育工作。首个在我国缔结、以我国城市命名的国际条约《视听表演北京条约》于2020年4月28日正式生效，知识产权影响力不断提升。2020年，北京知识产权综合实力持续全国领先，优化营商环境获评全国“标杆城市”。

2. **加大商标侵权打击查处力度**

对获得驰名商标、著名商标企业的商标专用权予以积极保护，企业可以申请将驰名商标、著名商标的文字部分在全市范围内予以全行业保护。2019年，全系统打击侵权假冒伪劣案件共结案2065件，罚没款1.3亿元，捣毁窝点35个，移送司法机关20件；2020年，共结案4527件，罚没款6145万元；2021年“北京老字号企业商标监测预警平台”上线启动，该平台将对北京老字号企业给予点对点的支持与服务，推动老字号焕发新活力。

3. **落实商标注册便利化措施服务区域经济发展**

2017—2021年，成立包括全市综合业务受理窗口和经济技术区商标受理窗口在内的13家商标注册受理窗口。防疫期间商标注册窗口结合实际积极探索商标服务企业新模式，2020年朝阳商标受理窗口推出“点单式”服务，指导北京国家游泳中心网上办理104件商标续展手续，现场提交材料，为当事人节省委托代理费数万元。2021年，石景山商标受理窗口探索推出营业执照变更与商标注册事项变更“证照联办”服务。2020—2021年，朝阳区、丰台区、石景山商标窗口由于工作业绩突出获得表彰，先后被国家知识产权局商标局授予“先进单位”荣誉称号。

（四）注重完善品牌评定，推动品牌高质量发展

1. **开展北京市商标品牌指导站认定工作**

为深化实施商标品牌战略，大力提升北京市商标品牌的市场价值和社会效益，支撑首都经济高质量发展，2021年印发《北京市商标品牌指导站管理办法（试行）》，并开展2021年北京市商标品牌指导站认定工作。经综合考察评价，首批认定17家单位为“2021年北京市商标品牌指导站”。

2. **开展“北京市政府质量管理奖”评选表彰工作**

重视质量在品牌建设工作的基础性、战略性、引领性作用，深入实施标准化战略、首都商标品牌战略，2014—2018年开展了第一届和第二届“北京市政府质量管理奖”评选表彰工作，2020年为第三届，树立质量品牌标杆，推动北京产品向北京品牌转变。截至2021年底，全市有效商标注册总量达257.9万余件，有效发明专利量405037件，每万人发明专利拥有量185件。中关村企业和产业联盟主导创制发布标准15172项，其中国际标准605项，国家标准7559项，行业标准3495项，地方标准463项，团体标准3050项。

三、下一步工作计划

1. 继续营造创新氛围

支持首台（套）重大技术装备应用示范，推动形成更多“北京首创”“北京原创”产品品牌。主动谋划一批科技含量高、示范带动性强的应用场景，发挥企业创新引领带动作用，充分释放企业创新活力。围绕科研管理体制机制、科技成果转移转化等继续深化改革，支持企业牵头建设创新联合体，推动大中小企业融通创新，激发创新主次活力。

2. 继续搭建展示交流平台

继续办好品牌日、双创周、服贸会、京交会、世界机器人大会等，促进新技术、新产品、新模式在更多平台广泛交流，积极推动北京企业在国内乃至国际上推广“北京品牌”。不断擦亮“北京消费季”品牌，开展消费专项活动和商业服务业技能大赛。在国际交流平台以及国际交往活动中，帮助企业开拓国际市场、提升海外知名度、更好融入国际市场，进一步促进自主品牌价值提升。

3. 持续优化营商环境

落实优化营商环境5.0政策等任务，紧紧围绕“五子”联动，以“钉钉子”精神切实抓好“放管服”各项改革任务落地，努力推动首都营商环境改善，更好发挥制度的支撑、保障、激励作用。进一步提高数字化和文化赋能，提高商圈和周边交通保障，提高商圈的营商环境优化。持续加大知识产权保护力度，发挥“北京市商标监管服务数据系统”作用，保护商标知识产权，维护市场经济秩序。

4. 持续支持品牌发展

发挥红桥市场、王府井19号府、南阳共享际、首创·郎园Station等新消费品牌孵化地的示范效应，形成一批新消费品牌孵化聚集地，在品牌培育、推出头部企业等方面发力。建立健全新消费品牌孵化体系，培育一批具有核心竞争力的新消费品牌企业，推出一批拥有自主知识产权的产品。建立新消费品牌培育、发展、保护机制，进一步开放平台、开放空间、开放场景、开放资源，打造北京新消费品牌矩阵。继续鼓励“首店经济”发展，发挥首店经济优势，吸引国际优质品牌首店、顶尖设计机构和人才聚集。办好“2022 北京消费季”等系列活动，加大首店、首发经济、北京老字号、新消费品牌宣传力度，鼓励品牌发展，助力国际消费中心城市建设。

5. 持续优化品牌评选工作体系

在品牌评选指标中加大客流量、销售成绩、消费者口碑等数据权重，加强评选榜单的客观性与权威性。建立品牌发现、培育、推广、监测全流程工作体系，构建榜前、榜中、榜后全链条工作机制，将品牌榜建设工作由中端的“推出推介”向前端的“培育孵化”和后端的“链接应用”延伸。以品牌评选为依托，建立文化产品库、信息库、数据库，加强品牌榜荣誉体系建设，合理区分不同榜单表彰形式及荣誉授予机制，提升品牌榜的业内认可度。继续深入品牌质量工作，做好“北京市政府质量管理奖”评选工作，带动全市各行各业重质量、创品牌的积极性。

聚焦优势产业打响“津品”金字招牌

——天津市品牌建设工作进展与展望

天津市坚决贯彻落实习近平总书记关于品牌建设的重要指示批示精神和党中央、国务院关于品牌建设工作的决策部署，深入研究品牌特色，大力推进自主品牌建设，通过举办中国品牌日等活动，在全市营造重视品牌、尊重品牌的浓厚氛围，有效释放了内需潜力。

一、品牌建设工作开展情况

（一）中国品牌日相关工作

1. 精心组织谋划，加强协调推动

市发展改革委会同市委宣传部、市工业和信息化局、市农业农村委、市商务局、市市场监督管理委和市知识产权局等部门单位，成立天津市中国品牌日活动工作专班，建立协调机制，制定工作方案，明确责任分工，相互密切配合，确保筹备工作各项任务落实到位。

2. 严格审核企业，认真甄选素材

按照历届品博会组委会的遴选企业标准，组织市有关部门推选自主品牌参展企业，并从信用、专利、环保、安全生产等方面进行严格核查把关，坚决排除存在问题企业。同时，根据展馆主题，由工作专班平衡确定参展企业，对搜集的参展材料仔细筛选，确保优中选优。

3. **强化策划设计，体现津品津味**

为提高活动策划设计方案水平，严格按照相关规定，通过招标方式确定专业机构，组织各方面进行深入对接，做好展馆的设计、制作、搭建工作。同时，结合展馆核心主题，突出天津品牌特色，优化完善整体方案，深化设计，提升展示效果，体现高标准。

4. **各方协同推动，大力推广宣传**

组织天津电视台、津云、天津日报、今晚报等多家主流媒体，在电视、报纸、广播等传统媒介和公众号、微博、官方网站和手机 App 等新媒介上开展活动预热和宣传报道。同时，制作宣传视频、宣传海报、宣传图册等，利用抖音、快手等短视频平台进一步扩大活动覆盖面。

5. **参展企业积极，活动效果较好**

连续 4 届参加中国品牌日相关活动，共计组织近 300 家优秀企业参加上海实体展和云上展，举办各类特色活动十余次，形成各类媒体宣传稿件近 160 篇，对全市优势产业、优秀企业、品牌建设、地域文化等进行了全方位展示。通过几年努力，品牌发展氛围更加浓厚，行业品牌创建热情更加高涨，企业品牌建设动力更加强劲，也使得优秀企业文化得到了大力宣传。

（二）工业品牌建设情况

1. **推进制造业高质量发展，加强顶层设计**

编制《天津市制造业高质量发展“十四五”规划》，明确提出制造业质量品牌提升行动，通过质量管理创新、标准引领和品牌培育等工作，推进制造业质量品牌建设。以产业链为抓手进一步串联关键环节，着力壮大生物医药、新能源、新材料等新兴产业，巩固提升装备制造、汽车、石油化工、航空航天等优势产业，设立 12 条重点产业链，加快构建“1+3+4”现代工业产业体系。

2. **深入实施智能制造，推进制造业立市建设**

设立 100 亿智能制造专项资金，鼓励企业建设智慧工厂，引导企业应用新技术新手段，提高企业质量管理水平。截至 2021 年底，已支持项目

1728 个，安排财政资金 52 亿元，拉动社会投资千亿元，形成了 1∶20 的放大带动效应。

3. 激发质量创新活力，培育民族企业和知名品牌

组织质量管理领域的资深专家，组建质量管理专家团队，深入企业现场，为企业的质量管理“把脉问诊”。积极推动企业建立以数字化、网络化、智能化为基础的全过程质量管理体系，近年来已对 100 家工业企业进行了现场诊断。

（三）农业品牌建设工作

1. 加强“津农精品”顶层设计

按照“树立品牌意识，讲好品牌故事，提升品牌效应，擦亮‘津农精品’金字招牌”要求，结合农业发展实际，制定并印发了《关于加快推进农业品牌振兴的实施方案》等政策性文件，认定了 187 个“津农精品”农业品牌，初步构建起国际有名、国内知名、市级精品、区镇特色多层级协同发展、相互促进的现代都市型农业品牌体系。

2. 加大“津农精品”宣传推介

围绕市级农业品牌名称“津农精品”和口号“津农津品，津津有味”，制定《天津市“津农精品”品牌宣传及电商发展活动方案》，开展系列品牌宣传推介活动。启动运营了“津农精品”展示中心，第一批筛选 60 多家、近 300 种农产品入驻，打造线下品尝、线上购买的不落幕的农业展会。组织企业参加“中国自主品牌日活动”“2021 年天津市中国农民丰收节”“第 105 届秋季糖酒商品交易会”等综合性展会，成效十分显著。依托天津电视台开展 30 期“津农精品”电视节目展播，搭建“津农精品”抖音话题，截至 2022 年 5 月中旬，话题累积观看量已达 510.2 万次。

3. 拓宽“津农精品”营销渠道

疫情期间，“金仓”“民盛”“齐心”“双街”等 30 多家品牌农业企业开通天津市地产农产品直达配送套餐，解决市民“菜篮子”需求，同时积极对接滞销农产品协助销售，展现了品牌农业企业的服务意识和责任担当。

4. **加强“津农精品”品牌保护**

逐步建立农业品牌目录，实行动态管理，建立品牌准入与退出机制，确保品牌农产品质量安全。认真核查之前已经认定为“津农精品”的经营主体，近两年来有没有发生产品质量抽检不合格、质量安全事故、停产停业、不良信用记录等情形。同时，加大对“津农精品”品牌农产品的质量安全监测，对三家首次发生检测不合格的企业给予警告，如再出现质量安全监测不合格，将直接取消“津农精品”资格。

（四）“老字号”品牌建设工作

1. **加强政策支持力度**

制定《天津市促进老字号创新发展政策汇编》，定期召开政策宣讲会设立专项资金，对老字号企业开设店铺、境内外参展、境外商标注册及专利申请、技术改造创新等给予资金支持。出台非遗条例支持老字号企业申报非遗项目。

2. **积极搭建合作交流平台**

连续六年举办中国（天津）中华老字号精品博览会，推动与全国各地老字号开展交流合作。组织桂发祥、海鸥手表、鸵鸟墨水、鹦鹉乐器等企业先后参加了亚洲美食节、台湾观光展，以及上海、浙江、山东等地老字号专题展会，加强省际交流。充分利用智能大会、华博会、夏季达沃斯等大型活动契机，组织桂发祥、至美斋提供特色餐饮服务，深度宣传展示津门老字号历史文化。

3. **加快与商旅文融合**

推动五大道历史博物馆通过文化情怀展示、定制礼品等模式同山海关、起士林、海鸥等老字号开展合作实现共赢。推动桂发祥、狗不理、桂顺斋等老字号特色小吃入驻“探索梦号”国际邮轮。支持老字号企业参与“天津礼物”评选，引导鸵鸟墨水、益德成鼻烟开展旅游文创商品。

（五）品牌质量建设工作

1. **聚焦标准考量，促进区域品牌建设规范化发展**

探索创建天津品牌指数评价体系模型，制定并发布《天津品牌指数及评价方法》地方标准。在全国率先采用“品牌指数”对区域品牌工作进行客观评价和科学考量，形成分析报告并定期发布，为区域品牌工作进行“体检”，有效促进各区域重视并加强品牌建设。自 2019 年首次发布天津品牌指数以来，已连续三年发布天津品牌指数。

2. 聚焦质量培育，促进区域品牌建设精细化发展

以历届天津质量奖评选表彰为契机，加大质量奖在品牌建设领域的培育力度。举办面向不同层次人员的质量品牌培训会，系统宣传和普及质量管理和品牌建设的先进理论、模式和方法。

3. 聚焦宣传推广，促进区域品牌建设常态化发展

充分利用“质量月”活动平台，大力推广科学的质量管理方法，宣传质量品牌文化，汇聚力量推动实施质量品牌提升工程。利用《天津日报》、“天津市场监管”公众号等平台，对第四届天津质量奖获奖组织开展宣传 11 次，引导企业积极融入质量品牌文化建设及品牌展示推广具体活动，让追求卓越、崇尚质量成为全社会的价值导向和时代精神，形成政府重视品牌、企业争创品牌、消费者认知品牌、多方保护品牌的良好社会氛围。

（六）商标品牌建设工作

1. 深入推进商标品牌战略的实施

大力发展注册商标，持续推进商标注册量的持续增长。加大对市场主体实施商标品牌战略工作的指导力度，提高企业实施商标战略意识。截至 2020 年底，全市提交商标注册申请 85096 件，核准注册量 51092 件，累计有效注册商标 288949 件。在全市开展天津市商标战略实施示范区和示范企业创建工作，累计认定 5 个商标战略示范区，27 家企业被认定为商标战略示范企业。

2. 加强商标受理窗口建设

为营造良好的营商环境，方便企业办理商标注册申请，并为申请注册商标专用权质押贷款登记等后续业务事项提供便利快捷的服务，积极协调开设国家天津商标受理窗口，协调设立全国第二家、北方第一家“国家知识产权局商标局天津巡回评审庭”，有效推进了服务企业商标注册工作。

3. 积极推动地理标志产品挖掘

制发《市知识产权局关于切实推进地理标志保护产品和证明商标、集体商标发展工作的指导意见》，召开“全市地理标志产品工作推动视频会议”。按照“挖掘一批、培育一批、申报一批”的要求，加强与区政府、有关部门、当地街、乡镇、村（居）委会的衔接，大力开展宣传引导工作。

二、品牌日活动保障措施

（一）强化组织领导

加强与市场监督管理、商务、文化和旅游等部门协作，充分发挥行业协会、产业联盟、社团组织、新闻媒体等多方资源，形成天津制造品牌质量建设协同工作机制。各区、各功能区建立相应工作机制，市区联动，上下合力，全力推动天津品牌建设工作。

（二）切实加大政策支持力度

加快政府职能转变，创新管理服务方式，建立品牌建设发展协调推进机制，强化对质量工作的整体部署和协同推进，加强全市各级政府和相关部门的沟通和协调，形成工作合力。完善相关产业、环境、质量、科技、金融、财政、人才培养等政策措施。对于质量优良的天津品牌，在科技立项和招投标等方面给予政策倾斜，营造有利于品牌创建发展的良好环境，推动品牌建设水平不断提升。

（三）逐步完善扶持奖励机制

制定和完善促进品牌建设的奖励政策，加大对品牌的奖励力度，由主管部门研究设立专项奖励资金，对获得国际级、国家级、市级等品牌项目的组织和个人给予一定奖励，并形成稳定的投入机制，保障对品牌成果的奖励和扶持资金。

（四）积极加快人才领域培养

以企业需求为导向，系统推进制造业的质量人才培养。依托高校、科研院所推进质量和品牌相关专业学科和课程建设，培养高端质量和品牌人才。支持行业协会、专业机构加强专业技能和质量品牌人才培训，提高行业质量意识和专业素质水平。

（五）全面强化督查推动考核

建立区域品牌建设考核方式方法，突出品牌成效，积极开展对各区政府的区域品牌建设工作评价，总结区域品牌建设成果。不断完善考核机制，强化部门协同和上下联动，强化督查问效，提升工作效能。通过区域品牌评价考核活动，提升区域品牌价值，推动区域经济发展，实现提质增效。

（六）切实加大品牌宣传力度

加强质量和品牌建设宣传的总体策划和系统推进，引导企业坚持质量为先，追求卓越质量，充分发挥典型的示范带动作用，形成标杆效应。开展形式多样、内容丰富的群众性质量活动，提高社会质量意识。组织开展质量品牌主题宣传和交流活动，报道企业质量提升的丰富实践、重大成就、典型经验，讲好天津品牌故事，塑造天津制造质量新形象。

（七）严厉打击侵犯商标专用权行为

积极开展侵犯商标专用权违法行为，结合“双打”和打击恶意注册等专项行动，完成天津市驰名商标保护名录、天津市老字号商标品牌保护名录的编制工作。疫情期间，严厉打击防疫物资的商标侵权行为。“十三五”期间，共办结侵犯商标专用权违法案件 1996 件，罚没款 4589 万元。2021 年，积极开展商标专用权保护工作，认真落实市“双打”办《关于做好 2021 年春节期间打击侵权假冒工作的通知》和国家知识产权局关于印发《打击商标恶意抢注行为专项行动方案》的通知精神，截至 12 月底，查处商标侵权案件 441 件，罚没款总额 1100 万余元。

三、下一步品牌建设工作思路

坚持以习近平新时代中国特色社会主义思想为指导，认真贯彻落实习近平总书记关于品牌建设的重要指示批示精神和党中央、国务院关于品牌建设工作的决策部署，围绕中国品牌日“中国品牌，世界共享”主题，深入研究品牌特色，着力推进自主品牌建设，助力高质量发展。

1. **大力实施品牌培育行动**

做强老品牌、创造新品牌、唱响区域品牌，通过中国品牌日、品牌故事大赛等活动进一步提升天津制造业品牌形象。充分利用好编制的《天津市驰名商标保护名录》和《天津市老字号商标品牌保护名录》，加大以驰名商标、老字号商标品牌为重点的商标专用权保护工作，持续推进驰名商标、老字号商标品牌保护专项行动，营造加大商标专用权保护力度的强大氛围，进一步优化营商环境。

2. **大力实施品牌推广行动**

讲好品牌故事、不断树立品牌意识、提升品牌核心价值的认同感，引领各行业、各区域努力塑造品牌文化，激励企业崇尚质量、追求品牌，全面提升企业的核心竞争力。引导企业探索和运用科学的管理方法，提升企业质量品牌意识和管理能力。加大品牌宣传力度，提升品牌知名度。

3. **提升品牌质量服务支撑能力**

搭建服务支撑平台，开展品牌质量工作评价、品牌质量管理方法创新研究，夯实质量技术基础。更好地发挥产业技术基础公共服务平台对质量创新的支撑作用，全面提升国家级、市级企业技术中心检验检测能力，新增一批国际、国家认证认可实验室。

4. **激发质量创新活力**

培育民族企业和知名品牌，开展专家企业行活动，组织质量标杆申报工作，推进品牌培育，壮大民族企业和知名品牌。组织相关企业参加中国品牌日活动，以线上线下相结合的形式，应用新技术新模式展现企业风采，扩大对外宣传，提升品牌形象，提高天津品牌知名度。

打造“河北制造”“河北服务”优质品牌

——河北省品牌建设工作进展与展望

河北省高度重视品牌发展工作，积极实施品牌发展战略，通过政策激励、培育引导、宣传保护等措施，培育了一批涵盖农业、制造业和服务业等各个领域的，质量水平高、经济效益好、竞争优势强的自主品牌，为促进经济结构调整和产业转型升级，提高发展的质量和效益发挥了重要作用。

一、品牌建设工作情况

近年来，河北省先后出台了《河北省人民政府关于实施质量强省战略的意见》《河北省人民政府办公厅关于发挥品牌引领作用推动供需结构升级的实施意见》等一系列支持质量品牌发展的政策文件，不断开展质量提升工程，完善品牌培育机制，以标准提升质量，以质量造就品牌，以品牌树立信誉，以信誉拓展市场，推动河北制造向河北创造、河北速度向河北质量、河北产品向河北品牌的转变。

（一）发展环境逐步优化

全省各级政府和有关部门不断强化政策引导，制定出台了一系列支持品牌培育的政策措施。全省 11 个设区市和多数县（市、区）政府出台了对名优产品的奖励政策。企业积极参加“质量月”“河北品牌节”及各类展览、展销等活动，提高自主品牌的竞争力和美誉度。市场监管部门通过“双打”等手段，有效保护名优品牌的知识产权。

（二）整体水平不断提升

培育了长城牌汽车、晶龙牌单晶硅、露露牌杏仁露、渤海物流、东明家具等在国内外知名度高、影响力大的名优产品和服务名牌，涵盖了装备制造、战略性新兴产业、传统产业、农业、现代服务业等重点产业。在推动产业向价值链高端攀升的过程中，河北大力发展新业态，探索新模式，积极引进国内外电商平台，发展集直播基地、网红孵化、营销策划于一体的全新业态，拓展了更为广阔的市场空间。

（三）区域品牌迅速成长

加快推进县域特色产业集群区域品牌建设，持续开展产业集群区域品牌培育辅导活动，服务全省特色产业集群区域品牌和中小企业品牌高质量发展，提高区域经济综合竞争力和可持续发展能力。培育壮大了一批区域品牌和优势企业，辛集皮革、白沟箱包、高阳毛巾、平乡童车、正定板材家具、南和宠物食品……河北省特色产业众多，产品和技术水平保持行业领跑地位，技术创新与品牌培育融合发展，促进了区域经济发展和产业升级。

新阶段、新理念、新发展，离不开先进标准的创新引领。从 2020 年开始，河北省有关部门对全省 1.2 万家企业实施质量帮扶，1562 家规模以上工业企业设立首席质量官，中铁山桥、君乐宝乳业等 5 家企业获得“中国质量奖提名奖”，增强了河北产品品牌的公信力和影响力。截至 2021 年 9 月，全省有 102 家工业企业质量标杆，97 家组织和 90 名个人获省政府质量奖；有驰名商标 358 件、地理标志商标 247 件、地理标志产品 72 件、中华老字号 27 个；有 202 家中小企业上榜专精特新“小巨人”名单，9 家产业集群获批工业和信息化部产业集群区域品牌建设试点单位；创建有 11 个 5A 级旅游景区、140 个 4A 级旅游景区。近两年，河北省开展“百城千业万企对标达标专项行动”，累计发布对标结果 3000 多项，在全国排名第五。发布《质量诊所管理规范》地方标准，成为质量管理创新典范。河北长城汽车、英利集团、邯郸钢铁等30多家企业成为国家或省企业标准“领跑者”；主导或参与制修订国际标准3项、国家标准231项、行业标准23项，发布省级地方标准77项。

二、推动品牌建设的主要做法和有效经验

（一）品牌建设活动丰富多彩

1. 积极参与中国品牌日系列活动

2018—2021年，河北省发展改革委等多家单位，按照国家发展改革委关于开展中国品牌日活动的主题要求，积极组织河北省知名品牌企业参加中国品牌日系列活动，讲好河北品牌故事，大力展示和宣传河北品牌，不断提高河北品牌知名度和影响力，进而拉动河北产品市场消费。

（1）2018年5月10—12日，在为期3天的首届中国自主品牌博览会上，河北省以“智造强省、绿色河北”为主题，认真筛选并精心组织了17家具有代表性的知名自主品牌企业和3家具有发展潜力的创新型中小企业参展，涵盖了装备制造、生物医药、智能科技、绿色环保等领域，集中展示了河北品牌的风采。

（2）2020年，受新冠肺炎疫情影响，中国品牌日活动搬上云端举行。河北省给大家带来了“冀创未来”主题云展馆，通过对45家河北品牌企业的生动介绍，集中展示了近年来河北省大力推动传统产业向以大数据应用、云计算、智能制造为代表的新兴领域融合发展、转型升级的场景，彰显了河北品牌正抢抓数字经济发展机遇，搭乘数字经济发展快车，在创新发展的道路上，驶向充满希冀的未来的发展理念。

（3）在2021年的中国品牌日活动中，河北省以“冀品新生活”为主题惊艳亮相。2021年中国品牌日活动的年度主题是“聚力双循环，引领新消费”。河北省“冀品新生活”消费品主题展设立了线上、线下展馆，遴选了45家企业，按照“健康食品”“创意家居”“时尚消费”进行板块划分，重点展示了与百姓生活息息相关的消费品品牌发展成就，推介长城葡萄酒、养元智汇、浩丽羊绒等河北省消费品知名自主品牌，展现“品质消

费、品牌河北”特色。

2. **河北品牌节活动持续举办**

为加强对河北省自主品牌、特色产业、特色区域品牌的宣传推介，扩大河北品牌知名度和影响力，塑造河北品牌良好形象，树立品牌经济发展理念，促进品牌强省建设，河北省发展改革委联合市场监督管理局、工业和信息化厅、住房和城乡建设厅、商务厅、农业农村厅等多个部门，连续多年举行河北品牌节系列活动。河北品牌节是一个集品牌企业宣传展示、品牌战略经验交流、品牌理论研讨、品牌发展政策共享等为一体的大型品牌盛会。截至 2021 年底，河北品牌节活动共举办 13 届。十多年来，河北品牌节专注于为全省各地企业和机构搭建品牌建设经验交流平台，持续开展品牌发展大讲堂、企业文化节，以及品牌故事专栏宣传等系列特色活动，凝聚了品牌发展社会共识，营造了全省上下抓品牌建设的工作氛围。

3. **开展“冀优千品”河北制造网上行活动**

该活动由河北省工业和信息化厅主办，启动于 2021 年 6 月。活动旨在贯彻落实河北省委、省政府关于深化新一代信息技术与制造业融合发展的工作部署，推动企业拓市场、广销售，打造河北制造优势品牌名优产品，助力河北制造业品牌打造和产品销售。开展“冀优千品”河北制造网上行活动，是推动河北省工业电子商务发展、提升河北制造影响力的重要举措，是加快构建国际国内双循环、保障产业链供应链稳定的有力抓手。活动将从河北省 12 个主导产业和 107 个特色产业集群中甄选出一批优质品牌和优质产品，力争通过 5 年时间培育打造 1000 个河北制造业知名品牌和 1000 个明星产品。为充分发挥消费品工业在扩大内需战略中的作用，促进 2022 年全省一季度消费品工业平稳开局，2022 年春节来临之际，河北省工业和信息化厅启动“河北消费品工业网上年货节”主题活动，通过“冀优千品”宣传渠道进行统一推介。河北省工业和信息化厅公众号特别推出《冀优千品年货节品牌日》栏目，集中展示在“河北消费品工业网上年货节”主题活动中遴选的河北省消费品工业优势品牌和优质产品，助力企业扩大品牌和产品知名度。

4. **冀产农产品品牌计划**

该计划推动101个农产品质量安全示范县建立了覆盖全域、全过程的质量安全监管制度，全省注册农产品品牌近7万个，品牌溢价率达30%以上。9万家农产品、农资生产经营单位纳入省农产品质量安全监管追溯平台，为全省农产品质量安全提供了坚实保障。积极打造区域公用品牌，迁西板栗等9个品牌入选中国最受消费者喜爱区域品牌。在市场监督管理总局企业食品安全抽查考核中，河北省覆盖率、合格率均达100%，位列全国第一；国家食品评价性抽检合格率居全国第一；全国食品安全工作考核连续两年获得“A级”等次。

5. **体育用品品牌建设**

2021年9月初，河北省体育局与省工业和信息化厅、省市场监督管理局联合命名了沧州鑫龙教学设备制造股份有限公司“鑫鹤”等10个河北体育用品制造优秀品牌，通过评选活动，引导和支持全省体育制造企业加强专利研究和高科技产品开发，加快新材料、智能制造、大数据、人工智能等在体育制造领域的应用，打造一批国内国际知名、拥有自主知识产权、自主品牌的现代化体育用品企业和产品，由此引领体育用品产业乃至其他行业创新发展和转型升级。

（二）编写品牌建设研究报告

为全面总结河北省品牌建设经验，查找问题，分析原因，借鉴国际国内先进经验和理念，研究提出对策建议，推进品牌建设再上新台阶，河北省品牌建设研究院分别于2015年和2017年组织编写了《河北省品牌建设研究报告》（以下简称《研究报告》）。《研究报告》旨在使各级党政领导了解全省品牌建设情况，把握品牌建设规律和机遇，支持品牌建设工作；使企业树立品牌发展意识，了解品牌发展政策，对标先进找差距，走品牌兴企之路；使消费者了解河北自主品牌，购买名牌产品，形成品牌忠诚度。《研究报告》也可作为各级各类人员的工具书，吸引社会关注河北品牌，支持河北品牌建设。《研究报告》有力地推动了河北省质量强省与品牌战略实施，为全省多个领域产业转型升级提供了专业指导。

三、品牌建设展望和下一步工作考虑

当前，河北省经济发展正处于新一轮转型升级的关键时期，各种新经济业态、新商业模式纷纷涌现，品牌建设面临新的形势和任务。

2021 年 11 月 22 日，河北全省深化质量强省和标准化战略实施暨知识产权保护大会召开。会议强调，要着力强化全面质量管理，开展优质品牌创建行动，打造一批影响力大、生命力强的知名品牌和“百年老店”，助力创新发展、绿色发展、高质量发展。

这就要求河北省要加快推动质量变革、效率变革、动力变革，持续树立“品牌强省”理念，认真把握品牌形成、演进、升级的内在规律，积极探索品牌管理新模式，推行品牌培育扶持新举措，拓宽品牌运用增效新渠道，构建“区域品牌+商标品牌+产品品牌”联动发展的品牌工作体系，全面提升“河北品牌”形象，为加快建设经济强省、美丽河北作出新贡献。

（一）实施品牌基础建设工程

一是加快提升产品质量水平。着力推进农业、制造业、服务业质量提升，提高供给体系质量和效率。二是推行更高质量标准。引导和鼓励地方和企业制定高于国家或行业的标准，推动具有核心竞争力的专利技术转化，并推广实施。三是提升检验检测能力。加强战略性新兴产业、装备制造业等重点产业的检验检测能力建设，提升药品、农产品、食品、环境保护、工程建设、交通运输等领域检验检测技能。四是搭建持续创新平台。加强研发机构建设，支持有实力的企业牵头开展行业共性关键技术攻关，加快突破制约行业发展的技术瓶颈。五是增强品牌建设软实力。定期发布客观公正的品牌发展报告，逐步提高“河北品牌”的竞争力和影响力。

（二）实施供给结构升级工程

一是打造一批制造业精品。在传统优势产业和战略性新兴产业领域培育生产一批满足经济建设需要的“高、精、尖”产品和面向居民消费需要的名优产品。二是提高生产生活服务品质。以河钢物流、开滦物流、石家庄新干线客运、廊坊新奥燃气、保定野三坡等服务单位为重点，培育一批知名度高、影响力大的优势服务品牌。三是增加品牌农产品供给。围绕蔬菜、米面、杂粮、薯类、果品、禽蛋、肉类、鱼类、食用菌、中药材等优势产业，重点培育河北农产品区域公用品牌。

（三）实施需求结构升级工程

一是努力提振消费信心。建设有公信力的产品质量信息平台，全面、及时、准确发布产品质量信息。二是强化自主品牌宣传。支持企业产品借助“一带一路”、京津冀协同发展、北京-张家口冬奥会、中国品牌日活动、廊坊“5·18”经洽会等平台“走出去”，在国内外唱响“冀字品牌”新名片。举办“河北品牌节”、“质量月”、“3·15”消费者权益保护日等活动，通过博览会、发布会等形式，将河北省名优产品推向全国、全世界。三是推动农村消费升级。开展农村市场专项整治，清理“三无”产品，拓展品牌产品在农村消费的市场空间。四是持续扩大城镇消费。鼓励家电、家具、汽车、电子等耐用消费品更新换代；加快发展数字出版、网络视听等新兴文化产业；建设康养旅游基地；发展冰雪体育和航空体育产业；推动房车、游艇等高端产品消费。

（四）加强品牌建设宣传工作

一是以深入贯彻习近平总书记“三个转变”重要指示精神为指导，全面落实国家和河北省关于品牌发展的决策部署，营造起全社会关心品牌发展、支持品牌发展的浓厚氛围。二是大力宣传河北省抢抓发展机遇，在立足本地特色产业集群，培育和创建了一批享誉全国乃至世界的优质品牌，推动全省经济高质量发展方面取得的新成就、新成果。三是聚焦12个省级主导产业和107个县域特色产业，全面推介河北优质品牌产品和服务，充分展现河北省国际化舞台新形象，不断提升河北知名度、美誉度和吸引力，为新时代全面建设经济强省、美丽河北营造浓厚舆论氛围。

启航“十四五”，伴随着京津冀协同发展、雄安新区高标准高质量规划建设、2022年北京冬奥会成功举办等重大发展机遇的叠加交汇，河北有信心在加快构建新发展格局、服务全国大局中发挥独特优势，有决心在深化改革开放中持续推动全省经济高质量发展，有能力为人民群众追求美好生活谱写新篇章，有把握在开创新时代全面建设经济强省、美丽河北新局面中以开放、合作、共赢之势，踏上创新发展、绿色发展、高质量发展之路。

实施品牌战略 打造“山西精品”

——山西省品牌建设工作进展与展望

山西省委、省政府高度重视品牌建设工作，通过深入学习习近平总书记关于品牌强国的重要论述，全面贯彻落实习近平总书记考察调研山西时的重要指示精神，按照全方位推动高质量发展目标要求和工作矩阵，通过健全组织机构、创新工作机制、强化品牌培育、出台政策文件等措施，为山西品牌发展提供了强劲动力。

一、品牌建设成效

截至2022年4月，山西省已拥有中国驰名商标90件，国家地理标志保护产品27个，地理标志证明商标94个，中国特色农产品优势区11个，山西特色农产品优势区18个，农产品地理标志登记保护175个，中华老字号企业27家，三晋老字号企业42家，质量标杆企业8户。一大批有影响力的品牌正走出国门，走向世界。

（一）“晋字号”特优农产品品牌叫响全国

2021年，“山西积极打造晋字号特优农产品品牌”受到国务院督查激励表扬。截至2022年4月，全省已创建山西小米、山西陈醋等12个省级区域公用品牌，评选出运城苹果、大同黄花等46个市级区域公用品牌，发布100个功能农产品品牌，认定发布100个晋字号“特”“优”农产品品牌目录。68个农产品品牌入围全国名特优新产品名录，7个县区成功创建全国绿色食品原料标准化生产基地，中国特色农产品优势区达到11个。绿色、有机认证产品达到1603个，认证66个“圳品”进入深圳市场，大同黄花、沁州黄小米、岚县土豆3个品牌入选中国百强。

（二）示范区品牌影响力稳步提升

至2022年4月，全省已形成大同云冈旅游示范区、汾阳市白酒集中产区、祁县玻璃器皿产业聚集区、太原经济技术开发区能源装备产业示范区、太原市民营经济技术开发区日用品现代物流产业示范区、武乡县人民政府八路军文化旅游示范区、洪洞大槐树寻根祭祖园等7个全国知名品牌示范区，其中大同云冈旅游区正式挂牌“全国知名品牌创建示范区”。

（三）老字号品牌振兴行动焕新升级

第三届中国国际进口博览会上，山西老字号首次组团参展，吸引世界目光。汾酒、六味斋酱肘花、晋韵堂铁货、水塔老陈醋、唐都平遥推光漆器等，极具山西特色的匠心产品和系列现场技艺展演，集中展示了山西老字号品牌、文化及创新成果，让观众全方面领略了三晋文化的独特魅力。

（四）地理标志产品和证明商标建设成果斐然

2017年，“隰县玉露香梨”地理标志证明商标被国家商标局核准注册。2018年，“运城苹果”“垣曲小米”“昔阳压饼”“临猗苹果”“平陆玉露香梨”“平陆苹果”“黄庵垴鸟接茶”等7件地理标志商标通过商标局初步审查并公告。“潞城驴肉甩饼”地理标志证明商标获准注册。2021年，全省地理标志保护产品达到27个，地理标志证明商标达到94个。大同火山黄花产业发展有限公司等22家企业获批使用地理标志专用标志，地理标志用标企业增至109家。“吉县苹果”“万荣苹果”入选国家地理标志产品保护示范区建设筹建名单。

（五）企业品牌价值再创佳绩

2021年5月9日，“2021中国品牌价值评价信息发布暨中国品牌建设高峰论坛”在上海举行。山西焦煤以505.89亿元的品牌价值，位列中国炼焦煤企业第一、中国能源化工领域第六。山西杏花村汾酒集团入选新华社民族品牌工程·中华老字号振兴行动。同时，在2018年度中国轻工业百强企业榜单中汾酒集团榜单排名跃升至第37位，食品行业第9位，时隔22年之后重回全国食品行业十强之列。世界品牌实验发布2019年《中国500最具价值品牌》分析报告，“汾酒”品牌价值达到377.27亿元。

（六）文旅品牌建设成绩斐然

以旅游区域品牌为核心，将旅游企业、景区、旅游线路、节事活动整合成为相互关联、支撑的旅游区域品牌体系。举办2021中国·山西（晋城）康养产业发展大会，持续打造“康养山西、夏养山西”品牌。舞剧《吕梁英雄传》荣获第十五届精神文明建设“五个一工程”优秀作品奖；上党梆子《太行娘亲》荣获第十六届文华表演奖；3部作品入选中宣部“庆祝中国共产党成立100周年优秀舞台艺术作品展演”；6部作品入选文旅部“庆祝中国共产党成立100周年舞台艺术精品创作工程”。

二、品牌建设经验

（一）发挥顶层制度引领作用

继2016年底出台《山西省发挥品牌引领作用推动供需结构升级实施方案》，对品牌建设做出战略部署后，陆续出台了一系列具有实践指导意义的相关文件。2020年2月，发布了《关于加快农产品深加工十大产业集群发展的意见》。2021年12月9日，《山西省“十四五”农业现代化三大省级战略、十大产业集群培育及巩固拓展脱贫成果规划》发布，明确山西将持续强化龙头企业培育、构建农业全产业链、差异化分类推进产业集群发展等方面措施。为加强老字号传承保护工作，2021年5月出台了《山西省传承振兴老字号行动方案（2021—2023年）》；为加大品牌保护力度，有效提升品牌竞争力，2021年12月出台了《关于打造“山西精品”公用品牌全方位推动高质量发展的意见》，初步形成了具有山西特色的品牌建设政策体系。发挥顶层制度引领作用，为全省品牌建设指明了方向和目标，形成了“制度引领、政府推动、部门联动、企业主动、社会互动”的品牌工作新格局。

（二）开展品牌宣传推广活动

（1）持续开展品牌行活动。2013 年起，山西省陆续开展了“山西品牌中华行”“山西品牌丝路行”“山西品牌网上行”。“品牌行”系列活动已成为一张塑造山西形象的闪亮“名片”。

（2）利用会展推广品牌农产品。充分利用中国国际农产品交易会、中国（山西）特色农产品交易博览会、北京展销周等展会及产销对接活动宣传推介山西特色农产品品牌。坚持产品“北上京津冀，东进长三角，南下粤港澳”，通过全国农交会、中部农博会、西部农交会等知名展会平台，不断加大对外宣传力度和展示展销成果。

（3）携手山西日报等媒体宣传推广“三晋老字号”企业，开展老字号品牌宣传推广活动。组织老字号企业参加首届中国国际消费品博览会、河南省老字号高峰论坛等展会，扩大老字号品牌影响力，增强老字号企业市场竞争力。

（三）加大注册认定评优工作力度

全省商标注册量逐年提升，截至 2021 年一季度，有效注册商标总量突破 24 万件。同时，加大对地理标志商标、涉外商标、老字号商标的保护力度，着力维护公平竞争的市场环境。

（四）培育农产品区域公用品牌

引领龙头企业树立以质量和诚信为核心的品牌观念，不断挖掘品牌文化内涵，提升品牌附加值和软实力。创新培育功能农产品品牌，领全国之先，启动实施 100 个功能农产品品牌建设行动。依托资源优势，发挥产业优势，加大农产品深开发力度，加强功能食品开发，做放心食品、生态食品、绿色食品。

（五）跨界融合塑造文旅品牌

聚焦文旅融合、乡村旅游、质量提升、改革创新形成高位带动，推动项目建设、艺术创作、非遗保护、公共服务、市场秩序、品牌塑造。在推动“非遗+旅游”和“演艺+旅游”基础上，融合景区文化和历史研发了非遗传承、孝德体验、爱国教育、演艺体验、民俗游乐等主题研学课程，将旅游项目融入氛围营造、市场推广、景区演艺、节庆活动等各项工作。

（六）夯实品牌发展质量基础

深入实施质量提升行动，全面提升产品、产业、区域发展质量，持续夯实计量、标准、认证认可和检验检测等质量技术基础。大力推行先进质量管理方法，组织省内企业参加全国质量标杆、中国质量奖等评选活动。构建质量奖先进经验宣传推广长效机制，修订完善《山西省质量奖管理办法》并以省政府名义印发。开展了三届山西省质量奖评选，全省累计 12 家组织荣获山西省质量奖，20 家组织和个人获山西省质量奖提名奖，太原钢铁集团有限公司获第四届中国质量奖提名奖。

（七）社团组织助力品牌建设软实力

山西省品牌研究会自成立以来，在品牌理论研究与实践探索领域取得了多项成果。先后承办了 2019 年、2021 年第六届、第七届中国（山西）特色农产品交易博览会议程之一的首届、第二届“山西区域公用品牌建设研讨会”。2022 年 1 月 14 日，山西省公用品牌建设联合会成立。该联合会致力于制定“山西精品”标准管理制度、组织开展“山西精品”认证、配合政府部门做好“山西精品”动态监管、规范“山西精品”标志使用、组织开展“山西精品”品牌培育等工作。全面为打造“山西精品”全方位推动高质量发展提供有力支持。

（八）持续开展中国品牌日活动

自“中国品牌日”设立以来，山西省积极组织和宣传中国品牌日系列活动。2018 年，山西省组团赴上海参加首届中国自主品牌博览会，以“山西品牌 走向世界”为主题，参展企业包括 10 家知名自主品牌企业和 3 家具有发展潜力的创新型中小企业，涵盖三次产业。2019 年，采用主题背景宣传展示、组织志愿者向社会公众宣讲、发放品牌日宣传册及明信片等多种形式，对中国品牌日的理念进行充分宣传。独具山西特色的品牌日活动充分展示了全省自主品牌发展成就，扩大了自主品牌知名度和影响力，为促全省经济高质量发展和打造对外开放新高地奠定了良好基础。2020 年，由于疫情的影响，中国品牌日活动改为云上中国自主品牌博览会。通过媒体宣传、微信群和朋友圈转发、设计制作精美旅游宣传册、参展企业动员、H5助力、明信片邮寄等多种渠道，积极宣传中国品牌日理念，并引导人民群众登录山西省云上展馆参观、点赞、留言，线上观众人数约达到200万人次。2021年，山西在上海展览中心设置“汾彩晋韵”线下展馆，同步设立“汾彩晋韵”云上展馆。遴选39家省内知名品牌企业和创新型品牌企业集中亮相，以“山西品牌，走向世界；聚力双循环，引领新消费”为主题。累计接待参观人员近万人，观看流量143万人次。

持续开展中国品牌日系列活动，一是强化企业的品牌意识。全省积极参与中国品牌日就是要通过建设品牌评价体系，让企业管理者明白品牌与企业文化和企业可持续发展的内在逻辑，让企业界形成品牌建设的滚滚洪流。二是激发全社会的品牌认知。开展中国品牌日系列活动就是要想尽一切方法，包括推动立法，从根本上树立正确的公众消费观，让假冒伪劣产品没有生存的土壤。三是推动打造更多真正能够代表山西的优势品牌。组织中国品牌日相关活动，就是为了推动全省高质量转型发展，打造享誉海内外的山西品牌，真正让山西品牌成为全球市场的重量级存在。

三、品牌建设下一步工作计划

今后，全省品牌建设的工作思路着力围绕以下几方面展开：

（一）全面提升品牌竞争力

持续推进质量提升行动，开展一批关键共性质量技术攻关，形成一批具有自主知识产权的产品品牌。倡导优质优价，促进品质、品牌消费。推进文化创意和设计服务与制造业融合发展，提高产品文化内涵。规范检验检测行业资质许可，提升消费品领域的认证认可检验检测技术服务能力，在消费品领域积极推行高端品质认证，全面实施内外销产品“同线同标同质”工程。

（二）推进自主品牌建设

深入实施增品种、提品质、创品牌的“三品”战略，以自主品牌建设推动全省品牌发展扩量提质。持续推动老字号认定工作标准化，培育一批文化特色浓、品牌信誉高、有市场竞争力的中华老字号品牌。推进工业消费品品牌、区域公用品牌、特优农产品品牌培育创建工作。实施龙头景区打造计划，形成一批旅游景区品牌矩阵，打造国际知名文化旅游目的地。做好“山西精品”认证和培育以及山西省质量奖的评审工作。

（三）巩固拓展中国品牌日活动

继续加大品牌宣传推广力度，积极组织省内企业参加中国品牌日活动，通过参与中国品牌发展国际论坛、中国自主品牌博览会以及自主品牌消费品体验活动等，塑造山西品牌形象，提高品牌知名度和影响力，扩大自主品牌消费。鼓励支持品牌建设主体单位开展形式多样的省内中国品牌日系列活动。

（四）培养品牌管理人才

深入实施品牌管理人才素质提升工程，定期面向各类品牌主体开展品牌管理培训活动。支持品牌管理专家学者、领军人物和高级技能人才申报各项人才工程。建立完善由职业院校、社会培训机构、成人教育机构、公共实训基地和品牌主体等共同参与的品牌建设人才培养体系，为全省品牌建设领域输送一批高素质专业人才。

（五）营造品牌发展氛围

制定和完善品牌管理法律法规和地方条例，积极探索和推进区域公用品牌立法。严厉打击各类侵犯知识产权和制售伪劣商品等违法犯罪活动，维护公平竞争市场环境。把实施品牌战略作为全方位推动高质量发展工作中的一件大事，结合全省开展市场主体建设年活动，为加强品牌建设创造更好的政策环境。

强化品牌建设 促进高质量发展

——内蒙古自治区品牌建设工作进展与展望

内蒙古自治区党委、政府高度重视品牌建设工作，注重发挥品牌引领作用，激发企业创新创造活力，增加有效供给，同时注重挖掘消费潜力，更好发挥需求对经济增长的拉动作用，品牌建设工作取得了新成效。

一、品牌建设成效

（一）实施商标品牌战略

自治区高度重视商标品牌建设工作，全力实施商标品牌战略，取得了显著成效。截至 2021 年底，全区有效商标注册量达 29. 5 万件，同比增长 23%，其中驰名商标 84 件，马德里商标国际注册 179 件，地理标志证明商标 176 件，地理标志保护产品 41 件。

（二）开展“蒙”字标认证

为推动内蒙古绿色有机农畜产品走向全国、走向世界，开展了“蒙”字标认证打造内蒙古品牌行动。建立了“蒙”字标区域品牌“地方标准+认证产品团体标准”的 1+N 标准模式，制订了 60 项地方标准，研制了 10 项认证产品团体标准，形成“蒙”字标产品标准体系，首批认证 9 家“蒙”字标认证企业。

（三）培育区域特色品牌

提出实施区域特色品牌战略，围绕煤炭、化工、有色金属、装备制造、农畜产品加工、乳制品等特色产业培育壮大本地企业和知名品牌。锡林郭勒羊、科尔沁牛、乌兰察布马铃薯、兴安盟大米等11个特色农产品区域公用品牌入选“中国农业品牌目录”。鄂托克阿尔巴斯山羊肉、扎兰屯黑木耳、阿拉善白绒山羊、阿拉善双峰驼、鄂托克螺旋藻等产品入选中欧地理标志协定保护名单。绿色、有机和地理标志农产品总数达到2046个，429个优质特色农畜产品列入《全国名特优新农产品名录》，“天赋河套”位列“2021中国·区域农业形象品牌影响力指数”地市级第一，呼伦贝尔芥花油、敕勒川味道等16个品牌荣获“2021中国农产品百强标志性品牌”，伊利集团、鄂尔多斯集团、金海伊利、蒙草生态先后被工业和信息化部评为“全国质量标杆”。

（四）打造城市特色品牌

“十三五”期间，鄂尔多斯市被命名为首批国家文化和旅游消费示范城市，康巴什区获评国家全域旅游示范区，东胜区、伊金霍洛旗获评自治区级全域旅游示范区。鄂尔多斯野生动物园入选第一批国家级文明旅游示范单位，准格尔黄河大峡谷“峡谷雅宿”获评全国首批甲级旅游民宿。通辽市荣获“中国特色魅力城市200强”“中国城市旅游竞争力最具发展潜力城市”“中国优秀旅游城市”“中国蒙餐之都”“中国蒙医药之都”“中国红干椒之都”“最美中国文化旅游城市”等称号，科尔沁草原被评为中国最美的六大草原之一。

（五）壮大“老字号”企业品牌

积极推进“内蒙古老字号”认定工作，认定内蒙古民族商场有限责任公司等70户企业品牌为“内蒙古老字号”。引导和支持“老字号”企业进行商标注册和专利申请，增强“老字号”传统品牌影响力。

二、品牌建设的主要做法和典型经验

（一）实施商标品牌战略和地理标志运用促进工程

1. 实施商标品牌战略

（1）有序推进商标品牌工作，在全区开展商标品牌和区域品牌建设工作，制定实施《关于进一步推进商标品牌战略的实施方案》。建成6个商标品牌指导站和地理标志工作站，培育了一批商标品牌优势企业，打造了“天赋河套”“锡林郭勒羊”等一批具有较强影响力的区域公用品牌。

（2）重点推进“蒙”字标认证工作。组织60名专家组成工作组，先后深入12个盟市开展28次调研，召开了40次专题会，研究建立了“蒙”字标区域品牌“1+N”标准模式，选定9家相关机构成立认证联盟，建立了标准体系、制度体系、产业体系、质量管控体系、综合服务体系等“五大体系”，第一批共有九大类产品19家企业开展“蒙”字标认证，其中，五大类产品9家企业获证。出台了《内蒙古自治区“蒙”字标认证管理办法》《“蒙”字标认证联盟章程》《“蒙”字标标识管理规定》等制度性文件，确保“蒙”字标认证科学、严谨、规范操作。

2. 开展地理标志运用促进工程

（1）实施国家和自治区地理标志运用促进工程，指导注册“锡林郭勒奶酪”地理标志商标。

（2）持续推进地理标志标准化工作，为自治区4件地理标志制定标准，目前全区已有36件地理标志制定了团体标准。

（3）组建专家服务团队，依托内蒙古地理标志产业协会建立全区地理标志培训专家团队，面向各盟市、旗县地理标志开展地理标志知识培训。

（4）继续挖掘地理标志证明商标、地理标志保护产品，已初步梳理169件产品待申请成为地理标志证明商标、地理标志保护产品，确定5件地理标志入选自治区2021年度地理标志运用促进工程项目。目前全区共有国家地理标志运用促进工程项目2件，国家知识产权局第一批地理标志运用促进重点联系指导名录6件，自治区地理标志运用促进工程项目15件。

鄂托克阿尔巴斯山羊肉、扎兰屯黑木耳等5件地理标志入选中欧地理标志协定的地理标志产品。

（二）落实质量激励机制，做好获奖企业宣传推广

1. 组织自治区主席质量奖

自治区主席质量奖自2011年设立，截至目前，共有37家企业获奖。出台《内蒙古自治区主席质量奖管理办法》，进一步规范了主席质量奖的管理。2020年度5家荣获自治区主席质量奖企业获得500万元奖金，通过内蒙古日报专版推介5家获奖企业质量管理经验，《中国质量报》刊载《第8届内蒙古自治区主席质量奖获奖企业展示》作为中国质量（杭州）大会特刊，有效扩大了获奖企业的知名度。

2. 组织申报第四届中国质量奖

召开宣贯暨申报培训视频会议，对全区218个组织（含企业）800余人进行培训。邀请国内知名专家指导企业组织申报材料，伊利集团再次荣获中国质量奖提名奖。

3. 推荐优秀企业参加中国品牌日活动

自治区发展改革委会同自治区党委宣传部、农牧厅、工信厅、商务厅、国资委、市场监管局等有关厅局，共同做好每年5月10日“中国品牌日”自治区参展企业的推荐、遴选和报送工作。

（三）实行品牌目录制度，规范品牌管理和保护

为进一步培育和发展壮大优势区域公用品牌、企业品牌和产品品牌，不断提高全区农牧业、农畜产品及相关产业的影响力、竞争力和知名度。自治区以特色产业为重点，以绿色、有机为基础，推动建立内蒙古农牧业品牌目录。首批内蒙古农牧业品牌目录精选区域公用品牌25个、企业品牌120个、产品品牌170个。内蒙古民丰种业有限公司“草原民丰马铃薯”、龙鼎（内蒙古）农业股份有限公司“极北香稻大米”等6个内蒙古农牧业品牌目录企业入选“中国农业品牌目录农产品品牌”。

（四）加大品牌宣传推广力度，提升品牌影响力

大力支持品牌企业“走出去”，利用中国品牌日、昭君文化节、蒙商

大会、中国牛羊肉产业大会等各种展会平台，加强品牌宣传、推广和营销。大力推进“互联网+”行动计划，积极拓宽网上市场，不断提升品牌影响力和市场占有率。通过博览会、中国国际商标节、多元化文化旅游等多种展示形式，帮助企业“走出去”，吸引消费者“走进来”。召开第四届中国（鄂尔多斯）羊绒羊毛展览会、第二届全国安全食品展销会等大型展览展销会，组织企业参加“西洽会”、“西部旅游产业博览会”、中国品牌日活动、第十七届中国（深圳）国际文博会、2021 中国国际服务贸易交易会、中华老字号博览会等国际国内展会。开展全媒体宣传，充分利用广播电台、电视台、报刊、手机短信、网络多媒体围绕商标、地理标志、文旅产品等内容扩大市场影响力，带动品牌建设。

（五）运用互联网平台，提升老字号等传统品牌影响力

增强老字号等传统品牌影响力，鼓励传统品牌企业运用互联网，传播品牌价值，传承传统技艺、弘扬民族文化，创建老字号街、民族商品特色街区，提高产品和服务特色化、差异化、精准化、数字化水平。积极接洽阿里、苏宁、京东等著名电商平台，帮助老字号企业入驻电商平台，推动线上线下融合发展。鼓励老字号企业面向区内外拓展业务，扩大品牌连锁经营。引导传统优势产业老字号企业进行技术改造，突出原有技术、管理、营销优势，创造和吸收新技术、新工艺，发展高附加值产品，提高质量和效益。组织“老字号”企业参加中国绿色食品博览会、中华老字号（山东）博览会、中国中华老字号精品博览会、中国食品博览会等系列展会，提升自主品牌市场影响力和认知度，拓宽招商引资渠道。充分利用电视、报纸、网络等媒体，广泛开展老字号优秀技艺和品牌文化系列宣传，不断提高老字号的社会认知度，营造有利于老字号发展的良好环境和氛围。

（六）加强监督监管，维护公平竞争的市场秩序

不断加强市场运行事中事后监管，加大反不正当竞争执法力度，维护公平竞争的市场秩序，营造有利于优质品牌生存发展的市场环境和法治环境。制订行业质量品牌提升计划，推动产品档次、质量、品牌一体化升级，大力弘扬“工匠精神”，引导企业潜心上品种、提品质、创品牌，推动中间产品向终端产品延伸，低端产品向中高端产品延伸。

三、下一步工作考虑

（一）狠抓规划落实和完善工作制度

按照“十四五”相关规划和《内蒙古农畜产品区域公用品牌建设三年行动方案》要求，培育一批具有鲜明地方特色和市场知名度的知名企业品牌，打造自治区特色农畜产品区域公用品牌。开展《内蒙古自治区主席质量奖管理办法》的修订工作，启动2022年自治区主席质量奖评审，坚持以评促建，引导企业积极改进质量管理方法，提升质量管理水平，在创奖过程中提升企业品牌知名度和影响力。

（二）强化商标品牌和地理标志认证

加强商标品牌指导站及地理标志工作站建设。做好商标品牌战略与全区农牧业产业政策、区域政策、科技政策的有效衔接，重点在资源优势明显地区、优势比较突出产业、技术领先商品和服务中培育高知名度商标品牌。打造“天赋河套”“兴安盟大米”“源味武川”等区域公用品牌，加快培育更多独具特色、具有影响力的区域公用品牌。继续实施自治区地理标志运用促进工程，以农牧业产业化龙头企业、高标准农牧业板块基地等为重点，积极引导和培育在全国有较高知名度的农畜产品加工产业商标品牌。

（三）以“蒙”字标为牵引推进自治区农畜产品品牌建设

聚焦自治区特色优势农牧业产业，以区域公用品牌为基础、以龙头企业为支撑、以“蒙”字标认证为牵引，推进全区农畜产品品牌建设。不断完善“蒙”字标认证的标准体系、制度体系、产业体系、质量管控体系、综合服务体系“五大体系”总体架构，逐步形成“蒙”字标优势特色产业集群，助力国家重要农畜产品生产基地建设。以各盟市区域公用品牌为基础，以龙头企业为支撑，扩大“蒙”字标授权企业、增加“蒙”字标认证产品数量。强化宣传。利用“中国品牌日”“质量月”等载体，开展横向覆盖全区、纵向连接旗县乡镇的品牌主题宣传；利用各类展会、交易会等开展形式多样的品牌宣传，逐步形成具有内蒙古特色的品牌宣传矩阵。运用区块链技术对认证企业的相关产品实施全生命周期的管控，不断优化“一链两平台”功能，加强全程管控和质量抽检，让好东西看得见、信得过，确保产品质量始终过硬。

（四）加强对现有品牌的保护和规范

建立健全农牧业品牌管理制度，推行品牌目录动态管理，对进入目录的品牌实行定期审核与退出机制。全面加强农牧业品牌监管，强化商标及地理标志商标注册和保护，加强区域公用品牌授权管理和产权保护，构建内蒙古农牧业品牌保护体系，加大对套牌和滥用品牌行为惩处力度。充分运用法律、行政、社会舆论、市场规则等多种手段，形成比较规范和完善的品牌保护体系。市场监管、农牧、卫健、公安等部门要加大执法力度，继续开展保护注册商标和品牌专用权专项活动，严厉打击假冒侵权行为，形成对驰名商标和名牌产品的有效保护，建立知识产权有效保护机制，为拥有驰名商标和名牌称号品牌企业的进一步发展壮大创造良好的法治环境。

（五）强化品牌宣传推介和营销能力

深入挖掘品牌文化内涵，办好内蒙古农牧业品牌故事大赛，讲好品牌故事。充分利用各种传播渠道，大力宣传推介内蒙古品牌文化。创新品牌营销方式，充分利用展会、产销对接会、电商等营销平台，借助互联网、大数据、云计算等现代信息技术，加强品牌市场营销，提升品牌产品市场占有率，促进产品优质优价，提升品牌知名度和影响力，推动更多品牌走出去。组织好中国品牌日活动，连续三年每年安排专项资金用于支持区内知名企业参加中国品牌日活动和中国品牌发展国际论坛。围绕加强品牌管理能力、提升企业品牌价值和质量、促进品牌工作创新，宣传推介“内蒙古味道”“内蒙古旅游”“内蒙古制造”“内蒙古蒙医药”，提升自治区品牌影响力和知名度。

（六）加快培育服务业商标品牌

做好电子商务、物流等生产性服务业商标培育工作，培育发展休闲旅游、健康养老、物业管理、餐饮、文化、商贸等现代服务业商标品牌，提升服务商标品牌意识。围绕传统工艺类非物质文化遗产开展商标注册申请工作，深入挖掘人文、自然景观和各旅游景点及旅游相关产业的商标资源，充分发挥文化旅游产业商标价值，培育和发展有较高知名度的服务业商标品牌，推动服务业发展向中高端迈进，提升服务商标品牌价值。

（七）支持“老字号”创新发展

实施“老字号+互联网”工程，创新发展民族传统技艺。组织开展“内蒙古老字号”认定工作，加快品牌建设，提高老字号在全社会的影响力。推动“老字号+旅游”“老字号+文化”“老字号+非遗”等统筹发展，协调有关部门对老字号商业街区、老字号博物馆建设等给予用地保障。根据商业街区建设特点，鼓励更多的老字号入驻已建成的商业街区。

（八）推动企业品牌评价工作

加强企业品牌评价工作，进一步提高全社会建设品牌的意识，提高企业家对品牌的认知，鼓励企业发展品牌经济，提升企业竞争力，明确企业的品牌价值及发展方向，用品牌价值的标准来考量企业内部管理和外部市场的运营，更好地促进企业在品牌经济的引领下实现跨越式发展。

（九）加大企业品牌建设力度

鼓励并支持企业加大技术研发投入，研发各类具有自主知识产权的核心技术和关键技术，增强品牌核心竞争力。培养并引进现代科技、管理、经营、品牌建设人才，提高自主品牌的设计、研发和经营管理水平，形成拥有自主知识产权的品牌，不断增强品牌发展的潜力和后劲，最终实现从“内蒙古制造”向“内蒙古创造”的转变。同时，鼓励银行、保险和担保机构加大对本地名牌产品、地理标志产品、驰名商标产品、自主创新产品生产企业的扶持力度，不断提升自治区产品品牌质量。

高位推动 多措并举 建设品牌辽宁

——辽宁省品牌建设工作进展与展望

辽宁省始终高度重视品牌建设工作，以发挥品牌引领带动为切入点，充分发挥企业、市场、政府和社会各方面作用，积极构建政府培育、企业争创、社会促进、舆论宣传、价值评价、法律保护“六位一体”品牌提升工作格局，全面塑造辽宁品牌新形象。

一、品牌建设工作开展情况

（一）政策先行，全方位构建品牌建设格局

2016 年，辽宁省首次启动辽宁省知名品牌创建示范区建设，并印发了《“辽宁省知名品牌创建示范区”建设工作指导意见》。2017 年 8 月，推动省政府出台《关于推进品牌提升的意见》。2019 年，《中共辽宁省委 辽宁省人民政府关于开展质量提升行动的实施意见》提出打造辽宁品牌，推动产业园区创建区域品牌。2021 年，《关于推进质量强省战略深化质量提升行动总体方案（2021—2022 年）》文件中明确将“辽宁省质量品牌提升示范区”“‘辽宁优品’质量品牌认证项目”分别作为单独项目列入六大工程的“质量品牌创建工程”。为贯彻落实省“十四五”规划部署，进一步实施质量强省战略，提升全省品牌发展水平，打造一批市场知名度高、产品竞争力强的区域品牌，制定印发《“辽宁省质量品牌提升示范区”建

设工作指导意见》，出台《“辽宁省质量品牌提升示范区”申报工作指南（2021）》和《“辽宁省质量品牌提升示范区”验收工作指南（2021）》，启动省级示范区创建工作。制定并印发《关于推进“辽宁优品”认证 打造辽宁质量品牌的意见》，以加快推进产业经济转型升级，不断提升企业品牌竞争力，优化产品和服务供给，培育一批拥有知名品牌和核心竞争力的优势企业，形成一批品牌形象良好、服务体系完备、质量水平一流的现代企业和产业集群，助推辽宁省高质量发展。

（二）企业登台，高水平参加中国品牌日活动

高度重视、积极组织、上线联动、密切配合，高水平、高质量完成好中国品牌日活动参展任务。2018 年，精心挑选的东软医疗、盛京银行等 11 家自主品牌企业和沈阳新松机器人等 3 家创新型中小企业齐聚上海，亮相辽宁展厅。为响应本次品博会“中国品牌 世界共享”活动主题，结合辽宁实际，确定辽宁省布展主题定为“新辽宁 心质量”。2019 年，参加了中国品牌日系列活动，认真学习国内外品牌建设先进经验，进一步推动辽宁省品牌建设工作。2020 年，精心遴选了新松机器人、华晨汽车、天江老龙口、八王寺饮料等 20 家企业，亮相“天辽地宁”云上主题展厅。“天辽地宁”代表了辽宁物产丰富、平安祥和。2021 年，精心遴选了东北制药集团、沈阳鼓风机集团、沈阳兴齐眼药、沈阳中街冰点城等 40 家企业进行参展，并从中选出 21 家企业作为线下参展企业。参展期间吸引观众 5 万人次到访展区，开展 10 场直播活动，累计观看人数约 110 万，相关宣传视频等点击播放量约为 3000 万人次。展会期间参展企业共计获得 789 个合作意向，其中意向签约金额约为 1351 万元，参展企业展会期间共计实现销售额 10681 万元。

（三）榜样带动，扩大品牌影响力与知名度

以产品、企业和区域品牌建设为重点，进一步扩大产品和企业影响力，增强企业和地方政府品牌创建意识，激励更多企业在产品质量和品牌知名度上追求卓越。

1. 树立品牌建设标杆

组织开展 2018 年辽宁名牌产品认定工作，认定辽宁名牌产品 212 项、辽宁重点名牌产品20项。辽宁省拥有辽参等十大渔业著名品牌，26个辽宁名牌水产品，无公害农产品认定178个，农业农村部地理标志登记水产品29个，中欧地理标志保护互认产品品牌1个（东港大黄蚬），国家及省级农产品展会评选的优秀品牌水产品50余个。

2. 发挥品牌示范作用

推进知名品牌创建示范区建设，自2016年辽宁省首次开展“辽宁省知名品牌创建示范区”工作以来，共有瓦房店“全国轴承产业知名品牌创建示范区”、西丰“全国鹿产业知名品牌创建示范区”、法库“全国创艺陶瓷产业知名品牌创建示范区”、金普新区“全国生物医药和数字技术产业知名品牌创建示范区”、海城“全国菱镁新材料产业知名品牌创建示范区”、铁岭市“全国榛子产业知名品牌创建示范区”和盘山县“全国盘锦河蟹产业知名品牌创建示范区”等8个园区被批准筹建，其中桓仁“全国冰葡萄酒产业知名品牌创建示范区”被批准命名。几年中，共有81个园区（次）申报开展“辽宁省知名品牌创建示范区”创建工作，共批准31个园区筹建“辽宁省知名品牌创建示范区”，其中29个园区被批准命名为“辽宁省知名品牌创建示范区”。

3. 积极打造农产品品牌

近年来，辽宁省围绕粮油、蔬菜、水果、畜禽、水产、特色农产品六大优势特色产业链，已经形成了一批“辽字号”品牌农产品。截至2022年5月底，辽宁省农产品区域公用品牌达到56个，其中获得中国农产品区域公用品牌4个，辽宁区域公用品牌52个。大连海参等11个品牌入选300个中国农产品区域公用品牌目录。辽宁知名品牌农产品218个，农产品地理标志100个，绿色食品标志产品1083个，有机农产品88个。2019年以来组织参加中国国际农产品交易会、辽宁国际农业博览会等重点展会，共举办辽宁优质特色农产品推介会72场，宣传推介品牌农产品125个，现场签约额348亿元，“辽字号”品牌农产品知名度和影响力得到提升。经过多年的培育和发展，辽宁省知名品牌农产品价值得到了显著提升，其中盘锦大米区域品牌价值达到525.7亿元、盘锦河蟹295.5亿元、东港草莓

77.5 亿元、绥中白梨 51.6 亿元、梁山西瓜 40 亿元、凌源花卉 34.5 亿元。

4. 注重培育文旅品牌

辽宁省作为文化旅游大省，历史文化底蕴深厚，旅游资源非常丰富。在品牌的培育过程中，辽宁省文旅行业始终以文化为引领，把品牌创建作为一项系统工程加快培育，通过不断完善设施、合理配置要素、提升服务水平、开展文化创新等提高辽宁省品牌的市场竞争优势。在各类文旅品牌创建过程中，充分发挥政府引导作用和企业积极参与作用，按照省、市、县、企业四位一体构建文旅品牌创建合作平台。近年来，共打造国家级文化和旅游消费试点城市 3 家、国家级夜间文化和旅游消费集聚区 3 家、省级文化产业示范园区 3 家、省级文化产业示范基地 17 家、中国民间文化艺术之乡 1 个等；国家 5A 级旅游景区 2 家、4A 级旅游景区 28 家，国家级滑雪旅游度假地 1 家，国家全域旅游示范区 3 家，国家红色旅游经典景区 12 家，国家乡村旅游重点村 35 家、重点乡镇 3 家，全国冰雪旅游精品线路 1 条、国家级建党百年红色旅游百条精品线路 5 条。

5. 开展品牌评价推介

为推进辽宁省自主品牌建设，培育一批具有竞争力的知名品牌，提升各行业品牌价值，于 2016 年首次开展了我省企业品牌价值评价工作。同时，为培育一批特色显著、竞争力强的区域品牌，提升辽宁省区域品牌价值，于 2017 年首次开展了区域品牌价值评价工作。截至目前，已连续六年为 686 家（次）企业和 58 个区域免费开展品牌价值评价。2021 年，除开展常规企业品牌价值评价工作外，围绕石化产业链重点企业、地理标志产品、老字号等品牌，“一市一域、一县一品”等重点区域及企业，分别开展相应品牌价值评价工作。为提高对外贸易发展质量和服务水平，以品牌建设带动出口整体增长，支持企业抢占国际市场份额，辽宁省制定了辽宁省重点培养和发展的自主出口品牌评价体系和评价管理办法。先后培育沈阳新松、沈阳远大、锦州万友等 43 家自主出口品牌企业，发挥龙头企业对出口的带动作用，促进辽宁省外贸出口额持续增长。

（四）宣传助推，进一步普及品牌形象

2020年以来，支持盘锦大米、盘锦河蟹、大连海参、大连大樱桃、东港草莓等5个区域公用品牌在央视进行广告宣传，收视效果显著，覆盖全国4.1亿人，其中有1.98亿人观看3次以上。同时，辽宁省在辽宁广播电视台等省内主流媒体，设立“辽宁之光”（2016年）和“品牌辽宁”（2021年）专栏，对优秀品牌企业进行专题报道；开辟黄金纬度栏目50期，集中宣传15个农产品区域公用品牌和35个地理标志农产品；大力宣传沈阳远大、营口东盛、沈阳特变电工等企业出口品牌建设工作亮点和取得成效，进一步释放品牌带动出口的活力。组织编写并出版《荣耀与征程——辽宁质量品牌70年》，全面展现与回顾新中国成立以来辽宁品牌建设成绩和风貌，集中向社会宣传73个辽宁品牌，彰显辽宁品牌底蕴。突出品牌激励措施，连续多年免费发布企业品牌价值。特别是2020年12月，在辽宁广播电视台演播大厅举办省长质量奖颁奖大会暨2020年辽宁省企业品牌价值评价结果发布会，发布57家企业品牌价值评价结果，相关企业介绍质量工作情况，分享品牌成长经验。发布会实况通过北斗融媒进行了全网直播，进一步展示企业形象，推动社会各界重视企业质量发展，关注辽宁品牌建设。

（五）质量筑基，夯实品牌发展底蕴

1. 发挥标准引领作用

近五年，主导制修订国际标准11项、国家标准449项，发布地方标准1016项、团体标准623项，公开企业标准达到49129项；推进42项标准化试点建设，完成29项标准化试点建设，获批23个国家级标准化示范试点；完成12项重点行业标准化体系建设指南编制工作。推进国内外标准对标达标，8个消费品领域指标与国际标准一致性程度达到96.1%。

2. 创新开展质量基础服务

全省形成沈阳“1+4+7”、铁岭“铁橡云台”、沈抚示范区“1+N”质量基础设施“一站式”服务特色模式，“铁橡云台”入围总局“一站式”服务典型案例。建成辽宁省标准技术审评中心，新获批7个国家级标准化

示范试点，创建国家技术标准创新基地（机器人），完成机器人国家标准92项，建设省级石化产业计量测试中心，开展小微企业质量管理体系认证提升。2021年，共帮扶企业1.6万余家，为企业节约费用超千万元，企业利润增长超亿元。

（六）加强保护，为品牌发展保驾护航

深入开展品牌保护工作，加大执法力度，积极发挥行业自律作用，探索建立品牌保护法律体系。

1. 完善保护体系

先后出台《辽宁省知识产权保护条例》《关于加强协作配合强化知识产权保护的意见》《关于进一步加强地理标志保护的实施意见》《辽宁省关于对商标恶意注册和非正常专利申请行为的监控工作办法》《知识产权维权援助机构管理办法》等政策法规，推动知识产权领域治理能力和治理水平不断提升。印发《辽宁省“十四五”知识产权保护和运用规划》，开展知识产权强省建设纲要编制，谋划知识产权事业发展蓝图。建成运行中国（沈阳）知识产权保护中心，设立辽宁（沈抚新区）知识产权保护中心，中国（辽宁）、中国（大连）知识产权保护中心获批筹建。各地设立维权援助工作站78家。

2. 强化知识产权运用

编印《2020年知识产权发展与保护状况》白皮书。大连市成功举办中国国际专利技术与产品交易会，并获批为永久会址。将专利奖由部门奖升格为省政府奖，并已举办两届，评选出辽宁省专利奖100项；在省内4所高校设立知识产权学院。启动实施专利转化专项计划，促进专利转让受让1万件。举办首届地理标志直播节。制定印发《2021年度辽宁省知识产权保护“亮剑护航行动方案”》，统筹部署知识产权年度执法保护专项行动，加大对侵权知识产权违法行为的打击力度。全省处理专利侵权纠纷行政裁决案件42件，查处假冒专利行政案件26件，查处商标侵权行政案件256件，查处地理标志侵权行政案件15件。

二、下一步工作考虑

下一步，辽宁省将全面贯彻习近平新时代中国特色社会主义思想，深入贯彻党中央决策部署，坚决落实习近平总书记关于东北、辽宁振兴发展的重要讲话和指示精神，坚持党的全面领导，弘扬伟大建党精神，统筹推进“五位一体”总体布局，协调推进“四个全面”战略布局，坚持稳中求进工作总基调，立足新发展阶段，完整、准确、全面贯彻新发展理念，服务和融入新发展格局，全面深化改革开放，坚持创新驱动发展，推动高质量发展，进一步加大品牌建设、培育、宣传力度，提高企业产品质量和服务水平，完善全省品牌建设工作体系。通过积极参加中国品牌日活动，全方位展示辽宁省参展企业品牌，提升辽宁省品牌整体影响力，扩大自主品牌知名度。持续推进文旅精品工程，培育更多、更优的文旅品牌。同时，全面实施品牌创建工程，重点开展品牌价值评价、区域品牌培育、品牌强农行动、质量标杆示范、地理标志推广、“辽宁优品”认证、品牌开拓国际市场、“品牌辽宁”宣传等工作。

（一）品牌价值评价

面向辽宁省制造业企业、重点行业、重点区域、地理标志产品、老字号等开展品牌价值评价。推出制造业企业品牌价值百强榜单，重点行业、重点区域、地理标志产品、老字号品牌价值 TOP 榜单，让更多消费者关注辽宁品牌。

（二）区域品牌培育

围绕辽宁省重点产业，大力培育特色区域品牌。委托第三方机构开展相关培训、申报区域情况核实、申报材料文审论证等工作。发挥区域内龙头企业带动作用，提升区域整体知名度和影响力。加大地域特色品牌宣传力度，助力区域经济发展。

（三）品牌强农行动

以开展辽宁农业品牌建设年活动为契机，自 2022 年起将连续三年开展品牌强农行动，通过开展丰富多彩的品牌创建活动，讲好辽宁农业品牌故事，强化品牌培育，重点宣传推介辽宁“七品”（辽米、辽菜、辽果、辽畜、辽鲜、辽药、辽花)，叫响辽宁农业品牌。

(四) 质量标杆示范

坚持宁缺毋滥、精益求精原则，组织评定辽宁省省长质量奖，支持企业和其他组织申报中国质量奖。督促相关企业履行社会责任，宣传推广质量管理经验做法，引领产业链供应链上下游企业协调发展。发挥卓越质量管理推广示范基地作用，突出典型引路，强化示范效应。

(五) 地理标志推广

围绕辽宁省“一县一品”特色产业，做好地理标志宣传、指导工作，打造一批区域特色鲜明、竞争力强、市场信誉好的高知名度地理标志产品。加强地理标志业务工作宣传指导，指导符合条件的企业申请地理标志专用标志使用资格，努力形成品牌效应，助力县域经济发展。

(六)“辽宁优品”认证

按照“标准引领、政府引导、社会共建、分步推进”原则，采取“标准+认证+品牌推介”的模式，打造一批自主创新、品质高端、服务优质、信誉过硬、市场公认的“辽宁优品”自主品牌，推动产业整体质量水平提升和产品的升级换代，培育一批产品和服务精品，不断增强辽宁省经济发展的质量优势。

(七) 品牌开拓国际市场

支持辽宁省自主品牌出口企业参与辽宁出口商品（日本大阪）展览会、辽宁跨国采购洽谈活动等境内外重点贸易促进活动，鼓励企业参加重点境外展会、境内专业国际展会和境内综合国际展会，支持企业开展境外商标注册、管理体系认证、产品认证和境外专利申请，提升辽宁出口品牌影响力，助力抢抓国际市场机遇，提升外贸出口竞争力。

(八)“品牌辽宁”宣传

加强与辽宁广播电视台合作，举办《品牌辽宁》栏目，讲好辽宁品牌故事，传播好辽宁品牌声音。探索利用新媒体技术等形式，推动辽宁品牌走向全国，让更多消费者接受辽宁产品和服务。宣传质量标杆企业典型经验，发布品牌价值评价信息，展示“质量月”等活动情况，营造全社会关心关注品牌的良好氛围，努力扩大辽宁品牌影响力。

打造“吉致吉品”品牌 推动吉林全面振兴全方位振兴

——吉林省品牌建设工作进展与展望

吉林省高度重视品牌建设工作，始终以习近平总书记“三个转变”重要论述和视察吉林重要讲话重要指示精神为指引，积极贯彻落实党中央、国务院和省委、省政府品牌建设工作部署，建立健全工作机制，推动实施品牌工程，广泛开展品牌活动，大力发展品牌经济，以品牌建设引领吉林全面振兴全方位振兴。

一、品牌建设情况

“十三五”时期，通过科学制定品牌发展规划，深入实施品牌提升行动，优化品牌发展环境，完善品牌激励机制，营造品牌发展氛围，逐渐形成一二三产齐头并进，农业品牌、工业品牌、服务业品牌特色愈加凸显的品牌发展格局。

（一）实施品牌强农战略，培植农业优质品牌

围绕特色产业集群，全面培育吉林大米、玉米、杂粮、牛肉、人参、梅花鹿等优质特色农产品品牌，推进农产品品牌建设和产销对接。自2017年以来，吉林省组织认定了汪清黑木耳、抚松人参、洮南绿豆等10个国家级特色农产品优势区；培育了舒兰大米、九台贡米、抚松人参、双阳梅花

鹿等79个市级以上区域公用品牌；松粮集团、东福米业、长春皓月、吉林华正等188个企业品牌；集安人参、扶余四粒红花生、查干湖黄小米等267个产品品牌。截至2021年底，全省有效使用绿色优质农产品标志产品达到1508个，创建全国绿色食品原料标准化生产基地23个，“吉林大米”入选2016年G20峰会和里约奥运会中国女排指定用米，2020年吉林大米入选新华社民族品牌工程，2019年至2021年吉林大米品牌连续三年荣登“中国粮油影响力区域公用品牌”榜首；四平市、公主岭市分别被中国粮食行业协会命名为“中国优质玉米之都”和“中国玉米之乡”。“吉字号”品牌农产品不仅在东北地区，而且在全国乃至东北亚都成为热销产品，在长三角、珠三角、京津冀地区享有很高的市场知名度和美誉度。

（二）推动科技成果转化，锻造制造业领航品牌

立足巩固优势产业，提升新兴产业，重点实施重大科技攻关和重大科技成果转化工程，全面推动长春光机所、长光卫星、中国一汽、华大基因、吉林碳谷等制造业头部企业和核心关键技术落地转化，支持民族品牌做大做强。长春光机所开发出世界上最大口径碳化硅单体反射镜；“吉林一号”卫星成为我国第一颗自主研发的商用高分辨率遥感卫星；一汽发动机及后处理技术打破国外垄断；国内首列全自主化、全自动驾驶地铁车成功下线；长光华大基因的超高通量基因测序仪达到国际先进水平；吉林碳谷原丝产能居国内首位。

（三）引领产业转型升级，提升服务业特色品牌

培育特色文旅品牌。坚持围绕“双品牌”战略，面向国内外市场持续打造“温暖相约·冬季到吉林来玩雪”“清爽吉林·22℃的夏天”两大特色文旅品牌，组织开展“雪博会”等文旅活动，打造“吉”兴玩雪–冰雪游、“吉”刻出发–自驾游、“吉”祥寒假–研学游、“吉”养天下–康养游、“吉”风吉韵–民俗游、“吉”致视界–摄影游等特色旅游品牌，推动吉林文旅由形象品牌化向产品品牌化过渡，积极构建“联动冬夏、带动春秋、驱动全年、四季皆有特色”的全时段旅游发展格局，让吉林文旅品牌营销始终走在全国前列。2018年，吉林省荣获《中国国家旅游》“最佳旅游创新营销目的地”称号；“冬季到吉林来玩雪”“清爽吉林·22℃的夏天”分别荣获IAI国际旅游奖内容营销类金奖和整合营销类优秀奖；雪博会荣获2020年度中国旅游最具影响力节事活动，“驾红旗车·游新吉林”荣获2020年度中国旅游最具影响力营销案例。传承创新“老字号”品牌。重视“老字号”品牌保护与传承创新，截至2021年底，全省累计认定“吉林老字号”企业154家，其中中华老字号20家，包括了食品加工、酿酒、餐饮、医药、艺术等多个类别的商品与服务品牌。组织开展“吉品老字号 乐享新国潮”主题活动，启动吉林老字号团购节，全方位、多角度推广老字号企业，截至2021年底，全省“老字号”企业主营收入过亿元的有近20家，一大批老字号企业焕发了新生机。推进服务业品牌转型提质。截至2020年底，全省有效注册商标30.98万件，5年间增长147.84%，已培育认定名牌907个（含服务业73个），吉林省十大服务业名牌30个，吉林省质量奖获奖企业69户。并以“中国品牌日”活动为纽带，初步打造形成以“八吉”产业品牌为核心的吉林省“吉致吉品”区域公共品牌体系。

二、品牌建设做法

（一）强化政策扶持，加强顶层引导

吉林省委、省政府高度重视品牌提升工作，印发《吉林省人民政府办公厅关于打造吉林区域品牌推动高质量发展的实施意见》等多个政策性文件，出台了一系列支持品牌创建和市场营销政策措施，引导、支持品牌发展。组织编制“吉林大米”“吉林玉米”等五个“吉字号”农产品品牌发展战略规划以及“松原小米”“扶余四粒红花生”区域公用品牌建设规划，扎实推进吉林农业品牌建设。

（二）汇聚发展力量，搭建品牌平台

以中国品牌日活动为契机，全面整合吉林省品牌建设资源，2020年省发展改革委牵头联合省直18个部门共同实施“吉林省品牌提升行动”，引领消费升级，培育壮大市场主体，推动高质量发展。启动搭建“品牌吉林双创平台”，规范行业标准，建立吉林品牌资源库，成立品牌推介联盟，

集聚人才、创意、渠道、资金等产业链资源，着力构建品牌发展生态，更好发挥品牌引领作用，加快提高供给质量和效率，树立吉林产品和服务的整体形象，推动吉林品牌向全国品牌和世界品牌升级。

（三）规范行业标准，夯实品牌根基

2021年以来，制定发布《“吉致吉品”品牌认证通则》《“吉致吉品”品牌认证规范农业领域》等2项地方标准，围绕水稻、玉米、大豆、肉牛等农产品领域立项54项地方标准；围绕畜禽养殖、粮食安全生产等领域，批准发布《肉牛无抗养殖技术规范》等55项地方标准；围绕人参、梅花鹿、蜜蜂等吉林省特有资源发布实施101项团体标准，不断完善相关标准体系建设，强化优质品牌农产品质量管控。积极开展创建国家农产品安全县、创建安全优质绿色农产品标准化生产示范基地、组织申报全国绿色食品原料标准化生产基地、“长白山人参”品牌原料生产基地认证等工作，提升农产品源头质量控制与生产信息追溯管理水平，强化农产品质量安全监测，抓好农业品牌质量建设。出台促进农产品加工业加快发展的政策意见，围绕农产品加工和食品产业链，积极推进玉米水稻、杂粮杂豆、生猪、肉牛肉羊、禽蛋产业、乳品、人参（中药材）、梅花鹿、果蔬、林下及林特等十大产业集群建设工作，建立群长联席会议制度，把农业品牌建设纳入产业集群建设，制定完善专项产业发展规划和实施方案，明确“时间表”和“路线图”，推进农业品牌建设高质量发展。

（四）拓展交流合作，提升品牌影响

打造以长春农博会为代表的农产品产销对接主阵地，充分利用省内外等大型展会以及“百户企业进吉林”等活动进行农业品牌宣传，不断扩大“吉字号”品牌影响力。组织省内企业相继参加中国农交会、中国品牌日、全国糖酒会、中国吉林中高端粮农产品展洽会等系列活动；在北京、上海、广州、天津、深圳、杭州、重庆、西安、成都、福建、澳门等合作省市举办吉林省优质特色品牌农产品展销等活动；举办“陪你就地过年”、“网红带货大赛”、“年货节”和大型“公益助农”直播带货和线上宣传系列活动，推动农产品产销对接。利用全球性华语卫视频道凤凰卫视的中文台、资讯台开展为期一年的“长白山人参”区域公用品牌公益性宣传。开展吉林大米推介展销活动近100场，覆盖了北京、上海、杭州、福州、深圳、宁波等30多个国内重点城市，借助吉浙对口合作契机，吉浙两省22个城市“以米结缘”，结成“对子”，有效地促进了两地大米产销对接和贸易合作。举办中国吉林鲜食玉米产业大会，传播吉林大米、吉林鲜食玉米好声音；举办中国吉林首届梅花鹿产业发展大会暨双阳区第七届梅花鹿节，在北京朝阳站、央视投放“吉林梅花鹿”公用品牌公益宣传广告，进一步提升品牌影响力。开展“牵手冬奥·筑梦冰雪”“趣吉林，滑呗”“驾红旗车·游新吉林”“吉林非遗节”等文旅主题活动和吉林冰雪热透黄浦江、“吉秀浙里”唱响西子湖、“吉林冰雪耀京华”亮相王府井、“秦到吉林”走进大唐不夜街、“雪国列车”走进泛珠三角、“京彩汇吉林”、“冬奥在北京·体验在吉林”、“吉林冰雪热透黄浦江”等对外交流活动，助力吉林成为与北京冬奥互动最频繁的省份，让东北和西南不再遥远。

（五）加大对外传播，讲好品牌故事

借助“中国品牌日”活动，组织开展“吉林品牌、引领振兴”等主题活动，着力讲好吉林品牌故事；在吉林卫视开通《品牌吉林》栏目，依托主流媒体，持续在央广《中国之声》、吉林卫视《吉林新闻联播》发声，通过讲述品牌故事、展示优质产品、塑造品牌形象、展望品牌前景等方式宣传吉林品牌。组织质量月宣传活动，5年来，共开展5个系列30余项主题活动，并通过中国质量报、吉林日报等媒体进行报道。组织开展“质量品牌专家服务企业活动”，聘请质量管理专家，辅导企业导入卓越绩效管理模式，走访帮扶企业100余家。组织拍摄《品质吉农 品味吉林》农业品牌宣传片；《青春作伴好还乡》《田园综合体》吉林大米宣传片；《采鲜季》《寻鲜记》两个吉林鲜食玉米纪录片以及《知味》《回味》《寻味》三个吉林鲜食玉米故事片；制作播出《国之经典、人之根本》纪录片，创作《贡米》《米说吉林》《解码吉林大米》等一系列文化作品，2019年《稻米的故事》人文纪录片登陆央视纪录频道，宣传推介吉林农业品牌；策划出品《舞聚红旗》《双菊花》《小村故事》《杨靖宇》等舞台艺术剧，对外传播吉林文化品牌。

（六）梳理结构体系，形成品牌合力

全面落实《吉林省人民政府办公厅关于打造吉林区域品牌推动高质量发展的实施意见》文件精神，以中国品牌日吉林省参展主题“吉致吉品”为核心，打造市场与社会公认的“吉致吉品”省级区域公共品牌，构建“吉致吉品”品牌标准体系、认证基本程序及重点领域认证规范等。形成“吉致吉品”省级公共品牌→“吉字号”区域产业品牌→企业品牌→产品品牌为架构的四级联动的品牌发展体系，建立健全吉林品牌认定及服务标准，实现品牌资源的有效汇聚和精准分发，更好推动吉林品牌建设和发展。

三、下一步工作考虑

（一）启动“吉致吉品”品牌认证工作

立足打造标准高、特色强、质量好、品牌响的“吉致吉品”区域品牌，积极推动农业产业优质品牌、服务业特色品牌和先进制造业领航品牌建设。充分发挥区域品牌推进组和品牌推介联盟作用，利用中国品牌日、质量月等加大品牌宣传，加快制修订重点领域团体标准，完善认证实施细则和相关规则，加快构建起品牌建设推进长效机制。推动企业品牌、产品品牌向区域品牌升级，产品经济向品牌经济发展。

（二）实施“吉致吉品”品牌建设工程

实施农业产业优质品牌建设工程。围绕“十大产业集群”，推动农产品初加工、精深加工、综合利用加工和主食加工等产业发展，突出大米、玉米、杂粮杂豆、牛肉、人参、鹿茸、食用菌、果蔬、矿泉水、特色经济林产品等优质特色农产品标准引领，加大绿色食品、有机农产品、农产品地理标志、农产品区域公用品牌培育，建基地、重标准、创品牌，彰显特色农产品质量优势和品牌价值，打响吉林农产品品牌。实施服务业特色品牌建设工程。立足推进服务业转型提质，突出吉林冰雪旅游、乡村旅游、红色旅游、森林休闲康养、养老服务、交通运输、商贸流通和现代文化等产业，着力构建吉林现代服务业品牌体系，推动生产性服务业向专业化和价值链高端延伸，生活性服务业向高品质和多样化升级，打响吉林服务品牌。实施先进制造业领航品牌建设工程。立足巩固优势产业，提升新兴产业，聚焦专精特新，完善制造业领域标准体系，突出汽车及零部件、重点消费品、化工、化纤、装备制造、冶金建材、电子信息等产业，推动特色发展和绿色低碳发展，助力产业基础高级化和产业链现代化，提升吉林省制造业质量效益和核心竞争力，打响吉林制造品牌。

（三）培育“吉致吉品”品牌发展人才

持续推动“品牌吉林双创平台”升级发展，凝聚吉林省内外更多的品牌服务从业者、大学生以及品牌专业人才，引进国内优秀行业组织、培训机构、高等院校等培训资源，依托吉林院校成立“品牌商学院”引入品牌实战专家，开展品牌管理、品牌营销、青年创业等多维度培训，培养品牌从业人员的策划、设计、营销等专业能力，提升企业家品牌管理、营销的意识和水平，形成适应行业创新发展的品牌人才支撑。完善品牌咨询、塑造、设计、制作、传播、营销等功能，配套建设政务、税务、质检等服务机构，为以品牌为核心的双创提供专业化的服务，通过品牌双创孵化人才、企业和品牌。

（四）完善“吉致吉品”品牌保障政策

保障品牌培育、宣传推广、日常监管等工作开展。发挥好各类专项资金、融资信贷等支持作用，引导全社会加大对吉林区域品牌建设的投入。进一步拓展国际市场，鼓励企业更好“走出去”。建立政府、行业、社会等多层面的认证结果采信机制。鼓励各市（州）政府及其职能部门制定品牌建设政策措施，推动区域品牌认证获证主体提升产品质量和品牌价值。加快构建吉林区域品牌培育体系、质量标准体系、质量认证体系、质量追溯体系。构建分步实施、分类指导、渐次推进的品牌培育体系，在吉林省地理标志产品、名牌产品等已基本形成品牌优势的产品和服务中予以转化培育，在新产品、新产业、新模式中予以孵化培育，推动产品和服务优质品牌建设的协同整合，保障“吉致吉品”区域品牌整体规模效应。

（五）强化“吉致吉品”品牌宣传推广

设计推出“吉致吉品”区域品牌认证标识，进行品牌认证标识知识产权保护。加大“吉致吉品”品牌宣传力度，创新宣传推广和营销应用路径。以“中国品牌日”“质量月”等为契机，利用中国自主品牌博览会等国内外展会，加强自主品牌宣传，提升吉林区域品牌社会影响力。发挥《品牌吉林》电视栏目作用，传播品牌发展理念、价值主张，营造品牌发展氛围，讲好吉林品牌故事。加强与全国各主流媒体、浙江等先进省份合作，举办发布会、推介会、主题展会等系列活动，塑造“吉致吉品”吉林品牌整体形象。加强品牌发展国际合作，打造适合国际市场需求、具有国际影响力的吉林区域品牌，更好服务高质量发展。

做好“三篇大文章” 建设“品牌龙江”

——黑龙江省品牌建设工作进展与展望

黑龙江省委、省政府深入贯彻落实习近平总书记提出的“推动中国制造向中国创造转变、中国速度向中国质量转变、中国产品向中国品牌转变”，以及针对黑龙江省要“改造升级‘老字号’、深度开发‘原字号’、培育壮大‘新字号’”重要讲话精神，高度重视品牌建设工作，大力培育发展有黑龙江特色又有市场需求空间的特色品牌，为黑龙江省经济发展提供持续动力。

一、品牌建设工作的主要做法及成效

（一）着力构建农业品牌培育新模式

1. 做强省级区域公用单品品牌

（1）打造黑龙江大米品牌。立足黑龙江省粳稻种植规模、稻米品质及品牌效应领先优势，培育塑强“黑龙江大米”省级区域公用品牌，形成优势产业连片聚集效应。2020 年，北大荒大米、五常大米、庆安大米和佳木斯大米荣获“十大大米区域公用品牌”称号；北大荒鲜香米、金谷农场、庆禾香荣获“十大好吃米饭”称号；九河原、孙斌大米、响水和金福乔府大院荣获“十大潜力大米品牌”称号。2021 年，五常大米品牌价值 703.2 亿元，名列全国大米单品品牌价值首位。

（2）打造黑龙江大豆品牌。依托黑龙江寒地黑土、非转基因有机大豆品种、技术及市场优势，加快发展以“黑龙江大豆”省级区域公用品牌为引领的有机大豆、富硒大豆、高油高蛋白大豆优势产业，重点打造海伦大豆、黑河大豆、九三大豆等优质大豆品牌。2020 年，“海伦大豆”品牌价值达 28.71 亿元。

（3）打造黑龙江鲜食玉米品牌。2021 年，黑龙江省鲜食玉米总面积 206 万亩，占全国 10%左右，居全国第五位，加工能力居全国首位，总产量 170 万吨。依托鲜食玉米产业优势，重点打造绥化鲜食玉米、依安鲜食玉米、青冈鲜食玉米、肇州鲜食玉米，阿城鲜食玉米、巴彦鲜食玉米，以及“榛纯”“大董”“润琦”“北纬 47”等优质鲜食玉米“金色名片”。2020 年，绥化鲜食玉米入选全国区域品牌 110 强榜单。

（4）打造黑龙江木耳品牌。黑龙江省黑木耳栽培规模年均高达 62 亿袋，产量居全国首位。依托东宁、苇河黑木耳批发大市场拉动作用，着力打造黑龙江木耳省级区域公用品牌，重点培育东宁黑木耳、尚志黑木耳、嘉荫黑木耳、呼玛黑木耳等农产品地理标志登记品牌。2021 年，“东宁黑木耳”入选首批《中欧地理标志协定》保护的中国 100 个地理标志产品，品牌价值达 181.27 亿元。

2. 做精“一县一业”区域公用品牌

依托黑龙江省玉米、大豆、水稻、乳品、肉类、果蔬、中药材、食用菌、杂粮杂豆等特色产业布局，加快发展“一县一业”区域公用品牌，形成以优势主导产业为基础、骨干龙头企业为牵动、区域公用品牌为核心的“一县一业”区域公用品牌集群。2020 年，五常大米、绥化鲜食玉米等 7 个品牌进入全国区域品牌 110 强榜单。2020 年，黑龙江省“五常大米”“佳木斯大米”“东宁黑木耳”“方正大米”“玉泉酒”“饶河东北黑蜂蜂蜜”等 16 个地理标志产品品牌中有 15 个价值超过亿元，有 5 个产品超过 100 亿元，品牌价值总额达 1551 亿元，“伊春蓝莓”品牌价值达 16.5 亿元。

3. **做大农业企业品牌**

支持具有自主知识产权和品牌效应的骨干企业加强自主创新、产品开发和市场营销，加强企业品牌建设，引导企业与农户通过利益联结方式共创企业品牌。做大做强北大荒、完达山、飞鹤、九三、金谷农场、黑森等具有影响力的企业品牌，培育一批中小企业品牌。2021 年，“北大荒”品牌价值达 1439.85 亿元，居农业板块之首，“九三”品牌价值达 509.56 亿元，“完达山”品牌价值达 462.87 亿元。

4. **做优农产品品牌**

支持骨干企业开发“大而优”“小而美”的粮油产品、山特产品、食用菌、杂粮、肉蛋奶等农产品品牌。积极打造高端精品品牌，满足高端消费群体差异化、个性化需求。“肇州糯玉米”实现销售收入 1.8 亿元，“老街基”农产品品牌价值达到 7.97 亿元。2021 年，“九三大豆”品牌价值再创新高，品牌价值由 22.91 亿元提高到 34.65 亿元。“朵儿边稻花香大米”等 6 个产品荣获第十一届中国国际现代农业博览会金奖。

（二）全力夯实农业品牌发展基础

1. **强化农产品供应链体系**

（1）加强田头冷藏保鲜设施建设。围绕蔬菜、水果、食用菌、中药材、畜产品、水产品等鲜活农产品，建设一批农产品产地冷藏保鲜设施，加快补齐产地基础设施不足短板。2021 年，全省打造农产品产地冷藏保鲜整县推进试点县 2 个，建设冷藏保鲜设施 198 个。

（2）加强农产品物流设施建设。加强产地云仓与快递物流企业合作，发展快递业务，增强农产品上行能力。2021 年，实施电子商务进农村综合示范项目，全省 36 个县（市）列入“国家电子商务进农村综合示范县（市）”，各示范县建成县级物流配送中心 31 个，乡镇电商服务站 242 个，村级服务站 3031 个。

（3）加强品牌信息服务建设。2021 年，依托省农业大数据平台，搜集整理全省农业品牌基本信息，及时发布全省各类品牌供求信息，为生产主体提供及时准确的信息服务梳理，包括国家和省级农业龙头企业、农业农村部认证的农产品地理标志品牌企业、全省区域公用品牌企业在内的信息目录，完成26个栏目，1000余条品牌相关信息采集发布。

2. **完善农业品牌营销体系**

实施“黑龙江好食品+电商”营销行动。支持企业与大型电商平台合作，探索“互联网+”销售模式，推动线下线上资源全面对接。着力推进黑龙江原产地官方旗舰店和“小康龙江”省级官方旗舰店电商平台建设。通过绿博会、大米节、丰收节等重要节日活动，组织开展网红直播擂台赛、“龙江有好货”、“金秋消费季”等系列直播带货活动，助力黑龙江好食品线上营销，直播活动累计销售农产品2.93亿元。2021年，全省农村网络零售额73.5亿元，同比增长9.1%。

3. **建立农业品牌评价制度体系**

建立品牌目录制度，组织有影响力的“一县一业”区域公用品牌、企业品牌和农产品品牌纳入农业品牌目录库。制定品牌目录准入标准，实行能进能出动态管理机制，并纳入农业大数据管理平台，优先推选目录品牌参加全国品牌推介评价活动。截至2022年2月底，已收录全省第一批区域公用品牌、企业品牌、农产品品牌210个。制定《黑龙江好食品品牌消费索引电子手册》，通过微信公众号、农业信息网等平台上发布，提升入围品牌知名度，引领社会消费。

（三）积极抓好地理标志培育保护工作

1. **强化地理标志产品保护**

认真做好地理标志产品认定初审，2019年以来已对龙江大米、龙江小米、勃利蓝靛果、五大连池天然苏打水、大兴安岭红豆越橘、泰来板蓝根等20个地理标志产品保护申请进行初审后报送国家知识产权局审查。开展对俄地理标志保护意向清单征集工作，向国家知识产权局推荐了方正大米、五常大米、北大仓酒、饶河东北黑蜂（蜂蜜）、海伦大豆、中国北极蓝莓等6个地理标志。向国家知识产权局推荐了方正大米国家地理标志产品保护示范区（方正县）、五常大米国家地理标志产品保护示范区（五常市）作为2021年国家地理标志产品保护示范区，均已通过国家知识产权局审查纳入了筹建名单。

2. **推进地理标志产品专用标志使用核准改革试点**

2020 年 1 月 1 日至 2021 年 12 月 31 日，黑龙江省开展地理标志保护产品专用标志使用核准改革试点，在试点期间，符合条件的生产加工企业申请使用地理标志保护产品专用标志可由省知识产权局直接核准。试点开展以来，通过制定工作规范明确了申请条件、材料要求，以及审核职责、审查程序等要求，确保审核工作规范有序、高效便捷开展。新冠肺炎疫情防控特殊时期，对地理标志产品专用标志使用申请坚持“零见面、零跑腿”，对符合条件的专用标志使用申请快速审查、快速核准。截至 2022 年 1 月底，已完成 208 家企业使用地理标志专用标志申请核准工作。

3. **支持促进地理标志运用**

组织开展地理标志助力乡村振兴行动，以促进地理标志有效运用为抓手，围绕夯实地理标志工作基础、助力农业品牌创建工程、支持农业产业现代化建设以及提高地理标志运用服务水平等四大方面提出 26 项重点工作任务，成功推荐五常大米、海伦大豆、方正大米等 3 件地理标志纳入国家知识产权局第一批地理标志运用促进重点联系指导名录。连续多年组织黑龙江省地理标志参加中国品牌建设促进会组织的中国品牌价值评价活动，在 2020 年中国品牌价值评价活动中，有 5 个地理标志产品品牌价值超过 100 亿元，其中“五常大米”品牌价值达到了 703.27 亿元，在全国地理标志产品排行榜中名列第四位，在全国农产品排行榜中位列第一。

（四）积极组织参加中国品牌日活动

自 2018 年首届中国品牌日活动举办以来，黑龙江省高度重视历次中国品牌日活动，高起点组织领导，认真筛选参展品牌企业，高标准制定参展等工作方案，严格审核把关展区和品牌企业宣传资料，向社会各界展示了黑龙江省企业品牌的良好形象。2018 年总体介绍了黑龙江省挖掘“绿水青山”“冰天雪地”等生态资源、产业基础、科技底蕴打造优势产业和品牌的成效，以 10 户知名自主品牌企业和 3 户创新型中小企业为代表，全面展示了黑龙江省品牌形象。2019 年开展品牌建设培训、电视高端访谈、知名品牌评选、专题宣传推介等系列活动，参与品牌企业数量达到300余家，线上线下观众数量达到2000余人次，省级以上媒体报道达到10次以上，引起了强烈的社会反响，为品牌发展营造了良好的社会氛围。2020年围绕“大美龙江”主题内涵，以绿色之美、生态之美、健康之美和科技之美为主线，推介黑龙江省食品、医药、旅游、战略性新兴产业等名牌企业，通过云上展馆展示、直播等活动，有效地提升了企业品牌知名度。2021年以“品味龙江”为参展主题，设置龙江好米、黄金奶仓、健康五谷、肉中贵族、绿野仙饮等系列板块，重点推介黑龙江省水稻、乳业、大豆杂粮、肉禽、山特产品等行业名企名牌，突出黑龙江省为“中国粮食”“中国饭碗”所作贡献，品牌日三天黑龙江线下展馆参观人数约2.3万人、展馆平均停留时间约3分钟，同步开展线下直播活动，直播浏览量100万余人次。

（五）提升“老字号”品牌影响力

充分利用国家和省里推介品牌契机，鼓励企业开展创品牌活动。组织黑龙江省医药、轻纺、肉类、乳制品类和酒类等“老字号”企业参加大型展会活动，举办省级食品工业“三品”专项行动典型成果推荐活动，提升企业品牌的知名度和产品的美誉度。“北大荒”“完达山”蝉联亚洲品牌500强，其中“北大荒”2021年品牌价值1439.85亿元，位列“亚洲品牌500强”85位，位居农业板块榜首。五常市安家乡的五优稻4号大米连续两年在国际大米节品鉴活动中摘金。14户食品企业的15个产品入选工业和信息化部食品工业“三品”专项行动典型成果。北大仓黑土地牌大米荣获第105届巴拿马太平洋万国（国际）博览会特等金奖，龙门福地酒业“兵团白酒52°”荣获第21届比利时布鲁塞尔国际烈性酒大奖赛金奖。

（六）拓宽品牌宣传推介渠道

1. 打造网络宣传矩阵

依托抖音、快手等新媒体及天猫、京东等大型电商平台，打造网络平台宣传矩阵，持续推出黑龙江好食品旗下的“黑龙江好米”“黑龙江好油”“黑龙江好奶”“黑龙江好肉”等专题、专版、专栏。

2. 开展会展节庆活动

充分利用农交会、绿博会、大米节、丰收节等大型展会活动平台，举办品牌宣传推介活动，多渠道提高黑龙江省农业品牌美誉度和知名度。2021年，“有机鸭稻精米”“有机果蔬”等6个产品荣获第十一届中国国际现代农业博览会金奖。组织企业参加意大利果蔬展、广东东莞食博展等一系列国内外线上线下展会。全省有4家农产品出口企业被农业农村部列入国家级农业国际贸易高质量发展基地，3家企业获得国家出口商品品牌证书。

3. 拓宽媒体报道方式

通过云采访等形式，对黑龙江省绿色食品参展整体形象、企业特色品牌等进行了宣传推广，面向全国消费者推广龙江绿色产品品牌优势，开辟了疫情时期新的市场推广渠道，使龙江品牌影响力不断扩大。

二、品牌工作展望及下一步工作计划

（1）将认真贯彻落实习近平总书记提出的“黑龙江是保障国家粮食安全的压舱石，要争当农业现代化建设排头兵”的重要指示精神，立足国际国内大循环和“一带一路”发展倡议，抢抓机遇，综合施策，用好寒地黑土、绿色有机、非转基因三张金字招牌，以培育区域公用品牌为核心，以提升企业品牌价值为重点，挖掘地方特色农产品品牌资源，做强农产品区域公用品牌，做大企业品牌，做优农产品品牌，构建具有黑龙江特色的农业品牌体系，带动产业链、供应链、价值链提升。

（2）继续推进贸促特色服务品牌建设，搭建重点展会平台促进贸易投资发展。要着力打造具有龙江特色的平台经济重点领域和发展载体，办好哈洽会、中俄博览会、新材料产业博览会、绿色食品产业博览会，注重展会标准化、品牌化建设、对展会召开形式、展览主题、展览内容、展会功能模块等进行突破性、创新式策划，在黑龙江省营商环境介绍、招商项目推介、产业链协同发展上继续发力，为龙江品牌高质量发展注入新动能。

（3）结合黑龙江省品牌优势，进一步利用好各类展会平台打响品牌效应。将继续组织优秀品牌企业参加中国品牌日、上海中食展、广食展、中国消博会、上海西雅国际食品展等国内国际展会和行业展会，深度参与进博会、服贸会，帮助企业利用展会平台拓展销售渠道，打响品牌效应。

（4）继续组织绿色食品直播带货活动，助力企业紧跟时代步伐，抢抓电商行业机遇，迈入高速发展快车道。线上带货直播活动具有精准锁定目标用户、投入低、推广效果好等特点，非常适合后疫情时代助力农业发展。特别是即将到来的 5G 时代，随着视频清晰度及网速的大幅度提升，直播带货的体验也将发生质的飞跃。在未来相当长的一个时期内，“直播带货”必将催热本土“电商经济”，电子商务将成为我国快速恢复消费经济、带动实体产业的主引擎。直播、新零售将迎来高光时刻，推动我国电商市场不断向高质量发展。

打响“四大品牌” 彰显上海城市魅力

——上海市品牌建设工作进展与展望

上海市委、市政府坚决贯彻落实和服务国家战略，把品牌建设与落实习近平总书记考察上海重要讲话精神、加快提升城市能级和核心竞争力等紧密结合起来。打响“四大品牌”，推动品牌发展；举办“中国品牌日”等活动，搭建品牌交流平台；优化营商环境，努力培育发展各类品牌。

一、品牌建设主要成效

（一）“四大品牌”成为上海城市能级和核心竞争力的重要标志

2018年初，上海市委、市政府明确提出打响“上海服务”“上海制造”“上海购物”“上海文化”四大品牌重大战略部署，召开全市工作推进大会进行动员部署，浓厚社会氛围，引导全市对打响“四大品牌”形成共识。制订出台1个实施意见、4个三年行动计划和43个专项行动，形成“1+4+X”政策体系。2021年，在总结第一批打响“四大品牌”工作基础上，上海市委办公厅名义印发新一轮《全力打响“上海服务”“上海制造”“上海购物”“上海文化”四大品牌三年行动计划》。经过全社会共同努力，上海“四大品牌”的认知度、美誉度和影响力显著提升，对推动高质量发展、创造高品质生活的引领作用不断显现，形成了一批具有影响力的名企、名园、名会、名赛等品牌，上海“四大品牌”已经成为上海城市核心竞争力的重要体现。

1. “上海服务”重点围绕提高辐射度下功夫

深入实施金融、航运、科技创新、专业服务能级提升等打响上海服务品牌13个专项行动，上海优质服务供给规模持续扩大，实现服务功能与服务能级双升级，上海服务辐射度明显提高。2021年服务经济占全市生产总值比重达到73.3%，全球资源配置能力全面增强。金融市场成交总额超2511万亿元；贸易中心服务辐射能级持续提升，口岸货物进出口总额占全球3.2%以上，保持全球城市首位；航运中心综合服务能力持续加强，新华-波罗的海国际航运中心发展指数报告显示，上海跻身国际航运中心第3名。

2. “上海制造”重点围绕彰显美誉度下功夫

聚焦四名引领和六创提质，深入实施名品打造、名企培育、技术创新等10个专项行动。高端制造与产业创新双突破，上海制造引领度持续增强。2021年战略性新兴产业工业总产值16055.82亿元，占全市规模以上工业总产值比重达40.6%。聚焦“三大产业”，新兴产业增长极加快形成。集成电路产业竞争力保持领先，上海已成为国内集成电路产业最集中、产业链条最完整、综合技术水平最高地区；生物医药产业创新成果持续涌现，高端医疗影像设备、细胞治疗、基因治疗等产业技术前沿领域处于国内领先地位，“张江研发+上海制造”影响力不断增强。人工智能产业不断创新突破，入选国家新一代人工智能创新发展试验区，获批成为全国首个人工智能创新应用先导区。支持推广首台套装备、首版次软件、首批次材料，推出多项掌握自主知识产权的产品。3家企业进入世界500强，45家企业和产品获得“上海品牌”认证，制造业“隐形冠军”企业超过500家。

3. “上海购物”重点围绕增强体验度下功夫

深入实施消费引领、消费总动员、商业地标重塑等8个专项行动，消费吸引力不断提升，品牌集聚度、时尚引领度和消费创新度显著增强，消费者体验度和满意度持续提高。2021年全市社会商品零售总额达18079.25

亿元，比上年同期增长13.5%，消费规模居全国城市首位，世界知名高端品牌集聚度超过90%。成功举办四届中国国际进口博览会，累计意向成交金额超2000亿美元，进博会溢出效应显现，上海已成为全球商业展会登陆中国市场的首选地、国际中高端消费品牌进入中国的“首发地”。

4. “上海文化”重点围绕展现标识度下功夫

围绕打响红色文化、海派文化、江南文化品牌，全面实施“开天辟地——党的诞生地发掘宣传工程”、理论研究传播品牌建设、城市精神弘扬、人文历史展示、优秀传统文化传承等12个专项行动，城市文化品牌标识度明显提升，城市文化软实力和竞争力持续增强。重大主题创作成效显著，涌现一批红色文化精品，电影《攀登者》、电视剧《大江大河》、舞剧《永不消逝的电波》、图书《战上海》等11部作品入选第十四届、第十五届“五个一工程奖”，社会反响良好。文化创意产业发展迅速，核心产业更具优势，全球影视创制中心、亚洲演艺之都、全球电竞之都建设加快推进，集聚7000余家影视企业，成为全国举办艺博会数量最多、影响力最大的城市之一。

（二）“中国品牌日”等各类活动成为实施扩大内需战略发挥品牌引领的重要舞台

（1）自2017年国家把每年5月10日设为“中国品牌日”以来，中国品牌日活动已经连续四个年头在上海举办，历届“中国品牌日”活动都取得了良好效果。特别是2021年，在疫情常态化前提下重新开启线下展览，来自全国各地的品牌企业、创新型中小企业、有关央企及行业协会参加了展会，三天展览共吸引2.6万余人次现场参观、交流互动，取得了预期效果。此外，各组团单位、参展央企在展会期间举办新品首发、带货直播、文化展演、品牌推介、匠人互动等特色活动超过400场，吸引线上线下观众超过1.5亿人次。

（2）“中国品牌经济（上海）论坛”至今已连续在上海举办六届，线上线下参加总人次达300万人，已成为国内外有较强影响力的标志性论坛。每届会上，由复旦大学管理学院和上海企业文化与品牌研究所发布“中国品牌价值榜（TOP100）”及“中国品牌创新价值榜（TOP100）”，同时联合上海市工经联首次发布“上海制造品牌价值榜（TOP50）”。

（3）以进博会举办和国际消费城市建设等为载体，打造品牌集中展示、商品集中交易大平台，打造全球新品首发地、高端品牌首选地、原创品牌集聚地，助力中外品牌交流互鉴、合作共赢。2017 年全国双创活动周主会场落户上海、2020 年举办首届世界人工智能大会，2020 年举办首届世界设计之都大会，上海设计之都十周年主题活动，联合国教科文组织对上海十年设计之都建设给予高度评价，上海每年还举办上海设计之都活动周、上海时尚周、中华老字号博览会等各类国内外高端展会，上海品牌影响力不断提升。

（三）各类品牌政策叠加发力推动上海品牌建设上台阶

（1）相继出台各类品牌建设政策，2016 年出台《本市贯彻〈国务院办公厅关于发挥品牌引领作用推动供需结构升级的意见〉的实施办法》《关于推进本市消费品工业增品种、提品质、创品牌的实施意见》等文件。2018 年印发首轮《关于全力打响上海“四大品牌”率先推动高质量发展的若干意见》以及全力打响“上海服务”“上海制造”“上海购物”“上海文化”品牌的四个《三年行动计划》，2021 年印发新一轮四大品牌《三年行动计划》。2019 年印发《上海市推进品牌经济发展专项支持实施细则》，品牌经济发展专项 2019 年确定支持项目 60 个，2020 年确定支持项目 84 个，支持项目行业分布较广，包括生物医药、前沿新材料、新能源汽车、智能制造以及美丽健康等产业。2020 年印发《关于加强质量品牌建设、推动高质量发展的指导意见》，以 9 月全国“质量月”和 5 月 10 日“中国品牌日”活动为契机，深入广泛宣传“上海品牌”。

（2）率先提出“将品牌建设纳入战略考核目标，探索品牌无形资产增值视同利润的考核激励机制”“通过混合所有制等多种所有制形式的改制改革，进一步搞活放活、做优做精中小企业品牌”。已实现“将品牌建设纳入战略考核目标”，品牌无形资产增值视同利润的考核激励机制初见成效。

（3）持续推进标准化建设，先后制定规范性文件《上海市“上海品牌”认证管理办法》《上海市“上品”标志管理办法》。开展“上海品牌”认证，探索“政府搭台建机制，第三方评价唱主角，企业亮相争标榜”的工作机制，有 79 家单位的 124 项产品和服务获得认证。发挥行业作用推动组建“认证联盟”，如食品行业大力推进食品工业企业诚信管理体系建设，全市有 52 家本市食品工业企业获得国家颁发的食品工业企业诚信管理体系评价证书。另外，上海老凤祥公司、冠华不锈钢制品公司等一批行业领先企业的企业“领跑者”标准也陆续出台。

二、品牌建设的主要做法

（一）全力打响“四大品牌”，加强上海品牌建设工作顶层设计

上海市委、市政府高度重视打响“四大品牌”工作，以上海市委办公厅名义先后印发两轮《全力打响“四大品牌”三年行动计划》，并建立健全市级、区级统筹协调推进机制，注重激发各类市场主体活力，充分调动全社会的积极性、主动性和创造性，发挥园区、企业、行业协会、社会组织、智库等多主体作用，凝聚起全社会蓬勃力量。同时，上海市委和市政府办公厅逐年开展专项督查，有力推动“四大品牌”建设工作落地见效。经过全社会共同努力，工作取得显著成效，也形成了一些具有复制推广价值的经验和成果。

（二）精心举办“中国品牌日”等重大活动，搭建品牌建设交流平台

2018 年以来，中央把“中国品牌日”活动举办地放在上海，为我们提供了难得的发展机遇和平台。上海市作为活动东道主，积极做好疫情防控、应急处置、新闻宣传、后勤保障等工作，同时注重展现上海馆的策展特色，在企业遴选上，彰显品牌实力活力魅力。聚焦当年主题，在品牌遴选上兼顾企业的不同发展阶段，既有国潮老字号品牌，还有彰显中国力量的重点品牌，更有体现新经济新动能的新锐品牌。在展览布局上，体现品牌传承延续创新。通过老字号的传承创新展示，让老品牌讲出新故事。另外，上海作为全国改革开放排头兵和创新发展先行者，各类新技术、新产业、新业态、新

模式在上海这块热土上活力迸发，体现上海品牌的“高端、数字、融合、集群”特质。在展陈方式上，实现品牌线上线下融合立体呈现。通过“数字+经济”“数字+生活”“数字+治理”等城市数字化场景，通过音视频平台发起热点话题、论坛直播和品牌带货等多种“云”传播形式，助力上海品牌企业推广，促进品牌产品线上消费。此外，互联网、大数据、云计算等前沿技术在大众生活、企业经营、政府管理等领域的广泛应用，改变着人们的消费方式、生活方式甚至生活观念，我们通过举办世界人工智能大会、工博会等活动，为数字经济发展提供广阔而丰富的应用场景。

（三）构筑更多“走出去”通道，助力中国品牌融入新发展格局

依托自贸试验区临港新片区、上海虹桥国际枢纽等重点区域，为国内企业进行国际化战略布局提供便利，推动更多自主品牌迈向全球产业链、价值链、创新链高端。上海服务经济高端化、国际化特色鲜明，尤其是专业服务门类齐全，全球化和世界城市研究网络发布的 2020 年最新世界级城市排名，上海位列全球第 5 名。以《区域全面经济伙伴关系协定》签署为契机，充分发挥金融、会计、广告、法律、管理咨询等专业服务业优势，依托科技创新和高端人才，为自主品牌发展提供研发设计、商务咨询等服务，助力培育更多品牌，助力中国品牌融入全球网络。制定相关改革开放政策助力品牌走向国际，制定发布了《上海市关于进一步推进服务业改革开放发展的实施意见》，抓好服务业改革开放首创性政策落地实施。《上海市服务业扩大开放综合试点总体方案》获国务院批复同意，提出加快简政放权、推进贸易投资便利化、强化知识产权及数据保护等 11 条措施。努力打造国内国际双循环的战略链接，形成一批联通国内外的功能平台，成为中国品牌建设的策源地和桥头堡。

（四）优化营商环境和产业生态，推动各类品牌不断涌现

发布《上海市优化营商环境条例》，2021 年 3 月出台优化营商环境 4.0 版改革方案，全面提升企业全生命周期管理服务，营造公平竞争的市场环境，加快与国际通行规则和标准对接。依托“一网通办”政务服务平台和上海“企业服务云”，全方位提供优质精准服务，为品牌发展创造更好条件，提供更多便利。同时，按照“市场主导、企业主体、国际互认”的原则，采用市场化的品牌评价新模式，建立“上海品牌”认证机制。近年来，出台了一系列促进老字号品牌发展的政策措施，鼓励产品创新，推动老字号跨界合作，如乔家栅的网红咖啡店乔咖啡、凤凰股份与贵州赤水竹编合作推出的红色经典款自行车等；着力加快发展新经济形态，培育产业新动能，涌现了一批以小红书、拼多多、微创医疗、哔哩哔哩、喜马拉雅等为代表的示范效应好、带动作用强、市场影响大的品牌企业，产业核心竞争力不断增强；加快关键核心技术突破创新，在集成电路、民用航空、新能源汽车等领域布局约 200 个科技创新攻关项目，创建两个国家级制造业创新中心，推动优刻得、药明康德、澜起科技等一批科技创新品牌企业科创板上市。

三、品牌建设展望和下一步工作考虑

（一）持续深化打响上海品牌

品牌建设是一项系统工程，不能一蹴而就，需要持续发力，久久为功，在前期工作基础上，进一步丰富打响上海“四大品牌”内涵，创新工作举措，滚动实施三年行动计划，围绕关键性任务、标志性载体、支撑性项目、创新性举措等四个维度，努力使优势更优、特色更特、强项更强。

（二）办好“中国品牌日”等系列活动

坚决贯彻落实习近平总书记关于品牌建设的重要指示批示精神和党中央、国务院关于品牌建设工作的决策部署，全力配合国家发展改革委举办好“中国品牌日”等系列活动。切实做好各项筹备工作，结合上海品牌发展实际和区域特色，组织工作专班谋划好线上线下参展方案。

（三）培育更多新锐品牌

聚焦“五型经济”，谋划和布局集成电路、生物医药、人工智能等先导产业，积极培育壮大更多高新技术企业和“专精特新”企业，推动数字产业化和产业数字化，培育更多新品牌，在品牌建设上真抓实干、持续推进，持续发挥品牌引领作用，推动经济高质量发展。

打造“江海流苏”品牌新名片 助力“强富美高”新江苏建设

——江苏省品牌建设工作进展与展望

江苏省认真贯彻落实习近平总书记关于品牌建设的重要指示批示精神和党中央、国务院关于品牌建设工作的决策部署，持续大力推进“品牌江苏”建设。始终把“高质量”作为全省发展的鲜明导向，立足江苏实体经济优势，坚持优质发展、以质取胜，提升产品质量、服务质量，加强品牌建设，使江苏制造、江苏服务和江苏品牌成为高质量的标志，推动江苏制造向江苏创造转变、江苏速度向江苏质量转变、江苏产品向江苏品牌转变，为“强富美高”新江苏建设注入品牌力量。

一、品牌建设主要成效

（一）江苏质量品牌多点开花

以争创中国质量奖、省长质量奖为目标，在全省筛选出一批质量品牌基础较好的企业进行跟踪培育。江苏阳光集团、博世汽车部件（苏州）公司获得中国质量奖，徐工集团、好孩子集团等22家组织（个人）获得中国质量奖提名奖，总数位居全国前列；78家组织（个人）获得省长质量奖，95家组织（个人）获得省长质量奖提名奖，形成了一批质量标杆梯队。组织开展“江苏精品”认证，以标准为引领、认证为手段，对关键质量指标高于国家及行业标准的产品和服务开展第三方自愿性认证，全省累计 150 家企业 166 个产品（服务）获得“江苏精品”认证，涵盖了三次产业的龙头企业和“拳头”产品。

（二）国优农业品牌享誉中外

以打造一批高知名度、高美誉度和高忠诚度的江苏农业品牌为主线，以质量塑牌，以文化传牌，培育提升了一批农业品牌，一批知名品牌逐步走出江苏、走向全国。射阳大米、高邮鸭蛋、阳澄湖大闸蟹、盱眙龙虾、南京盐水鸭五大品牌入选“全国百强农产品区域公用品牌榜”，射阳大米、兴化大米获得“中国十大大米区域公用品牌”，洞庭山碧螺春茶获得“中国优秀区域公用品牌”；成功创建了盱眙龙虾、邳州银杏等 12 个国家级中国特色农产品优势区，总数居全国前列。盱眙龙虾、射阳大米等 12 个品牌入选中国农业品牌目录。据中国品牌建设促进会 2021 年公布结果，盱眙龙虾品牌价值达 215.51 亿元，连续六年位列全国水产类公用品牌第一名。举办江苏农业品牌发布会，两次共公布了入选省级品牌目录的 235 个品牌名单，其中区域公用品牌 46 个、产品品牌 189 个。

（三）老字号品牌源远流长

商务部自 2006 年起实施“振兴老字号工程”并开展“中华老字号”认定工作，江苏共有 96 家企业被商务部认定为“中华老字号”企业，占全国的 8.5%（其中第一批 35 家，第二批 61 家），数量居全国前列。“江苏老字号”认定工作自 2015 年 2 月启动，2015 年、2019 年先后认定两批“江苏老字号”企业，截至 2022 年 5 月，共有江苏老字号 272 家（含 96 家中华老字号申请加入江苏老字号）。此外，部分设区市还认定了一些市级老字号，基本形成了国家、省、市三级认定体系。

（四）出口品牌名扬天下

2016 年以来，开展“2017—2019、2020—2022 年度江苏省重点培育和发展的国际知名品牌”认定工作，分别认定 348 家外贸出口企业（39 家领军企业）的 360 个自主品牌、413 家外贸出口企业的 421 个自主品牌入选。在省级出口品牌评选工作的带动下，苏州、无锡、南京等地开展了市级出口品牌的评选，形成多层次、梯队式培育机制。

（五）商标品牌精准培育

深入实施商标品牌战略，加强地理标志培育和保护。截至 2021 年底，江苏省有效注册商标 239.7 万件、驰名商标 786 件，地理标志专用标志用标单位 1251 家，地理标志商标 379 件，地理标志产品 91 件，试点核准专用标志使用申请 120 家，14 件地理标志纳入中欧地理标志保护合作协定。

（六）特色文化品牌亮点纷呈

坚持市场化、品牌化、国际化方向，注重线上线下联动，吸引国内外知名文化展会落户江苏。连续举办八届紫金奖·文化创意设计大赛，全省十八个省直部门共同主办，影响力不断增强。举办 2 届紫金奖·中国（南京）大学生设计展，全国九大美院、150 所高校参加，成为全国高校大学生领域最具影响力的展会。成功举办两届江南文脉论坛、三届长三角国际文化产业博览会、三届中国（南京）文化和科技融合成果交易博览会，连续举办十四届世界运河城市论坛，论坛升格为国家级论坛，文旅部和省政府共同主办。成功举办运河文化嘉年华、行走大运河、大运河体育系列赛、长江文化节等活动，举办三届大运河文化旅游博览会，成为国际国内有重要影响的文旅融合品牌。办好长三角高新视听博览会，做强江苏书展、江苏版权贸易博览会、江苏印刷业创新发展博览会等区域性展会，培育具有江苏特色的重点文化展会矩阵。

二、品牌建设主要做法

（一）政策集成，系统谋划一体推进

江苏省委、省政府先后制定出台了《关于加快质量发展的意见》《江苏省质量提升行动实施方案》《关于打造“江苏精品”品牌推动高质量发展的意见》等文件举措，着力培育一批具有较强国际竞争力和市场影响力的“江苏制造”“江苏建造”“江苏服务”品牌。各部门按照省委、省政府部署要求，以点串线、以线带面，持续推动品牌发展工作转型升级。始终将坚持系统观念作为推动品牌建设工作的重要原则，全面贯彻新发展理

念，服务构建新发展格局，以高质量发展为核心导向，以坚持“一盘棋”的系统思维和方法统筹谋划推进，加快形成品牌建设政府推动、部门联动、企业主动、社会互动的良好氛围，共助江苏在品牌“高原”之上再攀品牌“高峰”。

（二）做强做优，开展“江苏精品”认证

1. 加强顶层设计

出台《关于打造“江苏精品”品牌 推动高质量发展的意见》，明确了工作目标、重点任务和保障措施。推动地方政府加强政策支持，截至2021年底，苏州、南通、泰州、徐州等地出台了扶持品牌发展的政策措施，对获得“江苏精品”认证的企业给予一定奖励，鼓励企业积极打造“江苏精品”。

2. 建立工作制度

鼓励各方积极参与“江苏精品”认证，组织召开行业协会和骨干企业座谈会，宣贯“江苏精品”政策，推动“江苏精品”工作有效开展。先后制定出台了《“江苏精品”认证管理办法》《“江苏精品”评价通则》等制度，统一规定认证程序、认证依据、认证标准、认证实施、监督管理、标志使用和收费管理等，为有序推进“江苏精品”认证工作提供了制度保障。

3. 实施第三方认证

组织12家认证机构成立了“江苏精品”国际认证联盟，“江苏精品”认证引入国际通行的第三方认证评价机制，经企业自愿申请，联盟认证机构按照“产品型式试验+现场审查+获证后监督”的模式，认证了一批高端质量品牌。联合“江苏精品”认证工作领导小组成员单位发布两批150家“江苏精品”获证企业名单。

（三）提质增效，推动工业品牌发展

1. 推动落实质量主体责任

加强质量文化建设，以普及教育为主线，引导企业树立质量第一、信誉至上的经营理念，以满足顾客需求为核心，持续优化用户体验，提高用户满意度。每年为中小企业中高层管理人员提供精益管理、卓越绩效等方面的优质培训，五年累计培训 11000 余人。深入宣贯质量提升行动意见，大力开展质量管理小组、现场管理、班组管理等群众性质量活动，提升企业质量管理水平。

2. 促进实物质量提升

推进消费品工业“三品”专项行动，加强食盐食品质量管理，举办以推进食品工业企业诚信管理体系建设为主要内容的主题日活动，苏州、南通、镇江 3 市成为国家“三品”战略示范城市。实施高端装备研制赶超工程，推动轨道交通装备、医疗器械、农机装备等重点领域产品质量提升，着力解决关键短板装备、基础零部件、工业软件等卡脖子问题。

3. 加大自主品牌宣传力度

以量大面广的中小企业为重点，大力开展品牌培育管理体系标准宣贯活动，引导企业科学培育品牌。支持 220 家工业和信息化部品牌培育试点企业按照品牌培育管理标准开展体系建设，增强品牌培育能力。引导省内企业发展自主品牌，增强品牌竞争力。

（四）精心培育，强化农业品牌建设

1. 创新培育模式

推动有效市场和有为政府相结合，探索省级农业品牌推介新机制，构建农业品牌培育新模式，全方位、突破性推动农业品牌工作。2019 年以来，在全国率先开展两届“江苏省十强农产品区域公用品牌大赛”，成功推选出高邮鸭蛋、盱眙龙虾、东台西瓜、射阳大米等十强区域公用品牌。2020 年协调指导省农产品品牌发展中心等举办“苏垦杯”首届江苏省农业企业知名品牌 30 强大赛，搭建了农业企业知名品牌培育新平台。编印《品牌强农助力乡村振兴典型案例选编》《江苏农业品牌发展报告（2019—2020）》，交流互鉴发展经验，宣传推广先进典型。

2. 打造现代农业航母

以全产业链、一体化经营模式铸就品牌发展动力，从种子、农资供应，到种植、加工销售，协同发展，构建全产业链品牌矩阵。以一流品质打造品牌核心竞争力，建设百万亩全国绿色食品原料标准化生产基地，构建具有自主知识产权、全国领先的农产品全面质量管理体系，保障绿色健康、品质安全。

3. **依托展会平台**

完善以参展国家和省级展会为龙头，以自办市县级展会为主体，以参加境外展会为补充的农业展会体系。在中国茶博会、中阿博览会、中国农交会等国家级展会上，“苏”字号农业品牌精彩绽放；在农洽会、合作社产品展销会以及全省性各类展会上，省内品牌同台竞相斗艳。完善线上平台建设，培育一批网络营销农产品品牌主体、品牌产品、品牌电商和“网红”。

（五）传承创新，推进老字号品牌保护与发展

1. **加强政策引导扶持**

自2015年起，在省级商务发展资金中设立了保护和促进老字号发展专项资金。2015—2018年对符合支持范围的项目，采取以奖代补方式，单个项目扶持金额不超过20万元，单个企业资助上限为50万元。2019年开始，省级商务发展资金切块到各市，由各市统筹安排使用，促进老字号传承保护和创新发展列入资金支持方向。各市也在商务发展资金中设立老字号保护和发展资金。

2. **推进老字号集聚发展**

2018年印发《关于开展江苏老字号集聚街区建设工作的通知》，出台《江苏省老字号集聚街区建设规范（试行）》。按照公平、公开、公正的原则，经过组织申报、专家评审和网上公示，确定苏州市观前商业街、扬州东关街——国庆路街区、南京老门东历史文化街区等3个街区为第一批江苏省老字号集聚街区，并给予一定的政策支持。

3. **促进老字号创新发展**

坚持历史文化传承与品牌创新相结合。江苏百年以上的老字号品牌接近100家，拥有多项非物质文化遗产项目。推动一些具有比较优势的老字号企业采用连锁经营、特许经营等现代流通方式，实现跨越式发展。转换经营理念，创新营销模式。顺应“互联网+”发展趋势，线上线下融合发展，在电商平台上设立老字号品牌专区，积极发展在线预订、网订店取（送）和上门服务等业务，通过线上渠道与消费者实时互动，为消费者提供个性化、定制化产品和服务。

（六）抢抓机遇，大力开拓出口品牌

1. 强化政策支持

“十三五”以来，省级商务发展专项资金从境外商标注册、研发创新、品牌推广和市场开拓等方面向品牌企业倾斜，积极支持省级出口品牌企业扩大品牌知名度。

2. 积极拓宽品牌建设途径

发展外贸新业态与品牌促进相结合。推动“产业带+跨境电商”“品牌+跨境电商”发展，积极推广典型企业在运用跨境电商加快转型升级的经验做法，推进江苏品牌企业应用线上渠道加速出海，提升互联网品牌知名度，构建自主营销网络。将出口基地建设与出口品牌建设相结合，做大做强特色产业集群，着力打造“南通家纺”“锡山摩托车”“邳州大蒜”等具有一定国际竞争力的区域品牌。

3. 借力展会平台

“十三五”期间，积极组织品牌企业参加中国品牌俄罗斯展、拉美展、非洲展等展会，打响品牌。充分利用广交会、华交会等各类平台加大宣传推介力度，有效提升江苏品牌美誉度、国际竞争力，截至2021年底江苏省广交会的品牌摊位占比达1/5。“十三五”期间，江苏省有20家企业、25个产品获得“广交会出口产品设计奖”。

（七）营造氛围，积极开展“中国品牌日”江苏特色活动

1. 科学谋划组织

省领导高度重视，做出明确批示要求。省发展改革委联合有关部门成立工作专班，建立健全组织机构。工作专班成员之间紧密配合、密切协同，遴选线上线下参展企业，商讨确定品牌日活动方案。通过科学谋划、严密组织，在较短时间内高质量地完成了参展企业遴选、特色活动组织、现场布展施工彩排等工作，并组织参展代表团参展。

2. **强化宣传推介**

在品牌日活动预热和举办期间，邀请媒体，通过制作发布“江海流苏”品牌江苏展馆微视频、《“江海流苏”抢先看》H5、“江海流苏”开馆探馆视频，组织江苏展馆媒体探营，开设“江海流苏面对面”全媒体直播间，推出《名企云集江海流苏 大浪淘沙品牌生辉》特别报道等活动，集中宣传报道江苏省品牌盛况，展示品牌发展成就。

3. **强化结果运用**

2018 年品博会举办期间，江苏共有 31 家知名自主品牌企业、5 家具有发展潜力的创新型中小企业参展，充分展示了江苏品牌的良好形象。2019 年江苏品牌发展峰会，近 300 名代表和 210 余家品牌企业参会，人民日报等数十家新闻媒体报道峰会盛况，产生了强烈反响。2020 年江苏省首设江苏云上展馆“江河流苏”，主题鲜明，内容丰富，形式新颖，品牌企业参展踊跃，数量位居全国第一，点击量迅速突破百万，在地方云上展馆中始终位居前列。2021 年展会期间江苏省线下参展品牌企业共开展新品首发、带货直播、品牌推介等特色活动 15 场，吸引线上线下观众超 200 万人次。

三、下一步品牌建设工作考虑

（一）加强品牌工作成果应用

在成功举办历次中国品牌日江苏特色活动的基础上，认真落实江苏省委、省政府加快品牌强省建设的工作部署，大力引导各方积极开展品牌发展工作。同时，聚焦品牌活动成果，进一步抓好“江苏精品”认证、生产性服务业品牌培育、“自主工业品牌 50 强”评选等品牌活动，培育发展壮大更多江苏自主品牌。充分借助“中国品牌日”品牌宣传展示平台，更多地参与国家组织的系列品牌活动，宣传江苏品牌建设政策举措，传播江苏品牌企业故事，展现江苏品牌企业形象，提升江苏品牌影响力。

（二）持续推进高质量品牌建设

积极开展质量宣传活动，打造“政府指导、行业自律、企业诚信”的质量保障长效机制。修订现有产品质量标准，围绕促进转型升级，聚焦重点领域，培育一批全国市场排名领先的高端制造品牌产品。加强政策激励，通过相关政策鼓励制造企业建设高质量品牌，推出一批品牌质量好、产品附加值高的精品企业。通过现有知名品牌带动其他制造企业品牌，建设、打造一批高质量的江苏制造业品牌。

（三）培育品牌引领标杆企业

以行业龙头骨干企业、“专精特新”企业和“隐形冠军”企业为重点，综合运用质量奖励政策和标准、计量、认证等手段，加快培育形成自主创新、品质高端、服务优质、信誉过硬、市场公认的江苏品牌群体，积极争创一批中国质量奖企业。培育一批品牌信誉高、文化特色浓、产品和服务质量优、市场竞争力强的老字号品牌。实施“苏地优品”专项建设工程，聚力打造“苏地优品”地理标志公用品牌形象，推动江苏品牌建设提档升级。

（四）提升自主品牌国际竞争力

完善品牌培育、评价、宣传和保护机制，强化梯队式品牌培育体系，促进省级重点培育和发展的国际知名品牌加快发展，鼓励企业开展境外商标注册、知识产权注册、体系认证和品牌推广，夯实品牌建设的基础。依托优质展会、电商以及主流媒体等平台，加大对江苏品牌海外推介力度，推动境内外知名展会资源向品牌企业倾斜，提升江苏出口品牌的美誉度和知名度，扩大自主品牌产品出口，逐步实现从产品输出到品牌输出的转变。

打响“品字标”金名片 推动品牌强省建设

——浙江省品牌建设工作进展与展望

近年来，浙江省委、省政府认真贯彻落实习近平总书记关于品牌强国建设的重要指示批示精神和党中央、国务院关于品牌建设工作的决策部署，紧紧围绕品牌强省建设目标，深入实施品牌竞争力提升工程，大力宣传特色自主品牌，做优品牌服务环境，走出了一条具有浙江特色的品牌发展之路。

一、品牌建设主要成效

目前，浙江省在全国率先构建以“区域品牌、先进标准、市场认证、国际认同”为核心的“品字标”品牌建设体系，形成以浙江制造、浙江农产、“老字号”商标、浙江出口、浙江文旅等为主体的品牌矩阵。2020 年，浙江省商标品牌发展指数位列全国首位；2021 年，宁波舟山港集团有限公司荣获“中国质量奖”。

（一）“浙江制造”品牌全面打响

近年来，制造业企业研标、学标、用标热情高涨。截至 2022 年 3 月，“浙江制造”标准累计达 2691 项，“品字标”企业累计达 3178 家。同时，全省累计认定 941 家企业的“浙江制造精品”1237 项，对已认定企业的调查数据显示，51.54%的企业获得“浙江制造品字标”，45.37%企业获得“浙江省著名商标”，24.86%企业产品获得“浙江出口名牌”认证，61.88%的企业实现国内或国际知名品牌，97.22%的企业认为通过“浙江制造精品”认定有效提升了市场中的影响力。

（二）“浙江农产”品牌价值提升

多年来，浙江省始终坚持品牌强农战略，以农业主导产业和特色优势农产品为重点，实施品牌培育提升行动，大力培育区域性公用品牌，形成了一批种类丰富、附加值较高的“品字标”浙江农产品牌。截至2021年底，全省品牌农产品种类覆盖所有农业产业领域，农产品商标注册数超13万件，以县为单位建设的特色农产品优势区拥有区域公用品牌216个，列入国家农产品地理标志保护产品152个，省级知名农产品品牌200个，涌现出丽水山耕、西湖龙井、安吉白茶、三门青蟹、仙居杨梅、庆元香菇等一批高附加值、高知名度的农业品牌。

（三）“老字号”品牌亮点纷呈

随着“老字号振兴工程”深入实施，浙江省老字号发展环境不断优化，推动老字号逐步成为浙江省经济领域的新亮点、金名片。截至2021年底，浙江省先后认定6批“浙江老字号”共491家，其中有“中华老字号”91家、中国驰名商标34个，“中国名牌”12个，国家级非遗项目28个、省级非遗项目37个，老字号在浙江品牌中的比重不断提高。杭州解百、古越龙山等10家老字号成功在主板上市，4家老字号登陆新三板，各地老字号在当地经济中的贡献比重不断提升。

（四）“浙江出口”品牌持续输出

深入推进“品质浙货 行销天下”“浙货行天下”工程，强化“浙江出口名牌”“品质浙货”出口领军企业、“浙江省出口名优特产品”等出口品牌主体培育。截至2021年底，累计培育“品质浙货”出口领军企业80家、“浙江出口名牌”836个、浙江出口名优特产品79种，逐步形成省、市、县分级培育的培育机制。目前，省、市、县三级出口名牌累计达2000个左右，形成了良好的品牌创建氛围。

（五）“浙江文旅”品牌深入发展

通过“政府引导、市场运作”的模式，精选地方特色，探索文化和旅游融合新路径，已培育形成“美食文化+旅游”“民宿文化+旅游”等多元品牌业态。截至2021年底，全省已评选形成2批共30个浙江省示范级文化和旅游IP，良渚文化、南湖红船、印象西湖等IP已成为浙江省标志性文旅胜地；积极打造省域“养胃”美食旅游IP——“诗画浙江·百县千碗”，先后认定三批省级“百县千碗”体验店504家，培育认定省级“百县千碗”美食街区（镇）16个，实现体验店县（市、区）全覆盖；结合乡村振兴业态，探索民宿产业区域品牌，涌现出德清洋家乐、丽水山居等一批民宿品牌。

二、品牌建设主要做法

浙江省紧密围绕品牌强省建设目标，坚持政策引导和市场培育，有针对性地制定不同的品牌培育路径，积极做好品牌保护、商标认证、企业服务、宣传推广等工作，推动品牌影响力进一步提升。

（一）健全品牌政策体系和推进机制

1. 建立制度体系

先后发布《浙江省市场监管局关于进一步推进“品字标浙江制造”品牌建设的意见》《浙江省质量强省标准强省品牌强省建设“十四五”规划》《关于促进老字号传承创新发展的实施意见》《关于加快“浙江制造”标准制定和实施工作的指导意见》《浙江省地理标志运用促进和保护工程三年行动计划（2021—2023年）》等政策，指导品牌建设有序开展。制定“品字标”公共品牌标识使用管理办法，凝练消费者关注的关键性能指标，形成与先进国际标准、国家和行业标准同类指标“对比表”。

2. 发挥政府职能作用

持续推进政府质量奖评审，对实施卓越绩效管理、取得显著经济效益和社会效益的品牌企业进行奖励，着力完善相关产业、环境、科技、金融、财政、人才等扶持政策。具体来看，针对“浙江制造”品牌，强化

“浙江制造精品”的政府首购首用、优先采购，推动扩大国内市场；针对“浙江农产”品牌，争取财政资金支持农业品牌产品基地建设、品牌形象宣传、运营平台建设、品牌标识推广等，引导现代农业发展资金用于支持农业品牌建设重点区域和关键环节；针对“浙江出口”品牌，先后组织两场联合国及国际组织采购对接会，重点联合亚马逊举办全球卖家直采大会，积极拓展新渠道助推企业开拓国际市场。

3. 形成统筹推进机制

成立浙江省质量强省工作领导小组，由省市场监管局牵头，省发展改革委、省经信厅、省商务厅等部门联动，明确品牌建设目标任务，压实工作责任，切实提升组织保障水平。同时，要求各设区市、县（市、区）主管部门结合当地特色积极开展品牌挖掘和培育工作，形成省市县三级联动的推进体系。

（二）制定特色化品牌培育路径

1. 开展“浙江制造精品”认定工作

省级层面发布《关于“浙江制造精品”认定推广和应用的实施意见》，开展“浙江制造精品”的认定和推广应用工作，确立并扶持一批“技术先进、设计新颖、质量可靠、效益优良”的“浙江制造精品”。依托政采云平台“制造精品馆”，通过政府采购、组织企业参加展会等方式，加大对“浙江制造精品”的推广应用。

2. 建立农业品牌、农业企业培育机制

持续开展农产品地理标志提升发展计划，全面推行“一标一品一产业”融合发展模式，打响“乡字号”“土字号”地理标志农产品品牌。积极推动农业企业开展省级著名商标、中国驰名商标、名牌产品等品牌认证。推荐全省农产品区域公用品牌和农业品牌申报中国农业品牌目录，鼓励各地积极依托优势产业、特色文化开展区域品牌建设，建立完善区域品牌管理的标准体系、准入门槛和运营机制。

3. 持续壮大“老字号”品牌

建立健全老字号品牌保护政策体系，出台《“浙江老字号”认定办法》，引导老字号企业实施连锁化战略，在省内外设立连锁企业或连锁门店，扩大企业影响力，提高经济效益。建立省促进老字号发展协调机制，开展老字号普查，建立健全老字号档案。

4. 推动“出口品牌”走出去

印发《关于进一步做好出口名牌培育工作的通知》，强化“浙江出口名牌”、“品质浙货”出口领军企业、“浙江省出口名优特产品”等出口品牌主体培育。借助展会等平台进行统一宣传，在境内外重大国际性展会及自办展中，整体展示“品质浙货”元素。

5. 提升文旅品牌培育质量

制定《“诗画浙江·百县千碗”评价和认定规范》，打造以菜品标准体系和体验店、旗舰店、街区（镇）为代表的市场认定标准体系，以标准化手段培育美食旅游 IP。持续开展“品字标”浙江服务、省示范级文化和旅游 IP 等评选工作，筛选出一批优质的文旅品牌予以推广。鼓励各地结合文化特色，探索旅游新业态新模式。

（三）加大品牌宣传推广力度

1. 积极参与中国品牌日活动

近年来，浙江省已多次参加国家发展改革委组织的自主品牌博览会。2021 年浙江省以“浙里有品”为主题，采用“线上+线下”展览互动方式参与国家自主品牌博览会，超 200 万以上的人次观看了浙江展区直播，其中线下展览划分为数字经济、智能制造、绿色低碳和品质生活四大板块，遴选了海康威视、网易严选、丽水山耕等 20 家知名企业，集中展示品牌 LOGO、特色文化、主打产品、发展方向等内容；线上展览以线下实体展览为基础，共选取了 64 家企业参展，通过视频、图文、点赞、留言等方式与参观者进行多维度互动。此外，浙江省组织开展中国品牌日浙江活动，比如“浙产新能源汽车品牌展活动”、“杭甬品牌双城记”访谈直播、“浙江品牌推荐”直播等系列地方特色活动，举办“创响中国”新兴产业品牌展示系列活动、浙江“品字标”品牌走向“一带一路”系列活动、全国大众创业万众创新活动周系列活动等，联动央视新闻联播、中国经济导报、浙江日报、浙江经视等媒体对中国品牌日浙江活动进行宣传报道。

2. 开拓品牌宣传渠道

积极推动“品字标”企业质量承诺100%公示、品牌产品100%贴标、厂区车间100%亮标、广告宣传100%植入，并试点推广“品字码”。每年举办“品字标”品牌主题展览、系列论坛和信息发布，通过主流媒体持续推介公共品牌，同时鼓励各地组织开展宣传推广活动，比如农业品牌举办第四届中国国际茶叶博览会、开展丰收大联动活动、开展多样化产销对接活动等；文旅品牌拍摄制作“百县千碗”美食专题宣传片、谱写美食歌曲、编印美食图册等；出口品牌制作“品质浙货 行销天下”中英文系列宣传片，编印《“品质浙货”出口领军企业》《浙江商务》品质浙货专刊等书刊。

3. 采用数字技术赋能品牌推广

借助大数据和云计算技术，整合现有全省品牌、商标、行业企业数据资源，打造传统媒体与新兴媒体有机结合、内外信息互联互通的互联网宣推平台，使“浙江制造”品牌“至精、至诚、至远”的核心价值理念和“世界品质，浙江制造”的宣传口号深入人心。

（四）打造优质品牌服务环境

1. 深化商标注册便利化改革

认真打造标准化服务窗口，推行主体便利受理模式，积极承接国家知识产权商标局下放的受理权限，实现商标注册受理、质押登记等业务“一站式”集成服务，加大面向企业的商标知识宣传力度，增强企业的商标意识，做好商标注册咨询全覆盖服务，保持商标注册量持续增长。

2. 推进品牌指导服务站建设

印发《浙江省品牌指导服务站建设工作指导意见》，制定《品牌指导服务站建设规范》，为基层品牌指导服务站建设、管理以及服务提供标准遵循和技术支撑。将品牌指导服务体系建设纳入浙江省知识产权保护“一件事”集成改革重要内容，上线“浙江知识产权在线”，为品牌指导服务体系完善提供政策保障。

3. **组建企业服务专班队伍**

组建三服务工作组，周期性对各市重点产业、重点企业、重点产品开展上门对接服务。建立“品字标”品牌企业培育库，将重点企业列入省市级培育库，对每家企业建立档案、明确对接联系人，做好及时的跟踪服务指导。组织培育企业参加品牌标准实操培训班，推荐重点企业积极参加省品联会、中国自主品牌博览会等各类大型展会。

（五）健全品牌保护和认证体系

1. **打击知识产权违法行为**

建立市、县两级知识产权行政执法体系，11 个设区市全部实现专利行政执法权下放至县（市、区）。2021 年全省受理专利纠纷办案 17035 件，调处结案 16911 件，涉案金额约 1.7 亿元；查处商标违法案件 4557 件，涉案金额约 1.2 亿元，罚没款约 1.3 亿元，移送司法机关 330 件。

2. **推进地理标志保护**

制定出台《浙江省地理标志运用促进和保护工程三年行动计划（2021—2023 年）》，部署开展“加强地理标志保护助力乡村振兴行动”“西湖龙井专项整治行动”“绍兴黄酒地理标志保护”等专项执法，合计检查地理标志生产企业、包装印刷企业和销售门店 1226 家，共查办地理标志案件 17 件。制定下发《关于落实〈中欧地理标志协定〉做好地理标志保护工作的通知》，累计已有 7 件地理标志获得欧盟地理标志并受到保护。

3. **加强驰名商标保护**

制定印发《关于加强查处商标违法案件中驰名商标保护相关工作的通知》，指导各地依法规范驰名商标申报工作流程，切实加强驰名商标认定的管理保护。2021 年，全省申请认定驰名商标 15 件，其中 7 件获驰名商标扩大保护。

4. **完善“市场认证+自我声明”的品牌认定体系**

将第三方认证模式作为“品字标”品牌授权的主流核心做法，有条件允许企业以“自我声明”和“特色品牌转化”的方式获得“品字标”公共品牌使用授权，通过不断完善品牌授权机制、降低认证成本、提高互信效率，为浙江产品走出去提供有效“通行证”。

三、品牌建设下一步工作思路

（一）提升品牌核心竞争力

实施品牌竞争力提升工程，建立“名品+名企+名产业+名产地”的集群品牌和区域品牌培育提升机制，打造一批特色鲜明、竞争力强、市场信誉好的产业集群区域品牌。实施产业集群品牌和企业商标、地理标志联动发展工程，实施商标品牌与专利发展融合战略，打通“专利-标准-质量-品牌”发展路径。推进出口企业产品实施“同线同标同质”，提高国内国际标准一致性程度。打造一批数字化两业融合品牌企业，推进“上云用数赋智”集成应用，为品牌建设高端化品质化发展提供技术支持。鼓励各地建立“品牌管家”等区域性公共服务平台，计划 2022 年末投入运行服务站 300 家以上。

（二）加大品牌推广力度

深入实施“品字标”贴标亮标计划，推动实现全省“品字标”企业质量承诺、品牌产品、厂区车间和广告宣传贴标亮标“四个百分百”。充分利用与省广电集团战略合作的资源优势，固定黄金时段在主流媒体投放“品牌建设”公益广告，在热门栏目开设“浙江品牌”专题，营造良好的社会舆论氛围。提升本土企业对品牌的认知力，深入企业做好品牌建设指导工作，引导更多企业品牌亮相“中国品牌日”等活动。继续完善政采云平台及制造（精品）馆功能，强化“品字标”“浙江制造精品”的政府首购首用、优先采购，推动浙江制造精品扩大国内国际市场。

（三）加强品牌政策扶持

持续完善促进全省品牌发展的财政投入机制，加大对涉及品牌工作相关资金的统筹协调，设立品牌建设专项工作资金，鼓励社会组织发起设立品牌建设基金。对于推动主导产业爆发式发展、主导产品在全国取得巨大影响的领军型企业，各级政府根据政策给予奖励。研究设立“山区精品”等项目，对 26 县“浙江制造精品”的认定企业进行重点补助支持，鼓励和支持发展地理标志产业化联合体。

（四）增强品牌组织保障

发挥省质量强省工作领导小组作用，进一步完善政策体系，持续开展品牌试点建设，切实解决全省品牌建设的重大问题。充分调动行业协会、科研机构、大专院校、消费者组织、新闻媒体等各方力量，完善品牌建设配套制度。构建“有设计、有考核、有推动、有评价”的品牌培育闭环，整合提升品牌建设资源力量。探索组建一批标准技术服务联盟，制定一批重点产业标准体系框架指南，研制一批先进标准，引领企业从“国内合格”走向“国际优质”。

大力培育“皖美品牌”推动安徽品牌走出去

——安徽省品牌建设工作进展与展望

近年来，安徽省委、省政府坚持以习近平新时代中国特色社会主义思想为指导，深入贯彻党的十九大、十九届历次全会精神和习近平总书记对安徽省做出的系列重要讲话指示批示，强化品牌发展意识，以质量促转型，以品牌促升级，大力实施品牌发展战略，品牌影响力不断增强，市场竞争力和美誉度不断提高，有力助推全省经济高质量发展。

一、品牌发展成效

（一）商标品牌建设卓有成效

截至 2021 年底，全省拥有有效注册商标 101.1 万件，首次突破百万件大关。自“十二五”以来，有效注册商标数年均增长 31.6%。全省拥有驰名商标 341 件，其中，2021 年新增 10 件。拥有地理标志商标 200 件、省级专业商标品牌基地 146 个、制造业高端品牌培育企业 157 家。认定皖美品牌示范企业 167 家。

（二）老字号品牌源远流长

截至 2021 年底，全省拥有老字号企业 414 家。其中，拥有中华老字号企业 25 家，涉及食品、餐饮、工艺品等领域品牌产品 290 个。红星宣纸等文房四宝品牌，胡开文、李廷珪牌等徽墨，耿福兴、同庆楼、聚红盛等餐饮品牌以及谢裕大、黄山毛峰、猴坑、太平猴魁、六安瓜片等茶叶老字号品牌享誉世界。

（三）出口品牌享誉国内外

出台《安徽出口品牌评选办法（试行）》，认定奇瑞汽车股份有限公司、合肥美的洗衣机有限公司、安徽合力工业车辆进出口有限公司、马鞍山钢铁股份有限公司等 84 家企业 94 个“安徽出口品牌”。安徽华米信息科技有限公司海外出货量占比超过八成，在全球智能可穿戴设备市场占据重要地位。安徽雪郎生物科技股份有限公司主导产品苹果酸国内市场占有率 80%、国际市场占有率达 30%，排名全球第二。

（四）食品消费品牌影响力度持续提升

出台《关于“食安安徽”品牌建设的实施意见》，从建立品牌标准体系、夯实品牌创建基础、强化品牌认证评价、发挥示范带动作用、提升品牌支撑能力等 5 个方面，提出了 22 条具体任务，增强“食安安徽”品牌影响力，推动安徽食品高质量发展。制定《“食安安徽”品牌认证评价办法》，认定 150 家“食安安徽”品牌企业（单位）。加强商业街区品牌文化建设，截至 2021 年底，认定省级特色商业街区 63 条、国家钻级酒家酒店 172 家、中国绿色饭店（国家级绿色餐饮企业）134 家。

（五）“美好安徽、迎客天下”文旅品牌享誉世界

截至 2021 年底，全省拥有国家 A 级旅游景区总数达 657 家。其中，5A 级旅游景区 12 家。全省拥有旅游星级饭店 262 家。其中，五星级饭店 23 家。黟县、屯溪区、潜山市、霍山县、金寨县等 5 个县（市、区）获批国家全域旅游示范区。半汤温泉旅游区成功创建国家级旅游度假区。亳州荣获首批国家级中医药健康旅游示范区创建单位。合肥市包河区罍街、黄山市屯溪区黎阳映巷街区入选首批国家级旅游休闲街区。庐江县云里安凹、黟县塔川书院等 2 家民宿获全国首批甲级旅游民宿。黄山旅游发展股份有限公司荣获首届中国质量奖提名奖，安徽省旅游集团和黄山旅游集团连续十多年蝉联中国旅游集团 20 强。成功举办“第十二届安徽国际文化旅游节”“中国农民歌会”“中国非物质文化遗产传统技艺大展”等品牌文化节庆活动。自2014年起，连续8年成功举办安徽自驾游大会。“乡村春晚”活动持续列入全国示范活动。

二、主要做法和经验

（一）加强线上品牌力量推广宣传力度，增强品牌自信

加强线上宣传，“精品安徽”央视宣传是安徽省首次通过集群式宣传方式，在中央电视台集中展示安徽省工业品牌发展的最新成果。一是企业参与面广。通过采取“政策引导+企业自愿+择优选择”方式，从安徽工业精品、“专精特新”企业以及成长性企业中，遴选一批企业集中宣传，重点展示安徽省制造业品牌发展新成效。截至2022年3月底，共组织184家企业参与宣传，累计播放37442次，触及用户459.8亿人次。二是宣传主题突出。突出安徽省工业精品魅力亮点，重点围绕智能制造、绿色制造、高端制造、精品制造、服务型制造等“五大制造”创意主题，以地域集群和行业集群相结合形式，充分展示皖商、皖企、皖品完美形象。三是宣传资源持续优化。2017年以来，先后在CCTV-13《朝闻天下》、CCTV-1《新闻联播》和《晚间新闻》、CCTV-2《经济信息联播》、CCTV-13《新闻30分》等央视十余个频道栏目集中宣传。同时，利用安徽电视台、地铁、楼宇广告、车站显示屏等辅助资源，同步推介“精品安徽”央视宣传内容，进一步扩大宣传影响力。

（二）借助中国品牌日活动平台，提升品牌影响

自2018年首届中国品牌日活动开展以来，安徽省围绕重点培育的十大新兴产业，经各地申报，累计遴选150家左右具有重要影响力和代表性自主品牌企业和创新型中小企业参加展览展示，取得强烈反响。马钢股份、奇瑞汽车、东超科技、恰恰食品等企业全面展现安徽品牌发展活力。央视网、新华网、中央广播电视台等国内重要主流媒体陆续发布报道或转载。此外，组织形式多样的品牌日特色活动，通过知名品牌企业负责人讲述品牌故事、开展中国品牌价值评价评选、媒体采风、产品品牌展示等活动，

进一步凝聚品牌发展社会共识，弘扬品牌发展工匠精神，推动全省品牌建设，引领产业高质量发展。

（三）实施品牌精品制造工程，做强品牌实力

坚持把产品创新作为制造业创新的落脚点，持续实施差异化增品种、标准化提品质、精益化创品牌的“三品”战略和“安徽工业精品”提升行动，省经济和信息化厅出台《安徽工业精品培育三年行动计划（2015—2017 年）》《安徽工业精品提升行动计划（2018—2022 年）》，旨在制造业领域打造一批名品、名企、名家、名牌、名园，培育一批“品种卓越、技术领先、性能优良、用户赞誉、效益良好”的安徽工业精品，全面提升安徽省制造业质量水平和品牌影响力。

（四）搭建品牌培育服务平台，强化品牌意识

2021 年 7 月，省市场监督管理局印发《关于开展皖美品牌示范企业创建工作的实施意见》（皖市监质〔2021〕3 号），重点开展“皖美品牌示范企业”公共标识、构建“皖美品牌示范企业”标准体系、引导企业创建“皖美品牌示范企业”等 6 个方面重点工作，推动“皖美品牌示范企业”享誉全国、走向世界，有力增强产品质量、品牌价值和核心竞争力。制定制造业、服务业高端品牌企业培育地方标准，规范不同行业在品牌战略、品牌培育、品牌推广、品牌维护等方面的要求，为企业高端化品牌培育评价指明了方向。

（五）加强品牌侵权查处，维护品牌权利

建立驰名商标联系人名单，动态调整登记驰名商标权利人名单及相关信息，并及时上报国家知识产权局，方便各地行政执法部门更精准地保护驰名商标权利人合法权益。指导中小微企业办理商标注册，引导高知名度商标企业进行商标防御注册，推动龙头企业进行商标储备注册。加大商标品牌保护力度，严厉打击侵犯驰名商标、老字号商标、地理标志商标、涉外商标行为。2017—2021 年以来，全省共查处商标侵权案件 1. 66 万件。其中，驰名商标侵权案件 0. 68 万件。推动商标失信行为协同监管和联合惩戒，实行商标监管“双随机一公开”，提高保护效能。

（六）精心精力办好各类会展，展现品牌成效

发挥世界制造业大会品牌宣传作用。2019 世界制造业大会期间，开展品牌建设活动，举办质量品牌建设论坛，在制造业大会的先进制造业馆、数字经济馆、长三角制造业馆展览展示中突出品牌特色。利用国际家用电器暨消费电子博览会加强企业品牌推广。在第十三届中国（合肥）国际家用电器暨消费电子博览会上，组织新产品新技术展示、设置品牌体验展，发布中国家电“能效之星”评价结果、家电行业品牌年度发展报告、中国家电行业品牌金奖颁奖，扩大品牌知名度和社会影响力。通过讲好品牌故事营造品牌传播影响力。为贯彻落实国务院《关于发挥品牌引领作用推动供需结构升级的意见》，加快质量品牌建设，由工业和信息化部主导，中国质量协会主办的全国品牌故事大赛已经成功举办九届，大赛辐射 27 个省级赛区，已经成为全国范围内最具影响的品牌传播活动之一。

（七）强化文旅品牌培育，筑牢品牌基础

加强文旅品牌培育。积极引导和支持质量效益好、品牌意识强、质量基础良好的龙头骨干企业开展品牌创建工作，着力打造一批品牌形象好、品质过硬、设计精良、特色鲜明、市场认可度高的本土文旅国际品牌、国家级和省级自主品牌标杆企业。加强品牌企业招引。积极招引一批国际、国内和区域知名文旅集团、酒店等品牌企业来皖投资、合作，培育了一批安徽省旅游服务质量标杆单位。积极引导全省文旅企业走品牌化发展之路，形成梯度品牌体系，构建安徽省全方位、立体式文旅“品牌森林”。开展文旅企业标准化建设，导入卓越绩效、六西格玛、9S 等先进质量管理模式，持续提升质量管理水平，筑牢企业品牌质量之基。

三、下一步工作展望

（一）持续开展品牌宣传推广

一是借助央视和世界制造业大会、世界声博会、中国品牌日活动、中小企业博览会等平台，开展品牌宣传推广，持续开展“精品安徽·皖美智造”宣传活动，让更多“皖品”“皖货”畅行全国。二是继续举办全国品

牌故事大赛（合肥赛区）暨安徽质量品牌故事大赛、“食安安徽”品牌故事大赛，营造抓品牌凝聚的氛围。三是筹划“皖美品质”中国行-乡村振兴品牌宣传推介活动，进一步拓展宣传渠道，提高增强品牌共识和影响力。四是加强品牌价值评价。扎实开展品牌培育、品牌传播、品牌保护、品牌利用四大品牌建设行动以及品牌价值评价活动，推动皖美品牌示范企业、“食安安徽”企业与“上海品牌”“江苏精品”“浙江制造”开展区域交流合作和互认，带动更多企业加强品牌建设，形成区域、产业链整体品牌效应。

（二）强化皖美品牌建设

一是实施品牌标准提升工程。根据不同行业发展特点，研究制定细分行业高端品牌培育评价标准，规范不同产业、不同领域皖美品牌示范企业在质量管理、科技研发、售后服务、社会责任等方面的具体要求，提高标准对产业升级、企业发展的针对性、指导性。二是开展皖美品牌示范企业创建。指导企业建立品牌培育管理体系，深化品牌设计、市场推广、品牌维护等能力建设，提高品牌全生命周期管理运营能力。有序引导相关产业上下游企业创建高端品牌，形成区域、产业链整体品牌效应，引领产业转型升级。

（三）实施安徽工业精品提升行动计划

一是深入推进制造业质量革命。打造以技术、标准、品牌、服务为核心的质量优势。以标准抢占行业话语权，支持企业参与制修订行业标准，加快制造业产品升级换代。二是构建“设计+研发+用户体验”的企业创新设计体系。鼓励企业创建工业设计中心，提升企业品牌价值。办好工业设计大赛。开展服务型制造示范行动，大力发展柔性定制、总集成总承包、供应链管理、产品全生命周期管理等服务型制造新业态新模式。三是推进制造业品牌建设。实施增品种、提品质、创品牌“三品”战略，培育一批省级新产品、“安徽工业精品”、“三品”示范企业，持续开展“精品安徽·皖美智造”宣传活动。

（四）着力打造“食安安徽”示范品牌

一是建立完善“食安安徽”品牌标准体系。建设“食安安徽”品牌信息平台，吸引省内外服务机构，凝聚省内外专家资源，助力“食安安徽”品牌认证评价、管理及宣传推介工作。二是制定“食安安徽”品牌建设计划。按照“点、线、面”整体推进的工作思路，在建立品牌标准体系、夯实品牌创建基础、强化品牌认证评价等主要任务上发力，着力打造在全国省份中具有示范性的食品安全品牌体系。

（五）厚实“六大特色板块”旅游品牌底蕴

丰富和拓展文旅发展内涵、形象特质和产品谱系，安徽省将围绕树形象、打品牌“两个目标”，坚持省市联动、区域联动，坚持线上与线下相结合、“走出去”与“请进来”相结合，借助各类传统媒体、新媒体开展融媒传播，持续开展最美皖南、欢乐皖江、休闲皖中、红色大别山、风情淮河、传奇皖北等“六大特色板块”宣传推广活动。通过构建六大特色板块，立足区域发展阶段，明确各区域发展方向，释放各区域发展潜力，在逐步破解安徽省文化旅游发展“南热、中温、北冷”格局中推动文化旅游高质量发展。

把质量、创品牌、抓创新
全面推动福建品牌高质量发展

——福建省品牌建设工作进展与展望

从2001年的“把好质量关，创出自己的品牌，要有自己的创新产品”到2014年的“三个转变”，福建省委、省政府始终牢记习近平总书记的殷殷嘱托，一以贯之做好品牌质量、品牌创建和品牌创新三方面工作，全面推动福建品牌高质量发展。

一、近五年品牌建设成绩

（一）质量水平全面提升

目前共有厦门航空、福耀玻璃等2家企业分别获得第二届、第四届中国质量奖，双双实现福建省服务业、制造业中国质量奖零的突破；九牧集团、福建船政交通学院、福光股份等4家企业（组织）获得中国质量奖提名奖；39家企业（41次）获得福建省政府质量奖（提名奖）；138家企业获得市级政府质量奖；30家企业获得县级政府质量奖。厦门市获首批命名“全国质量强市示范城市”，福州市于2017年通过“全国质量强市示范城市”省级预验收。

（二）品牌培育持续加速

近五年，全省新增驰名商标31件，总数达513件；新增注册商标

141.8万件，累计有效注册商标数达198.9万件，累计有效注册商标数居全国第七位；共有地理标志保护产品74件，有效地理标志注册商标594件，地理标志商标总量居全国第二位。工业品牌培育方面，深化实施“三品”战略，培育壮大特色品牌，推进晋江、莆田、长乐等城市成功创建全国消费品工业“三品”战略示范城市，并推进泉州等重点区域品牌建设走在前列，其中晋江成为全国驰名商标最多的县级市，培育了安踏、361度、劲霸男装、柒牌、盼盼、雅客等一批知名品牌；2021年，组织达利、圣农、亚明等食品工业品牌参加工业和信息化部举办的食品工业“三品”专项行动典型成果展。推动永春老醋入驻淘宝超级工厂，组织筹办永春老醋品牌直播活动，支持永春县创建“中国红曲醋都”，支持打造“福酒”“福茶”“莆田鞋”等区域特色品牌。农业品牌培育方面，坚持把“三品一标”作为推动农业标准化生产建设、提升农产品质量安全水平的突破口，以产品质量促品牌发展。2021年，新认定认证“三品一标”农产品443个，其中绿色食品293个，有机食品9个，无公害农产品134个，地理标志农产品7个。累计认证（定）数达5459个。绿色、有机数量占比逐步提高，质量层次明显提升。目前已完成17个全国绿色食品原料标准化生产基地工作，另外还有1个永泰李果基地续报中。全省认定产地环境监测面积达790万多亩，认证产品总量达696万多吨。文化旅游品牌培育方面，“清新福建”成为全国唯一实现“商标全要素组合在45个全类别”注册成功的省级旅游品牌，覆盖面及数量为全国之最。持续拓展国内市场，国内旅游总人数、总收入均保持两位数的高位增长。在全国率先提出建设全域生态旅游省目标，截至2021年底，全省国家A级旅游景区达449家，其中国家5A级旅游景区10家11处、4A级旅游景区104家、3A级及以下旅游景区335家；国家级旅游度假区1家，国家级生态旅游示范区6家，国家全域旅游示范区7个，国家级旅游休闲街区3个，全国乡村旅游重点镇3个，全国乡村旅游重点村43个。已连续成功举办十三届海峡两岸（厦门）文化产业博览交易会，“十三五”期间共签约501个投资项目，签约总金额超1770亿元。连续举办十六届海峡旅游博览会，2018—2020年连续举办三届文化旅游投融资合作暨重大项目推介专场活动，现场签约66个项目，总投资994.59亿元。

（三）创新能力不断增强

2021年大力实施高新技术企业“双倍增”行动，强化分类施策和靶向服务，推动4582家企业报国家高新技术企业备案，有效期内国家高新技术企业突破8500家。持续实施龙头企业“培优扶强”专项行动，共同推动福昕科技、福光股份、卓越新能、特宝生物、赛特新材等企业在科创板顺利上市，省级科技小巨人企业达1458家、入库登记的科技型中小企业达5210家。工业和信息化部迄今公布的四批制造业“单项冠军”中，全省共有国家级制造业单项冠军37家，名列全国前茅。截至2022年，全省共认定“专精特新”中小企业1015家，221家企业上榜国家级专精特新“小巨人”企业名单。

二、主要做法和经验

（一）着力提升产品质量

1. 完善质量激励机制

福建省全面开展质量提升行动，推广先进质量管理技术和方法，组织开展质量标杆企业经验交流，帮扶企业提高企业质量管理。同时，强化质量激励机制，将工业企业质量品牌提升工作纳入稳增长、调结构的政策体系。同时鼓励企业争创中国质量奖，对荣获中国质量奖及提名奖的企业分别给予一次性500万元、300万元奖励，奖励金额居全国首位。

2. 推进标准化战略

完善品牌建设标准体系，开展标准化综合改革试点示范活动，构建具有福建特色的产品、工程、服务质量标准体系。

3. 加大质量工作宣传力度

围绕“单项冠军”“专精特新”“质量标杆”“品牌培育示范企业”等福建优质工业企业和产品，结合“中国品牌日”“质量月”“6·18”等大型活动，组织开展系列宣传活动，通过报纸、广播、电视、微博、微信、移动客户端等多渠道深入宣传报道企业提升质量、打造品牌的经验做法、典型事迹、重大做法等，扩大福建品牌知名度和美誉度，推动福建工业品牌“走出去”。

（二）注重加强品牌培育

1. 完善品牌培育机制

省委省政府2018年出台的《关于开展质量提升行动加快建设质量强省的实施意见》强调要着力打造福建品牌，深入实施以争创中国质量奖、中国标准创新贡献奖、福建省政府质量奖、福建省标准贡献奖、地理标志产品为核心的品牌战略，加快形成一批品牌产品、品牌企业。积极推进区域品牌建设。修订《福建省政府质量奖管理办法》，制定《福建省重点培育和发展的国际知名品牌认定办法》《关于加快推进品牌农业建设的七条措施》《福建省名牌农产品认定管理办法》等规范性配套文件。鼓励工业企业争创各级政府质量奖、品牌培育试点示范企业、制造业单项冠军等荣誉称号，对单项冠军企业（产品）给予一次性奖励。指导企业用好用足商标品牌优惠政策，近几年，全省共为马德里国际注册商标、驰名商标、地理标志商标申请人申报省级财政补助与奖励总金额达到4982万元。

2. 积极开展商标品牌指导

下发《福建省知识产权局关于印发开展商标品牌指导站建设工作意见的通知》，组织全省各地积极探索建立各具特色的商标品牌指导站，面向企业、产业和基层加强商标品牌建设的指导和服务。截至目前，全省各地已设立17个商标品牌指导站。

3. 持续推进国际品牌培育

开展“福建省重点培育和发展的国际知名品牌”认定，扶持入选企业开展外贸品牌建设活动，加强对入选品牌的宣传推介。支持外贸品牌企业开展开拓国际市场的管理体系认证、产品认证及境外商标注册，鼓励企业开展境外专利申请、并购境外品牌、开展国际营销体系建设，扩大出口。对自主品牌建设成效显著、国际市场开拓能力强的入选企业给予奖励。大力宣传和普及商标国际注册知识，奖励、引导企业通过马德里商标国际注册体系实施“商标先行”的“走出去”战略。加强与世界知识产权组织等国际组织的交流与合作，支持企业加强境外商标权保护，积极应对境外商标侵权，主动参与相关诉讼，维护企业境外商标的合法权益。

（三）强化品牌创新基础

1. 着力创新主体培育

2021年大力实施高新技术企业“双倍增”行动，强化分类施策和靶向服务，推动4582家企业报国家高新技术企业备案，有效期内国家高新技术企业预计突破8500家。持续实施龙头企业“培优扶强”专项行动，省级科技小巨人企业达1458家、入库登记的科技型中小企业达5210家。

2. 着力关键技术攻坚

重点围绕新一代信息技术、人工智能、新材料、高端制造、新能源、海洋经济和现代农业技术等领域，加大产学研协同创新，突破了稀土在耐热不锈钢中的应用技术研发及产业化、“宁芯2号”大黄鱼基因组育种芯片全基因组选择育种等一批关键核心技术，部分产品实现国产替代。

3. 着力创新平台打造

全力推进福厦泉国家自主创新示范区建设，加快建设中国东南（福建）科学城、厦门科学城、泉州未来时空科创基地，打造创新示范走廊，提升区域创新发展形象。加快构建省创新实验室体系，嘉庚创新实验室7万平方米大楼全面投入使用，落成世界第四、亚洲首座无噪声实验室等先进研发设施。闽都创新实验室已突破激光微纳制造、量子云码可信溯源等30余项关键核心技术。新启动建设生物制品、柔性电子省创新实验室，增强源头创新能力，打造创新发展标杆形象。

（四）加强商标注册和保护

1. 推进商标注册便利化改革

积极协调推进省级商标受理窗口筹建及知识产权业务“一窗通办”，落实省级窗口场地、人员、设备、经费等相关事项，并正式向国家知识产权局报批，不断优化商标受理窗口服务措施，压缩时限，简化程序，提升网络服务水平。2021 年，全省新申请商标 500458 件，新增注册商标 446895 件，累计有效注册商标数达 1989159 件；新注册地理标志商标 51 件。累计核准 1821 家使用地理标志专用标志，使用地理标志专用标志企业数居全国第一位。

2. 做好商标执法保护工作

持续深入开展“打击侵犯知识产权和制售假冒伪劣商品”行动，以保护驰名商标、涉外商标、地理标志商标、老字号商标品牌等为重点，强化关键领域、重点环节、重点群体开展行政执法专项行动；严厉打击以傍名牌为目的的恶意申请和为转让牟利而大量囤积商标等违法行为。近五年，全省共查处各类商标违法案件 6730 件，罚没款 1.68 亿元。

（五）推动“老字号”提质升级

出台《“福建老字号”认定管理办法》，细化福建老字号认定条件和标准流程；开展第六批“福建老字号”认定工作，认定 59 家企业为“福建老字号”。借助“全闽乐购”“商博会”等平台，开展各类老字号展示展销和宣传推广活动；在两届商博会上设立老字号展区，每年组织近百家老字号企业集中参展；开展全省老字号调研摸底，组织编写《福建中华老字号》图册，并通过相关主题活动展示老字号的技艺，提升老字号的品牌影响力。

（六）持续加强品牌推介

邀请姚晨担任“福建旅游形象大使”，聘请冯巩担任“福建文化顾问”，为“清新福建”“全福游、有全福”公益代言，姚晨版《福建如你》获得全国微视频大赛一等奖，《有福相见》宣传片入选文化和旅游部、国家广电总局首届全国旅游公益广告优秀作品。策划“网络大 V 说福建”活动，成立“清新福建”大 V 联盟，粉丝圈数量超 1.5 亿；开展全国抖音挑战赛，推出“盘个福地上热门”话题活动，播放次数超 30 亿。全省以“生态福建 · 绿色农业”作为宣传主题，在东南卫视最佳时段、高速公路最佳路段、今日头条最佳频段全年通勤宣传福建省著名农业品牌。投入 3800 万余元，扶持品牌企业在福建省内主要高速路段集中连片投放路牌广告近400面。创新新媒体宣传，注册认证“生态福建绿色农业”头条号和抖音号，定期开展品牌信息发布和资讯软文宣推，月均展示量达6200万次，全面提升了农业品牌在自媒体领域的传播力和影响力。

三、下一步工作考虑

（一）加强品牌建设成果宣传

在成功举办历次中国品牌日福建特色活动的基础上，认真落实福建省委、省政府加快品牌强省建设的工作部署，大力引导各方积极开展品牌发展工作。同时，聚焦品牌活动成果，充分借助“中国品牌日”品牌宣传展示平台，更多地参与国家组织的系列品牌活动，宣传福建品牌建设政策举措，传播福建品牌企业故事，展现福建品牌企业形象，提升福建品牌影响力。

（二）持续推进高质量品牌建设

积极开展质量宣传活动，加快修订现有产品质量标准，围绕促进转型升级，聚焦重点领域，培育一批全国市场排名领先的高端制造名牌产品。突出政策引领，通过相关政策鼓励制造企业建设高质量品牌，推出一批品牌质量好、产品附加值高的精品企业。通过现有知名品牌带动其他制造企业品牌建设，打造一批高质量的福建制造业品牌。

（三）做优做强品牌标杆企业

以行业龙头骨干企业、“专精特新”企业和“隐形冠军”企业为重点，综合运用质量奖励政策和标准、计量、认证等手段，加快培育形成自主创新、品质高端、服务优质、信誉过硬、市场公认的福建品牌群体，积极争创一批中国质量奖和福建省政府质量奖企业。培育一批品牌信誉高、文化特色浓、产品和服务质量优、市场竞争力强的老字号品牌。

（四）提升自主品牌国际竞争力

完善品牌培育、评价、宣传和保护机制，强化梯队式品牌培育体系，促进省级重点培育和发展的国际知名品牌加快发展，鼓励企业开展境外商标注册、知识产权注册、体系认证和品牌推广。依托优质展会、电商以及主流媒体等平台，加大对福建品牌海外推介力度，推动境内外知名展会资源向品牌企业倾斜，提升福建出口品牌的美誉度和知名度，扩大自主品牌产品出口，逐步实现从福建产品到福建品牌、福建制造到福建创造的转变，推动更多福建制造和福建服务走向全国、走向世界。

“赣出精彩”奋力谱写江西品牌新作为

——江西省品牌建设工作进展与展望

习近平总书记视察江西时指出：要提升产品品质，提高精细化管理水平，培育一批具有自主知识产权和国际竞争力的知名品牌。江西省委、省政府深入贯彻习近平总书记视察江西重要讲话精神，坚持以供给侧结构性改革为主线，以改革创新为抓手，持续推进质量提升、标准建设、精品培育等品牌建设工程，促进形成更高水平的品牌发展格局，品牌建设成效明显。

一、品牌建设成绩

（一）品牌发展成果丰硕

江西牢固树立质量第一的强烈意识，以“生态江西、绿色品牌”为主题，大力实施“质量强省、品牌兴业”战略，坚定不移走以质取胜的品牌发展道路，持续开展质量提升、标准建设、精品培育工程，加快推动“江西产品”向“江西品牌”转变。截至2021年底，江西省累计拥有有效注册商标67.16万件，较2017年增长2.35倍，位列全国15位，马德里国际注册商标230件。近五年，新增地理标志商标68件，共有注册地理标志商标121件，赣南脐橙、南丰蜜橘、庐山云雾茶等10个地理标志产品荣登区域品牌（地理标志产品）100强，赣南脐橙、婺源绿茶等5个产品成功入选首批欧盟保护地理标志名单；全省新增中国驰名商标 14 件，共有中国驰名商标 169 件，老字号企业 203 家，包含 22 家“中华老字号”，“江西风景独好”成为全国第六个省域商标。国家工业品牌培育示范企业 4 家，国家产业集群区域品牌建设试点 7 家，评选年度江西省优秀新产品 188 项，发布江西农产品二十大区域公用品牌和企业产品品牌百强榜。

（二）品牌价值提升显著

1. 企业品牌更具价值

在世界品牌实验室发布的 2019 年《中国 500 最具价值品牌》榜单中，江西省江西铜业集团有限公司的“江铜牌”以 508.75 亿元的品牌价值位列榜单第 100 位；江铃汽车股份有限公司的“江铃汽车”品牌以 285 亿元的品牌价值居榜单第 191 位；华润江中制药集团的“江中”品牌价值达 237 亿元；双胞胎股份有限公司的“双胞胎”品牌价值为 86.98 亿元。

2. 地域品牌价值凸显

“赣南脐橙”连续 7 年位居全国初级农产品（水果）类区域品牌（地理标志产品）价值榜首，“南康家具”成功注册了全国首个以县级区划命名的工业集体商标，品牌价值突破 100 亿元，依托“赣州港”把家具销往 100 多个国家和地区。金力永磁、虔东稀土等赣州稀土品牌企业成为江西名片走出家门，走向全国，享誉海内外。

二、品牌建设的经验做法

（一）在增内劲上下功夫

1. 扎实做好中国质量奖、井冈质量奖的培育、推选工作

井冈山旅游发展公司和景德镇澐知味陶瓷文化有限公司胭脂红扒花班组入选第三届中国质量奖提名奖，晶能光电（江西）有限公司和靖安县靖窑陶瓷坊技工伍映方获得第四届中国质量奖提名奖。举办三届江西省井冈质量奖评审工作，涌现出一批质量领先、品牌显著、信誉良好的优秀企业。其中昌河飞机工业（集团）有限责任公司等 7 家企业获井冈质量奖，江中药业股份有限公司等 10 家企业获提名奖。

2. **推广品牌企业先进质量管理经验**

组织135家各级政府质量奖获奖企业总结、分析质量管理和品牌建设的先进做法，编印《江西省各级政府质量奖获奖企业先进质量管理方法汇编》，助推江西省先进质量管理方法的推广和宣传，参与“苏浙皖赣沪先进质量管理方法典型案例100佳”共同行动的评选，近五年江西省100家企业入选，在“质量月”期间进行宣传推广。

3. **有序推进地理标志商标注册与保护工作**

与行业主管部门加强沟通协调，建立推进地理标志商标注册数据库。“狗牯脑茶”2020年6月成功获批国知局地理标志运用促进工程项目，“广昌白莲”和“狗牯脑茶”2021年9月获批筹建国家地理标志产品保护示范区。

4. **加强基层分局商标工作站建设**

印发《企业商标管理指南》，为基层分局注册、管理、运用、保护好商标提供一套完整的可操作性的办法，让商标品牌建设指导工作做到规范操作、有章可循。截至2021年底，全省共有159家商标工作站。

（二）在创特色上下功夫

1. **加强区域品牌建设**

支持集群度高、区域特色鲜明等的产业培育区域公共品牌，成功注册南康家具、江西米粉协会、余江木雕等区域品牌；指导“青山湖针纺”“高安陶瓷”“工小美新余”等区域品牌申请商标注册。

2. **用好江西绿色生态资源**

成立江西绿色生态品牌建设促进会，印发《关于打造“江西绿色生态”区域公用品牌的意见》，制定“江西绿色生态”标志、标准管理办法，确定以“标准+认证”的模式，构建支撑“江西绿色生态”品牌建设的组织体系、制度体系、运行体系、评价体系、保障体系。2021年已完成军山湖大闸蟹、油茶籽油、公寓床等40家企业17类产品认证并已发放了证书。

（三）在解难题上下功夫

不断推进商标质押融资工作。加强与金融机构合作，支持企业开展商标质押融资，缓解企业融资难题。2021年全省办理商标质押融资登记19笔，质押商标650件，融资金额6.9亿元，同比增长97%。近五年助力中小微企业商标质押贷款共计24.74亿元。积极推进商标注册便利化工作。实现商标专利注册申请和质押登记“一窗通办”，截至2021年12月底，全省现有有效注册商标67.16万件，同比增长31%，较2017年增长2.35倍，位列全国15位。

（四）在扩影响上下功夫

1. 组织企业参加中国品牌日系列活动

组织江西省自主品牌企业参加中国自主品牌博览会及国际论坛。加大企业品牌宣传力度。组织全省企业积极参与苏浙皖赣沪四省一市市场监督管理局联合开展的质量品牌故事演讲大赛、“讲好质量故事 做好中国品牌”有奖征文、品牌100佳评选活动。积极组织江西省区域和企业参加品牌建设评价发布。连续7年组织企业参加中国品牌建设促进会主办的中国品牌价值评价活动。组织“赣南茶油”地理标志保护产品参加中国品牌建设促进会与阿里巴巴联合发布的中国农产品地域品牌价值评选活动，成为首批发布的9个农产品地域品牌之一。

2. 讲好品牌故事

2020年，依托“中国农民丰收节”江西活动，设立“地理标志”展馆展示34件地标农产品，设置形象展示墙展示107件全省涉农地理标志。支持地理标志产品入驻省赣农集团的“赣农宝”特色农产品平台。组织江西省优质地理标志保护产品“狗牯脑茶”“庐山云雾茶”“广昌白莲”“泰和乌鸡”“丰城富硒大米”“于都梾木油”“弋阳年糕”等产品参加中国杨凌农业高新科技成果博览会和金芒果地理标志产品国际博览会。创新宣传手段。利用网站、公众号、微博、抖音平台等新媒体，抓好世界标准日等重要时间节点，通过召开“江西绿色生态”品牌建设主题新闻发布会、“江西绿色生态”品牌建设大会等加大品牌宣传力度，提升“江西绿色生态”品牌形象力。

（五）在强保护上下功夫

1. 健全制度

2019 年 11 月制定印发了《关于加强和推进江西省地理标志保护产品工作的实施意见》，2021 年底印发《江西省市场监管局办公室关于印发进一步加强地理标志保护的实施意见的通知》《关于做好规范商标申请注册行为若干规定有关落实工作的通知》。

2. 创新监管手段

建立地理标志专用标志使用动态管理机制，在专用标志使用企业清查行动的基础上，建立地理标志保护产品专用标志使用企业登记簿，实行动态管理，要求专用标志使用企业定期报送专用标志使用情况，指导支持申报各类地理标志保护意向清单。江西省“景德镇瓷器”“泰和乌鸡”“会昌米粉”“赣南茶油”4 个国家地理标志保护产品上报国家知识产权局纳入第二批中欧地理标志协定清单地理标志申报；“赣南脐橙”“赣南茶油”“广昌白莲”“庐山云雾茶”“狗牯脑茶”“丰城冻米糖”6 个国家地理标志保护产品征集为中俄地理标志保护意向清单。

3. 组织开展打击商标侵权违法行为

部署落实开展保护知识产权“铁拳”行动、年度商标违法行为四项专项行动、查处“山寨”酒水饮料节令食品等侵权案件专项执法工作；以驰名商标、地理标志商标、涉外商标为重点，严打侵犯商标权行为。2020 年 4 月江西省选送的九江市局查处侵犯“公牛及图”注册商标专用权案，入选全国商标行政保护十大典型案例。截至 2021 年底全省查办各类商标违法案件 304 件，罚款 725.93 万元。移送公安机关案件 11 件。

三、下一步工作考虑

（一）进一步培育壮大江西自主品牌

1. 培育壮大老字号企业

根据商务部即将出台的《中华老字号示范创建管理办法》，制定更加合理规范的江西老字号认定标准，强化动态管理，促进江西省老字号健康有序发展。积极组织江西老字号企业参会参展，扩大老字号品牌知名度。引导老字号进商场、进景区等，形成特色产品和服务集聚。在省市县各项内外贸重大活动上叠加老字号活动，带动老字号企业开拓市场。鼓励和支持老字号企业进行工艺创新、技术创新和产品创新，积极开展培训班、产销对接活动等，将新理念新方法融入老字号产品的包装设计、推广营销等方面，推进更多的跨界合作，打造一批在省内外有较大影响力的老字号企业。引导企业转变传统观念，鼓励和接纳年轻人作为老字号传承人。积极适应电子商务发展需要，发展网络销售。加强学习和借鉴，不断吸收新理念，通过传承与创新，进一步促进江西老字号健康发展。

2. 做大做强赣菜品牌

大力实施赣菜品牌“拓展”和“提升”行动，围绕延伸赣菜产业链、供应链、价值链，持续扩大中国米粉节和赣菜美食文化节影响，积极推动赣菜加快在北上广深等一线城市布局，着力打造一批高品质美食消费街区，进一步唱响赣菜品牌、做大赣菜产业。

3. 着力打造“江西绿色生态”品牌

构建“江西绿色生态”标准体系。坚持“生态协同、环境保护、资源节约、质量引领”的理念，研究制定一批高质量的“江西绿色生态”标准。优化“江西绿色生态”品牌认证。认证一批“江西绿色生态”产品和服务，形成“资源-产品-品牌-效益”的良性循环。提升“江西绿色生态”品牌影响。实施“江西绿色生态”品牌企业培育工程，强化“江西绿色生态”品牌保护。

4. 继续做好中国质量奖、井冈质量奖的培育、推选工作

推动各级政府、各行业主管部门高度重视质量品牌培育创建工作，充分发挥获奖企业的标杆引领作用。

5. 加大国家地理标志产品的挖掘、培育和保护力度

积极支持和指导企业申报国家地理标志产品，加强对已获保护的地标产品的监督管理、示范引导。进一步完善已获保护的地理标志产品的技术标准和质量保证体系，规范全省国家地理标志保护产品贴标行为。

（二）加大宣传自主品牌力度

1. 大力推动“赣劲十足”中国品牌日江西展馆建设工作

围绕中国品牌日活动主题，依托江西深厚的红色文化、良好的产业基础、丰富的生态资源、厚重的历史人文和独具特色的江西品牌，以“‘赣’劲十足”为主题，通过“VR+AR+实物”手段，采取“线下+线上”的展示方式，将江西自主品牌按照“优秀文化”“优势产业”两个分区展示，并组织特色活动，充分展示江西省近年来品牌发展举措、品牌创建成就、江西特色文化和工业发展成果。

2. 加强对消费品牌的推广

会同有关媒体加强对江西省十大消费品牌的宣传推广，扩大品牌影响力，进一步支持企业开拓省内外市场。持续举办消费品牌评选活动，打造强品牌、促消费的年度盛典。

3. 扩大“江西绿色生态”对外宣传

通过“讲好江西品牌故事”，宣传江西品牌，形成品牌创建的良好社会氛围。开通运营“江西绿色生态”官方网站、小程序、公众号、微博、抖音平台等新媒体，培育推广品牌成功案例，在国内外形成“江西绿色生态”品牌形象力。

（三）完善品牌保护机制

1. 强化品牌保护

以驰名商标、地理标志商标、涉外商标和地理标志产品保护为重点，继续开展知识产权执法“铁拳”行动，强化商标和地理标志产品保护协作机制。严厉打击未经核准公告擅自使用或伪造商标和地理标志专用标志的违法行为。建立“江西绿色生态”品牌标识管理制度。加强部门协同监管，建立完善企业自我保护、政府依法监管和司法维权保障“三位一体”的品牌保护体系。

2. 完善出口品牌扶持机制

加强与相关部门的协同配合，进一步完善出口品牌培育的政策体系和工作机制，加强对企指导和服务，积极鼓励江西省外贸企业培育自主出口品牌，更好发挥出口品牌企业的示范带动作用，推动外贸稳中提质。继续开展“江西出口名牌”认定工作，加快实现“江西产品”向“江西品牌”转变。

3. 不断完善商标品牌建设保护协同联络机制

充分调动有关行业主管部门力量，特别是在推进地理标志商标注册、马德里商标国际注册、商标品牌保护方面，协同推动商标品牌建设保护工作。加强全省 159 个基层商标工作站规范化建设，夯实商标指导工作的基础，围绕商标注册、运用、管理、保护，促进企业增强商标意识，提升商标运用，规范商标管理，加强商标保护。

深入实施品牌强省战略
助力“鲁字号”做大做强

——山东省品牌建设工作进展与展望

山东省高度重视品牌建设工作，深入实施品牌强省战略，聚焦聚力高质量发展，持续推进品牌高端化建设，围绕农业、制造业、服务业、建筑业等重点领域，着力提升品牌生态竞争力，构建形成了产品品牌、企业品牌、行业品牌、区域品牌和地理标志品牌“4+1”品牌体系。

一、品牌建设成效

截至 2021 年底，山东省拥有中国质量奖 2 个，提名奖 14 个；山东省省长质量奖单位 48 家、个人 27 名，提名奖单位 53 家、个人 21 名；全省有效注册商标 151 万件，马德里国际注册商标 8695 件。地理标志保护产品 79 件，地理标志商标 773 件，是全国首个地理标志商标突破 700 件的省份。中华老字号 66 家，山东老字号 268 家；省知名农产品企业产品品牌、区域公共品牌分别为 500 个、60 个；创建全国质量强市示范城市 10 个，创建全国知名品牌创建示范区 11 个；5A 级旅游景区 12 个，国家 4A 级以上旅游景区 235 个；培育山东省优质产品基地 150 个，龙头骨干企业 241 家，国际自主品牌 312 个；山东省 30 家省长质量奖企业的品牌价值总计达 4400 亿元；海尔首次进入全球品牌百强，同时创造了“物联网生态品牌”

新品类。全省共44家企业上榜“2021年中国500最具价值品牌”，居全国第三位，上榜企业品牌总价值达18293亿元，增长17.8%，超总上榜企业平均增速4.9%。

二、主要做法和经验

（一）强化顶层设计，完善工作机制

山东省委、省政府高度重视品牌工作，把品牌建设摆在突出位置，持续推进“品牌强省”战略，山东省十一次党代会将品牌高端化列为加快新旧动能转换的“四化”目标之一，并作为转型升级、提质增效的总牵引，先后出台《山东省人民政府关于加快推进品牌建设的意见》，修订印发《山东省省长质量奖管理办法》等政策文件，为品牌战略推进实施定基调、明方向。高规格组建山东省质量强省及品牌战略推进工作领导小组，由省长担任组长，15个省有关部门主要负责同志担任成员，建立领导小组定期会议机制，研究重大事项，解决重大问题。强化考核工作的风向标和指挥棒，把品牌建设相关指标列入全省国民经济和社会发展统计公报，在对各市经济社会发展综合考核指标中增设“标准质量品牌提升”指标，形成正向激励与反向倒逼协同推进的工作机制。

（二）强化品牌培育，推进高端化进程

1. 创建山东省优质产品基地

围绕壮大优势产业集群，开展山东省优质产品基地创建工作，以装备制造、新材料、能源、化工、医养健康、种植养殖、乡村文创、商贸物流及人力资本等产业为重点，构建“产业集群+龙头企业”推进机制，精准绘制“产业链图谱”、充分发挥龙头企业的引领带动作用，打造了青岛家电和轨道运输装备、济南交通装备、烟台葡萄酒、淄博电机、临沂物流等国内外具有影响力的区域知名品牌，有力提升了区域经济综合竞争力。如，青岛轨道交通基地整车生产制造能力全国最强，前沿引领技术研发全国最优，集合了中车四方股份、中车四方有限、青岛四方庞巴迪三大主机企业，辖区重点配套企业200余家，生产了全国近60%的动车组和25%的

地铁车辆，是中国唯一集高铁地铁、整车生产、核心系统研发制造、国家创新平台于一体的产业集聚区。

2. 开展高端品牌企业培育

在全国率先发布《制造业高端品牌企业培育》系列地方标准、《服务业高端品牌企业培育》团体标准、“泰山品质”20项团体标准。围绕品牌战略、品牌价值、品牌推广、品牌创新、品牌保护5个方面，研究制定制造业高端品牌企业培育政策建议，明确制造业高端品牌企业培育的方向引领。按照重点培育、动态管理、争创国际知名品牌的要求，遵循企业自愿、地方推荐、第三方评价等工作程序，连续3年组织开展全省制造业高端品牌企业培育评价工作，累计推出663家制造业高端品牌培育企业，推出67家服务业高端品牌培育企业。分两批颁发了30张“泰山品质”认证证书。对列入山东省制造业、服务业高端品牌培育名单的企业，全面加强质量管理，引入卓越绩效管理，加强质量技术基础建设，针对国际标准和先进标准开展对标达标行动、质量攻关行动，充分激发市场主体活力，企业申报数量连创新高。

3. 加大财政扶持力度

省级统筹质量品牌发展资金，荣获中国质量奖的，给予一次性奖励500万元；获批国家质检中心、国家产业计量测试中心、国家检测重点实验室的，给予一次性扶持资金200万元；获得省长质量奖的，给予一次性奖励200万元；通过质量品牌高端化“泰山品质”认证的，给予一次性奖励10万元；获得国家地理标志保护产品的承办单位、山东省制造业高端品牌培育企业、山东省优质产品基地、山东省优质产品基地龙头骨干企业的，各市财政给予不同程度的奖励。

（三）强化品牌价值引领，推动企业加强品牌建设

先后成立了山东省品牌建设促进会、山东省品牌评价标准化技术委员会，充分发挥行业协会的组织优势和智力支撑，着力打造品牌高端化推进平台，研究构建科学公正的品牌评价体系。2018年首次发布了30家山东省省长质量奖企业的品牌价值和荣获“全国知名品牌创建示范区”的10

个区域品牌建设成效及品牌价值；2019 年首次发布了创建山东省优质产品生产基地品牌价值 10 强，促进全省优势产业在品牌积淀、质量水平、创新能力、品牌管理、资产水平、产业协同发展、品牌强度等方面的可持续发展。同时，充分发挥第三方机构的优势，促进品牌价值评价市场化。山东省品牌建设促进会和山东省标准化研究院对相关企业进行了品牌价值评价，推出了 2019、2020 年度山东省相关重点行业品牌价值 10 强、山东省民营企业品牌价值 100 强榜单，逐步探索出政府部门和第三方组织合力共同引导企业重视品牌价值、推动品牌建设工作的良好工作机制。

（四）整合资源力量，优化发展环境

持续加快品牌一体化建设，着力打造山东品牌整体形象，利用“中国品牌日”“质量月”等关键平台节点，借助运用电视、广播、网站等媒体资源，通过线上线下相结合的方式，谋划开展丰富多样特色活动，多层面、多层次、多角度、全方位加强质量品牌宣传。充分发挥政府部门、媒体单位、社会组织等品牌建设的优势，设计推出“山东品牌齐鲁荣耀——山东品牌计划”宣传推进推广平台，在山东电视台黄金时段推出“企业家质量承诺宣言”，与山东经济广播联合推出《品牌山东之声 · 品牌故事特别专栏》，联合《中国质量报》《山东经济战略研究》《山东市场监管》等杂志开设专栏、出版专刊，推广宣传山东省省长质量奖获奖单位经验做法等，努力营造品牌成长发展的良好环境，加快提升山东品牌的竞争力和影响力。

（五）共建共享“好品山东”，打造区域品牌“新名片”

对各领域区域性品牌进行全面整合，打造整体发展优势，通过构建品牌体系、打造标准体系、完善技术创新体系、夯实质量基础设施建设体系、创新质量评价体系、深化信用体系、搭建运营推广体系等“七大体系”，形成政府部门、企业、社会协同用力、共建共享“好品山东”的格局，推动“好品山东”竞争力迈入全国区域品牌前列，成为具备国际竞争力的区域品牌。

三、下一步工作考虑

（一）着力打造“好品山东”区域品牌

围绕“好品山东”区域品牌建设，打造标准体系，夯实技术支撑，聚焦重点产品、重点企业、重点行业、重点区域、重要业态，做优存量，对依据法律法规、政策和品牌建设和相应技术标准产生的品牌，纳入“好品山东”品牌体系，实现融合发展。滚动实施五年行动计划，分行业、分领域、分层次开展“好品山东”培育工程，建立培育库，把质量优势转化为品牌优势。通过中国品牌日等活动，宣传推介“好品山东”品牌，讲好“山东品牌”故事，提升“好品山东”品牌美誉度和品牌竞争力。

（二）升级“好客山东”文旅品牌

发挥齐鲁文化优势，打造四大文化旅游区。整合优质文化旅游资源，实施大运河国家文化公园（山东）建设工程、齐长城国家文化公园建设工程、黄河文化保护传承弘扬工程等一批文化旅游重大工程。培育文化旅游新业态，丰富文旅融合产品供给，大力发展“文旅+”，开发系列精品文化旅游线路，不断激发产业发展新动能。挖掘海洋文化旅游价值，形成六大旅游功能体系，提升特色海洋旅游要素体系，丰富海洋旅游特色产品业态，助力海洋强省建设。打造红色旅游精品，全面加强革命文化保护，不断丰富红色旅游内容，完善红色旅游精品体系，打造红色旅游品牌，传承红色基因。大力发展乡村旅游、推进乡村旅游集中连片发展，创新乡村旅游业态，打造乡村旅游精品，助推打造乡村振兴齐鲁样板。大力发展夜间旅游和淡季旅游，拓展文旅发展新空间。优化旅游交通可进入性，提升公共服务水平，打造“好客”服务品牌体系，提升游客满意度。大力发展智慧文旅，通过文旅信息资源整合共享、文旅公共服务智能化、文旅管理智慧化，激发文化旅游活力。

（三）加大品牌培育建设力度

培优塑强农产品区域公用品牌和企业产品品牌，巩固提升“齐鲁灵秀地·品牌农产品”影响力。深入开展制造业、服务业高端品牌培育企业评选，分行业、分领域、分层次开展百年品牌企业培育工程，培育制造业单项冠军，引导企业强化品牌意识和培育能力。发挥“食安山东”公共品牌通用评价标准的引领培育作用，深化品牌引领行动，推进品牌建设标准化。继续开展“泰山品质”高端认证，打造我国特色认证知名品牌。积极推动企业申报中华老字号、山东老字号，推动老字号传承创新。鼓励企业到境外注册商标，打造具有自主知识产权和综合竞争力的国际品牌。扶持获得鲁班奖、国家优质工程奖、国家装饰工程奖、华夏建设科学技术奖、泰山杯等品牌企业做大做强，品牌建设继续保持全国领先。

（四）落实知识产权保护

组织开展重点领域反不正当竞争执法，严厉查处商标、专利、地理标志侵权违法行为，顶格处罚故意侵权、重复侵权等违法行为，加强品牌商标权、专利权保护。持续做好地理标志、驰名商标认定申报工作，实现对地理标志产品全链条保护，指导各地提高执法办案水平，切实加大保护力度。鼓励发展专利保险产品业务，将知识产权法律法规列为重点普法内容，多举措加大打击侵权违法行为宣传力度。

优品种、提品质、创品牌
全方位塑造河南品牌崭新形象

——河南省品牌建设工作进展与展望

近年来，在河南省委、省政府统一部署和要求下，河南省围绕推动河南制造向河南创造转变、河南速度向河南质量转变、河南产品向河南品牌转变，以“优品种、提品质、创品牌”为重点，努力建设质量强省，品牌建设取得积极成效。

一、品牌建设成效

（一）打造特色农业“新三品”

大力开展“质量兴农、绿色兴农、品牌强农”，全面推进“四优四化”（发展优质小麦、优质花生、优质草畜、优质林果；推进布局区域化、经营规模化、生产标准化、发展产业化），集中打造豫农优品，加快“老三品”（无公害农产品、绿色食品、有机食品）向“新三品”（区域公用品牌、企业品牌、产品品牌）转变。定期遴选发布《河南省知名农业品牌目录》，实施优进劣汰、动态管理，分四批收录省级知名农业品牌821个，其中农产品区域公用品牌89个、农业企业品牌195个、农产品品牌537个。深入开展特色农产品优势区建设，成功创建11个国家级特优区、33个省级特优区。全省创建国家级农业品牌25个（农产品区域公用品牌16

个、农产品品牌9个）。

（二）促进消费品工业“三品”提升

围绕提高以消费品工业为重点的制造业有效供给能力和水平，制定印发了《关于开展制造业“三品”专项行动营造良好市场环境的实施意见》，全面实施制造业“三品”专项行动。开展“三品”战略示范城市试点创建，郑州市、漯河市、项城市成功创建国家级试点。开展工业设计中心、工业设计园区认定，郑州锦荣服装创意园、河南旗帜纺织服装创意设计平台成功创建国家级纺织服装创意设计试点（园区）平台，大信家居入选第四批国家级工业设计中心。加强纺织服装区域品牌建设，领秀服饰、云顶服饰、新野纺织和新乡化纤4家企业入围工业和信息化部跟踪培育重点纺织服装品牌企业名单，夏邑县、太康县分获“中国新兴纺织产业基地县”“中国棉纺织名城”荣誉称号。

（三）强化优质文旅服务载体建设

依托河南省独特文化旅游资源，组织参加国内、国际知名交易博览会，举办招商推介会、文化博览会、系列宣传推介活动，以中原国际文化旅游产业博览会为代表的会展品牌，以小樱桃、约克为代表的动漫品牌，以“黄河之礼”、河南博物院文创为代表的文创品牌，以《禅宗少林·音乐大典》《大宋·东京梦华》《只有河南·戏剧幻城》为代表的旅游演艺品牌，以河洛文化大集为代表的文旅消费品牌等市场价值得到进一步挖掘和提升，品牌效应逐渐凸显；包含“老家河南·心灵故乡”“豫见中国·老家河南”“老家河南·豫见美好”“老家河南·一个来了都说中的地方”等IP在内的“老家河南”形象品牌体系逐渐完善，成为全省重点文化旅游品牌；A级旅游景区和度假区、全域旅游示范区、乡村旅游特色村、特色生态旅游示范镇、休闲观光园区、乡村旅游创客示范基地、红色旅游线路、旅游休闲街区等旅游品牌规模持续扩大、业态不断丰富，市场支撑力和社会影响力日益增强。

二、主要做法和经验

（一）注重标准引领和示范带动，加强品牌标准和试点建设

建立完善农业标准体系，以优质、安全、绿色为导向，坚持“有标贯标、无标制标、缺标补标”，每年组织制定50项以上省级农业地方标准，推进绿色食品、有机农产品和地理标志农产品认证，开展对标达标提质行动，农业标准化生产水平有效提升。为有力发挥优质品牌企业产业集聚作用，河南省不断引导企业加强工业品牌创建，2017年以来，共创建省级工业品牌培育示范企业14家、国家级工业品牌培育示范企业2家；开展产业集群区域品牌建设试点建设，2017年以来，全省有5个产业集聚区被确定为产业集群区域品牌示范创建试点，1个产业集聚区被确定为国家级产业集群区域品牌创建试点单位。加强商标品牌培育知识产权示范，制定出台《产业集群商标品牌培育基地认定和管理办法》，全省建成并认定60个产业集聚区商标品牌培育基地，初步建成一批商标品牌培育和知识产权示范县（区）园区，有效助推了河南省企业商标品牌集约式发展和知识产权的增值升值。

（二）实施商标品牌战略，统筹推进商标培育和保护

2016年，河南省政府印发商标品牌战略三年行动计划，成立工作领导小组，各级各部门倾力做好宣传指导、组织协调、跟踪服务等工作，大力鼓励、引导、支持市场主体注册商标，全省有效商标注册、驰名商标、地理标志发展迅猛。围绕落实“放管服”要求，积极推进商标注册便利化，全省建成1个国家知识产权局综合业务受理窗口、9个商标业务受理窗口、202个商标品牌服务指导站，2018年郑州商标审查协作中心建成投入运行，极大方便了河南省各类市场主体办理商标业务。截至2021年，全省商标有效注册量达148.97万件，较2016年增长了113.37万件。一批知名品牌做大做强，“好想你”被国家知识产权局和世界知识产权组织共同评选为“商标运用金奖”，填补了河南省多年商标金奖空白。以驰名商标、地理标志、涉外商标、老字号注册商标为重点，扎实开展“溯源”“净化”“铁

拳”知识产权保护专项行动，近五年累计查处商标侵权假冒案件 5831 件，严厉打击了各类商标、专利侵权违法行为。

（三）助力脱贫攻坚，强化地理标志运用和保护

为推动地理标志商标、地理标志产品实现统一归口管理，河南省市场监督管理局出台《河南省地理标志运用促进工程实施方案》等文件，加强地理标志培育指导，积极开展地理标志运用促进工程。洛阳牡丹、汤阴北艾、光山羽绒、鲁山丝绸、兰考构树等一批地理标志获批。“新郑红枣”“信阳毛尖”“原阳大米”“宁陵酥梨”“灵宝苹果”“济源冬凌草”等河南省知名地理标志品牌代表河南参加中国杨凌农高会，“信阳毛尖”成功入选国家知识产权局首批地理标志运用促进工程，茶产业带动了全市 10 万贫困人口摆脱贫困。信阳毛尖、汝瓷、武陟大米被列入国家知识产权局第一批地理标志运用促进重点联系指导名录，禹州钧瓷获批国家地理标志产品保护示范区。在精准脱贫攻坚战中，以南阳“西峡香菇”“正阳花生”为代表的地理标志商标和产品发挥品牌效应，助力乡村振兴，真正起到了“培育注册一件商标，带动一个产业，富裕一方群众”的积极作用。

（四）着眼品牌效益提升，强化多平台宣传推介

充分利用广播、电视等传统媒体和网络新媒体加强品牌宣传，组织企业广泛参与品牌推广活动，扩大影响力。树立“豫农”整体品牌形象，开展“百县千社千品”嘉年华和益农春风行动等活动，益农信息社平台线上线下总交易额突破 65 亿元，累计组织 2500 余家河南企业参加中国国际农产品交易会，贸易签约额 1142 多亿元，132 个产品获得农交会金奖产品。开展“知识产权服务万里行”活动，全面展示知识产权强省建设的工作进展和成效，组织专家学者对商标、专利、地理标志等知识产权知识进行系列宣讲，为各地进行资源发掘、品牌培育、发展规划、运用宣传提供政策支持和专业指导。围绕“老家河南”品牌提升，建立完善“三进三上”（进酒店、进机场、进车站，上手机、上电视、上网络）宣传体系，在央视投放“老家河南”形象广告，在郑州机场打造“老家河南”展示长廊，联合南航推出“老家河南”号彩绘飞机，将“老家河南”宣传地图、宣传册、《中国国家地理》“老家河南”特刊等投放机场、车站、酒店，与移动、联通、电信三大运营商合作，发送文旅提示短信，不断拓宽品牌宣传纬度，构建起了上下结合、横向联动、多方参与的多维宣传格局。

（五）发挥文化资源优势，提升文旅品牌价值

加大政府专项资金投入，鼓励引导文旅企业以文化创意+科技创新为方向，深入挖掘非遗、文博等传统文化元素，发展壮大特色鲜明、系统完整的全链条文创产业，持续打造具有河南特色的“黄河之礼”文创品牌和豫博文创品牌。引导旅游演艺项目立足当代人的审美变化和消费趋势，利用新科技、新材料、新形式不断创新表达方式，增加沉浸式互动体验，提升演出文化内涵，打造受市场和消费者追捧的旅游演艺品牌。河南省政府出台《关于进一步激发文化和旅游消费潜力的通知》，充分发挥龙头示范引领作用，组织开展系列促消费活动，大力发展夜间经济，先后扶持洛阳市成为国家文化和旅游消费示范城市，郑州市、开封市成为国家文化和旅游消费试点城市，郑州国际文创园区、宋都皇城省级旅游度假区等5个项目成为第一批国家级夜间文化和旅游消费集聚区。印发《关于促进动漫产业发展的意见》，举办“中原杯”河南省原创动漫画大赛、“中原动漫嘉年华”、金犀奖·动漫节等系列活动，拨付奖补专项资金，扶持全省动漫产业发展，“动漫豫军”异军突起，涌现出了一批以小樱桃、约克为代表的动漫游戏品牌。重点围绕黄河高质量发展重大国家战略，按照“聚焦一条线（黄河）、突破两座城（开封、洛阳）、点亮几颗星”的研学旅行整体工作思路，与省教育厅通力合作，通过出台《关于推进中小学生研学旅行的意见》《关于加快推进中小学生“黄河文化”研学旅行的实施方案》，召开全省黄河文化研学旅行大会、红色研学座谈会和全省研学旅行大会，引进上海乐其、北京启行、厦门齐物志等省外优质研学机构，建立专项资金奖补制度和设立研学发展基金，评选认定中小学生研学旅行实践基地、征集评选研学实践教育精品课程等，逐渐形成了“行走河南 读懂中国”研学旅行品牌体系。坚持市场化、专业化、国际化办会理念，聚焦智慧旅游、文旅科技、文旅制造、精致露营等文旅新业态、新体验、新产品，创新“重点+亮点”“线上+线下”“白天+黑夜”的新展会模式，办好中原国际文化旅游产业博览会、中原（鹤壁）文化产业博览会、驻马店文化旅游产业博览会。

三、下一步工作考虑

（一）深入实施商标品牌战略

加强商标品牌指导站建设，围绕重点产业和区域建设一批商标品牌指导站，加强对相关市场主体和区域支柱产业商标品牌注册、运用、管理、保护与推广的指导和服务。持续开展河南省地理标志运用促进工程，实施地理标志品牌提升行动，支持农产品、中药、茶饮、瓷器等行业加大科技投入，打造一批具有市场竞争力的优势地理标志品牌。以自由贸易试验区、产业园区、产业聚集区为重点，推动先进制造业、现代服务业、新型农业等产业集群商标品牌建设。

（二）打造优质文旅服务品牌

立足河南作为华夏文明主根、国家历史主脉、中华民族之魂的地位，打造老家河南、天下黄河、华夏古都、中国功夫四大国际性品牌，加大文明起源、治黄史诗、四大古都、中国功夫等16条主题文化线路的宣传推介力度，构筑“行走河南·读懂中国”品牌生态系统。持续开展立足移动端、面向“Z世代”的短视频宣传，织密新媒体矩阵宣传网络，深化与新媒体平台的合作，举办“第四届全球文旅创作者大会”“第三届快手网红文旅大会”“国潮河南·B站奇妙旅游节”等系列活动，培育叫响“行走河南·读懂中国”主题形象。实施产品推介工程，宣传郑汴洛国际旅游目的地、三山康养旅游目的地，开展重点客源市场精准营销，做好“四季河南”推介，利用重大活动、重点节庆，形成“行走河南·读懂中国”宣传营销的累加效应。

（三）构建农业品牌体系

建好“豫农优品”省级公用品牌，发挥龙头作用，构建“1+3”河南农业品牌体系（省整体品牌+农产品区域公用品牌、农业企业品牌、农产品品牌），形成“省+市+县（区）”梯次协同发展格局。实施品牌目录制度，以县域为重点，鼓励市（县）立足资源禀赋做大做强农产品区域公用品牌，结合特色农产品优势区建设，推动一个特优区塑强一个区域公用品牌。围绕粮食、畜牧、油料等优势产业，培育“大而优”的大宗农产品品牌，聚焦蔬菜、水果、食用菌、中药材等特色产业，创建“小而美”的特色农产品品牌。计划 2022 年新增创建省级农产品区域公用品牌、农业企业品牌、农产品品牌分别不少于 20 个、30 个、150 个，创建省级农业品牌 1000 个以上。

锻造“楚类拔萃”品质
推动湖北品牌建设高质量发展

——湖北省品牌建设工作进展与展望

湖北省高度重视品牌建设，全面实施品牌强省战略，突出品牌引领产业经济发展，湖北制造业、服务业、农业品牌知名度和影响力逐步提升，全省质量品牌建设成效显著。

一、品牌建设基本情况

（一）重视政府引导，以制度激励品牌创建

湖北省政府和大多数市州县政府均建立品牌建设工作制度，湖北省政府出台了《关于推进品牌强省建设的若干意见》和《关于发挥品牌引领作用推动供需结构升级的意见》等多个政策文件，并将品牌建设纳入《湖北省“十四五”国民经济和社会发展规划》。连续多年将品牌建设作为对地方党政班子年度考核事项。截至 2021 年底，全省有效注册商标过 84 万件，驰名商标 391 件，马德里国际注册商标 350 件。地理标志商标数量为 500 件，居全国第四，13 件地理标志进入中欧地理标志保护协定名录；地理标志保护产品 165 个，数量居全国第二。目前全省拥有 26 家“中华老字号”，52 家“湖北老字号”。20 个、34 个企业（组织）分获“长江质量奖”正奖和提名奖。

（二）发挥部门职能，大力培育湖北品牌

各成员单位从各自职能出发，加强品牌培育，知名品牌数量实现较快增长。湖北省发展改革委牵头组织相关企业和品牌参加中国品牌日活动，打造线下湖北馆，培育了一大批“叫得响”的知名品牌。同时还印发全省服务业“五个一百工程”重点项目建设计划，推进100个服务业品牌培育。湖北省农业农村厅印发《湖北省农产品品牌三年培育方案》，以绿色食品、有机食品和农产品地理标志产品为发展重点，随州香菇、洪湖莲藕、秭归脐橙等11个品牌入围中国农业品牌目录。湖北省商务厅聚力培育“老字号”、楚菜、“荆楚优品”，开展2021年第三批“湖北老字号”认定，目前全省拥有26家“中华老字号”，52家“湖北老字号”。湖北省市场监督管理局组织企业参加第四届中国质量奖评选，长飞光纤等4家组织（企业）获中国质量奖提名奖。湖北省知识产权局加强商标、地理标志品牌培育，驰名商标、地理标志数量均居全国前列。

（三）加强品牌宣传，共力推介湖北品牌

在2021年中国品牌日活动中，湖北省在上海展览中心大厅举办了“恩施硒品牌推介活动”，同时利用云上湖北馆开展直播带货活动14场次，硒品牌产品销售金额200万。参展企业达成意向合作14项，意向金额1.5亿元；正式签约3个，现场签约金额165万元。线下线上参展品牌3天销售金额6200万元。湖北省委宣传部对接央视“品牌强国工程”2021年助力湖北公益直播带货，活动现场销售单数174万件，总销售额4949万元。湖北省农业农村厅近3年安排2.6亿在央视宣传湖北农产品品牌，举办首届湖北农博会现场销售额1.15亿元，45个项目集中签约1449.12亿元。湖北省商务厅通过各种展销会推介湖北品牌，联合省政府驻上海办事处、上海市商务委员会等单位举办湖北名特农产品（荆楚优品）展示展销活动。湖北省知识产权局连续三年举办湖北地理标志大会暨品牌培育创新大赛，率先在国内搭建地理标志推介的综合性、专业化平台，推出300余个地理标志品牌；连续两年联合省广播电视台举办“我喜爱的湖北品牌电视大赛”，过千万人参与网络投票。湖北日报等主流媒体安排重点版面通过

各种形式宣传推介湖北品牌，极大提升了湖北品牌的知名度和美誉度。

（四）夯实质量基础，合力促进品牌成长

湖北省持续组织开展质量提升行动，综合运用标准、计量、检测、认证等质量基础设施服务企业，引导企业导入卓越绩效管理模式，争创政府质量奖。湖北省农业农村厅推动农业品种培优、品质提升、品牌打造和标准化生产，湖北省农产品质量安全监测总体合格率连续10年位居全国前列。截至2021年底，有效期“二品一标”企业1263家、产品2821个。湖北省国资委打造“湖北建造”品牌，指导和推动省出资企业大力实施创新驱动和品牌强企，提升企业核心竞争力，《文化积淀打造“鄂旅投”统一品牌》入选国务院国资委2020年度国有企业品牌建设典型案例。湖北省地方金融监督管理局大力推进“上市公司倍增计划”，全省已上市企业达19家。据中国品牌建设促进会、Brand Finance和世界品牌实验室2019年度中国品牌500强排行榜，湖北省东风汽车、烽火通信、长飞光纤、航天时代电子、汉口银行等企业纷纷入榜，对全省品牌建设具有示范引领作用。

（五）优化政策环境，着力增强品牌效益

全省17个市州均出台了推进品牌战略的政策，提出明确的建设要求，品牌战略已上升为政府行为。湖北省税务局全面落实减税降费政策，减轻企业资金压力，支持品牌企业克服困难、健康发展。武汉、宜昌试水商标保险产品，各头部保险公司在武汉已为各类市场主体提供超过1亿元的保险保障。黄冈市政府设立地理标志产品运营公司，设立网上地理标志产品馆，线上线下销售过3000万元。宜昌、荆门先后打造出“枝滋有味”“荆品名门”等知名度较高的区域品牌，促进了地方经济发展，带动了增收致富。孝昌县丰山镇地理标志产品七仙红桃产业园带动全县发展桃产业8.5万亩，带动社员年人均增收3000余元。市场主体商标运用能力大幅提升，品牌价值不断释放，全省22个企业品牌、1个区域品牌、4个城市品牌登上中国最具品牌价值榜单。稻花香品牌价值连续18年入选中国500最具价值品牌榜，2021年品牌价值达925.16亿元，位居榜单第62位。潜江龙虾、宜昌蜜橘、京山桥米、赤壁青砖茶品牌评估价值分别达 251 亿元、159 亿元、86 亿元、30 亿元。

二、品牌建设存在的主要问题

（一）品牌整体实力不强

湖北省参与全国品牌价值评价的企业品牌价值在全国处于第三梯队，与第一、第二梯队存在一定差距。第一梯队企业品牌价值是湖北省 8 倍左右。

（二）专业人才支撑不力

2021 年底，湖北省对 300 家企业发放调查问卷，在“品牌建设最大困扰因素”选项，前 3 项依次为缺乏相关专业人员（占比 46.3%）、缺乏切实可行方案（占比 25%）和体制制约（占比 21.3%）。尤为缺乏有经验的专业人才。

（三）企业创牌动力不足

创建品牌须大力在质量管理、品牌宣传和后续服务上完善措施，舍得投入资金。由于湖北省中小企业大多位于价值链中低端，生存压力大，资金资源有限，虽对品牌创建愿望强烈但投入乏力，影响了品牌创建进程和质量。

（四）特色创新品牌不多

整体看，湖北省企业品牌中能给消费者留下深刻印象、特别记忆的品牌相对较少。从 2021 年底问卷调查看，46.6%受访者认为，企业自身品牌缺乏新技术；35.6%受访者认为，企业品牌数量多、知名品牌少、缺乏个性，有品位、有内涵、创新性强等正面评价占比偏低。

三、下一步推动品牌建设有关工作考虑

（一）积极完善组织领导机制

进一步健全品牌建设“政府推动、部门联动、企业主体”的工作机制，加快形成湖北省品牌建设总体发展战略。同时，出台《推进湖北省品

牌建设高质量发展的意见》，积极推动发挥品牌强省建设联席会议作用，强化组织领导和推动实施。

（二）深化重点品牌创建

围绕“51020 现代产业体系建设”的省级战略，坚持“一区一品”，推进行业品牌、地区集群品牌发展。大力培育发展荆楚名品、名企、名店、名景、名街、名镇、名家名匠、优质工程、优秀传统文化，做强做精湖北公共品牌。主办、组织和参加自主品牌博览会、国内外进出口博览会等，每年发布湖北品牌建设白皮书，扩大湖北品牌影响力和知名度。

（三）推进“政产学研”紧密合作

开展品牌研究、培育、宣传和推广，传播先进质量技术和管理方法，加强以实践操作为主的品牌教学和人才培养。探索湖北品牌评价标准，在制造业、服务业、地理标志“中华老字号”等领域开展品牌评价并适时发布排行榜，推进品牌建设健康发展。

（四）强化品牌建设考核激励

利用品牌建设专项资金，推动企业参与品牌价值评价。表彰激励品牌建设成绩突出的地区、企业（组织）。

（五）强化政策扶持力度

参照品牌建设强省经验，进一步完善支持企业品牌发展的奖励政策和税收优惠政策，设立品牌培育引导资金，在省固定投资预算中设立品牌建设专项，对品牌企业在技术改造、技术引进、科研项目等方面给予优先支持。

全面落实“三高四新”战略定位和使命任务 着力打造“湘”字号品牌

——湖南省品牌建设工作进展与展望

湖南省深入贯彻落实习近平总书记关于品牌建设的重要指示批示精神和党中央、国务院关于品牌建设工作的决策部署，加强品牌工作统筹协调，全力推进全省品牌体系建设，不断拓展品牌覆盖领域，加快提升品牌层次，着力优化品牌环境，全省品牌建设取得了较好的发展成效。

一、品牌建设成效

（一）品牌体系基本健全

1. 产品品牌迅速发展

“三超三深”为标志的创新成果和产品享誉世界；起重机、混凝土机械、挖掘机、盾构机、电力机车、城轨列车、中小涡轴发动机、硬质合金、电子产品视窗防护等产品国内外市占率不断提升，产品品牌日益响亮；文化创意佳作纷呈，品牌节目深入人心；“品牌强农”不断推进，截至2021年4月，湖南省绿色、有机、地标农产品有效总数达到3147个，其中：绿色食品2786个，居全国第5位；有机食品245个，居全国第2位；地理标志农产品116个。

2. 企业品牌培育加快

品牌联盟发布的“中国品牌500强”中，湖南品牌从2015年的6个增加到2021年的14个，占比由1.2%提高到2.8%。截至2021年底，A股上市公司达134家，孕育了一批知名企业品牌；7家企业入围中国企业500强；确定了478家省级工业品牌培育试点企业，10家企业被认定为“全国工业品牌培育示范企业”；授牌20家“中华老字号”、164家“湖南老字号”。截至2020年底，共培育1018家省级“专精特新”小巨人企业，70家国家“专精特新”小巨人企业。

3. 集群品牌开始形成

工程机械、轨道交通、中小航空发动机等产业集群化发展加快，2021年工程机械年营业收入占全国比重30%以上、电力机车产量占全球比重27%以上，具备了一定的世界影响力和知名度。截至2021年底，共培育5个“国家级产业集群区域品牌建设试点”，培育6个省级区域公用品牌、7个片区公用品牌、50个“一县一特”公用品牌、60个特色产业小镇。“湖南茶油”“十八洞村”“安化黑茶”“湖南红茶”“湘江源蔬菜”“洞庭小龙虾”“湘西猕猴桃”“湘九味”等公用品牌影响日著。

4. 区域形象逐步鲜明

鱼米之乡、伟人故里、花炮之乡、陶瓷之都等传统形象不断升华，工程机械之都、世界媒体艺术之都、文创之都、动力之都、幸福城市、网红城市、世界旅游目的地、精准扶贫首倡地等新品牌魅力初现，红色热土、锦绣潇湘全域旅游品牌更具活力。

（二）品牌覆盖不断拓展

商标品牌加快扩展，2021年全省有效注册商标总数83万件，其中2021年注册商标21万件，同比增长41.4%。2021年专利授权量9.9万件，同比增长25.7%，发明专利拥有量突破7万件；每万人发明专利拥有量达10.55件。传统行业品牌不断细分，战略性新兴产业、社会民生热点领域品牌不断成长，抗击新冠肺炎防疫物资制造品牌应急而生。农业品牌覆盖了米、茶、油、莲、柚、芋等特色优质农产品，国家地理标志农产品广泛分布在蔬菜水果、肉禽及制品、水产品、茶叶、中药材、工艺品、粮油食品等诸多领域。14 个市州普遍强化了品牌建设，打造了数量不等的特色品牌。截至 2021 年底，全省脱贫攻坚重点县市中，地理标志保护产品覆盖率达到了 75%以上，“湘赣红”授权 24 县市区绿色、生态特色农产品。

（三）品牌层次加快提升

1. 品牌质量水准较快提升

“十三五”期间，保有中国质量奖 1 个，中国质量奖提名奖 5 个，省长质量奖 50 个，市州长质量奖 103 个；获得国家工业大奖及表彰奖 4 个，12 家企业质量管理典型经验被认定为“全国质量标杆”；新创鲁班奖 7 项。制造业产品质量合格率达 93. 5%，服务品牌积极推行标准质量体系认证。

2. 品牌价值迈向高端

在 2015—2022 年世界品牌实验室发布的“中国 500 最具价值品牌”中，11 家上榜的湘籍企业品牌总价值由 1004. 3 亿元上升到 2998 亿元，年均增长 24. 8%，比榜单全部品牌价值年均增长率高 1. 3 个百分点，其中湖南广播影视集团、三一和中联重科的品牌价值过 500 亿元，位列百强。

（四）品牌环境显著改善

出台了《湖南省人民政府办公厅关于发挥品牌引领作用推动供需结构升级的实施意见》等系列相关政策，在金融、科技、人才、财税、公共服务等方面细化品牌支持措施。法治保障不断完善。质量监管和标准建设持续加强，市场秩序不断向好，假冒伪劣得到有效治理，知识产权、无形资产保护体系加快健全。推广平台不断拓展。积极参与和开展“中国品牌日”活动，加大湖湘品牌全方位推介力度。围绕旅游文化、高端装备、计算机、农副产品等特色优势领域，着力打造一批国内外重要会展平台，强化树立湖南行业品牌形象。

二、主要做法和经验

（一）顶层设计高位推动

湖南省委、省政府把品牌建设工作纳入质量强省建设工作体系，设立湖南省政府质量奖，将品牌企业作为政府质量奖申报的优先考虑对象，成立质量强省工作领导小组，负责统筹全省质量和品牌建设工作，围绕提高经济发展质量，打造新常态下湖南品牌标杆。出台了《湖南省人民政府关于加快质量发展建设质量强省的实施意见》《中共湖南省委 省人民政府关于开展质量提升行动的实施意见》《湖南省人民政府关于印发〈湖南省质量发展纲要（2012—2020年）〉的通知》《湖南省人民政府办公厅关于发挥品牌引领作用推动供需结构升级的实施意见》等指导性政策文件。

（二）编制品牌发展规划

编制专项规划。省发展改革委组织对全省各行业、各领域、各市州品牌等情况进行系统梳理，按照全省“十四五”规划纲要要求，聚焦湖南省委、省政府“三高四新”战略实施，聚焦品牌建设实际，省发展改革委首创性编制出台《湖南省“十四五”品牌发展规划》，并在省政府门户网站、省发展改革委门户网站、微信公众号进行了解读和宣传。编制特色规划。结合湘西产业发展特色，省发展改革委还牵头组织编制了《湖南省茶叶公共品牌建设实施方案（2021—2025）》《湖南省天然饮用水公共品牌建设实施方案（2021—2025》《“十四五”大湘西地区文化生态旅游精品线路品牌提质升级工程实施方案》等。

（三）部门联动扎实有效

发展改革部门牵头开展品牌发展规划研究，广泛组织省内品牌企业参加每年的中国品牌日活动，线上线下全方位展示湖南优势品牌和特色品牌，体验感十足，打造永不落幕的湖南品牌展，网上点击率过百万，为湖南品牌唱响世界、与世界共享搭建了平台。省预算内制造业专项中安排供给适配创新方向，重点支持先进制造业品牌企业、品牌产品在省内扩能发展，提高本省产品市场占有率。宣传部门着力凝聚全社会品牌意识，依托国家级、省级主流媒体，开辟专题专栏，持续集中推介省内优势品牌。工业和信息化部门指导支持工业企业学习实践品牌管理体系方法和评价指南，增强品牌培育能力；组织工业企业品牌培育试点工作等。农业农村部门完善农产品公用品牌培育、发展和保护体系，重点建设了一批农产品省级区域公用品牌等，“湘赣红”区域公共品牌产品进园区、景区、城区。商务部门大力实施“湘”品推广工程，推动“平台+网红经济”等新经济传播发展，重振老字号品牌，出台《关于保护和促进湖南省老字号企业发展的若干意见》，编印出版《湖南老字号故事》。市场监督管理部门深入开展质量提升行动，完成每届省长质量奖评选，举办“品牌故事大赛”，开展质量强省、强市、强县、强区、强园“五强”创建，积极推进“湖南造”品牌建设管理认定工作。

（四）市州发展各具特色

全省 14 市州立足于各自发展定位和产业特色，在品牌建设方面进行了各种探索，不断谋划推进。如长沙市统筹提升制造业、农业、建筑业、服务业等领域品牌建设工作，每年投入品牌建设资金 1 亿元，着力构建“五大品牌”建设体系，组织开展“品牌建设年”精准服务活动，线上发布品牌政策指引。株洲市推进品牌经济再升级，积极营造品牌兴企、品牌强市的氛围和环境，打响了轨道交通、中小航空发动机、陶瓷、硬质合金等多项全国乃至世界闻名的“株洲制造”品牌。常德市积极探索，以农业品牌、工业品牌、城镇建设品牌、文化旅游品牌为建设重点，努力在品牌建设中实现品种优势到品牌强势的转变，引导企业做强品质、做优品牌，以品牌建设为抓手加快推进开放强市、产业立市战略。

三、下一步工作考虑

（一）实施品牌强基行动

1. 夯实品牌质量基础

大力实施质量强省战略，落实企业质量主体责任，鼓励实施首席质量官等创新制度，推行卓越绩效、六西格玛、精益管理、质量诊断、质量持续改进等国际先进质量管理模式。夯实质量技术基础，精准开展质量帮扶，组织攻克一批质量共性问题。发挥各类质量奖的引导作用，树立品牌质量标杆。

2. **推动标准体系建设**

加强标准化基础研究和重要标准攻关，强化生活服务、新兴服务标准研制，推动基础通用和产业共性技术标准优化升级。鼓励优势企业将具有自主知识产权的核心技术转化为国际标准、国家标准，推进标准走出去。完善企业产品和服务标准自我声明公开和监督制度，鼓励品牌企业制定高于国家标准或行业标准的企业标准。完善社会化标准服务，开展标准符合性认定、标准比对、标准验证等创新工作，为企业实施标准提供技术支撑。

3. **提升计量检验检测能力**

大力完善计量、检验检测体系，加快实施湖南检验检测特色产业园、中国计量科学研究院长沙基地等重大项目，建设一批国家级、省级产业计量测试、检验检测中心、产业技术基础平台。推进服务机构和人才培育，积极发展高水平计量、检验检测专业服务。

（二）实施品牌创建行动

1. **打造先进制造业品牌高地**

强化工程机械、轨道交通装备产业自主创新、迭代升级，做大做强中小航空动力、北斗和航天航空部件产业，加快构筑先进材料、信息创新、能源装备、智能终端、新一代半导体、智能制造装备、智慧农机等产业新优势，打造全国绿色安全食品示范基地、国内重要的创新药品和特色医疗器械生产基地、全国一流的特色轻纺名品规模生产聚集地，吸引中高端汽车名品制造持久落户湖南。

2. **建设现代服务业品牌名省**

以马栏山视频文创产业园为依托，持续增强广电、出版、体育、动漫、移动互联网、新媒体等文化产业“湘军”影响力，不断发扬“世界媒体艺术之都”品牌价值。挖掘红色热土永久魅力，擦亮锦绣潇湘全域品牌，形成“万古风情、千载文脉、百年颂歌”“芙蓉国里尽朝晖”鲜明文旅形象。发挥岳麓山大学科技城集聚效应，建设好长沙软件园，打造中欧班列集结中心，培育城陵矶、霞凝港长江中游国际航运物流中心。挖掘湘菜文化，加快湘菜出湘，提高全球影响。

3. **创建现代农业品牌基地**

实施种业安全工程，强化湖南良种品牌地位。制定农业区域公用品牌、特色农产品品牌升级农业技术规程与地方标准，大力开展“两品一标”农产品认证和登记保护。开展“湖南好粮油”提升行动，培育稻谷、菜籽油、旱杂粮、米粉、粮机等5个产业联合体，建设国家（湖南）优质农产品交易中心，培育一批具有国际竞争力的跨国农业企业集团，认定一批农产品出口示范基地。

（三）实施品牌传播行动

1. **构建品牌传播体系**

依托国家级、省级主流媒体，大力实施“湘”品推广活动，开辟专题专栏，持续集中推介省内优势品牌；建设湘品发展论坛，打造“湘”字号品牌推介服务平台。支持企业开展品牌首发、展示、宣介等推广活动。依托中国品牌日、中非经贸博览会、中部农博会、金鹰电视艺术节、国际工程机械展览会、世界计算机大会、广交会、上交会和重点境外展会平台，扩大品牌市场影响力。发挥好国内外湘商协会和驻湘领事馆等境外机构的桥梁作用，借力湘商会议活动、国别合作交流圈等平台资源，强化优势产品推广宣传，提升品牌国际国内市场认可度。开展湘品入超活动，在大型商超开设销售专柜、专区和特色馆。

2. **主动融入国际发展机遇**

开展国际商标注册和保护，通过“工程总包”“分包”“交钥匙”工程和投资建厂等方式，带动湖南省电子信息、装备制造、先进材料生产企业“走出去”。巩固扩大港澳台合作交流，积极参与中国-东盟框架合作、中国-中南半岛、孟中印缅、中巴等国际经济走廊建设，抢抓中非合作新机遇，用好中非经贸博览会、中非经贸深度合作先行区，依托中欧班列、知名展会等载体，策划开展湖南品牌全球推介活动。

3. **大力推进互联网传播**

组织开展大数据与品牌智慧营销活动，引导企业规范发掘数据资源价值，实现与目标客户高效耦合。不断创新品牌传播手段，利用微博、微信和网红直播等平台，充分发挥其品牌传播作用，加强企业品牌推广宣传。

（四）实施品牌保护行动

1. 加大品牌保护力度

建立反应迅速、统一协调的重点品牌保护工作机制。强化无形资产、品牌资产、知识产权保护意识，完善相关制度和法律服务体系，严厉打击傍名牌、仿名牌等不法行为，切实保护企业合法权益。建立维权援助、举报投诉案件网上受理、案件移送、信息反馈等制度。充分发挥行业协会、中介组织的桥梁纽带作用，建立健全各种品牌纠纷调解机制。

2. 加强品牌诚信建设

以品牌信用信息记录、共享、发布、应用为主线，以信用制度建设为核心，健全全省品牌信用评价体系。实施信用分级分类管理，推行“双随机一公开”监管，建立黑名单制度，逐步形成激励守信、惩戒失信的品牌信用监督机制。扩大信用信息应用范围，在政府采购、奖项评选等领域推广应用信用信息，实施联动奖惩。鼓励中介机构规范开展企业信用评价，发布企业信用报告，提高社会信用意识。

3. 加快品牌文化营造

强化品牌文化内涵提炼，引导企业将“工匠精神”纳入企业文化建设，建立与品牌文化相适应的高素质员工队伍，发挥好科学家、大国工匠、工艺大师、知名企业家等企业优秀代表的品牌力。加强社会品牌文化建设，弘扬国货自信，增强湘品自信。加快完善品牌专业服务体系，培育引进发展一批权威的品牌建设、品牌评价、品牌推广第三方机构。

深入开展品牌建设 彰显“粤响全球”风采

——广东省品牌建设工作进展与展望

近年来，按照习近平总书记关于推动中国制造向中国创造转变、中国速度向中国质量转变、中国产品向中国品牌转变的要求，在广东省委、省政府的领导下，广东省品牌建设坚持以企业为主体，以市场为导向，以提高企业自主创新能力和品牌运营能力为出发点，推动企业加快品牌创建、运用、管理和保护，聚焦培育一批拥有自主知识产权、自主核心技术的企业品牌，全力营造有利于企业品牌推广运用的政策环境和市场氛围，广东品牌影响力大幅增强。

一、品牌建设成绩

截至2022年3月，广东国家质量工作考核连续6年获得A级，知识产权综合发展指数连续9年全国第一；拥有世界500强企业16家，培育40家企业成为“全国质量标杆”，拥有地理标志保护产品162个，地理标志专用标志企业数量779家，国家地理标志产品保护示范区3个。

（一）商标品牌建设跃上新台阶

深入实施商标品牌战略，坚持发展与保护并重，在商标品牌培育、保护、运用上聚焦发力，通过支持商标注册管理、培育运用，助推商标品牌战略实施。2021年，全省商标申请量173.85万件，商标注册量143.8万件，均居全国首位；马德里商标国际注册申请量1513件，比上年增长4.5%，占全国的25.5%，跃居全国首位。截至2021年底，有效注册商标量676.64万件，居全国首位，比上年增长24.6%，每万户市场主体拥有商标4432.79件，比上年增加511.79件。

（二）创新品牌引领走向世界

2021年，全省研发经费支出超3800亿元，占地区生产总值比重3.14%，发明专利有效量、PCT国际专利申请量稳居全国第一，区域创新综合能力连续5年居全国首位。良好的创新环境为企业创新提供了强劲底气，一批又一批广东企业立足创新驱动，大力发展前沿技术，推动越来越多的广东品牌誉响全球、走向世界。除了华为、腾讯、比亚迪、小鹏、美的、格力、格兰仕、TCL、大疆、迈瑞等行业头部创新型企业，还形成了一批行业分布集中、创新能力强、专业化程度高、成长性好的专精特新中小企业集群，以及细分领域龙头和产业链关键环节的“隐形冠军”，让众多“广东创新”品牌打上了“中国智造”的响亮标签。截至2021年底，高新技术企业超6万家。2021年，规模以上工业增加值3.75万亿元，比上年增长9.0%，其中高技术制造业增长6.9%，先进制造业增长6.5%。

（三）农业品牌价值显著提升

近年来，广东强力实施乡村振兴战略，“粤字号”农业品牌从最初的菠萝，到荔枝、香蕉、龙眼等一系列岭南特色佳果，再到生蚝、鲍鱼、狮头鹅等水产业、畜牧业品种，成功打造“徐闻愚公楼菠萝”“廉江红橙”“德庆贡柑”等一批颇具影响力的农产品区域公用品牌，助推农产品产业化发展与品牌化建设。徐闻县菠萝种植面积达35万亩，有全国最大的菠萝交易市场，被称为“中国菠萝之乡”，2021年菠萝产值达22亿元左右。2021年，“高州荔枝”获得了“最有价值区域公用品牌”称号，品牌价值率先突破100亿元，实现了农产品区域品牌和城市品牌“双品牌”高质量发展。惠来县成功举办“惠来五宝”国际网络节+云展会，进一步探索“产业+互联网+数字赋能”稳生产、拓销路之举，全面擦亮县域鲍鱼特色品牌。

（四）文旅品牌推广效益突出

以文塑旅、以旅彰文。广东大力推动文化创意与休闲旅游融合发展，造品牌、促融合，走出了一条质量型内涵式发展新路，推动传统文化旅游向价值链高端提升，文旅品牌越擦越亮。广东国际旅游产业博览会每年吸引约 30 个国家（地区）、20 万余人次参加，成为国内市场化程度最高、观众人次最多的旅游展会之一。推出“广东文旅护照”“节庆‘叹’非遗”“粤港澳大湾区文化艺术节”“粤戏越精彩”等独具广东特色的文化艺术品牌项目和活动，着力打造一批本土文化旅游 IP。推出非遗游、历史文化游、古驿道游、乡村游、工业游、生态游、康养游等精品旅游路线，跨界融合赋能文旅新业态，全面展示广东国家级、省级全域旅游示范区创建成果。2021 年，评选 50 个“2021—2023 年度广东省民间文化艺术之乡”，其中 11 个地区被文化和旅游部评为“2021—2023 年度中国民间文化艺术之乡”。18 个省级非遗代表性项目入选第五批国家级项目名录。积极打造“粤美乡村”旅游品牌，截至 2022 年 2 月，共推出 200 条乡村旅游精品线路、259 个文化和旅游特色村、50 个旅游风情小镇、92 个乡村民宿示范点。引导旅游饭店深入挖掘文化资源，加快推动旅游住宿业转型升级，评选出首批 17 家省级文化主题旅游饭店。

（五）国有企业品牌提质增效

广东始终把品牌建设作为推动国资国企高质量发展的重要抓手，大力推进省属国有企业品牌建设转型升级、创新发展。广州白云机场股份有限公司全力打造“春风服务”品牌，2020 年荣获国际机场协会服务质量旅客满意度测评全球第一和亚太地区机场服务质量最佳机场奖，2021 年荣获中国品牌太阳花奖“最佳品牌影响力”奖项。广晟控股集团所属佛山照明连续 14 年蝉联“中国 500 最具价值品牌”，荣获“2018 年度中国照明行业十大品牌”；所属国星光电荣获“2021 国人自豪的佛山品牌企业”荣誉称号，并作为全球 LED 封装领军企业，在第二十四届北京冬奥会上成功点亮“冰瀑布”“冰立方”“冰五环”三大焦点屏及场馆赛事屏；所属风华高科荣获 2021 年（第十八届）中国物联网产业大会“十大电子元件民族品牌”

奖项。广新控股集团入选国务院国资委 2020 年度国有企业品牌建设典型案例。广东中旅在 2019 中国旅行社行业发展论坛上荣获“旅行社品牌 20 强”称号。

（六）中国品牌日活动影响日盛

积极组织本省企业品牌参加中国品牌日活动，提升品牌活动社会关注度和影响力。通过组织人民日报广东分社、新华社广东分社、广东广播电台、南方日报、广州日报、羊城晚报、南方网等主要媒体记者采访报道，官方网站、微信公众号等媒体平台推送品牌热点，广州塔、广州地铁等标志性建筑物循环播放品牌成效，今日头条、视界北京、新浪微博、百度、优酷视频、爱奇艺、哔哩哔哩、YY 直播等直播平台全面参与，广东品牌建设带动提升产品质量，广东品牌形象深入寻常百姓家。2021 年中国自主品牌博览会广东云上展馆实现 62 家参展粤企 365 天 24 小时在线接待参观，深度融合广东本土元素，涵盖家电、汽车、食品、健康医疗、电子信息等多个行业，全方位彰显“广东品牌”高端化和多元化特征。以 YY 直播推出的“云逛展”系列主题活动为例，从高科技企业探访到现场教学挑选荔枝，将中国品牌日活动广东品牌的新成果、新形象、新理念通过直播广泛传播，吸引了近 70 万线上用户观看。《优粤品质 享誉全球》广东品牌主题宣传片在广州地铁各站厅、站台、列车电视上循环播出，持续一周时间，获得社会大众关注和点赞。

二、主要做法

（一）坚持创新驱动，引领广东品牌走向世界

近年来，广东深入实施创新驱动发展战略，不断完善以企业为主体、市场为导向、产学研深度融合的技术创新体系，科技创新能力大幅跃升，壮大了广东品牌发展动能。紧紧围绕粤港澳大湾区国际科技创新中心，全力推进粤港澳大湾区综合性国家科学中心建设，加快融入全国、全球创新网络，积极打造全球科创新高地，全面释放广东品牌创新潜力。以建设国家数字经济创新发展试验区为契机，围绕数字产业化和产业数字化，聚焦

提升产业发展能级。广东拓斯达精准把握机器人领域技术创新动态和产业发展趋势，提升机器人科技研发能力，成为广东首家上市的机器人骨干企业，助力“广东创新”品牌衔接“中国智造”。广州数控旗下的“GSK”系列产品，已成为国产数控系统的领头羊，产销量位列世界前三，为“广东创新”品牌走向世界作出重要贡献。

（二）坚持积极进取，拓宽广东品牌发展之路

广东相继出台《关于加快推进质量强省建设的实施方案》《广东省政府质量奖管理办法》等一系列政策措施，坚持质量为王价值导向，激发市场主体追求高质量的内生动力。组织开展“质量标杆”活动，推广先进质量管理方法，并推荐质量建设优秀企业申报国家“质量标杆”、中国质量奖。在2021年9月揭晓的第四届中国质量奖获奖及提名奖获得者名单中，广东共有4家企业、1名个人获奖。为加快塑造产业发展新优势，广东高起点培育20个战略性产业集群，积极开展产业集群区域品牌建设试点工作，并组织推荐优质企业、优势产品申报制造业单项冠军示范（培育）企业和单项冠军产品评选，形成了以质量建设引领品牌可持续发展的“广东经验”。制定并完善《“粤字号”农业品牌目录制度实施办法》，构建了“农业经营主体自主申报、地级市认定入库、全省统一标准评价发布”的品牌目录管理机制，设立区域公用品牌、企业品牌、产品品牌、品牌示范基地评价标准，规范目录建立流程，明确目录管理要求，推动全省农业品牌有序健康发展。

（三）坚持为民服务，扎根人民生活“贴心”品牌

广东把为民造福落实到高质量发展的扎实行动中，将人民对美好生活的期盼变成现实，不断增进人民群众获得感、幸福感、安全感。出台《关于印发广东省加快发展生活性服务业促进消费结构升级实施方案的通知》《关于加快推进“粤字号”品牌强农的实施意见》等相关政策，实施“粤菜师傅”“广东技工”“南粤家政”三项工程，满足人民群众对生活性服务日益增长的需要和对服务品质不断提高的要求。在文旅融合发展方面，围绕文化和旅游产业、岭南文化保护传承、公共服务惠民、专业艺术活

动、全域旅游、文化和旅游市场健康发展、文化旅游交流合作等七大板块打造了一批彰显广东文化底蕴和时代风采的文旅品牌。在乡村振兴方面，实施现代农业产业集群工程，推动各类农业新型经营主体蓬勃发展，积极开展“粤字号”农业企业知名品牌创建行动，持续打响了菠萝、香蕉、龙眼、柑橘、柚子等省级区域公用品牌，以品牌建设促进传统岭南水果产业转型升级。吴川月饼、英德红茶、凤凰单丛和大埔蜜柚 4 个地理标志入选第一批中欧地理标志互认清单，凤凰单丛（枞）茶入选“中-泰 3+3”地理标志产品互认互保试点产品清单。

三、下一步工作考虑

（一）加强广东品牌创新提升新动能

深入开展品牌建设宣传指导，推动市场主体结合自身总体发展战略、内外资源禀赋、企业文化传承等因素，加强顶层设计，制定完善适合品牌战略，与企业发展战略同步实施，系统推进。推动市场主体把自主创新作为培育品牌的内核，抓住标准、设计、集成、服务等关键环节，强化技术攻关，努力实现从“中国制造”向“中国创造”的转变。

（二）强化广东品牌带动拓展新业态

打造宜居宜业宜游优质生活圈，赋能“广东生活”品牌发展。一方面，加快培育“文旅+”新业态、新模式，做强做优文化和旅游特色产业，重点推进创意设计、品牌授权、文化会展、文化休闲旅游等产业创新发展，持续打造“文旅护照”“广东人游广东”等文旅 IP。实施广东文艺作品质量提升工程，推出一批艺术作品和群众喜闻乐见的省级群众文化品牌活动。进一步推动岭南文化创造性转化、创新性发展，开发特色文化创意产品。打造粤港澳青年文化之旅、粤港澳大湾区文化艺术节等品牌活动，以及开展粤港澳“一程多站”旅游合作推广项目等。另一方面，继续推进“粤菜师傅”“南粤家政”“广东技工”等民生工程，加快发展现代金融、工业设计、科创服务、商务会展等产业，做大做强法律、会计、审计、咨询等专业服务品牌。

（三）激发广东品牌活力增添新气象

广东省以创新引领制造业转型升级，积极推动制造业创新体系建设，推动制造业创新中心、省级企业技术中心建设，培育一批世界领先的制造业企业，推动特色优势农产品品种培优、品质提升、品牌打造和标准化生产，形成自主知识产权和品牌优势。

（撰稿人：张羚龙）

实施品牌培育工程 奋力建设壮美广西

——广西壮族自治区品牌建设工作进展与展望

广西壮族自治区高度重视品牌建设工作，自治区党委、自治区人民政府始终坚持以习近平总书记关于质量发展的重要论述为指引，牢固树立质量第一的理念，坚持走品牌发展道路，持续开展质量强桂、标准建设、品牌培育工程，推动广西产品向广西品牌、广西制造向广西智造转变，不断提升自主产品和品牌附加值，推动经济高质量发展。

一、品牌建设成效

（一）质量工作再上新台阶

“十三五”期间，广西各级各部门协同联动、齐抓共管，积极推动开展质量提升行动，全力提高质量标准，全面加强质量管理，推动质量工作取得新进展新成效。全区累计获得中国质量奖提名奖 5 个，排名全国第 15 位、西部地区第 3 位、民族地区第 1 位，广西产品声誉、品质水平明显提升。质量奖品牌高位推动，通过设立自治区主席质量奖，全区 14 个设区市分别设立市长质量奖，引导促进企业走品牌发展道路。累计评出自治区主席质量奖 15 个，自治区主席质量奖提名奖 8 个，2020 年制造业产品质量合格率达 97.3%，高于全国平均水平。认证品牌亮点纷呈，“十三五”期间，全区共有社会公用计量标准 1330 项，其中汽车、机械制造领域精密工件测量等5个广西计量标准处于全国先进水平；发布地方标准2135项，排名全国第6位；拥有11个国家级质检中心、40个省级质检中心，检验检测机构1465家，检测项目超过2万项。13个县（区）获准创建全国有机产品认证示范区，居全国第4位，260家企业获得国家有机产品认证证书407张。

（二）品牌建设整体水平不断提高

注重凝集品牌发展意识，加强品牌宣传力度，创新品牌发展理念，企业争创名优品牌的氛围不断浓厚，品牌建设的数量和水平不断提升。全区有效注册商标32.15万件，同比增长29.32%。全区拥有地理标志168个。其中，横县茉莉花、百色芒果等12个地理标志列入中欧地理标志产品互认名单，百色芒果、横县茉莉花茶、横县茉莉花，昭平茶，阳朔金橘等地理标志品牌分别入围“2019、2020中国品牌价值评价排行榜（地理标志产品）”前100位，提升了广西产品的附加值和品牌竞争力。

（三）品牌建设的经济社会效益成效明显

品牌助力脱贫攻坚工作成效显著。广西以地理标志为纽带，打造一批“打响一个牌子、带动一方产业、富裕一方百姓”的成功案例。全区地理标志产品涉及水果、禽畜、粮油、茶叶等多个产业，用标企业519家，产值约700亿元，惠及721万相关从业人员，带动贫困人口脱贫110万余人。其中，“融安金橘”“百色芒果”被国家知识产权局确定为全国14个地理标志（精准扶贫）运用促进工程项目。通过“公司+村民合作社+基地+贫困户”方式，带动广大贫困户脱贫增收致富。2020年，通过有机产品认证帮扶5.05万名贫困人口增收脱贫，新增产品附加值17.6亿元。柳州螺蛳粉产业化、品牌化、标准化发展，引领广西特色小吃。2020年销售收入达110亿元，柳州螺蛳粉原料标准化生产示范基地带动当地村民脱贫致富。

二、主要做法

（一）加强顶层设计，高位推进品牌建设工作

先后出台了《广西壮族自治区人民政府关于实施质量强桂战略的决

定》《关于深入实施商标品牌战略的意见》《中共广西壮族自治区委员会 广西壮族自治区人民政府关于开展质量提升行动的实施意见》《广西壮族自治区主席质量奖管理办法（2018 年修订）》《广西实施商标品牌强桂战略三年行动计划（2018—2020 年）的通知》《广西特色产业做强做优总体方案》等一系列重大政策文件，成立了以自治区主席为组长的实施质量强桂战略工作领导小组，发挥广西实施质量强桂战略工作领导小组和商标品牌战略实施工作厅际联席会议制度作用，构建“政府主导、部门主推、企业主创、行业促进、社会参与”的品牌建设工作格局。

（二）加强品牌培育、激励和服务，营造品牌发展良好环境

设置广西壮族自治区主席质量奖和自治区主席质量奖提名奖，实施卓越绩效管理模式，质量管理水平和自主创新能力在国内同行业处于领先地位。通过邀请专家辅导、建立重点培育组织库、举办培训班、开展质量诊断与帮扶等手段指导企业（组织）开展各级质量奖创建和申报工作。2020 年举办的第五届自治区主席质量奖共 60 家企业（组织）获推荐申报，数量比 2018 年举办的第四届增加了 107%，覆盖了 14 个设区市和三大产业，其中 2020 年广西百强企业 20 家，占比达 33. 3%。涉及 32 个行业，比上一届增加了 14 个。同时，自治区主要领导出席历届全区质量强桂工作暨主席质量奖表彰会，为获奖单位颁奖，提高奖项含金量。将商标品牌奖励扶持项目纳入《广西科学技术奖励办法》，出台《广西商标品牌奖励补助办法》，完善工作机制。举办马德里国际商标注册培训班，在全区 14 个设区市巡回开展“广西实施商标品牌强桂战略大宣讲”活动，成立“广西商标品牌专家顾问团”、广西实施商标品牌战略志愿服务队、商标品牌服务指导站，搭建了高效畅通的指导帮扶平台。完成商标业务纸质申请向网上申请的转换，业务受理范围由商标注册申请扩大至商标变更、续展、转让、许可备案申请等 23 项。

（三）加强品牌创建和认证，引领品牌经济高质量发展

在全区范围内组织开展地理标志商标孵化工作，分级分层建立地理标志商标孵化库。通过推行“龙头企业+地理标志+基地+农户”的模式，带动当地产业品牌化发展。以国家有机产品认证示范区创建活动为平台，大力推广国家有机产品认证，加大有机品牌宣传推广力度，打造了横县茉莉花茶、上林大米、昭平红茶、凌云白毫茶、防城金花茶、资源黄牛肉、三江山茶油、乐业猕猴桃等一批广西地方特色有机品牌产业。与国际化检测认证机构——香港标准及检定中心（STC）成立合资公司，共同建设运营广西-香港 STC 检验检测认证中心，帮扶广西特色农食产品获得香港优质“正”印认证、香港绿色标志认证、香港安全标志认证等高端品质认证证书，助推更多广西产品走出广西走向世界。据不完全统计，2020 年通过认证帮扶 7 万名贫困人口脱贫增收，较 2019 年增加了 2 万人；新增产品附加值 20 亿元，与 2019 年同比增长 300%。

（四）持续以中国品牌日活动为抓手，彰显自治区自主品牌发展良好形象

积极响应和落实国家发展改革委等部委关于组织开展中国品牌日活动的相关工作部署，连续 4 年高质高效组织自治区企业参展，“中国品牌日”系列活动效应明显。广西馆以主题展区为基础，设置网上云展馆，涵盖三次产业，涉及和聚焦机械制造、农产品、制药、食品、有色、新材料等行业，组织品牌企业设置相应的展区和展台，多形式展示各具特色产品，突出广西区域特色及广西品牌建设成果，强化了自治区品牌建设主体作用。组织各地市多形式开展品牌建设，主要通过召开品牌座谈会、举办论坛、品鉴会、实地参观企业，组织品牌专题培训、开展线上线下产品促销、媒体宣传等活动形式进行品牌宣传，打造品牌活动，营造良好的品牌氛围，展示壮美广西良好风貌。充分利用媒体矩阵加强“中国品牌日”活动宣传，在广西电视台黄金时段播放中国品牌日活动宣传预告片，在广西电视台、广西日报、人民网、央广网、新华社广西频道、今日头条、当代广西网等网站刊发新闻，同时，通过制作广西品牌宣传片在线上、线下展馆同步播放，印发宣传图册和开展知识问答等活动开展品牌宣传。

（五）加大品牌培育力度，打造更多具有竞争力的优质产品

创建全国质量强市示范城市、国家特色农产品优势区、全国有机农产品基地、全域旅游示范区、地理标志产品保护示范区、有机产品认证示范区等，组织开展自治区主席质量奖培育工作，打造一批竞争力强、附加值高、在全国具有影响力的知名品牌和质量先进标杆。鼓励并指导区域、企业或组织积极争创和申请中国质量奖、中华老字号、鲁班奖、詹天佑奖，打造“桂字号”区域公共品牌，推动“桂品出乡”，持续打造“广西好嘢”高端农产品品牌。开展“广西品牌神州行”系列活动，全面提升广西商标品牌价值。鼓励名牌产品、地理标志产品、自主创新产品列入政府采购目录。开展广西品牌动车行活动，将广西地标产品通过车厢行李架贴图展示和在车厢内发放《广西品牌故事》供旅客阅览的方式，在区内外4组动车组宣传广西品牌，提高自治区品牌知名度。

三、下一步工作考虑

（一）加强顶层设计

以“质量兴区、品牌兴业、标准引领”为思路，积极谋划自治区“十四五”期间推荐品牌建设的相关规划和方案，做好顶层设计。以《广西特色产业做强做优总体方案》为引领，使全区特色产业规模效应、市场占有率、辐射带动能力大大增强，产品档次、技术水平、质量标准大幅提高，形成一批产业新地标，对全区工业经济的支撑作用显著增强。

（二）培育壮大品牌经济

实施品牌价值提升工程，以汽车机械、健康养生、文化旅游、特色农业、食品等产业为重点，推动优势知名品牌提档升级，打造“桂字号”品牌，推动“桂品出乡”，推行高端品质认证，提升广西品牌影响力和竞争力。开展企业自主品牌培育，鼓励中小企业发展自主创新品牌，培育一批具有广西特色的“网红”品牌。

（三）继续深化质量提升工程

支持企业瞄准国际国内同行业标杆推进技术改造，推动重点工业产品质量水平全面达到国家和行业标准，加快将生物制药、机械与高端装备制造等具有自主知识产权的核心关键技术转化为标准，增强企业在国际国内标准领域的话语权。完善质量监管体系，加强检测与评定中心和检验检测公共服务平台建设。

（四）抓好品牌示范区创建工作

创建全国质量强市示范城市、国家特色农产品优势区、全国有机农产品基地、全域旅游示范区、地理标志产品保护示范区、有机产品认证示范区等，组织开展自治区主席质量奖培育工作，打造一批竞争力强、附加值高、在全国具有影响力的知名品牌和质量先进标杆，让新品牌竞争力更强，老字号焕发新活力。加强集体商标、证明商标、区域名牌和专业品牌基地建设，鼓励企业品牌抱团发展，支持品牌培育和运营专业服务机构发展，规范品牌管理咨询和市场推广，完善品牌保护机制。积极组织企业参加各类品牌宣传活动，充分运用网上展厅、线下展示等多种模式强化品牌推广，提升品牌知名度。

（五）建设广西特色标准体系

组织标委会、科研院所、高校等根据广西经济社会发展需求，科学规划产业标准体系和路线图，建立完善政府主导和市场自主相结合的新型标准制定体系，在特色领域搭建高质量地方特色标准体系。大力提升标准话语权，支持行业龙头企业和单位积极参与农业、汽车、钢铁、蔗糖、5G、中医药壮医药技术等国际标准研制，推动广西优势产业技术标准国际应用。制定一批广西食品安全、农产品质量安全地方标准，扶持地方特色农业、食品产业发展。

（六）稳步提升工业品供给质量

结合广西九大重点产业集群和“7+4”关键产业链，全区选取14个重点区域50个以上重点产品深入开展质量提升行动。打好汽车、机械、电子信息、智能制造等重要产业关键核心技术攻坚战，有效解决核心技术和质量“卡脖子”问题。以原材料和消费品为重点，持续实施增品种提品质创品牌专项行动，推动开展工业企业质量（管理）分级，加快消费品标准和质量提升。组织开展质量管理标杆认定工作、质量技术帮扶、质量诊断、质量评价、质量信用等级评价、工业企业质量信誉承诺活动，提高自治区工业企业质量管理能力和水平。引导大型企业特别是央企、区直企业在相关标准与质量共性技术攻关等方面，进一步加强对中小微企业供应商的培育与合作。

（七）加强商标品牌培育

依托企业品牌国际运用和管理人才培训基地服务企业，引导企业在国际市场竞争中切实加强知识产权保护。开展广西商标品牌战略宣传帮扶活动，开展广西品牌“成果展”“神州行”活动，提高全社会商标品牌意识。

（八）完善质量奖品牌培育、推荐和评价机制

发挥好获奖企业在质量提升、品牌促进等方面的质量标杆示范作用，通过巡讲、培训、经验交流、深入企业诊断帮扶等手段吸引更多的行业、企业应用卓越绩效管理模式，提升质量管理水平，增强产品和服务的竞争力，带动相关产业的发展，加快经济新旧动能转换。扩大质量奖宣传力度，提升广西品牌知名度和影响力。

（九）依托品牌日活动畅通品牌宣传渠道

搭建宣传推广广西品牌的良好平台，积极组织三次产业知名企业、创新型企业参加中国品牌日等线上线下品牌展会活动，充分利用纸媒、电视、网络平台等媒体矩阵宣传推介广西精品品牌，助推广西品牌走向全国，走向国际。

大力实施质量强省战略 打造海南品牌

——海南省品牌建设工作进展与展望

海南省大力实施质量强省战略，扎实开展质量提升行动，加强本土品牌培育，为海南自由贸易港高质量发展提供了有力支撑。海南省将深入推进质量提升行动，大力夯实质量技术基础，持续推动产业转型升级和产品服务创新提质，不断提高海南质量总体水平，打造海南品牌，为海南自贸港建设提供坚实保障。

一、品牌建设成效

（一）打响特色农业品牌

截至2021年底，全省经农业农村部登记保护的农产品地理标志达41个，全省有效期内的有机产品为16个，种植规模192.5公顷，年产量1378吨。海南三亚芒果、澄迈福橙、三亚甜瓜、澄迈桥头地瓜、文昌椰子、澄迈椰仙苦丁茶等农产品入选中国农业品牌目录农产品区域公用品牌，海南胡椒、海南咖啡、海南火龙果、海南莲雾、海南蜜瓜、海南荔枝、海南黑猪、海南好米、海南芒果、海南地瓜等10个省级农产品公用品牌落地，澄迈桥头地瓜、三亚芒果、东方火龙果、海口火山荔枝、万宁槟榔等被农业农村部认定为“中国特色农产品优势区”，79家企业的107个产品被省农业农村厅认定为无公害农产品，19家企业23个产品通过中国绿色食品发展中心绿色食品标志许可。

（二）擦亮旅游文化品牌

打造“阳光海南、度假天堂”海南旅游文化品牌形象，已形成“海南健康游欢乐购”“‘约’会自贸港”等五大主题推广IP，以及海南国际旅游岛欢乐节、海南乡村旅游文化节等节庆品牌。

（三）培育会展品牌

品牌会议方面，成功举办了博鳌亚洲论坛年会、中非合作圆桌会议、中国健康产业（国际）生态大会（即“西普会”）、健康界峰会、世界新能源汽车大会、博鳌智能电网国际论坛等大型高端专业会议。节庆赛事方面，成功举办海南国际旅游岛欢乐节、海南岛国际电影节、海南“三月三”黎苗文化节、潭门赶海节等特色节庆活动以及世界小姐选美大赛、环海南岛国际公路自行车赛、环海南岛大帆船赛、海南高尔夫球公开赛、中华龙舟大赛、海南国际马拉松赛等。

（四）做强高新技术产业品牌

2021年新获批药品文号83个，通过一致性评价品种58个，普利、齐鲁等4家企业19个品种获得国际注册批件28个。海南炼化、汉地阳光、中海化学等三家企业获得工业和信息化部第五批“绿色工厂”。生态软件园、数据谷、中小企业服务中心等14家机构被认定为国家级创业创新示范基地和公共服务示范平台。

（五）打造商标品牌

2021年，全省共受理商标注册申请70885件、注册38277件，同比分别增长59.91%、62.92%。截至2021年底，有效商标注册量160278件，同比增长32.77%。“海南自由贸易港”“海南热带雨林国家公园”“琼中女足”等省内独有热带资源和重大事项商标申请，均已获准注册。

二、主要工作措施

（一）强化政策支撑

持续推动落实《中共海南省委 海南省人民政府关于开展质量提升行动

加快建设质量强省的实施意见》，出台《海南自由贸易港优化营商环境条例》《海南自由贸易港反消费欺诈规定》《海南自由贸易港公平竞争条例》《海南自由贸易港社会信用条例》，为高质量高标准建设中国特色自由贸易港、打造一流营商环境夯实法治根基。将"开展质量提升行动、加快建设质量强省"写入《海南省国民经济和社会发展第十四个五年规划纲要》，出台《海南省"十四五"公共服务发展规划》《海南省"十四五"市场监管规划》《海南自由贸易港制度集成创新行动方案（2020—2022年）》，加快建设法治化、国际化、便利化的营商环境。

（二）大力推进品牌培育和品牌建设

1. 围绕"质量兴农、绿色兴农、品牌强农"，打造海南热带特色农产品优势品牌

一是大力推进农产品公用品牌建设。组织有资质的品牌策划机构完善10个省级农产品公用品牌生产标准、质量标准、储运标准、质量追溯等指标，推动省级公用品牌落地。二是组织开展"中国特色农产品优势区"申报认定工作，扎实开展"三品一标"品牌认证。三是加大品牌宣传，扩大品牌影响力度。利用中国（海南）国际热带农产品冬季交易会的平台，开展"海南十大农产品地理标志"和"海南十大最受欢迎绿色食品"评选等活动，提高品牌农产品知名度。

2. 围绕建设海南国际旅游消费中心，打造系列旅游文化品牌

通过"创新+传统"的宣传推广方式，围绕"消费回流、医疗服务回流、教育消费回流"，举办"海南健康游欢乐购——我和春天的约'惠'"主题推广活动、"海南健康游欢乐购——旅游消费嘉年华"等旅游系列宣传活动，加强本土旅游产品推广。旅游文化的宣传推广IP体系已基本形成，旅游文化行业的宣传推广品牌意识日益增强。出台《海南省旅游业疫后重振计划——振兴旅游业三十条行动措施（2020—2021年）》，省重点产业专项资金每年预留的1.5亿旅游产业专项资金指标，用于旅游企业贷款贴息、股权投资、上市奖励、保险费补贴、入境旅游奖励、创优评级奖励等扶持。

3. **着力完善会展业基础设施和配套设施，精心培育会展品牌**

截至“十三五”末，拥有专业展览场馆总面积约 5.5 万平方米，多功能会议场馆总面积约 24.77 万平方米（含酒店）。待部分项目全部建成后，全省展览场馆总面积可达 20.6 万平方米，会议场馆总面积可达 28.98 万平方米。

4. **围绕提品质、创品牌、增品种，着力培育高新技术产业品牌**

出台生物医药产业研发券政策，支持医药企业研发创新，2021 年新获批药品、通过一致性评价品种均翻倍增长。葫芦娃入围中国中药企业百强榜并登陆上交所 A 股。海南先声药业有限公司“再林”是第一个通过一致性评价的阿莫西林颗粒剂型，“安立青”为首批通过一致性评价的美洛昔康片。金盘科技获得证监会首次公开发行股票注册，成为省内首家科创板上市公司，获得第四届中国质量奖提名奖。滚动培育省级“专精特新”中小企业 153 家，国家级专精特新“小巨人”企业 8 家。培育省级小型微型企业创业创新示范基地 19 家、中小企业公共服务示范平台省级 22 家。组织开展全国品牌故事大赛海口赛区决赛，推荐获奖作品和单位参加全国大赛，提升海南企业影响力和竞争力。举办品牌培育管理体系标准宣贯培训。连续三年举办海南省工业品牌培育管理体系标准宣贯培训会，推动工业企业充分发挥质量管理和 R&D 主体作用，打造海南工业产品高标准质量品牌。

（三）夯实品牌建设质量基础

1. **强化质量监管**

印发《海南省“十四五”社会信用体系建设规划》《关于构建海南自由贸易港以信用监管为基础的过程监管体系的实施意见》等文件，全面推进以风险监测、信用监管、智慧监管、联合惩戒为支撑的现代质量监管体系。加强特种设备“五落实五到位”安全隐患整治，完成进口冷链食品溯源系统建设，实现进口冷链食品 100%亮码销售。创新建立消博会进口特殊食品“6+180+365”监管、行刑衔接协调配合 9 项机制。全国首单旅游服务质量保证金保险落地海南，旅游服务质量监管和提升迈上新的台阶。

2. 完善标准制定

2021年围绕经济、文化、社会、生态、城乡建设管理、政府服务等六大领域建立适应高质量发展的绿色标准体系。印发《标准化试点示范工作改革方案》，发布地方标准43项，新增自我声明公开标准1234项，团体标准34项。加快国家质量基础设施（NQI）一站式服务平台建设，推动出台《关于推进海南自由贸易港检验检测行业高质量发展的意见》，促进检验检测机构集约化发展，高标准推进海南自由贸易港“政府实验室”建设。降解材料质量安全评价与研究、热带果蔬质量与安全等2个国家市场监管重点实验室获批建设，新增中国计量认证（CMA）资质认定609个参数的检测能力。全省认定中小企业公共服务示范平台9家，建立质量基础设施“一站式”服务平台6个、服务点20个，国家批准建立高校国家知识产权服务中心1家，建立消费维权服务站616个，认定知识产权信息公共服务省级网点1家。

（四）强化知识产权保护

1. 着力实现知识产权创造量质提升

一是激发市场主体创造活力。2019—2021年，全省专利授权量为26633件。2021年专利授权量突破一万件，达到13632件，同比增长58.92%。截至2021年，全省有效发明专利5005件，同比增长17.1%；每万人口有效发明专利拥有量4.96件。2021年，全省通过《专利合作条约》（PCT）途径提交国际专利申请达396件，与2020年同期相比，增长近8.4倍。二是挖掘特色品牌资源。2019—2021年，全省共受理商标注册申请超151838件、核准注册超88714件。大力挖掘地理标志资源，助推地理标志与精准扶贫、乡村振兴有机融合。“三亚芒果”“文昌鸡”“琼中绿橙”“澄迈桥头地瓜”“海口火山荔枝”等一大批地理标志特色品牌，对促进农民增收、农业产业结构调整和新农村建设，发挥了较好的推动作用。

2. 开展地理标志保护产品专用标志使用核准改革试点

经国家知识产权局批准，海南省成为首个国家知识产权局批复同意开展地理标志保护产品专用标志使用审核批准改革的省份，也是国内首个在自贸区建设中探索推进专用标志使用审核批准改革的省份。省知识产权局印发改革试点工作方案和使用核准工作规范，仅用2天时间（改革前90天）审核通过企业专用标志申请，大大缩短核准流程时间。

3. 推进商标注册便利化改革

以商标受理窗口为发力点，科学布局、统筹规划，设立了海口、三亚、海口、琼海等4个商标受理窗口。2021年6月，国家知识产权局商标局授权同意三亚市、琼海市商标受理窗口开通商标专用权质押融资业务，为市场主体开展融资活动提供了便利条件。同时，海南商标受理窗口与海口专利代办处合并办公，实现“一窗通办”，并顺利挂牌运行，群众和企业可在同一窗口同时办理专利、商标业务，进一步优化营商环境。

4. 大力实施地理标志运用促进工程

2021年7月，印发《海南省地理标志运用促进工程三年行动方案（2021—2023）》，促增量，盘存量。推动发布《地理标志保护产品文昌鸡》和《地理标志保护产品海南岛盐》地方标准。截至2021年12月中旬，全省共12个地理标志保护产品、93件地理标志商标，98家专用标志用标主体。

（五）加强品牌建设宣传推介

自2018年起连续4年组织50家企业参加线上、线下中国自主品牌博览会，展会期间，组织策划线上短视频引流、抖音现场连线货等新媒体系列活动，进一步助力海南企业品牌推广，促进自主品牌产品的线上消费及招商合作，推动知名品牌走向全国，走向世界。通过现场直播间，知名网络主播现场直播带货，致力于让更多人了解海南自主品牌的品牌历史、品牌文化、品牌故事、品牌产品等，线上展示和线下体验相结合，成功吸引众多网友观看、点赞，进一步扩大了海南自贸港自主品牌的知名度和影响力。举办“2021品牌强国论坛”和“‘一带一路’品牌国际论坛”，打造国际品牌聚集的新高地，依托优质平台资源，引导全省企业打造优质品牌，引领旅游业、现代服务业、高新技术产业等重点产业高质量发展。积极发动组织企业参加中华老字号博览会、海南省冬季农产品交易会、第一届中国国际消费品博览会等大型会展活动，加大产品品牌知名度和影响力。

三、工作展望和下一步工作考虑

1. 加大品牌培育力度

加强对旅游业、高新技术产业、现代服务业和热带特色高效农业企业支持，引导企业加大研发投入、加快项目建设、加强质量监管，持续提升企业和产业竞争力。此外，农产品方面，要加大宣传力度，树立品牌形象，提高品牌的认知度、美誉度和忠诚度，积极推进省域农产品公用品牌创建工作。2022 年计划打造 1 个省级区域公用品牌，支持市县打造 1 个以上县级区域公用品牌，推动已在建的 10 个公用品牌生产标准、质量标准、储运标准、质量追溯等指标制定、汇编及发布，推动省级公用品牌产销运用。文旅品牌方面，继续推进景区标准化建设，着力打造布局结构合理、主题特色鲜明、文化元素独具的高中低档配套住宿体系，持续健全旅游商品研发销售和品牌化建设的激励保障性政策出台，提升旅游企业研发及品牌打造能力。

2. 加强品牌知识产权保护

全面贯彻落实党中央、国务院关于知识产权工作的决策部署，推动健全知识产权工作体系，打通知识产权保护的工作链条，构建知识产权保护营商环境，加强知识产权基础条件建设等重点事项。加大知识产权侵权惩罚力度，以执法更严、赔偿更高、维权更快为导向，着力构建和完善与海南自贸港建设相匹配的知识产权保护体系。充分利用“3・15”“4・26”等重要宣传节点开展宣传，营造社会重视知识产权的良好氛围。

3. 加强商标品牌指导服务

2022 年 5 月印发《海南省商标品牌指导站建设管理办法》的通知，计划优先在海南省 11 个自贸港重点园区设立第一批商标品牌指导站，为市场主体提供优质专业的指导和服务，打通知识产权服务“最后一公里”。

4. 推动品牌宣传推介

充分整合资源，利用各类新媒体和展会对品牌产品进行宣传推介，不断扩大产品品牌知名度和美誉度。

5. 加大政策引导和财政支持力度

加大品牌建设的政策引导，如资金补助、财税优惠等，引导企业按标准开展品牌建设和加大品牌建设力度。

加快商标品牌强市建设 助力重庆品牌“行千里 致广大”

——重庆市品牌建设工作进展与展望

近年来，重庆市深入实施商标品牌战略，大力推动商标品牌强市建设，加快培育代表重庆优势产业、区域特色和城市形象的商标品牌，有效助推了全市经济社会发展。

一、近五年品牌建设成绩

（一）品牌数量质量稳步提升

截至2021年底，全市有效注册商标总量达到71.99万件，地理标志商标总量286件，驰名商标总量161件。2021年全市新增农产品商标1.91万件，总量达到12.01万件。江津花椒、奉节脐橙、酉阳茶油入选国家地理标志运用促进重点联系指导名录。江津花椒、酉阳茶油被纳入全国2021年国家地理标志产品保护示范区筹建名单。三次产业集群品牌体系竞相发展，品牌影响力不断扩大。

在农业领域，全市拥有地理标志农产品70个，全国名特优新农产品35个，有效期内重庆名牌农产品总数达635个，“巴味渝珍”授权农产品459个。11个农产品区域公用品牌入选中国农业品牌目录，奉节脐橙、涪陵榨菜、荣昌猪3个品牌被评为“中国百强农产品区域公用品牌”。

在工业领域，长安汽车股份有限公司荣获中国商标金奖“商标创新奖”。西南铝业荣获第三届中国质量奖提名奖，秋田齿轮党建项目创新工作室荣获第四届中国质量奖提名奖。机床集团、鸽牌电线等16家企业获得工业和信息化部品牌培育示范企业。长安、力帆、隆鑫、宗申、太极、龙湖等6件商标成功入选世界品牌实验室2020年《中国500最具价值品牌》榜单。

在服务业领域，旅游、文化、会展等品牌塑造加快，荣获2019年度中国城市旅游品牌第二名，成为全国首个播放量过百亿级的“抖音之城”，智博会、西洽会获评“中国最具影响力品牌展会”。全市拥有中华老字号19家，重庆老字号291家。武隆仙女山“全国森林喀斯特旅游文化产业知名品牌创建示范区”、南岸区“全国商旅服务产业知名品牌创建示范区”等入选全国知名品牌示范区。

（二）商标品牌机制体制更加完善

商标管理体制实现历史重构。原市工商局的商标管理职责、原市质监局的原产地地理标志管理职责整合，组建市知识产权局，实现了商标、地理标志与专利、集成电路布图设计等知识产权的集中统一管理，有效提高了行政管理效能。

商标发展政策体系不断健全。市政府出台《关于深入实施商标品牌战略建设商标品牌强市的意见》，市政府与原国家工商总局签署《关于支持重庆建设商标品牌强市战略合作协议》，原市工商局出台《重庆商标品牌奖励评审办法》《重庆市商标交易管理办法》等政策性文件。市财政累计投入近5000万元用于商标品牌奖励。全市38个区县出台支持商标品牌发展的指导性文件，32个区县出台了商标品牌资助政策。

商标领域“放管服”改革不断深化。江北局获批成为全国首批注册商标权质权登记申请远程受理点。建成重庆商标审查协作中心，受理业务范围包括商标注册、变更、转让、续展、注销、使用许可备案、马德里商标国际注册申请等25项，为重庆及周边省市企业商标注册就近申请、快速审查、及时确权提供了便利。

（三）商标品牌运用效益不断提高

1. 企业商标管理运用水平不断提升

商标权质押融资规模进一步扩大。企业运用商标投资入股、授权贴牌、品牌连锁等方式，进一步实现市场扩张。2019 年，全市规模以上工业企业商标投入 13 亿元，商标许可 667 项，实现收入 8.65 亿元。建成重庆商标交易中心，完成商标交易 2535 件，交易金额 2.65 亿元。

2. 商标品牌对经济拉动作用不断显现

商标密集型产业品牌知名度、美誉度不断提升，重庆城市影响力进一步增强。2019 年，全市规模以上工业企业自主商标产品实现产值 1526 亿元、营业收入 1411 亿元、利润 130 亿元，其中出口自主商标产品产值 61 亿元、营业收入 50.6 亿元、利润 2.9 亿元。

3. 地理标志助推乡村振兴成效显著

开展商标品牌强农行动，通过推行“公司+商标品牌（地理标志）+农户”产业化经营模式，有效提高农产品的附加值，促进了农业产业化、规模化、品牌化发展。2019 年，全市地理标志产品总产值超过 480 亿元，带动就业 650 万余人，人均增加年收入近 1 万元。18 个深度贫困乡镇地理标志产品实现产值 4.09 亿元，带动就业 1.48 万人，人均增加年收入 6400 元。

二、近五年推动品牌建设的做法经验

（一）利用中国品牌日活动平台，宣传推介重庆自主品牌

2018 年参展首届自主品牌博览会，重庆展厅以“智能引领、绿色发展”为主题，组织了猪八戒网、三峰环境、汇达柠檬等 17 家企业参展。2019 年，开展“宣传推介消费精品、携手共创美好生活”为主题的特色宣传活动，组织市内外主流媒体对全市自主品牌企业进行集中宣传报道。2020 年，在重庆分会场参加云上 2020 年中国品牌日活动，“传奇巴渝”重庆云上展馆同步亮相云上中国自主品牌博览会，巴渝民宿、巴味渝珍、智飞生物等 26 家重庆品牌企业参展。2021 年中国品牌日活动中，重庆市以“行千里 致广大”为主题，遴选 33 家重庆自主品牌参加 2021 年中国自主

品牌博览会线上线下展览，同时开展重庆品牌宣传特色活动。

（二）健全品牌发展相关法规规章制度体系，优化品牌发展市场环境

建立健全市场监管体系，实现线上线下商品监管全覆盖。全市组织开展“雷霆”“铁拳”等知识产权保护专项行动，以驰名商标、地理标志、涉外商标、老字号注册商标为重点，加大商标保护力度，及时快速查办商标侵犯假冒违法案件。累计查处商标违法案件 1716 件，涉案金额 4089 万元，罚没款 3052 万元。重庆连续在国务院打击侵权假冒工作考核中名列前茅。建立川渝、西南“三省一市”、沿长江经济带“十二省市”等商标协作保护机制，重庆与上海、江苏、四川等签署《十二省市知识产权行政保护协作协议》，市知识产权局、市高法、市司法局建立知识产权纠纷“诉调对接”机制。推动地理标志国际保护，长寿沙田柚、涪陵榨菜等 9 件地理标志产品进入中国-欧盟国家“互换保护”清单。

（三）强化品牌发展平台建设，构建企业诚信管理体系

依托公共信用信息平台，建立企业信用档案，将信用记录作为评选有关质量品牌奖项和商标的重要参考，推动形成“一处失信、处处受限”的品牌商标信用约束格局。推动设立重庆商标审查协作中心、重庆商标交易中心。江北区获批成为全国知识产权运营服务体系建设重点城市。建成全市首个环大学创新生态圈知识产权运营平台。成功创建国家知识产权试点城市 13 个、示范城市 2 个，国家知识产权试点园区 2 个、示范园区 2 个。

（四）以“巴味渝珍”为龙头，打造知名农产品品牌集群

自 2018 年启动“巴味渝珍”区域公用品牌打造工作以来，“巴味渝珍”品牌通过授权的方式，与重庆已申请、使用和建设的单产业区域公用品牌、企业品牌、产品品牌之间，构成互相支撑的金字塔型品牌结构，最终形成以市级农产品区域公用品牌“巴味渝珍”为龙头，区县级农产品区域公用品牌为支撑，国家级和市级农业龙头企业产品品牌为主体的重庆农产品品牌体系。“巴味渝珍”品牌创立后，进一步加强了线上线下营销渠道建设，建成“巴味渝珍”线下形象展示店 135 家。全市还以“巴味渝珍”为引领，加大品牌宣传力度，做实品牌宣传推介，在中国农交会、西部农交会设置专区，在机场、高铁、高速、商圈、公交、轻轨等投放系列广告。开县春橙、巫山脆李、奉节脐橙等产品纷纷登陆央视，极大地提升了农产品品牌知名度。与此同时，大力实施农产品网销行动，打造“巴味渝珍”电商平台。涪陵榨菜、恒都牛肉、江小白等一大批特色品牌通过互联网走上全国人民的餐桌。营销策划团队还抓住重庆特色，打造巴味渝珍属性的“巴味渝珍·橙子兄弟”“巴味渝珍·美美尚品”“巴味渝珍·恒尚黑猪”等29个爆款产品。

（五）大力“增品种、提品质、创品牌”，打造“渝见美品”消费品品牌

印发《重庆市推动消费品工业高质量发展行动计划（2020—2022年）》，突出“增品种、提品质、创品牌”主攻方向，推动全市消费品工业高质量发展。实施“渝见美品”集合品牌集中宣传推广，9个品牌首次以集群形式登陆央视综合频道，江小白三五挚友白酒获得国际烈酒大赛双金奖，重庆消费品品牌影响力进一步提升。

（六）抓好“五张牌”建设，做实叫响擦亮重庆文化旅游品牌

打好“山城牌”，围绕“一岛两江四岸四山”都市文旅发展格局，建设都市文旅项目集群，突出“山城”“江城”“不夜城”文化特色，高标准规划“两江四岸”文化旅游产品，建设具有国际影响力和竞争力的都市旅游核心区。打好“人文牌”，实施文艺作品提升工程，拓展“高原”、攀登“高峰”，打造都市演艺聚集区。打好“三峡牌”，围绕“壮美长江·诗画三峡”品牌形象，着力打造“万开云三峡集散中心”“奉巫巫城旅游金三角”“三峡库心、长江盆景”等旅游景区集群和旅游度假区集群，提升长江游轮、峡谷观光探险、平湖休闲度假、高山生态康养、“三峡原乡”民俗体验旅游品质。围绕“乌江画廊、武陵风光、生态康养”三大主题，聚力、做精、升级、扮靓渝东南文旅融合新标杆。打好“温泉牌”，推动“世界温泉谷”示范项目建设和高端定制产品研发，擦亮“世界温泉之都”名片。打好“乡村牌”，把发展文化旅游与乡村振兴结合，2020年全市创建全国乡村旅游重点村29个、全市乡村旅游重点村50个，打造乡村旅游线路 200 余条。

三、品牌建设展望和下一步工作考虑

（一）培育“重庆造”知名品牌

推动企业进一步树立品牌意识，合理规划产品价格定位，支持有条件的企业实施“双品牌”“多品牌”发展战略。开展品牌创建行动，提升自主品牌影响力和竞争力，率先在化妆品、服装、家纺、电子产品等消费品领域培育一批高端品牌。积极推动专业化品牌培育和运营专业服务机构引育，完善品牌价值评估体系。加大品牌宣传力度，提升智博会、西洽会等重大会展活动品牌成果发布功能，塑造“渝货精品”区域品牌形象。发挥新媒体在传播品牌文化、品牌形象中的重要作用，加强融合传播、营销传播、国际传播，推广“渝见美品”等品牌推介模式，形成品牌传播的扩大累加效应。深化国际品牌交流合作，推动企业引进国际化品牌管理人才和经营理念，提高品牌国际化运营能力。

（二）加强农产品品牌打造

构建以“巴味渝珍”“三峡牌”为龙头、50 个区县级农产品区域公用品牌为支撑、农业龙头企业产品品牌为主体的“1+1+50+N”农产品品牌体系。深度挖掘巴渝农业非物质文化遗产内涵，复兴传统“老字号”品牌。实施“优质粮食工程”，打造一批优质粮油品牌。与四川联合打造“川菜渝味”等区域公用品牌，鼓励品牌企业在成渝开设专营店、实体店。鼓励农业生产经营主体开展农产品品质品牌认定，壮大绿色、有机、地理标志和良好农业规范农产品规模，积极开展优质气候品牌推介。创新品牌营销方式，挖掘农产品品牌的文化内涵，加强宣传推介，提高重庆农产品品牌影响力。

（三）做响特色服务品牌

围绕金融、物流、会展、信息等生产性服务业和商贸、健康、文旅、餐饮等生活性服务业，推动“重庆火锅”“重庆小面”等品牌化发展，培育一批影响力大、竞争力强的服务品牌。加快建设国际购物名城，完善国际购物平台体系，集聚国内国际知名品牌，利用时尚活动引领购物潮流，成为极具国际品质、凸显重庆特色的时尚传播地。加快建设国际美食名城，打造国际美食载体，提升“重庆火锅”“渝菜”“重庆小面”等品牌的国际影响力，同时引进国内外知名餐饮品牌、特色美食，推动美食产业繁荣发展。加快建设国际会展名城，提升中国国际智能产业博览会、中国西部国际投资贸易洽谈会等重点展会的影响力，同时培育引进国际性品牌展会活动，全面提高会展产业能级，促进会展经济高效发展。加快建设国际文化名城，加强传统文化遗产保护传承和利用，培育新兴文化业态，健全现代文化产业体系，提升优质文化产品供给能力。加快建设国际旅游名城，提升“三峡”“山城”“人文”“温泉”“乡村”特色文旅品牌和业态，升级旅游基础及配套设施，增强“山水之城、美丽之地”吸引力。推动服务业品牌化、标准化发展，强化品牌推广及知识产权保护，打响“重庆服务”品牌。深入开展服务质量提升行动，加快推进具有文化、民族、地域特色的服务品牌建设，创建一批知名度高、美誉度好、具有地标性的服务业品牌，建立服务品牌认证制度。对接国际、国内和行业服务业标准，鼓励龙头企业、行业协会等承担及参与国家、行业标准制修订，支持有条件的企业率先采用国际标准或国外先进标准。充分利用展会、电视、广播、报刊、互联网、App 等各类平台，大力宣传推广重庆服务品牌，扩大知名度。加强对服务业商标、商号、专利、质量标志等知识产权的保护，依法打击各类侵权行为。

（四）完善商标品牌培育扶持政策体系

实施商标品牌推广行动。支持企业参加中国品牌日、中国知识产权年会、中国国际商标品牌节以及国内外有影响力的展会、博览会。鼓励企业参加“中国商标金奖”评选活动，扩大商标品牌知名度。推进重庆市出口商品品牌建设，助力企业更好地“走出去”。讲好重庆商标品牌故事，举办成渝地区商标品牌博览研讨交流活动。实施商标品牌服务行动。加强重庆商标审查协作中心建设，拓展服务功能，为市场主体提供更多便利服务。建立商标数据信息服务系统。完善商标品牌培育激励机制。实施商标品牌海外护航行动。建立企业商标海外维权协调机制，加大海外商标维权援助力度，引导企业通过马德里商标国际注册等途径，加强商标海外布局。

坚定实施品牌发展战略
打造“天府名品”质量品牌

——四川省品牌建设工作进展与展望

四川省委、省政府高度重视品牌建设，坚定实施品牌发展战略，出台系列政策支持品牌发展，四川品牌影响力竞争力得到有效提升，为推动全省经济社会高质量发展奠定了坚实基础。

一、近五年品牌建设工作及成效

（一）强化顶层设计，健全质量品牌政策体系

充分发挥省质量强省工作领导小组职能作用，形成“政府推进、部门监管、企业主体、行业参与、社会监督”的质量品牌创建工作机制，明确发展路径和措施，有力推动全省品牌建设。推动四川省人大正式颁布《四川省质量促进条例》，在全国省级层面率先出台质量促进地方性法规，为贯彻落实质量强省战略、助推高质量发展奠定法治基石。修订完善《四川省天府质量奖评选管理办法》，以四川省政府办公厅名义印发施行，充分发挥质量标杆示范引领作用。印发《关于加快建设质量强省的实施意见》《四川省“十四五”质量发展规划》《四川省发挥品牌引领推动供给侧结构性改革的实施意见》《关于打造“天府名品”质量品牌推动高质量发展的指导意见》《关于大力发展文旅经济加快建设文化强省旅游强省的意见》

《关于开展天府旅游名县建设的实施意见》《加快推进工业产品质量品牌提升行动实施意见》《“四川制造”品牌提升三年行动计划（2019—2021年）》《关于加强农产品品牌建设的意见》《品牌四川 光彩中国——四川省商标地理标志品牌经济发展培育专项行动方案》《关于加强商标品牌指导站建设的通知》《“天府名品”认证通用规范》等系列政策文件，推动品牌培育工作向纵深发展。

（二）积极筹办“品牌日”活动，大力营造品牌氛围

从2018年起，每年参加中国品牌日系列活动，先后组织60余家知名自主品牌企业和100余家创新型中小企业参展，上百件展品涵盖川酒、川茶、特色食品、文化旅游等传统优势产业和新材料、生物医药、人工智能、数字经济等高新技术产业，充分展示了四川培育新动能助力产业转型的探索与实践，树立了四川品牌新形象，全方位诠释品质四川丰富内涵，进一步提升了四川品牌知名度影响力。

（三）全力整合多方资源，持续开展品牌宣传

1. 持续开展品牌日宣传活动

拍摄制作四川省品牌专题宣传片，展示四川品牌建设成效。成功举办“品质四川 榜样力量”质量晚会，加强品牌宣传推介。主办“中国品牌·四川行动”专题活动，130余家四川知名品牌企业代表和有关行业协会、媒体代表等约400人参加活动，不断增强品牌发展内生动力。2021年5月10日在中国品牌日上海活动现场首发“四川省地理标志品牌地图”，面向全社会推介四川地标品牌。

2. 开展扶贫产品宣传活动

发起“我们有力量”脱贫奔康大型广告公益行动，联动四川广播电视台七大频道、九大频率约1.61亿资源以及四川观察App及微信微博公众号，免费宣传推介四川省内相关区县特别是贫困地区的区域特色产品和品牌，不断提高“川字号”农产品的影响力、知名度和美誉度。

3. 积极开展品牌推介活动

利用举办西博会契机，成功承办“四川品质馆”“天府品牌馆”“中国有机产品馆”等展活动。在成都、攀枝花、巴中等市组织“天府源”“攀枝花芒果”“巴食巴适”等品牌农产品搭乘中欧班列走出国门。支持组织品牌主体参加中国农交会、国际茶博会、四川农博会、科隆食品展、香港茶展等国内外知名展会以及“万企出国门”“川货出川”等营销活动。创新举办“乡村优品上头条”市县长直播带货、品牌直播电商节、优秀农产品品牌展播，积极搭建“川字号”农产品品牌云上展馆，拓展品牌农产品线上线下推广渠道。2020 年，全省品牌农产品销售额已超过 4200 亿元，带动 1027 万农户增收致富。

4. 持续开展地方特色品牌创建活动

先后主办“四川好水 天府名茶”北京品牌鉴赏推荐活动、“四川制造”绿色办公产品走进公共服务机构推广活动等 12 场品牌推广活动，组织参加中国国际工业博览会等 20 场国际性展览活动。积极开展“四川制造 中国荣耀”品牌宣传活动，持续宣传推介省内优势工业品牌。拍摄完成“解码中华地标・走进四川”10 个专题片、12 个地标产品的摄制播放工作，完成“走进天府地标”的“川小吃”等多个领域、17 个地标品牌产品的宣传拍摄和播放，并在全省“脱贫奔康大型广告公益活动”中，组织推荐播放了 49 个地标产品的免费公益广告。支持产业园区争创全国知名品牌示范区，在全国率先开展省级知名品牌示范区创建，成功创建国家知名品牌示范区 7 个、省级 19 个。

（四）持续聚焦重点领域，积极支持品牌建设

以培育争创中国质量奖、天府质量奖、“天府名品”质量品牌为主攻方向，聚焦四川制造、四川文旅、四川地理标志产品等领域，督促各地制定质量品牌培育计划，形成梯次搭配，引导更多企业参与质量品牌培育创建，树立品质高端、市场公认的质量品牌标杆，培育打造一大批区域优势品牌。

1. 夯实四川制造品牌基础，提升工业产品竞争力

围绕加快构建“5+1”现代工业体系为目标，加强工业产品质量控制和技术评价实验室建设，开展质量对标提升行动，提升工艺水平，推动技术进步，促进产品实物质量提升。聚焦“16+1”产业重点领域，加强重点急需标准的制修订工作，提升标准指导、规范、引领和保障产业发展能力。支持鼓励行业协会、学会等社会团体研究制定团体标准，增加标准有效供给。

2. 大力创建四川文旅品牌，提升文旅品牌影响力

举办中国（四川）国际旅游投资大会，搭建旅游产业发展投融资新平台。运用知识产权赋能文旅资源挖掘。深度挖掘当地文旅特色，开展“天府三九大·安逸走四川”推介活动。举办四川国际文化旅游节、四川国际旅游交易博览会、四川省乡村文化旅游节（四季版）等节会，让文化旅游节会成为文旅的盛会和节日。推动三星堆博物馆积极发挥三星堆文化的名片效应，借力国内外重要外交平台，大力开展品牌走出去，提升品牌高度。举办中国四川大熊猫文化旅游周、中国成都国际非遗节，大力宣传“天府旅游美食”品牌。

3. 积极打造四川农业品牌，擦亮“川字号”金字招牌

构建“特色优势区域公用品牌+重点企业品牌+重要产品品牌”的“川字号”农业品牌体系，实施“孵化、提升、创新、整合、信息”五大工程。制修订省级农业地方标准836项，建成一大批种植养殖标准化基地和示范场。设立省商标地理标志品牌经济发展委员会，扎实开展商标、地理标志品牌经济培育专项行动，将全省的知名地标品牌引入红旗商超专柜，推动地理标志产业转型升级。

（五）强化监督管理，构筑商标品牌良好营商环境

将商标专用权保护纳入“春雷行动”专项执法重点工作任务。开展驰名商标、酒类商标、地理标志、涉农领域等专项保护行动，有力打击商标侵权假冒违法行为。近几年，全省共查处侵犯商标专用权案件6728件，罚没金额7449万元，案值7403万元。深入开展“蓝天”行动，加强代理机构监管，进一步提升商标代理机构守法意识和代理业务规范运行，严厉查处商标代理违法违规行为。积极推进部门联合“双随机、一公开”，首次对全省400家具有商标代理业务的律师事务所开展部门联合检查，联合省

司法厅随机抽取检查了22家。指导成都、绵阳、遂宁市场监管局查办3起涉嫌侵犯奥运标志商标案。

（六）积极推进品牌战略，提升品牌价值

质量奖方面，培育首届中国质量奖提名奖组织3家、第二届中国质量奖提名奖组织4家；第三届中国质量奖及提名奖组织4家、2名个人，其中：中航成飞研究所、中国电子第二十九所潘玉华获中国质量奖正奖；2家组织、1名个人获第四届中国质量奖提名奖，处于中西部第一位。品牌价值方面，长虹、五粮液等19个品牌列入2021年“中国500最具价值品牌排行榜”。连续组织“蒲江雀舌”“安岳柠檬”“蒲江猕猴桃”等71件地理标志参加“中国品牌价值评价工作”，品牌价值评价累计高达4729.41亿。品牌示范创建及认证方面，创建国家知名品牌示范区7个、省级19个。全省共有53个有机产品认证示范区或创建区，示范区总数居全国第一。全省有机产品认证获证企业总数达1113家，证书1504张，居全国第三。各认证机构上报的全省有机产品生产基地认证面积共410万余亩，上报的获证组织（企业）有机产品的产值约20亿元。地理标志产品方面，拥有地理标志978个，建成国家地理标志产品保护示范区7个，国家地标保护产品296个，省级地理标志产品保护示范区18个，地理标志强镇3个，全省地理标志产品年产值超过5000亿元。丹棱橘橙、四川泡菜、唐家河蜂蜜荣获“国家级农产品地理标志示范样板”称号，郫县豆瓣、安岳柠檬、苍溪红心猕猴桃等28个地理标志农产品纳入中国-欧盟地理标志协定保护名录。全省累计认定“三品一标”农产品5884个，累计建成37个省级农产品地理标志核心保护区，实施38个国家地理标志农产品保护工程。区域品牌方面，全省现有农产品区域公用品牌212个、农业企业及产品品牌816个，重点培育形成了天府龙芽、四川泡菜、大凉山、遂宁鲜、郫县豆瓣、安岳柠檬、攀枝花芒果、竹叶青、张飞牛肉、新希望、通威鱼等一大批知名品牌。据统计，全省农业品牌价值累计达1960亿元。安岳柠檬、通江银耳等15个品牌成功入选中国农业品牌目录及品牌价值榜单，眉山春橘、通威鱼等30个品牌入选2020中国农产品百强标志性品牌。

二、下一步工作打算

（一）进一步完善工作机制，强化政策扶持

深刻认识品牌培育创建的重要意义，整合各类资源集中力量支持品牌培育创建。构建职责明确、协同配合、运作高效的工作机制，加强省级各部门的协同配合，形成创品牌、管品牌、强品牌的联动机制。积极发挥财政资金引导作用，撬动社会资本参与区域公用品牌、企业品牌建设。引导银行、证券等金融机构参与品牌培育创建，创新投融资方式，拓宽资金来源渠道。

（二）持续开展中国品牌日活动，提升品牌影响力

组织省级部门和品牌企业积极参加中国品牌日系列活动，提升四川品牌公信力。积极搭建品牌宣传、展示、交流、交易平台，组织西博会、农博会、菜博会、茶博会、酒博会、绿博会等展会和“惠民购物全川行”“川货全国行”“万企出国门”等地方特色品牌创建活动及市场拓展活动，加强品牌推介展销，促进“川字号”品牌走出四川、走向世界。借力传统和新型媒体进行宣传推广，利用主流媒体加大品牌宣传，鼓励线下线上开设品牌专柜、专营店、网店，推行直播带货、云上展览馆等新型营销方式，不断提升四川品牌影响力和知名度。

（三）大力实施质量提升工程，夯实品牌根基

持续开展天府质量奖培育工作，组织开展天府质量奖申报评选工作。组织专家、获奖组织和个人开展先进质量管理方法、经验推广活动，发挥示范标杆企业带动作用，加强企业全面质量管理，提升质量竞争力。组建“四川省质量与品牌发展促进会”“天府名品”国际认证联盟，启动制定首批“天府名品”产品团体标准，开展“天府名品”工作体系、标准体系和认证体系建设。依法依规组织开展高端品牌自愿性认证，着力提升四川品牌影响力竞争力。引导绿色低碳优势产业主体参与低碳产品评价标准和认证技术规范的制定，积极探索打造绿色产品认证先行区样板；大力协同推进“天府名品”高端区域质量品牌认证的实施，适时推出绿色名优特新产

品目录。农产品品牌方面，实施农业生产“三品一标”提升行动，以品种培优、品质提升和标准化生产，筑牢品牌打造质量基础。工业品牌方面，鼓励品牌企业加强科技创新，开展技术改造，引进先进设备和技术，延长产业链条，形成一批推动产业拓展和产品价值提升的关键技术、创新产品，打造企业自主品牌。文化旅游品牌方面，持续办好中国（四川）国际旅游投资大会，不断提升四川文旅产业核心竞争力，重塑全域旅游发展格局，实现旅游发展全域化、旅游供给品质化、旅游治理规范化、旅游效益最大化。

（四）深入挖掘品牌文化内涵，提升品牌价值

深入挖掘古蜀农耕文明、川西林盘、藏族彝族民俗、革命老区、老工业基地等文化资源，打好文化创意牌、民族风情牌、历史情怀牌，助力三星堆景区加强文旅品牌打造以及文化 IP 资源运营，为品牌注入文化内涵。积极促进农业产业发展与农业非物质文化遗产、民间技艺、乡风民俗、美丽乡村建设深度融合，加强老工艺、老字号、老品种的保护与传承，厚实品牌文化底蕴。研究并结合品牌特点，讲好“川字号”品牌故事，以故事沉淀品牌精神，以故事树立品牌形象。引导已有一定知名度的老品牌，积极培育中国驰名商标、中国质量奖、天府名品等更高含金量的知名品牌，不断提升四川品牌价值。

（五）统筹整合各方资源，做优区域品牌

建立健全区域公用品牌运营管理机制，完善管理办法，细化准入标准、授权使用程序等具体内容。持续做大做强川茶、川果、川粮油、川猪等具有四川特色产业优势的省级区域公用品牌，打造“川字号”旗舰品牌，提升整体竞争力。围绕现代农业园区、特色优势区、产业集群和地理标志农产品保护工程建设，培育壮大特色主打区域公用品牌。推动知名企业品牌加盟“天府龙芽”区域公用品牌，凝聚品牌合力；推动市县区域公用品牌抱团发展，形成规模效应；坚持搞好“稻香杯”优质米评选活动，树立优质川米品牌形象；协同打造“天府菜油”公用品牌。推动区域公用品牌和企业品牌协同发展，引导优秀企业品牌使用区域公用品牌，形成良性互动。

（六）加强监管机制建设，维护品牌形象

进一步强化品牌监管，加大对冒牌、套牌和滥用品牌的惩处力度。严格规范品牌评估、评定、评价、发布等活动，严肃处理误导消费者、扰乱市场秩序等行为。构建危机处理应急机制，引导消费行为，及时回应社会关切。完善品牌诚信体系，构建社会监督体系。探索建立四川农业品牌目录制度，发布品牌目录与消费索引，搭建合作交流平台，促进资源聚合共享。鼓励行业自律，支持行业协会、品牌主体等开展标准制定、技术服务、市场推广、业务交流、品牌培训等业务，建立健全品牌社会化服务体系。引导第三方服务机构加强能力建设，提升品牌设计、营销、咨询、评价等方面的专业化服务水平。

打造“多彩贵州”品牌
助力贵州在新时代西部大开发上闯新路
——贵州省品牌建设工作进展与展望

贵州省坚决贯彻落实习近平总书记重要指示批示精神和国家关于品牌发展的决策部署，着力提升知识产权、标准体系，重点抓好农业品牌、民族特色品牌及文旅品牌发展，构建体系支撑、重点突出的品牌发展体系。

一、品牌发展成就

（一）抢抓重大政策机遇，落实品牌发展决策部署

（1）贯彻落实《国务院关于印发质量发展纲要（2011—2020 年）的通知》要求，印发《省人民政府关于贯彻落实〈质量发展纲要（2011—2020 年）〉全面推进质量兴省工作的意见》，全面部署质量发展工作，加大对名牌产品、驰名商标、地理标志产品等质量品牌的培育力度。

（2）落实《国务院办公厅关于发挥品牌引领作用推动供需结构升级的意见》，推动企业开展品牌建设，建立品牌管理体系，提高品牌培育能力，完善品牌价值的评价体系，引导优势企业参与国家品牌价值评价。

（3）深入贯彻落实《中共中央 国务院关于开展质量提升行动的指导意见》，制定《中共贵州省委 贵州省人民政府关于开展质量提升行动的实施意见》，重点开展制造业、农产品和食品药品、工程、服务业、生态环

境、政务服务和公共服务等六大质量提升专项行动。

（二）立足发展实际，打造品牌发展体系

1. 狠抓知识产权工作

“十三五”末，全省每万人发明专利拥有量从“十二五”末的 1.56 件增加到 3.47 件；全省商标注册申请 89652 件，商标注册 62033 件，同比分别增长 22.2%和 44.9%，拥有贵州茅台等驰名商标 64 项，有效专利 70498 件，同比增长 27.2%，商标申请量、注册量、累计有效量增长率均超过全国平均水平，有效商标注册总量由全国第 26 位上升至第 22 位。2021 年，全省办理知识产权案件 1177 件（其中商标案件 870 件、专利案件 307 件），案件总值 977.29 万元，罚没款总额 1152.71 万元。

2. 健全标准体系

“十三五”期间，贵州省主导制定了 3 项国际标准，参与制定《酱香型白酒》等 269 项国家标准，发布 563 项省级地方标准，团体、协会等制定实施团体标准 308 项。全社会公用计量标准达 1289 项，较“十二五”末增加了 312 项。

3. 突出农业品牌建设

“十三五”末，全省 351 个生产组织获得 405 个地理标志，其中农产品地理标志 151 个、国家地理标志保护产品 139 个、地理标志证明商标 115 个；500 个生产经营主体获得 1410 张有机产品认证证书；239 家生产经营主体获得 371 张绿色食品认证证书、认证面积 113.69 万亩。

4. 打造优势民族品牌

已评出“黔系列”品牌产品 543 个，涉及生产企业 357 家，建成品牌专柜 29 个、专卖店 6 个。

5. 推动文旅品牌发展

目前，全省入选世界自然遗产 4 处，世界文化遗产 1 处，国家自然遗产 3 处，国家自然与文化双遗产 1 处，国家 5A 级旅游景区 8 个，国家 4A 级旅游景区 134 个。

（三）规范品牌评定，夯实品牌发展基础

1. 进一步完善品牌价值评价标准

加快推进贵州省旅游产业标准化及品牌化建设，建立贵州省文旅品牌价值提升和文旅行业可持续发展长效机制，推进多彩贵州民族特色的文化强省和旅游强省建设。

2. 规范全省品牌评价工作

推动品牌培育、管理、建设和评价工作有序开展，形成贵州省特色品牌评价工作机制。培育认定贵州品牌。组织开展了“贵州省品牌价值30强”“贵州100强品牌”等品牌评价工作；举办2021品牌引领贵州高质量发展论坛暨贵州省农业品牌价值评价信息发布会，对外发布了2021贵州省农业品牌价值评价信息，颁发农业企业品牌50强、产品品牌50强证书。

3. 强化品牌质量考核

实施《贵州省质量工作考核办法》《贵州省省长质量奖管理办法（试行）》。自2014年以来，连续7年对市（州）政府开展质量工作考核；组织开展中国质量奖培育工作，贵州钢绳股份有限公司等3家企业获得中国质量奖提名奖；组织实施贵州省省长质量奖培育评选，老干妈等21家企业获得省长质量奖或提名奖；贵州红林机械有限公司、贵州汉方药业有限公司等2家企业获得全国质量标杆称号。

（四）强化会展平台作用，推进重点领域品牌建设

（1）举办中国·贵州国际茶文化节暨茶产业博览会、贵州·遵义国际辣椒博览会、第一届中国（贵州）天麻节，组织品牌主体参加中国西部国际投资贸易洽谈会、中国国际茶叶博览会、生态文明贵阳国际论坛绿色产品展示和贸易洽谈等全国性、国际性大型展会。

（2）自2011年开始连续举办中国（贵州）国际酒类博览会，酒博会已成为贵州风格、中国特色、世界水平的国际知名酒类专业展会。

（3）依托中国品牌日活动，积极推介贵州品牌。自2018年以来，组织近百家贵州品牌企业参与中国品牌日活动，邀请中央在黔媒体及省内新闻媒体对参展品牌进行宣传报道。

（五）加大激励扶持力度，发挥品牌示范效应

（1）用好用足工业转型升级、科技计划（专项、基金）等财政专项资金，对各类综合性和专业性品牌按规定给予支持。将“质量提升”“品牌培育”列入省工业和信息化发展专项资金技术创新专项支持类别，对首次获得国家级工业品牌培育示范企业和省级工业品牌培育示范企业称号的，采取“以奖代补”方式给予项目扶持。

（2）支持银行、保险和担保机构加大对获得省级或省级以上知名品牌企业的扶持力度。“十三五”完成知识产权质押融资额达 55.14 亿元。截至 2021 年底，全省 9 个市（州）均设立商标质押受理窗口。

（3）实施商标、地理标志富农政策和专利惠农政策支持地理标志产品产业化促进项目。开展“麻江蓝莓”“黎平香禾糯”国家知识产权地理标志运用促进工程实施。将贵州省农科院与企业共同研发的“白及组培球茎驯化方法”专利技术遴选为 2020 年贵州省高价值专利。探索“政产学研介”共推知识产权价值转移转化，组织贵州省农科院生物技术研究所深入锦屏县等深度贫困县推广魔芋和食用菌种植、生产、管护的专利技术。

二、品牌建设工程的经验做法

（一）按照目标导向，完善顶层设计框架

省农业农村厅成立以厅长任班长的农业品牌建设工作专班，专门推进农业品牌建设工作。坚持“四个原则推进、构建三个体系”的工作思路，即坚持“市场主导与政府推动相结合，坚持品质与效益相结合，坚持特色与标准相结合，坚持传承与创新相结合推进农业品牌建设”，构建贵州省“农业品牌管理体系、建设体系及保障体系”。印发实施《贵州省 2022 年农产品质量品牌提升行动方案》（黔农发〔2022〕21 号），明确农产品质量提升的主要目标和 22 项具体举措。集中力量培育以省级区域公用品牌为龙头、市县级区域公用品牌为支撑、农业龙头企业品牌及产品品牌为主体的贵州农业品牌梯队。

（二）聚焦三个体系建设，发力农业品牌建设

1. 建立农业品牌管理体系

成立省级农业品牌建设工作专班，各市州相继成立农业农村局主要负责同志任班长的农业品牌专班，大力推进农业品牌建设。建立品牌工作联系，初步形成厅际协作机制。组织各市县和省级有关产业专班，按照“应录尽录”原则，开展贵州农产品区域公用品牌目录申报工作，建立了农产品区域公用品牌目录，收录农产品区域公用品牌 114 个，从具有活力的 114 个农产品区域公用品牌中遴选 42 个优强农产品区域公用品牌作为评价对象，开展品牌价值评价，以此为基础，综合评选出贵州绿茶等 2021 年度贵州省十强农产品区域公用品牌。

2. 拓展农业品牌传播体系

坚持宣传“贵州绿色农产品、吃出健康好味道”贵州农产品品牌“口令”，举办 2021 年度农产品区域公用品牌短视频大赛等系列活动，举办中国・贵州国际茶文化节暨茶产业博览会、贵州・遵义国际辣椒博览会、第一届中国（贵州）天麻节，组织品牌主体参加中国西部国际投资贸易洽谈会、中国国际茶叶博览会、生态文明贵阳国际论坛绿色产品展示和贸易洽谈等全国性、国际性大型展会，在国内目标市场城市举办贵州农产品品牌专场推介会。加强网络渠道品牌推广力度，推动贵州农业品牌主体拓展网络传播资源渠道。协调重要 IP 助力农业品牌传播。推进“黔菌”“贵州绿茶”“贵水黔鱼”“羽出黔山”等 4 个省级区域公用品牌，入驻全国 IPTV 联播大型农文旅主题综艺节目《她・乡》；推动著名音乐人为贵州生态家禽产业公益代言并创作歌曲；“羽出黔山”区域公用品牌登录南方航空公司航班广告、在重庆市政广场和洪崖洞广泛传播；贵州联合润农畜禽产业公司和安顺乡土食品公司向北京冬奥会供应生态家禽产品，黔东南州“苗侗山珍”农产品区域公用品牌在央视 CCTV-17 等频道展播。

3. 初步建立农业品牌保障体系

组织开展农业品牌建设、贵州农产品区域公用品牌建设路径、“圳品”品质控制及申报、农产品电商营销能力提升等 4 次全省性培训，培训市场

主体3000余家，帮助全省农业农村系统、农业品牌主体、有关协会等加深了农业品牌认识。协调专业第三方开展区域公用品牌专业咨询。推进铁皮石斛药食同源试点政策取得突破性进展，指导符合条件的企业合法从事石斛的食品生产加工；通过引入专业第三方深入研究，就“贵州黄牛”“贵州生态禽”文字商标难注册、图形商标已注册但难辨识等问题，提出了“文字TM+图形©”的品牌传播方案。

三、展望和下一步工作考虑

（一）品牌建设展望

1. 以品牌经济为导向，推动西部大开发综合改革示范区建设

融会贯通“十四五”期间关于品牌发展工作的各项政策措施，聚焦品牌发展的质量、标准、信用、人才、营销等关键环节，推动食品、白酒等重点领域和头部企业实施品牌建设，增强高质量发展内生动力，为品牌引领西部大开发探索路径。

2. 优化品牌薄弱环节，巩固拓展脱贫攻坚成果

推动巩固拓展脱贫攻坚成果同乡村振兴有效衔接的关键是发展产业。做优做精特色优势农产品，提高重要农产品标准化、规模化、品牌化水平。深入实施品牌强农战略，打造一批区域公用品牌、农业企业品牌和农产品品牌，全面推进乡村振兴，加快农业农村现代化，走具有贵州特色的乡村振兴之路。

3. 发挥重要展会平台宣传作用，助力建设内陆开放型经济新高地

不断提升中国国际大数据产业博览会、中国（贵州）国际酒类博览会、中国品牌日活动等展会活动的影响力。高标准、高水平办好生态文明贵阳国际论坛。加快国际山地旅游目的地建设，发展国际山地旅游联盟，办好国际山地旅游暨户外运动大会，打造“多彩贵州”最美品牌。

4. 大力发展数字经济，赋能品牌发展新动能

深入实施数字经济战略，强化科技创新支撑，激活数据要素潜能，推动数字经济与实体经济融合发展，为产业转型升级和品牌建设探索经验，推动在轻工、新材料、航天航空等产业领域建设国家级、行业级工业互联网平台，促进产业数字化、品牌化转型。

（二）下一步工作考虑

1. 提升贵州白酒品牌影响力

进一步做强做优白酒产业，打造贵州酱香型白酒品牌，构建“品牌强大、品质优良、品种优化、集群发展”的贵州白酒产业发展体系。做大做强茅台集团，力争把茅台集团打造成为省内首家“世界500强”企业、万亿级世界一流企业。以“百亿产值、千亿市值”为目标，培植提升习酒、国台、金沙、珍酒、董酒等一批在全国具有较强影响力的骨干企业，加快推动企业上市，培育一批国家级、区域级知名企业。以品牌为核心创新营销方式，充分发挥“好生态酿好酒”资源优势，深挖贵州酒品牌文化内涵，不断提升产区品牌、产品品牌竞争力。

2. 加强农产品品牌市场竞争力

大力实施“贵州绿色农产品”整体品牌建设工程，培育一批全国知名“贵”字号农业品牌，培育壮大“贵州绿茶”“贵州刺梨”“都匀毛尖”“兴仁薏仁米”“遵义朝天椒”“贵州黄牛”“黔菌”“羽出黔山”“贵水黔鱼”等农产品区域公用品牌，着力构建农产品品牌体系。推进农产品质量品牌提升行动，不断提升“贵”字号品牌市场竞争力和知名度，培育壮大农产品区域公用品牌10个、企业品牌50个、农产品品牌50个。

3. 拓展多彩贵州旅游产业品牌活力

持续提升“山地公园省·多彩贵州风”品牌影响力。加快推进夜间文化和旅游消费集聚区建设，着力建设提升100个精品旅游景区，积极争创更多国家5A级旅游景区和国家级旅游度假区，打造万峰林民宿品牌，切实提高旅游景区的竞争力和影响力。着力打造“温泉省”“索道省”“桥梁省”“避暑胜地”等旅游品牌，大力发展红色文化、世界名酒文化、国际天文科普、千里乌江滨河度假、民族文化等特色旅游带。增强旅游商品的创意设计研发能力，着力实施旅游商品贵州化品牌化行动，做大做强以“贵银”为引领的旅游商品体系，打造一批具有地域标志、民族特色的旅游商品生产示范基地和旅游商品，提升旅游购物消费水平。

4. 巩固重要平台对品牌发展的支撑作用

提升生态文明贵阳国际论坛、中国国际大数据产业博览会、中国–东盟教育交流周、中国（贵州）国际酒类博览会、国际山地旅游暨户外运动大会、妥乐论坛等标志性会展品牌。打造贵州茶产业博览会、贵州遵义国际辣椒博览会、贵州人才博览会、孔学堂·国学图书博览会、贵州（安顺）国际石材博览会、梵净山天然饮用水国际博览会、毕节试验区·乌蒙山农特产品交易会、中国·贵阳国际特色农产品交易会、中国（贵州）国际民间工艺品博览会等特色会展品牌。

5. 深入挖掘特色文化品牌

以红色文化、生态文化、民族文化、历史文化、“三线”文化等为依托，优化资源要素配置，着力打造特色文化产业品牌。实施传统工艺振兴计划，深入推进“多彩贵州”等民族文化品牌建设，支持推出多彩贵州贵银、多彩贵州文旅综合体、多彩贵州新媒体等系列品牌，提升蜡染、刺绣、民族服饰、漆器等特色产品品牌知名度，打造都匀秦汉影视城、毛尖小镇影视城等影视拍摄和服务品牌，充分发挥省域品牌示范带动作用。文化产业品牌创建工程。做大做强“多彩贵州”品牌，支持推出多彩贵州贵银、多彩贵州康养、多彩贵州文旅综合体、多彩贵州新媒体等“多彩贵州”系列品牌。

聚力打造建设"滇字号"云南特色品牌

——云南省品牌建设工作进展与展望

云南坚持以习近平总书记提出的"中国制造向中国创造转变、中国速度向中国质量转变、中国产品向中国品牌转变"为推进地区品牌建设的行动指南和根本遵循，深入贯彻落实习近平总书记考察云南重要讲话精神，全面落实党中央、国务院关于品牌发展的决策部署，开展了品牌的培育、运用、打造和保护等相关工作，结合中国品牌日活动，围绕聚力打造"三张牌"、数字云南、高原特色等地方特色产业和品牌，进一步营造品牌发展氛围，激发品牌创建热情，增强品牌建设动力。

一、品牌培育初显成效

云南省委、省政府历来高度重视品牌建设工作，形成了政府推动、企业主导、社会参与的品牌建设氛围，品牌数量持续增加、影响力不断扩大，品牌建设工作初显成效。截至2021年底，全省有效注册商标达53.86万件，马德里国际商标有效注册量达157件，驰名商标128件，区域品牌包括地理标志证明商标、保护产品371件，已进入中国与欧盟地理标志保护与合作协定附录11件，为云南省商标品牌推广和打造在法律层面上奠定了基础，为开拓国内外市场确立了良好局面。

二、多角度开展品牌建设

（一）服务便利，着力高效

不断优化公共服务网点布局，打通品牌服务“最后一公里”。依托国家知识产权局专利局昆明代办处，完成“国家知识产权局云南业务受理窗口”服务资源整合，实现了专利、商标“一窗通办”。2017 年 3 月以来，云南省共设立商标受理窗口 10 个，其中省级 1 个、州市级 9 个，全省商标受理窗口布局更为合理，方便市场主体就近就便办理商标各项业务，为推动区域品牌建设提供优质服务。

（二）强化运用，品牌打造

通过“4·26”国际知识产权日，加强对云南省商标品牌相关政策法律宣传，深入实施商标品牌战略，开展商标品牌指导站建设，为商标品牌培育、运用、宣传打造组建了专家队伍，搭建起专业平台，保障商标品牌建设工作持续和高质量发展。制定出台了《云南省地理标志运用促进工程项目管理办法》《云南省地理标志运用促进工程项目实施方案》，重点加强了区域商标品牌的运用和宣传推广，实施了国家级地理标志运用促进项目 2 个，国家级重点联系区域品牌 6 个，省级组织实施地理标志运用促进项目 48 个，带动地理标志专用标志使用企业换标 540 家，有效促进了区域品牌的树立和打造，进一步提升了影响力和竞争力。

（三）控好质量关，提升品牌优势

推进实施质量强省战略，强力推动云南品牌高质量发展。深入开展质量提升行动，开展质量技术服务“巡回问诊”“一站式帮扶”，建立省级计量工作部门联席会议制度，筹建云南产业计量测试中心，多措并举助推云南特色优势产业发展。加强标准化建设，支持各产业、行业、企业立项制定标准，特别是重点标准的立项，制定发布绿色能源牌标准 119 项、绿色食品品牌标准 1166 项、健康生活目的地标准 330 项。“云南传统道地中药材大品种规范生产关键技术及推广应用”项目解决了中药材大规模标准化种植及综合开发问题，亚洲象、滇金丝猴、绿孔雀等云南珍稀濒危旗舰野生动物保护20项地方标准公布等，均为《生物多样性公约》缔约方大会第十五次会议（COP15）营造了良好氛围。完成1782件机构检测服务业数据信息审核，有机认证证书1852张，居全国第2位。

（四）加强品牌保护，优化营商环境

推动“严保护、大保护、快保护、同保护”体系建设，优化营商环境。加大驰名商标、涉外商标、地理标志、特殊标志等知识产权的保护力度；加强维权援助工作体系建设，中国（云南）知识产权维权援助中心和中国（昆明）知识产权保护中心建设不断完善；印发《关于建立知识产权民事纠纷司法审判和行政调处在线诉调对接机制的通知》，完善行政裁决和司法审判衔接，制定《关于进一步加强知识产权仲裁调解维权援助和公证工作的通知》《关于加强律师参与知识产权保护法律服务的通知》，健全完善多元化保护体系。

（五）借助中国品牌日活动，推广云南特色品牌

中国品牌日活动是云南省与全国知名品牌发展进一步接轨，展现云南品牌、云南制造、云南发展的良好契机。为积极配合筹备举办中国品牌日活动，云南省深入贯彻落实习近平总书记考察云南重要讲话精神，完整、准确、全面贯彻新发展理念，立足省情、发挥优势，坚持绿色发展，遴选充分展示云南地方特色、地域优势的品牌企业参加线上线下展会，做好企业品牌故事的宣讲，将云南品牌推向全国。

云南参展企业展示的云花、云药、云茶、云果、云咖啡等品牌产品以及刺绣等民族工艺品深受观众的喜爱，云南白药系列产品、雪兰牛奶、普洱茶、具有自主知识产权的鲜花、咖啡等日用消费品吸引了众多观众驻足观赏和详细了解，也有诸多企业前来咨询和商洽。参加历届活动，借助活动平台充分展现了云南旅游、文化、社会、生态等方面得天独厚的优势和魅力，提升区域品牌形象。展现云南品牌发展氛围、品牌发展战略以及良好的市场发展前景，增强大众对云南品牌文化的认可，刺激产业消费，增强经济效益。搭建品牌发展交流平台，与其他省份互相借鉴、融合发展，凝聚文化产业发展力量，推动企业高品质发展。

三、下一步工作考虑

各方加强协调联动，在品牌建设工作上持续发力，逐步搭建和完善商标品牌建设整体化、系统化发展体系，有力支撑起云南产品向品牌化转变的发展路径。坚持以创新驱动发展支撑企业品牌建设，以质量提升夯实企业品牌建设基础，不断提高产品的知名度和市场占有率，扩大核心竞争优势。

（一）着力推动传统企业转型升级

鼓励传统企业开展战略合作和自主创新，通过引进、消化、吸收再创新，增强集成创新能力，延长产业链条。支持企业应用新技术、新工艺、新装备等改造传统产业，通过实施绿色环保可持续的工艺流程来补齐高效能生产方面的短板，培育一批拥有自主知识产权、核心技术和市场竞争力强的知名品牌。

（二）着力推动高原特色农业提质增效

打通从种植、加工到消费的闭环，推动产业链向上下游延伸；建设和发展特色农产品精深加工，推动农产品向商品的转变；加大农特产品商标注册力度，加大地理标志商标、老字号商标的保护力度，培育无公害农产品、绿色食品、有机农产品和地理标志的农产品等“滇品”知名企业品牌。

（三）着力推动文旅产业全面均衡发展

坚持“云南只有一个景区，这个景区叫云南”全域旅游理念，深入挖掘区域历史文化、民族文化和自然资源，充分开发民族文化资本，注重自然景观与人文景观相融合，加强区域品牌和民族品牌建设，全面提升云南旅游行业质量水平。

打造“地球第三极”区域公共品牌
树立西藏形象新名片

——西藏自治区品牌建设工作进展与展望

在自治区党委、政府的领导下，西藏品牌建设坚持以市场为导向、企业为主体、创新为动力，以壮大本地品牌标志、提升品牌附加值和影响力、促进经济转型升级为目标，深入实施品牌发展战略，不断增强品牌建设能力，完善品牌建设环境，壮大品牌数量，优化品牌结构，为自治区经济提质增效升级提供持续动力。

一、品牌建设总体情况

西藏自治区充分利用区位优势和资源禀赋，结合西藏本身历史文化特色，形成了以“地球第三极”“拉萨净土”等为代表的区域公共品牌，以“西藏青稞”“金紫绒”“雪绒王”等为代表的农牧产业品牌，以那曲冬虫夏草、尼木藏香、林芝灵芝等为代表的地理标志品牌，以“甘露”“奇正”为代表的藏药品牌，以西藏好水、5100为代表的天然饮用水品牌，以“文创西藏”为代表的文化品牌。不断加大品牌培育力度，实现了西藏品牌建设百花争艳、百舸争流。

（一）区域公共品牌

1. “地球第三极”品牌

从2019年开始，自治区党委、政府立足独特的区位优势、深厚的资源禀赋、丰厚的特色文化、绝美的自然风光，提出了建设地球第三极区域公共品牌的发展战略，做出了“举全区之力，合力打造顶级品牌”的决策部署，将地球第三极品牌发展纳入自治区“十四五”时期国民经济和社会发展总体规划，把打造“地球第三极”区域公共品牌作为促进产业提升和经济发展的重要举措，将“地球第三极”逐步塑造成为西藏特有名片和对外合作的一个重要品牌窗口。在国家知识产权局大力支持下，已完成地球第三极商标在国内45大类商标全类注册并收到“商标注册证”，62个国际商标均已完成注册。

2. “拉萨净土”品牌

依托西藏独特、无污染的“土壤、空气、水、人文”自然禀赋，秉承“净土、净空、净水、净心”四净理念，拉萨市全面打造“食品、药品、饮品、饰品”四净产品，着力培育“拉萨净土”区域公用品牌，并将其设立为拉萨重点产业之一。现已全部完成“拉萨净土”商标的全品类注册，累计认证无公害、绿色、有机、地理标注农产品共224个，其中无公害农产品158个、绿色食品11个、有机农产品53个，地理标志产品2个。全市涉农企业完成注册商标43件，其中驰名商标7件，著名商标30件，地理标志证明商标6件。此外，“拉萨净土”已连续3年荣获中国国际商标品牌节金奖，持续推动健康产业高质量发展。

（二）地理标志品牌

（1）“那曲冬虫夏草”在2021年被国家知识产权局确定为地理标志运用促进重点联系指导名录。成功举办了西藏那曲第十二届魅力虫草展销节，评选出20家虫草交易“诚信商户”，虫草交易量达52.18斤，交易额达350.09万元，有效提升了那曲虫草品牌知名度。

（2）“尼木藏香”品牌建设初显成效，成功召开首届藏香康养研讨会，建立藏香产业园精准扶贫示范基地并投入使用，基本建成“藏香生产中心+研发中心+非遗展示中心+藏香现代产业园”的藏香产业体系。大力宣传尼木藏香文化，带动尼木藏香销售，极大提升了尼木藏香的知名度和市场销量。贫困户作为藏香生产的主体，也借助藏香产业的发展同步增收。2021年，尼木县全县藏香产值5000万余元，藏香销售收入3800万元，直接带动农户335户，辐射带动农户771户，户均增收3万元以上。

（三）农牧业品牌

西藏地处地球第三极，是联合国教科文组织认定的世界四大无公害超净区之一，博大的高原、广袤的土地、蓝天净水造就了西藏高原无污染、原生态不可替代的独特自然资源，成就了高原农牧业天然、绿色有机的最大价值。

1. “西藏青稞”农业品牌

青稞在西藏已有3500多年的悠久种植历史，是最适宜西藏高海拔地区种植的特色农作物，2021年底，全区青稞播种面积211.07万亩，产量达到80.12万吨，产值突破32亿元，分别占全国青稞种植面积、产量、产值的47.91%、61.54%、61.42%。2019年按照自治区党委、政府工作部署，启动了“西藏青稞”品牌创建工作，通过“西藏青稞”品牌推动西藏青稞产业从传统走向现在，助推高标准农田建设，建立青稞标准化生产，西藏全区现有“藏家金谷”“圣禾”“吉祥粮”“雪域圣谷”等60多家青稞加工业企业品牌，青稞加工企业53家，加工量15.9万吨，实现加工产值11.57亿元，实现了农牧业增效、农牧民增收。

2. “金紫绒”羊绒品牌

羊绒衫、围巾、大衣、披肩、哈达等西藏特色羊绒产品。西藏金紫绒工贸有限公司和“金紫绒”品牌先后获得“西藏自治区重点商标企业”“全国质量诚信优秀企业”“全国质量诚信标杆典型企业”“全国质量信得过产品”“全国质量检验稳定合格产品”等称号。

3. “雪绒王”羊绒品牌

依托海拔五千米以上国际公认的顶级“开司米”（Cashmere即“克什米尔”音译）山羊绒（绒纤维细度在14um以下，长度在36mm以上），打造雪绒王精品羊绒品牌。西藏阿里雪绒王羊绒制品有限公司和雪绒王羊绒产品在 2015 年获得“中国‘3·15’诚信企业”，2018 年获得“中国质量万里行——重质量·讲诚信·树品牌全国产品质量、服务质量用户满意承诺单位”和“全国消费者放心满意品牌”。

（四）藏医药品牌

藏医药作为一门历史悠久，具有完整理论体系和丰富临床实践经验的传统医药，是世代生活在雪域高原的藏族人民在复杂的自然环境与各种疾病做斗争所形成的民族医学，2006 年 5 月 20 日，藏医药经国务院批准列入了第一批国家级非物质文化遗产名录。依托藏医药的独特文化资源，着力提升藏医药创新研发和成果转化实力，促进藏医药产业成为全区重要特色产业，加快推进藏医药标准化、现代化、产业化、规模化。培育了奇正藏药、甘露藏药等藏医药产业知名品牌和驰名商标。

（1）甘露藏药以“甘露”商标作为广告宣传的聚焦点，进行广告投放，加大对品牌、市场的支持力度和宣传力度。近年来参加了全国药品交易会、中国国际商标品牌节、展销会、博览会等大型展会，展示公司形象。开展巡诊、送医药到基层等活动，提升大众认知度，展示企业形象。商标申请量持续增多，共申请注册有效商标 35 件，提升市场竞争力。于 2020 年完成企业知识产权体系认证（含商标），成为区内首家获得国家知识产权体系认证的企业。建立“甘露文化展厅”，宣传讲述藏医药文化发展历程及取得的成效，成立了非遗保护传承办公室，协助非遗保护传承人完成“藏药七十味珍珠丸配伍技艺”的传承保护工作，设立了“藏药材标准化示范基地”，作为藏药材教学传承基地。组织参加首届中国自主品牌博览会、广州药品交易会、北京科博会、中国拉萨雪顿节赞助等各项活动，对“甘露”藏药品牌进行了全面、深入的报道，提升大众对“甘露”品牌的认知度。近年来，“甘露”藏药先后获得了“自治区著名商标”“中国驰名商标”“高新技术产业”以及“全国质量诚信示范单位”等 50 项荣誉奖项，被评为 A 级纳税信用企业。在全国建成“甘露”藏药专卖店 120 多家，销售网点遍布全国各地，在全国已形成了一定的品牌影响力，甘露藏药知名度、美誉度不断提升，市场占有率不断扩大。

（2）奇正藏药聚焦“做强止痛”的核心品牌建设目标，通过义诊、参与展览活动等方式开展品牌建设活动，除了通常的广告投入，积极参与各类展会宣传“奇正”品牌，还凭借奇正消痛贴膏“药力强、止痛快”的产品特性与腾讯体育合作，支持国内顶级篮球赛事，赛事期间累计曝光达1.67亿人次。2013年12月2日获得了国家工商总局商标局驰名商标认定，获得“2018中国医药品牌社会营销力企业”“2019中国医药标杆案例奖”“2019年度中国非处方药百强榜入选产品”等多项荣誉。

（五）天然饮用水品牌

积极开展产销对接。开展天然饮用水线下、线上销售对接。组织召开专题会议，研究部署天然饮用水产品进机关、学校、企业、景点、酒店、商超和扶贫专柜工作，全力扩大市场占有率。加大天然饮用水品牌宣传推介。成功举办“地球第三极·西藏好水”广西（南宁）和成都专场推介暨促销活动，先后组织企业参加分别在北京、广州、杭州举办的西藏自治区绿色工业、高新数字产业招商引资暨西藏好水推介会，集中展示了40余种区内天然饮用水产品，共签订了26份产销合作协议，达成销售意向14.75万吨。积极开展直播带货活动，访问量累计突破1600万人次，共吸引全网626万余人在线观看，销售西藏好水各品牌产品40万余元。

截至2021年，全区天然饮用水产业已拥有中国驰名商标1个、自治区著名商标3个，西藏5100先后获得了“中国优质矿泉水水源”“世界最佳矿泉水奖”等称号，珠峰自涌天然活水荣获第二届好水，中国品茶鉴水大赛“梅花雪奖”，卓玛泉获得2014年德国纽伦堡国际啤酒饮料设备展“最佳PET瓶奖”“最佳生产（工艺）创新奖”“最佳科技创新奖”三项入围奖。

（六）文化品牌建设方面

（1）重点培育了“文创西藏”特色文化品牌，举办了“文创西藏”特色文化产业嘉年华，累计认证460件“文创西藏”品牌产品，216件已上线文化电商平台运营。先后在上海、深圳、长沙、南京和尼泊尔加德满都、塔吉克斯坦杜尚别等6个国内外重点城市设立7家“西藏特色文化产业之窗”。积极打造布达拉宫、罗布林卡、西藏博物馆品牌建设，成立各文化艺术品创作研发中心，专门从事藏香、手工艺品、旅游纪念品等文化创意产品的研发和销售。开展品牌中英文域名保护、商标注册管理等工作，维护品牌的合法性和严肃性，降低品牌侵权概率，减少维权成本，强化规范管理。

（2）着力打造“祥云课堂”“西图讲堂”“阿佳讲故事”等为主题的公共文化发展品牌。“祥云课堂”线上培训系列课程内容包括：朗玛堆谐舞蹈和乐器、扎年基础、绘画、学习国家通用语言、学习藏语等系列培训。“西图讲堂”以体现社会主义核心价值观的西藏特色文化为主线，面向社会，重点围绕群众关心关注的热点知识需求，辅以阅读推广、读书体会和健康教育等有益身心的知识推广。“阿佳讲故事”主要面向4~8岁的小读者，活动内容围绕藏汉双语故事、手工制作以及快乐律动操。

（3）以拉萨雪顿节为重点的节庆文化品牌。形成了拉萨雪顿节、日喀则珠峰文化旅游节等群众性、常态化品牌文化90多个。除疫情影响，各项节庆性文化品牌历年都在常态开展，此系列品牌文化活动进一步拓宽了农牧民群众的致富渠道，带动了传统文化交流交往交融，使文化旅游成为各地经济繁荣发展的发动机。

二、主要做法和有效经验

（一）加强统筹规划和人才引进

加强品牌现状分析与战略研究，开展企业品牌摸底调查工作，围绕重点产业、重点企业、重点产品，制定发展规划。开展制造业企业质量状况调查，有针对性地提出质量解决办法。利用人才交流、技术援藏、定期服务、定向委培等“走出去，引进来”的方式，为西藏品牌发展提供智力支撑，形成良好的动态更新机制，充分利用人才，提升区域创新能力。

（二）夯实技术基础

编制《西藏自治区市场监督管理局关于开展质量基础设施“一站式”

服务工作方案》，融合计量、标准、认证认可、检验检测、质量管理等要素资源，面向企业、产业、区域特别是中小企业提供的全链条、全方位、全过程质量基础设施综合服务。加快重点领域标准体系建设，紧密结合西藏七大产业发展需要，从标准的实用性、适应性等方面填补各项标准空白，鼓励企事业单位和社会团体积极参与国家标准、行业标准和团体标准的制修订。积极开展国家级和自治区级农业、服务业、社会管理和公共服务等示范区建设工作，充分发挥示范区示范引领作用。大力推行认证认可制度，累计通过资质认定检验检测机构 225 家，范围涵盖工程检测、生态环境监测、机动车检验、食品、农产品检测，大幅提升质量技术服务能力。推进建立知识产权公共服务体系，扩大知识产权公共服务范围，提高知识产权公共服务水平。

（三）强化企业品牌意识

加强质量管理宣传教育，牢固树立“质量第一”的理念，将其作为企业文化的重要内容，落实质量责任，把“质量是企业的生命”贯穿于生产经营管理全过程。引导和鼓励企业开展质量管理体系认证和产品认证，全区通过 ISO 9000 质量管理体系认证企业 556 家，强制性产品认证获证生产企业 30 家。建立完善的产品质量管理体系、产品质量检验检测体系，诚信经营，保障持续稳定生产合格产品，守住产品质量安全底线。

（四）加强品牌宣传推介

以中国品牌日为契机，以“地球第三极”为主题，参加中国品牌日活动。充分发挥媒体作用，利用报刊、广播、电视、网络等媒体和微博、抖音、影视植入等手段，采取专栏节目、新闻发布、专题报道等形式，大力宣传推介各类区域品牌，提高品牌的知名度和美誉度，推动市场化发展。此外，围绕“雪域高原 地球第三极”主题，组织企业参加了 2020 年第十二届国际品牌商标节，重点对地球第三极、拉萨净土等区域公共品牌以及那曲冬虫夏草、尼木藏香、西藏藏药等地理标志产品进行集中展示。同时支持各地和相关行业开展区域性、行业性品牌宣传展示活动。每年开展“质量月”、“3・15”国际消费者权益日、“4・26”世界知识产权日等宣传活动。大力推广标杆企业在品牌建设方面的先进经验，发挥优秀品牌的示范和引领作用，带动企业和区域品牌建设。

（五）强化法律保护品牌和诚信体系建设

深入开展品牌保护执法行动，健全执法平台，加强联合执法，严厉打击假冒名牌产品、商标、地理标志、专利等侵犯知识产权等违法行为。认真谋划知识产权保护工作法制化举措，出台《关于强化知识产权保护的实施意见》，明确了近五年构建全区知识产权“严、大、快、同”保护工作格局的目标要求、重点任务和措施要求。每年对获保护地理标志产品开展监督抽查，鼓励帮扶产品符合要求的企业申请使用专用标志，以提高产品知名度和附加值。鼓励企业运用防伪溯源技术及手段，保护自有品牌。依托国家企业信用信息公示系统（西藏），加快归集整合品牌信用信息，并全面、及时、准确归集至主体名下对外公示，实现品牌信用信息互联共享，市场优胜劣汰。全面推行“双随机一公开”监管，不断完善联合惩戒措施制度，大幅提高失信成本。

（六）加强交流学习

举办西藏自治区工业质量品牌能力提升培训班暨工业质量品牌经验交流考察学习活动。连续 6 年组织近 200 家企业参加中国国际商标博览会，开阔了视野，展示了品牌，扩大了影响。组织西藏纳木措实业有限公司、西藏汇泉实业有限公司等饮用水企业赴杭州开展工业质量品牌经验交流考察学习活动。“地球第三极 · 西藏好水”企业品牌培育培训交流活动顺利举行。邀请行业内专家及知名品牌负责人宣贯品牌建设新理念新方法新标准，分享企业品牌建设实践经验，帮助企业提升品牌管理能力，帮助扩大区域品牌的影响和知名度，推动区域品牌建设高质量发展。

三、下一步工作考虑

（一）加大宣传力度，做好品牌宣传工作

借助广播、电视、互联网、移动互联网等融媒体传播矩阵，讲好西藏品牌故事，为品牌建设营造更加有利的舆论环境；鼓励引导全区各产业主体通过各自渠道进行地球第三极区域公共品牌宣传推广，强化品牌传播意识；在全国主要大中城市、各大车站、港口、机场等开展广告宣传；利用抖音等移动新媒体传播快、覆盖广的优势，提升宣传效能；举办各种展销会、项目推介会、招商洽谈会、商品交易会、产品博览会等，重点宣传产品产地，营造集体文化氛围，提升品牌知名度；行业协会组织协调特色产品生产企业联合参加国内、国际的会展，举办设计大赛、艺术表演、开发旅游线路等品牌宣传推介活动。

（二）围绕特色产业，强化品牌强企思想

围绕自治区产业布局，结合区域行业现状和企业生产经营实际，鼓励企业积极确立品牌发展战略，进一步系统推进品牌建设工作。持续加大对区内企业的引导作用，鼓励企业创建国家和自治区级名牌商品、国家驰名商标、自治区著名商标，不断提升企业品牌价值，引导企业进行国际商标注册和产品质量国际认证活动。

（三）健全保障制度，加强品牌商标管理

健全完善商标品牌管理制度和知识产权保护制度，加强普法宣传工作，强化监督执法力度，严厉打击知识产权违法行为。进一步规范地理标志专用标志使用工作，落实地理标志产品保护申报工作，指导企业规范使用地理标志商标和地理标志专用标志。

实施商标品牌战略 打造陕西品牌集群

——陕西省品牌建设工作进展与展望

近年来，在陕西省委、省政府的坚强领导下，各级各部门高度重视品牌建设工作，积极制定政策措施，组织参加“中国品牌日”“丝绸之路国际博览会”等活动，品牌建设工作不断开创新局面，企业品牌价值持续提升，品牌质量明显提高，品牌意识明显增强，为建设质量强省、推动陕西省经济社会高质量发展提供了有力支撑。

一、近五年品牌建设成绩

2016 年，陕西省政府印发《发挥品牌引领作用推动供需结构升级实施方案》，要求充分发挥品牌引领作用，培育自主品牌和知名品牌，推动全省经济发展方式转变。从 2016 年到 2021 年，陕西延长石油（集团）有限责任公司、陕西煤业化工集团有限责任公司连续多年入选“世界 500 强”企业名单，位次逐年上升。据中国企业联合会、中国企业家协会 2021 年 9 月发布，陕西有色金属控股集团有限责任公司、陕西建筑工程集团有限公司、西安迈科金属国际集团有限公司、东岭集团股份有限公司、陕西汽车控股集团有限公司等 10 家企业入围“中国企业 500 强”名单，较 2016 年增加 3 家入围企业。

（一）品牌价值持续提升

积极组织省内企业（区域）参加中国品牌建设促进会开展的全国公益性品牌价值评价工作，共推荐 105 家次企业（区域）分别参加企业品牌、产品品牌、自主创新品牌、中华老字号品牌、旅游目的地区域品牌价值评价，促进挖掘、提升陕西省企业（区域）品牌价值，培育具有市场竞争力的陕西品牌。中国品牌建设促进会 2021 年 5 月发布，陕西省参评的主要企业品牌价值评价为：隆基绿能科技股份有限公司企业品牌价值达 402.16 亿元，列参评的能源化工企业第 7 位；陕西西凤酒股份有限公司企业品牌价值达 79.89 亿元，列参评的轻工企业第 17 位；陕西鼓风机（集团）有限公司、中铁宝桥集团有限公司企业品牌价值分别达 76.72 亿元、35.14 亿元，分列参评的机械设备制造企业第 11 位、第 30 位；陕西法士特汽车传动集团有限责任公司企业品牌价值达 65.30 亿元，列参评的汽车及配件企业第 4 位；陕西步长制药有限公司企业品牌价值达 61.77 亿元，列参评的医药健康企业第 14 位；宝鸡钛业股份有限公司产品品牌价值达 16.19 亿元，列参评企业第 18 位。

（二）品牌质量明显提高

积极开展品牌价值评价、中国质量奖申报推荐、陕西质量奖评选等工作，截至 2021 年底陕西省累计 10 家组织和 3 名个人荣获中国质量奖提名奖，特别是 2021 年 9 月第四届中国质量奖颁奖大会上，陕西省陕西汽车集团股份有限公司、隆基绿能科技股份有限公司、陕西建筑工程集团股份有限公司、西安飞机工业集团有限责任公司、中航富士达科技股份有限责任公司、咸阳纺织集团一分厂纺部车间赵梦桃小组等 6 家组织荣获第四届中国质量奖提名奖，获奖数量和质量实现较大突破。从数量上看，本届陕西获奖组织数量在全国排名第 5 位，仅次于江苏、浙江、山东、上海，是前三届陕西省获奖组织总数的 1.5 倍。从质量上看，涵盖了制造业、工程建设行业、国防工业及武器装备领域、中小企业和一线班组等五大领域，其中工程建设行业、国防工业及武器装备领域、中小企业、一线班组均为首次获奖，实现了 4 个分领域中国质量奖提名奖零的突破。2010 年以来陕西省一直举办陕西质量奖评选工作，2018 年开始改为每两年一届，截至 2021 年底共组织评选了九届，累计评出 33 个正奖、45 个提名奖。其中第八届和第九届陕西质量奖共评出 12 个正奖、17 个提名奖。

（三）企业品牌意识明显增强

积极鼓励各行业企业树立品牌意识，创新品牌营销活动，持续提升产品品牌溢价，鼓励企业通过知识产权的方式保护企业品牌。截至 2021 年底，陕西省商标累计注册量达到 674496 件，较 2017 年同期增加 431596 件，同比增长 177.68%；累计有效地理标志商标 138 件，较 2017 年同期增加 49 件，同比增长 55%，新注册商标数量大幅增加。截至 2021 年底，陕西省省属企业累计创建品牌数量 139 个，其中国家名牌 9 个，省级名牌 97 个。2021 年度新增创建品牌数量 14 个，其中国家名牌 2 个，省级名牌 4 个，陕煤集团、交控集团 2 个品牌入选国务院国资委地方国企品牌典型案例，品牌创建数量明显增多。

二、推动品牌建设的主要经验做法

（一）坚持实施商标品牌战略，打造陕西品牌集群

近年来，陕西省积极利用中国品牌日、中国国际进口博览会、丝博会、农高会等平台，依托各地区域优势资源，紧跟产业布局方向，确定重点培育对象，有针对性地引导各类企业申请商标注册，支持市县申请地理标志商标打造区域商标品牌。实施商标国际注册资金扶持项目，鼓励引导高知名度商标品牌、外向型企业加强商标国际注册与保护；加大商标质押融资工作力度，支持商标无形资产资本化运作；积极开展陕西老字号认定工作；鼓励指导第三方开展“陕西好商标”评价认定工作，评出了首批 49 件叫得响、过得硬的陕西品牌。通过不懈努力，陕西省商标数量持续增长，品牌效应不断放大。“陕西苹果”“延安小米”“紫阳富硒茶”“大荔冬枣”“马栏红苹果”等地理标志商标，为带动精准扶贫、促进乡村振兴发挥了积极作用。“延长石油”“陕汽集团”“陕钢禹龙钢铁”“西凤酒”“隆基绿能”等一大批优势商标品牌蜚声海内外，市场占有率显著提升。

（二）积极出台支持政策，鼓励企业提升品牌质量

高度重视品牌工作，先后起草出台了一系列政策文件，同时通过主流媒体宣传，开展品牌推荐活动。2017 年 12 月陕西省印发的《陕西省开展质量提升行动实施方案》提出“按规定开展陕西质量奖等评选表彰活动”，2018 年和 2020 年先后两次修订《陕西质量奖管理办法》。对前八届陕西质量奖获奖组织每家奖励 100 万，对提名奖获奖组织每家奖励 10 万。西安市印发《西安市深入实施质量强市战略促进质量提升政策措施》的通知：对首次获得中国质量奖的组织，给予 100 万元一次性奖励；首次获得陕西质量奖的组织，给予 80 万元一次性奖励；首次获得西安市质量奖的组织，给予 50 万元一次性奖励。通过实施政府质量奖励，推动 1100 余家企业导入卓越绩效管理模式，促进全省企业质量管理水平不断提升，发挥质量奖企业标杆作用，如：中航富士达科技股份有限公司在西安高新区主导开办企业高质量发展特训营，推广质量管理模式，两年时间辅导企业 100 余家，被辅导企业营业收入平均增长 24. 8%，约 20 亿元人民币。其他质量奖获奖企业也积极发挥质量标杆引领作用，带动产业链和区域企业质量提升。

（三）鼓励企业加大研发投入力度，夯实品牌发展基础

2021 年，陕西省省属企业研发经费投入 163. 58 亿元，同比增长 63. 7%；新产品销售收入 1008. 84 亿，同比增长 14. 1%；工业类企业研发强度 2. 35%，同比增长 13. 5%，继续保持高速增长态势。2021 年省属企业开发新产品 222 个，其中陕煤、交控等 8 户企业 37 个产品入选陕西省重点新产品，有色、电子等 7 户企业 27 个产品入选“陕西工业精品”。2021 年度陕煤集团神南矿业煤炭科技孵化公司、电子集团巨头鲸创客空间入选国家级科技企业孵化器，金钼股份金属材料等 4 家专业化众创空间被认定为省属企业专业化众创空间。

（四）参加中国品牌日活动，加强与全国品牌企业交流

中国品牌日活动为营造品牌发展浓厚氛围、持续推进品牌强国建设、展示品牌建设成果提供了重要平台。自中国品牌日设立以来，陕西省每年积极参加、举办品牌日系列活动，组织陕西省品牌企业参加中国自主品牌

博览会，搭建主题为“致臻三秦”的陕西展馆，分为云上和线下两部分：云上展馆分为开放陕西、智造陕西、创新陕西、健康陕西4个展区，以图文、视频、3DMAX、VR等新技术展示企业发展新风貌；线下展馆在上海展览中心搭建，设置开放陕西、智造陕西、创新陕西、健康陕西、品鉴陕西等主题展区，以实物模型、图文、视频等方式全方位展示陕西省品牌推动工作和品牌企业发展新风貌。组织陕西汽车控股集团有限公司等32家自主品牌企业参加云上展示，陕西鼓风机（集团）有限公司等12家品牌企业赴上海参加线下展览。通过集中展示，激发了企业增品种、提品质、创品牌的积极性，彰显了陕西省自主品牌发展的新形象，有力地提升了陕西省自主品牌企业知名度和影响力。

（五）开展地方特色品牌创建活动，强化品牌创新平台建设

2018年陕西省召开陕西省品牌产品授牌仪式暨名牌企业质量提升推进会，为2017年荣获名牌产品企业授牌颁奖。2019年举行了中国品牌日宣传活动暨品牌企业质量提升推进会，为获得第八届陕西质量奖的六家企业和组织颁发了奖牌。邀请中国品牌建设促进会理事长刘平均做《发挥品牌引领推动经济高质量发展》专题讲座。2020年受新冠肺炎疫情影响，采用网上云课堂形式，邀请西安电子科技大学管理学院院长王新平教授做《品牌建设助推复工复产》授课。2021年陕西省在西安举办2021年中国品牌日主题宣传活动暨第九届陕西质量奖颁奖仪式，时任省政府副省长魏建锋出席并致辞，为陕西斯瑞新材料股份有限公司等6家组织颁发第九届陕西质量奖。陕西省成立了“品牌和高质量发展研究中心”，凝聚全省品牌发展共识，促进自主品牌建设，在西安举行2021年中国品牌日陕西省地方特色品牌创建活动，邀请国内品牌知名专家做专题报告，省内知名品牌企业及特色农产品产业代表分享关于品牌建设的经验，共有130余位知名品牌专家、省内及全国知名企业代表、高校学者出席本次活动，10余家主流媒体记者在现场进行报道。

三、品牌建设展望和下一步工作考虑

（一）增强企业运营品牌信心，规范商标品牌价值评价体系

继续支持企业制定符合自身发展特点的商标品牌战略，探索加大知识产权优势示范企业的商标品牌运营能力培养，引导企业通过品牌运营提升商标品牌价值、获得市场竞争优势。推动商标质押融资深入园区、企业和金融机构基层网点，引导金融机构扩大商标质押融资规模，特别是进一步加大对民营企业和中小微企业的支持力度。

（二）发挥标杆示范引领作用，激活品牌建设积极性

加大品牌建设工作力度，培育挖掘推荐陕西省行业标杆组织积极参与品牌建设、品牌价值评价、各级政府质量奖申报等活动，完善修订《陕西质量奖管理办法》，继续开展第十届陕西质量奖评选表彰和宣传工作。利用中国品牌日活动，大力宣传陕西省品牌建设典型企业、质量奖获奖组织先进的管理理念、方法、模式和经验，同时持续开展“卓越质量三秦行”活动，深入开展质量提升行动，树立卓越绩效质量理念，传播先进质量管理方法，发挥质量标杆示范引领作用，在全省范围进行交流推广，推动广大企业加强全面质量管理，提升质量水平。

（三）加大宣传推介力度，提升陕西品牌知名度

支持陕西品牌企业积极参加中国品牌日、国际商标节、丝绸之路国际博览会、欧亚经济论坛、杨凌农高会、陕西好商标评价等活动，凝聚商标品牌建设共识，传播品牌发展理念，搭建品牌领域交流合作平台，营造品牌培育良好氛围，大力提升陕西品牌知名度、美誉度，开发运用品牌文化资源，讲好新时代品牌振兴发展故事。鼓励企业借助新媒体平台等方式加大品牌宣传力度，充分利用“开直播”“造 IP”等新型营销手段，扩内容、抓运营、重转化，对企业品牌进行系统持续的品牌投资，将主流媒体宣传报道与企业微信公众号、视频号、微博等宣传方式有机结合起来，促进数字化资产与品牌宣传方式深度融合，不断扩大“陕西制造”“陕西苹果”“文化陕西”“陕南绿色生态”等品牌知名度。

（四）加强知识产权保护，全方位维护企业品牌权益

陕西省将落实实施《知识产权强国建设纲要（2021—2035年）》，深入实施商标品牌战略，把优化创新环境和营商环境的举措落到实处。组织开展商标品牌指导站建设工作，加强商标注册、管理、运用、保护与推广的指导和服务。继续指导发布“地理标志品牌发展指数报告”，为各地制定商标品牌高质量发展政策提供参考。鼓励指导企业开展商标防御性保护、注册申请补充商标等工作，进行日常商标风险监控，确保商标权益不受侵犯。

（五）支持地理标志注册申请，服务企业国际化发展

不断提升区域品牌和地理标志运用水平，依托乡村特色优势资源，延伸产业链条，拓展品牌价值，发展特色经济，巩固脱贫成果，助力乡村振兴。加大海外商标获权维权方面支持力度，加强海外知识产权纠纷应对机制建设，推动海外知识产权纠纷应对指导工作体系高效运行，助力陕西省企业“走出去”，参与国际竞争。

坚持质量为先 聚焦优势领域 全力打造“陇字号”品牌

——甘肃省品牌建设工作进展与展望

近年来，甘肃省紧盯品牌质量提升，立足地方特色优势，讲好甘肃品牌故事，全面推动“陇字号”品牌建设，创建形成了一大批质量高效益好的品牌产业、产品与企业，极大提升了甘肃品牌的影响力，为建设幸福美好新甘肃、全面建成小康社会提供了有力支撑。

一、坚持质量为先，筑牢品牌建设根基

甘肃在推动品牌建设中始终坚持质量为先，省政府先后出台《关于建设质量强省的意见》《关于开展质量提升行动实施方案》《中国制造2025甘肃行动质量品牌提升专项实施方案》等，建立完善品牌建设政策环境，夯实筑牢品牌建设根基。

1. 定措施加强顶层引导

印发《甘肃省政府质量奖实施办法》《甘肃省质量激励政策措施》《关于深入实施商标品牌战略的意见》《甘肃省关于加强商标国际注册推进品牌国际化工作的意见》等，进一步加大财税、金融、项目等政策支持和激励引导力度，推动“甘肃产品”向“甘肃品牌”转型升级。全省14个市州和90%以上的县级政府出台了质量奖励政策和品牌激励措施，大部分

规模以上企业都建立完善了内部质量激励机制，初步形成覆盖省、市、县、企四级的质量奖励制度体系。

2. 抓评选树立质量标杆

自2012年起共开展7届省政府质量奖评选工作，累计有21家企业和组织获省政府质量奖，14家企业和组织获省政府质量奖提名奖。全省共获得中国质量奖1个，中国质量奖提名奖5个，敦煌研究院目前是西北地区唯一的中国质量奖获奖组织。古浪县八步沙林场治沙经验被写入中共中央、国务院印发的《黄河流域生态保护和高质量发展规划纲要》中向全国推广，八步沙林场基于“以生命价值为最高追求，治养一体，接续发展，不断超越”的质量管理模式，也荣获第四届中国质量奖提名奖。编写《甘肃省企业品牌与质量工程建设案例集》，挖掘甘肃在品牌质量建设方面的优秀案例。

3. 重推介提升品牌影响

组织省内知名品牌企业积极参加中国品牌日系列活动，借助中国品牌日平台讲好甘肃品牌故事，大力展示和宣传甘肃品牌，进一步提高甘肃品牌知名度和影响力。同步制定“甘肃好品牌推进计划”，开展甘肃好品牌推选活动，兰州佛慈制药股份有限公司、金徽酒股份有限公司等20家企业签约入选“甘肃好品牌推进计划”，举办甘肃品牌论坛，展示省内企业在品牌创建、品牌培育及品牌文化等方面的成功经验和做法，把脉甘肃品牌发展，促进交流互鉴提升，凝聚品牌发展的强大合力。

4. 促创建强化示范引领

共有11家园区获批筹建国家级知名品牌示范区，其中定西市安定区、兰州市七里河区、兰州市榆中县、定西市陇西县、敦煌市被原国家质检总局正式命名为“全国马铃薯产业知名品牌创建示范区”“全国百合产业知名品牌创建示范区”“全国特色高原夏菜产业知名品牌创建示范区”“全国中药材（黄芪、党参）产业知名品牌创建示范区”“全国敦煌文化旅游产业知名品牌示范区”。兰州、庆阳、天水、金昌获批筹建“全国质量强市示范城市”。

5. **抓认证推进商标保护**

以“陇字号”“甘味”等区域商标品牌、特色产业龙头商标品牌、地理标志产品品牌为抓手，深入开展商标品牌培育建设工作。全省设立16个商标注册受理窗口，成为全国六个实现商标业务受理窗口全覆盖的省份之一，全省建设10个商标品牌指导站。截至2022年第一季度，全省商标有效注册量达到16.72万件，中国驰名商标75件，累计有效地理标志证明商标161件。甘南羊肚菌和岷县当归成为甘肃首批获得马德里国际注册的地理标志证明商标。

6. **强创新激发内生动力**

围绕重离子医疗装备、羰基金属材料、矿物功能材料、表面功能材料、生物疫苗等新产品研发、科技成果转化等重点项目的实施，建设制造业创新中心，截至2022年第一季度，培育组建制造业创新中心9家，其中6家已挂牌运营。推荐中科院近物所重离子装备及应用创新中心和金川公司镍钴新材料创新中心申报国家级制造业创新中心。“十三五”期间，培育认定103户省级企业技术中心，省级行业技术中心26个、产业技术创新联盟21个，省级技术创新示范企业60户。

二、聚焦优势领域，提升品牌综合实力

甘肃在推动品牌建设中结合地方实际，聚焦农业、中医药、文旅等优势领域，引领实施品牌发展战略，开展“陇字号”品牌评价认证提升品牌综合实力，制定《关于开展“陇字号”品牌评价认证工作的指导意见》，积极打造公共区域品牌。

（一）农业领域立足资源禀赋和产地环境，实施“甘味”品牌营销战略

大力发展现代丝路寒旱农业，全面实施“甘味”品牌营销战略，发布“甘味”知名农产品品牌徽标，夯实“甘味”品牌绿色、有机底色，不断放大“厚道甘肃 地道甘味”品牌效应，“甘味”品牌核心竞争力和市场认可度明显提升，为做大做强甘肃特色优势产业起到关键引领作用。

1. 构建“甘味”品牌体系建设大格局

“甘味”品牌建设列入省委一号文件、省政府工作报告，着力构建“政府推进、部门联动、企业主动、社会促进”的“甘味”品牌体系建设大格局，建立了“甘味”品牌建设联席会议制度。印发《关于进一步加强两个“三品一标”建设打造“甘味”知名农产品品牌的实施方案（2019—2023年）》《甘肃省“甘味”农产品品牌宣传推介工作方案》《甘肃省“甘味”农产品品牌认定管理办法（试行）》，规范“甘味”农产品品牌认定管理，实施“甘味”品牌营销战略，培育打造“甘味”农产品系列品牌。

2. 推动“甘味”品牌三级融合协同发展

推动“甘味”品牌“省级公用品牌+市县区域品牌+企业商标品牌”三级融合、协同发展、互为支撑，重点培育形成了省级“甘味”公用品牌、60个市县区域公用品牌、300个企业商标品牌。建立《甘味农产品品牌目录》，对纳入目录的地方区域品牌和企业商标品牌，授权使用“甘味”品牌标识，进行公益性宣传推介，提供增值服务。地方区域品牌和企业商标品牌开展宣传推介时，共同维护“甘味”品牌，同步使用“甘味”标识、同步宣传“甘味”品牌、同步讲好“甘味”故事。

3. 建设“甘味”农产品产地环境监测评价体系和营养品质检测评价体系

在对现有耕地普查、耕地重金属和相关数据资料补充采样调查的基础上建立了拥有426万多个数据、137项评价指标、涵盖全省86个县区的产地环境数据库平台，完成了20个县的产地环境评价，21个产品的适应性评价。通过样品检测、专家分析评价，从产地环境、质量安全等方面完成兰州百合等30个特色优势农产品的营养品质检测。

4. 健全农产品质量安全监管及追溯体系和生产技术规范标准执行体系

实现省级农产品质量安全追溯信息平台与国家食品安全追溯平台的数据共建、共管、共享，形成了从生产到市场全过程信息化追溯和监管的雏形。全省累计发布农业地方标准1485余项，通过绿色标准化种养基地抓点示范行动，累计创建宕昌中药材、安定区马铃薯、秦州大樱桃、榆中高原夏菜等 10 个省级绿色农业标准化生产基地，面积达到 200 多万亩，形成 17 个国家绿色食品原料标准化生产基地。认证无公害、绿色、有机和地理标志农产品 2930 多个。甘肃天祝白牦牛、山丹羊肉、榆中大白菜、庆阳苹果、定西马铃薯、永登苦水玫瑰等 10 个区域公用品牌入选农业农村部认定的 2019 中国农业品牌目录。在“2021 中国品牌·区域农业形象品牌影响力指数”中，“甘味”品牌位居 100 强榜首，“环乡人”和“玉门珍好”品牌分列第 17 位和第 72 位；“花牛苹果”“岷县当归”“兰州百合”“静宁苹果”等 4 个“甘味”品牌产品入选 2021 中国品牌·区域农业产业品牌影响力指数百强榜。

（二）中医药领域围绕全产业链发展，打造具有突出影响力的知名品牌

按照全产业链推进的思路，做优中药材育种育苗，做大标准化规范化药材基地，做强初加工和精深加工，做活中药材市场，以抓点示范为抓手，建设了一批管理规范、特色鲜明的道地中药材绿色标准化药源基地，培育了一批创新能力强、生产规模大的中药材加工企业，创建中药材产业强县，打造具有突出影响力的甘肃中药材知名品牌，努力提升中药材质量效益和产业竞争力。

1. 紧抓中医药产业博览会“国字号”平台

2018 年起，国家卫生健康委、国家中医药管理局、甘肃省人民政府已连续三年共同举办中国（甘肃）中医药产业博览会，已经形成深化中医药交流合作的国际平台、中医药新政策新标准新技术新产品的权威发布解读平台、中医药产业创新发展成果展示平台、中医药产业助推脱贫攻坚的支撑平台、中医药文化的传承创新平台，在引领中医药产业发展，推进中医药产业务实合作，扩大中医药对外影响等方面发挥了重要作用。

2. 开展中药材标准化种植

限制化肥、农药的使用，提高产品品质，保护产品道地性。截至 2021 年底，全省中药材种植面积达 483 万亩、产量 140 万吨，全省有 20 多个县（市、区）中药材呈规模化种植发展态势，区域化布局基本形成。全省有

国家中药材 GAP 种植基地 9 个，获得中药材国家地理标志产品 22 个。党参、甘草入选 2021 年国家“三无一全”12 个优质药材品种。中药材种植覆盖 1300 多个贫困村，占全省贫困村的 21%。贫困地区中药材种植专业合作社 1600 个，中药材加工龙头企业 200 多家。

3. **推进中药精深加工**

培育陇药大品种大品牌，年营业收入 1 亿元以上中药工业企业达到 20 家，其中超过 10 亿元的 1 家。27 户企业 55 个品种列入动态培育目录，年销售额 5000 万元以上中成药大品种达到 21 个。建成中药产业园区 6 个、专业交易市场 5 个。建设灵台县皇甫谧文化园、庆阳岐黄中医药文化博物馆等 2 个国家中医药健康旅游示范基地，打造麦积山全国养老示范基地等 7 个中医药健康旅游示范基地。中药材静态仓储能力 130 万吨，2021 年交易量约 150 万吨，交易额 260 亿元。大力发展中药材电子商务，打造了“琪祥阁”“当归人家”“岷府人家”等一批中药材网货品牌。

4. **出台《甘肃省中医药条例》**

推进甘肃省绿色生态中医中药产业发展基金运行，优化道地药材种植布局，加强质量追溯体系建设和地理标志产品认证保护，推行“龙头企业+种植基地+加工车间+合作社+农户”经营模式，在全国率先开展当归、党参、黄（红）芪、大黄等大宗地产中药材产地加工试点，推进道地药材认证，扩大中药材产品保险试点。

（三）文旅领域着眼讲好甘肃文旅故事，打造“交响丝路·如意甘肃”文旅品牌形象

打造“交响丝路·如意甘肃”文化旅游品牌形象，形成了以全省文化旅游主题品牌为龙头、区域文化旅游品牌为支撑、景区品牌为基础的文化旅游品牌体系。“交响丝路·如意甘肃”荣获“2018 年度博鳌旅游奖——年度传播口号榜”。《交响丝路·如意甘肃》文化旅游宣传片荣获“2019 年度博鳌国际旅游奖年度宣传片榜（形象片榜）大奖”。《交响丝路·如意甘肃》文化旅游宣传片入选由文化和旅游部与国家广播电视总局联合组织遴选的首届全国旅游公益广告作品。甘肃被《孤独星球》评选为亚洲十大

最佳旅游地第一名，荣登《纽约时报》“2018 全球必去的 52 个目的地”榜单。

1. **打造文旅品牌“一会一节”**

坚持把实施节会营销，搭建国际性交流合作平台作为开拓旅游市场的重要举措。丝绸之路（敦煌）国际文化博览会、敦煌行·丝绸之路国际旅游节取得了一系列政治、经济和文化成果，已经成为引领甘肃和中国文化旅游走向世界的“中国品牌”。被国家文化和旅游部赞誉为文旅融合的典范，入选全国国内旅游宣传推广典型案例。

2. **多维驱动拓宽文旅宣传推广渠道**

做好以互联网技术为支撑的互动推广与营销，实现了专题性线下活动与动态性的线上推广的紧密结合。“微游甘肃”荣获“百度年度杰出影响力政务号——优秀新媒体运营奖”，“微游甘肃”澎湃号荣获澎湃新闻“最佳政务传播——地方形象塑造和传播奖”，“如意甘肃”政务抖音号进入全国旅游排行榜前十名。

3. **打造“一部手机游甘肃”综合服务平台**

“一部手机游甘肃”平台已接入全省 116 家 4A 级及以上景区导游导览信息，累计浏览量达到 1280 万人次。2021 年，“微游甘肃”新媒体矩阵累计发布图文和短视频 1.86 万篇，阅读量达 7.5 亿次。头条号、澎湃号等账号全年 42 次入围全国文旅政务宣传类榜单前十。“如意甘肃”“智慧甘肃”短视频号发布视频 620 余条，播放量 5.6 亿次。借助甘肃文化旅游形象大使黄轩等的名人效应以及八步沙“六老汉”时代楷模的公益宣传形成了公众对甘肃文化旅游的持续关注度。

4. **打造“环西部火车游”丝绸之路旅游靓丽名片**

以“联通陆海丝·助推双循环”为主题，陆续开通陆上丝绸之路和海上丝绸之路大环线、“三区三州”旅游大环线、“1+5”跨省小环线、南延北拓环线。“联通陆海丝·助推双循环”——甘肃文旅“环西部火车游”主题推广营销活动获得“2020 年度中国文旅营销创新典范”，入选 2020 年全国旅游宣传推广典型案例。打造了“传奇丝路·壮美河西”、“华夏祖脉·养生福地”和“九曲黄河·奇峡秀水”三大区域旅游目的地品牌。率先在全国文旅系统策划开展“丰收了·游甘肃”系列活动，荣获“2018中国旅游影响力营销推广活动TOP10”大奖和2020年度中国旅游影响力品牌案例。

三、工作展望和下一步工作考虑

（一）加强自主品牌建设，推动品牌转型升级

继续加强品牌培育，加快建立和完善品牌建设、培育标准体系和评价体系，持续推动开展“陇字号”品牌评价认证工作，做大做强自主商标品牌，持续办好中国品牌日等相关活动，推动“甘肃产品”向“甘肃品牌”转型升级。采用多种形式讲好甘肃品牌故事，鼓励和支持企业充分利用电子商务平台、国内外展销会、洽谈会等，强化品牌文化形象的策划与传播，继续提升甘肃品牌的美誉度和影响力。

（二）借助产业链链长制工作，培育品牌引领标杆企业

继续深入推进全省产业链链长制工作，充分发挥“链主”企业头雁引领作用，综合运用质量奖励政策和标准、计量、认证等手段，加快培育形成自主创新、品质高端、服务优质、信誉过硬、市场公认的甘肃品牌群体，积极争创中国质量奖。培育一批品牌信誉高、文化特色浓、产品和服务质量优、市场竞争力强的老字号品牌。

（三）坚持抓主抓重抓关键，推动优势领域品牌建设

继续聚焦农业、中医药、文旅等优势领域引领实施品牌发展战略。持续提升“甘味”品牌建设质量和水平，打好生态牌、绿色牌，推动“甘味”产品叫得响、走得远、卖得好。着力构建系全省文旅系统营销体系，进一步提升“交响丝路·如意甘肃”的品牌知名度、认同感。继续深化国家中医药产业发展综合试验区、中医药产业博览会两大“国字号”平台建设，壮大中药生产企业集群，培育高值化中医药大品种大品牌。

加大品牌建设力度 着力打造青海品牌形象

——青海省品牌建设工作进展与展望

青海省高度重视品牌建设工作，近年来采取了一系列政策措施，着力打造青海品牌形象。依托青海独特的生态环境、特色文化等资源优势，坚持市场导向，强化监管保障，突出创新引领，唱响青海品牌。

一、近年来推动品牌建设的政策措施

（一）强化政策引导

制定印发《关于发挥品牌引领作用推动供需结构升级的实施意见》《关于开展全省消费品工业“三品”专项行动营造良好市场环境的实施方案》《青海商标品牌商品推介会规划》《“青海老字号”认定管理办法》《青海省品牌建设发展专项资金管理办法》《“青绣”三年行动计划（2021—2023年）》等文件，强化品牌建设方向引领，明确工作目标和重点任务。推进标准体系建设，优化营商环境，提供品牌建设专项资金，建立较为完善的商标品牌培育、保护、发展和使用机制。

（二）加大资金支持

加大各类资金统筹力度，2018—2021年，累计安排专项经费3503万元，专项支持中国驰名商标、青海老字号等品牌奖励项目和俄罗斯国际食品展、青海商品大集以及中国品牌日活动等品牌建设工作。2022年预留品

牌建设发展专项资金1271万元，在年度执行中根据项目实际需求审核安排下达。实施品牌强农计划项目，2018—2020年共安排超1.36亿元创建农牧业品牌工作，2019—2020年投资700万元支持高原特色农畜产品品牌培育、建设和营销体系建设。持续开展两批“青海老字号”培育认定工作，给予获得“青海老字号”称号的企业10万元奖励资金。兑现科技创新奖励补助，“十三五”期间，高新技术企业累计获得2980万元省级财政奖励支持，科技型企业等给予4975万元省级财政资金补助，支持创新创业主体开展技术研发、检验检测等活动投入1000万元。

（三）加强品牌宣传

将品牌发展列入宣传重点，重大活动在省内外各类媒体开设专题、专栏，广泛深入宣传青海商标品牌工作和品牌产品。成功举办青海品牌商品西安、合肥推介会，组织市场主体参加第十七届中国（青岛）国际食品博览会、2021年中国（海南）国际热带农产品冬季交易会。组织省内品牌企业参加第十六届哈萨克斯坦-中国商品博览会和第28届莫斯科国际食品展览会，积极开辟国际市场。参加青洽会、农交会、有机博览会和各类产品产销对接活动，借助现代信息技术和新媒体，创新营销推介方式，宣传品牌农畜产品。积极参加国家组织的中国品牌日活动，为品牌商品搭建推介平台。鼓励新闻出版社机构制作、出版、宣传老字号的纪录片、图书等，营造老字号消费环境。通过网络媒体、短视频发布青海攻略，全方位、多平台宣传营销旅游文化，举办青海品牌文化节系列活动，进一步发挥青海品牌建设和品牌引领作用。

（四）做好品牌服务

积极培育商标，帮助指导企业开展认定中国驰名商标工作。针对独具地理特色优势的绿色有机农畜产品资源实际，加大“地名+品名”的地理标志保护产品、证明商标的申报和培育。设立青海商标受理窗口，西宁专利代办处窗口，实现了青海商标、专利等知识产权业务“一窗通办”，进一步优化高效、便捷、优质的知识产权公共服务。对符合国家地理标志运用促进工程项目要求的省内地理标志，积极指导地方申报，推动企业合法合规使用地理标志。开展区域交流合作，与西部 12 省份共同签署《西部地理标志产业发展战略合作协议》，建立西部地理标志产业发展联促联动合作机制。强化市场监管，2017—2021 年，查办各类商标侵权案件 326 件，案值 269. 48 万元，罚没款 402. 02 万元。

（五）打造区域品牌

倾力打造“青字号”农牧业特色品牌，成立牦牛产业联盟、三文鱼产业发展联盟、优质农产品联盟、青稞产业联盟和油菜产业联盟等，打造联合品牌。培育打造中国农产品特色优势区域公用品牌，玉树牦牛、柴达木枸杞、祁连藏羊、龙羊峡三文鱼、乌兰县茶卡羊入选国家级特色农产品优势区；2019 年门源小油菜籽、互助八眉猪等 7 个区域公用品牌入选中国农业品牌目录。2019 年评选并发布玉树牦牛、祁连藏羊等 16 个青海省农产品区域公用品牌。支持玉树牦牛、祁连藏羊、共和三文鱼、柴达木枸杞等 4 个中国特色农产品优势区开展品牌培育、品牌建设和营销体系建设。成功举办了青海省绿色有机农畜产品百佳优品推选工作，评选出代表省绿色有机农畜产品水平的 100 个产品品牌，已初步形成区域公用品牌、农牧业企业品牌、农产品品牌共同发力且互为支撑的农牧业品牌体系。深入挖掘地方文化品牌，印发《“青绣”三年行动计划（2021—2023 年）》，投入 2250 万元扶持“青绣”保护传承与发展，全面部署了“青绣”发展工作。

二、取得的成绩

在各方面努力下，青海省品牌企业不断涌现，特色优势产业竞争力持续增强，有力推动、引领了供给结构和需求结构优化升级。

（一）品牌数量持续增加

截至 2021 年末，全省累计商标注册量 58051 件，比 2016 年末的 18537 件增长了 3 倍多。全省拥有认定的中国驰名商标 48 件，地理标志证明商标 38 件，地理标志保护产品 15 个。获得绿色食品、有机农产品和地理标志农产品 813 个。认定湟源严酿皮、三普药业等 33 家“青海老字号”企业。青海互助青稞酒股份有限公司注册的“互助”牌商标被商务部认定为“中华老字号”。全省共培育、打造、扶持 179 个农牧业品牌，其中青海省农牧业公用品牌 5 个、全省区域公用品牌 28 个、企业品牌 46 个、产品品牌 100 个。

（二）品牌实力明显增强

加大对绿色品牌的支持和商标培育，商标的品牌带动力不断增强，促进了整个产业的发展。“互助”“天佑德”成为畅销全国的青稞酒品牌，“三江源”商标成为冬虫夏草产业的领军品牌，“5369”商标成为高端牦牛肉的代表品牌，“柴达木”“三江雪”“诺蓝杞”商标成为高原枸杞发展的领导品牌，“藏蜜”“青藏华峰”已成为青藏雪域高原蜂蜜的优秀品牌，“昆仑山”“昂思多”已成为高海拔矿泉水的高端品牌，“圣源”“藏羊”成为全国手工藏毯的龙头品牌，“八瓣莲花”“布绣嘎玛”成为青海民族工艺品的代表品牌。油菜籽产业的“弘大”商标，牛肉干产业的“可可西里”“西北骄”等产品，已经成为青海品牌崛起的强势代表，标志着青海品牌产品的市场竞争力不断提升。

（三）区域影响不断凸显

“青海牦牛”公用品牌首次在人民大会堂高端亮相，登上北京卫视和上海东方卫视；首次开启了北京首都、上海浦东、西宁曹家堡 3 地机场投放，形成了立足本地，辐射京津冀、长三角的高端投放；首次登上京广高铁列车，实现“品牌+速度”强强联合，传达“生态青海、绿色农牧”品牌理念，“青海牦牛”公用品牌成为青海一张靓丽的“金名片”。青海是全国最大的有机畜产品生产基地，全省有机畜牧业认证环境监测面积达到 6916.31 万亩，认证有机牦牛 121 万头、有机藏羊 325 万只，有机牛羊肉产品 7.5 万吨。青海是全国藏区青稞加工转化率最高省份，青稞加工率达到 60%，青稞商品化率高达 83%。青海是全国最大的有机枸杞生产基地，有机枸杞种植面积达到 11.78 万亩，干果产量 1 万吨，面积和产量均居全国之首。青海是全国最大的冷水鱼生产基地，鲑鳟鱼等冷水鱼产量达到 1.85 万吨，占全国鲑鳟鱼养殖产量的 1/3，养殖的鲑鳟鱼获得农业农村部绿色食品认证和出口欧洲的许可，青海也成为国内唯一一家获准出口产品的地区。互助土族盘绣、湟中堆绣、贵南藏绣、马尾钉线绣、河湟刺绣、蒙古族刺绣等先后列入国家级、省级非遗代表性项目。

三、下一步工作考虑

（一）明确产业重点建设方向

农牧业方面，立足全省牦牛、藏羊、青稞、冷水鱼、枸杞等优势主导特色产业，结合资源禀赋、产业基础和文化传承等，整合品牌资源，力争每个主导产业都培育出引领发展的区域行业品牌，建立农畜产品品牌目录制度，组织开展目录标准制定、品牌征集、审核推荐、推行认定、培育保护等工作，引导社会消费，构建青海特色农畜产品品牌体系。积极创建全国绿色食品原料标准化生产基地，大力推进农畜产品标准化生产，做大做强特色农牧业产业，唱响“生态青海、绿色农牧”农畜产品品牌。

制造业方面，围绕新能源、新材料、盐湖化工、高原特色生物等重点领域，创建一批具有自主知识产权和竞争力的品牌企业、产品等，争取国家层面支持青海省牵头制定和完善藏药、枸杞、沙棘等特色生态产业国家标准体系，支持重点企业参与制定行业标准及地方标准，提升特色生态产品品牌的市场竞争力和话语权。

服务业方面，着力打造一批“青”字头的文化旅游品牌，保护发展中华老字号，加强老字号文化和技艺的研究、保护和传承工作，鼓励有条件的老字号收集、整理、保管、展示老字号史料，对传统文化特色鲜明、具有广泛群众基础的老字号传统产品、技艺和品牌，创新经营机制。开展非遗工坊品牌培育行动计划，形成一批高知名度的非遗工坊和“青绣”产品品牌，延长产业链条，推动“青绣”就业工坊可持续发展。

（二）加大品牌建设力度

积极推荐科技企业参加中国品牌日活动，提升企业品牌影响度。持续加大企业创新主体培育力度，加强高新技术企业和科技型企业培育认定、研发费用加计扣除等政策宣传落实工作，引导企业依靠技术创新提升品牌竞争力。建立各类科技创新平台，新组建省级工程技术研究中心、认定科技企业孵化器和众创空间，为企业品牌创建提供技术支撑和服务支撑，切实提高科技企业品牌创新能力。加强青海特色产品品牌宣传推介，指导和帮助企业做好品牌建设的宣传策划，达到以品牌带动产品，强化品牌效应的目的。结合打击侵犯知识产权和制售假冒伪劣商品工作，严厉查处各类商标侵权行为，有效防范商标侵权地域性、行业性风险，着力营造公平竞争的市场环境和安全放心的消费环境。

（三）强化商标品牌注册培育工作

立足全省资源禀赋，围绕拉面、青绣、牦牛、藏羊、枸杞、冷水鱼等地域特色产业，做优做强一批绿色有机农牧业龙头带动型商标品牌。围绕新材料、新能源以及生物制药等重点产业，全面提高盐湖资源综合利用效率，加快发展锂盐产业，着力培育一批盐湖和清洁能源产业特色商标品牌。围绕丝绸之路、黄河风情、青藏线及祁连风光旅游线等新兴产业，打造长江、黄河、澜沧江溯源之旅，昆仑山、祁连山、阿尼玛卿雪山探秘之旅，三江源、祁连山国家公园生态体验之旅等世界级生态旅游精品线路，持续扩大“大美青海”生态旅游品牌影响力。围绕现代物流、商贸和餐饮等服务行业，加快培育一批服务业成长型商标品牌，指导、帮助出口外向型企业申请注册马德里国际商标，鼓励引导企业合法、有效地运用自主品牌参与国际市场竞争。

（四）建立品牌工作推进机制

进一步强化部门、地方协同，加强对品牌建设的总体统筹规划。更好发挥行业协会、产业联盟作用，形成政府主导、政企联合、社会参与、强力推进的建设格局，制定品牌建设推进计划和方案，明确品牌名称和形象。充分发挥企业的市场主体作用，推动各行各业积极参与品牌建设、管理、服务与营销。

实施品牌引领战略 助推美丽新宁夏建设

——宁夏回族自治区品牌建设工作进展与展望

党的十八大以来，宁夏回族自治区党委、政府认真贯彻习近平总书记关于品牌发展的重要论述，高度重视品牌建设工作，坚持高位推动，强化政策引领，聚焦重点产业，印发《自治区关于发挥品牌引领作用推动供需结构升级实施方案》，将“品牌”与区域发展、产业升级、脱贫攻坚等工作和经济社会高质量发展紧密结合起来，系统谋划、统筹推进，全区品牌建设实现了新突破、取得了新进展。

一、主要做法及取得成效

（一）促进产业转型升级，打造优质产业品牌

1. 推动农业品牌争先创优

大力实施特色优质农产品品牌工程，努力打造“枸杞之乡”“滩羊之乡”“甘草之乡”“马铃薯之乡”，做大做强宁夏枸杞、宁夏菜心、宁夏牛奶等区域公用品牌。建设原产地保护基地，建立农产品品牌目录制度，规范公用标识使用。支持龙头企业、合作社、家庭农场等经营主体开展“三品一标”认证、申请注册商标，培育打造一批农业优质企业品牌和产品品牌。累计培育认定特色优质农产品品牌 466 个，其中：绿色食品 306 个，有机农产品 41 个，农产品地理标志 62 个，名特优新农产品 33 个。率先开

通绿色认证快捷通道，建成全国绿色食品原料标准化生产基地13个，建成覆盖全区的农业投入品在线监管和农产品质量安全追溯系统。每两年修订一次全区农产品品牌目录，定期核查更新、有进有出。借助全国农博会、农交会、餐博会、中国品牌日等大型展会平台，开展“宁夏品质中国行”系列活动，汇集区域公用品牌、产品品牌等优势资源，全面展示推介宁夏特色优质农产品。

2. 推动工业品牌增效提质

以提升工业产品质量为主要抓手，推动质量品牌工作扎实开展。制定《工业质量品牌建设工作计划》，指导质量品牌建设工作，认真做好质量标杆遴选、推介和经验交流活动。开展消费品工业“三品”专项行动，建立发展联席会议制度，重点实施品种培育工程、品质提升工程和品牌创建工程，吴忠市利通区2020年创建为西北首个全国消费品工业“三品”战略示范城市。修订《自治区工业企业行业对标奖励管理办法》，更新完善了绿色制造、智能制造、质量提升、技术创新等领域对标贯标的具体内容。在全国率先出台煤炭、电力、化工、冶金、电子信息制造等十大行业智能制造能力成熟度评估细则团体标准，组织开展了新型材料、电子信息、绿色食品等重点产业标准体系制定工作。共享集团被国务院认定为全国7个“双创示范基地”企业之一，西北轴承股份有限公司轨道交通轴承被列为国家工业强基工程示范应用重点方向。积极在媒体上加大宁夏工业品牌的宣传推介力度。

3. 推动服务业品牌升标提档

印发《自治区关于促进服务业加快发展的意见》，提出“加快服务业品牌化发展建设，构建重点突出、特色鲜明、竞争力强、辐射带动效应显著的现代服务业体系”。制定《自治区现代服务业发展“十四五”规划》，将品牌提升工作作为现代服务业发展的七大重点工程之一。创新性开展服务业品牌化示范建设、标准化试点项目建设工作。发挥品牌化、标准化对服务业高质量发展的示范带动作用，引导企业塑造品牌形象、健全品牌管理体系、提升品牌运作能力，推动服务业向品牌化、规范化、专业化方向发展。对评为自治区级服务业品牌化建设企业，给予一次性最高50万元的资金支持。以促进全域旅游和景区标准化创建为抓手，提升旅游景点吸引力。区域旅游品牌标语“来宁夏，给心灵放个假”在央视滚动播出，逐渐为全国人民所熟悉。借助中国滩羊馆、滩羊小镇、宁夏枸杞博物馆等宁夏文化特色场馆，推动宁夏旅游文化与农产品品牌文化融合。借助煤城历史、废旧矿山、生态治理工程，大力保护工业遗产，打造特色工业旅游线路。利用国家电子商务进农村综合示范、自治区电商筑梦计划等项目政策支撑，支持示范县电商公共服务中心建设升级，统筹推进品牌、标准、品质控制等服务。连续三年举办“提振消费信心 引领品牌消费”宁夏主题品牌节活动。

（二）落实质量激励机制，夯实品牌建设基础

以质量强区作为质量工作的总任务，出台《关于加快推进质量强区建设的实施意见》，大力开展自治区政府质量奖培育和评选，树立了一批质量标杆。设立自治区质量奖，制定《自治区质量奖管理办法》，截至2021年底已评选出五届自治区质量奖，对获奖组织和个人并分别给予100万元、5万元奖励，有效引导和激励全区各类组织和从事质量工作的个人加强质量品牌管理，不断追求卓越质量文化，提高质量创新能力，提升质量品牌效应。积极宣传动员5个质量管理有特色、质量提升有成效的优秀组织和有典范作用的组织、3个一线班组、3名个人申报第四届中国质量奖，提升宁夏品牌知名度。共享装备股份有限公司获中国质量奖提名奖，实现了全区中国质量奖“零的突破”。

（三）提升检验检测能力，支撑质量品牌提升

2017年以创新检验检测机制改革为突破口，在全区范围内深入推进检验检测机构改革。整合自治区锅炉压力容器检验所与自治区机电特种设备安全检验所，组建自治区特种设备检验检测院。整合自治区产品质量监督检验院、自治区计量测试院和宁东能源化工基地质量监督检验与计量测试所等3个技术机构，组建自治区计量质量检验检测研究院。坚持精准施策、靶向发力、重拳出击，将“双随机、一公开”监管要求与重点监管、分级分类监管、日常监管、专项监督、信用监管有机融合，严厉打击违法违规行为，推动检验检测行业秩序持续向好。近5年来，共检查各类检验检测机构382家，责令改正112家，查办违法案件5起。重点对2019、2020年“双随机、一公开”监督检查中责令整改的检验检测机构和分级分类评价中被评为C级、D级的检验检测机构以及2020年下半年以后取得检验检测资质认定的新机构开展专项检查。连续三年联合自治区农业农村厅开展农产品质量安全监测技术能力验证，共68家检验检测机构参加此项活动，合格率为96%；2021年组织122家建材和建筑检验检测机构开展能力验证活动，满意率达88%。先后在生态环境监测、机动车领域开展技能大比武，有力地提升了检验检测机构人员和技术能力，为全区经济发展提供技术保障。

（四）加强标准体系建设，引领品牌高质量发展

强化标准组织体系建设，共成立21家标准化专业技术委员会，建立完善了涉及工业、农林牧、建筑等行业的宁夏地方标准数据库，在政务服务、民政、旅游、气象、环保、消防、洗染等行业开展了标准化试点工作。出台《自治区加快推动高质量发展标准体系建设方案》，大力开展“百千万对标达标”和企业“领跑者”专项行动。制定《关于消费品标准和质量提升实施意见》《关于自治区装备制造标准化和质量提升规划实施方案》，推动完善重点领域标准体系建设，助推企业转型升级发展。引导大中型骨干企业积极参与国家标准化和国际标准化活动，主导参与制订国家标准和行业标准55项，宁夏东方钽业公司、宁夏华亿镁业有限公司等企业主导修订的一批标准在全国获奖。针对重点消费类产品和大宗进出口产品，在食品、农产品等领域开展消费品质量标准与国际标准、出口标准的比对工作，对关键技术指标和试验方法进行比对验证，推动实现内外销产品“同线同标同质”。指导中小企业推进标准化体系建设，组织工业企业开展“标准化良好行为企业”创建活动，全区规模以上工业企业产品标准覆盖率达到100%。

（五）实施商标品牌战略，推进商标品牌建设

认真贯彻落实《中共中央办公厅、国务院办公厅关于强化知识产权保护的意见》精神，大力实施商标品牌战略，深入推进商标注册便利化改革，初步形成了“商标政策体系日益完善、商标质效明显提升、商标行政保护更为严格、商标运用效益显著增强”的良好格局。制定《自治区名牌产品推进办法》《自治区名牌产品管理办法》《自治区著名商标认定和保护办法》，329 个产品被授予“宁夏名牌”称号。畅通商标注册渠道，打造公平有序的知识产权营商环境。2017 年在银川和吴忠设立商标受理窗口，同时开通网上申请和委托代理机构申请注册商标，提升注册便捷度，进一步激发了注册商标的热情。截至 2021 年底，有效注册商标 84299 件，比 2016 翻两番。出台《关于推进创新驱动战略的实施意见》，明确“对成功注册地理标志商标、马德里商标和认定为中国驰名商标、宁夏名牌产品的给予一定奖励”，鼓励商标所有人加强知识产权保护和运用。截至 2021 年底，宁夏驰名商标达到 57 件，地理标志商标 30 件。积极组织宁夏品牌参加展会等交流活动，加大对宁夏商标品牌宣传推广力度，扩大自主品牌的知名度和影响力，宁夏及吴忠市地理标志商标工作分别在宁德地理标志商标座谈会及江苏淮安地理标志商标精准扶贫经验交流会上做经验交流；“中宁枸杞”“贺兰山东麓葡萄酒”亮相世界知识产权组织在江苏扬州举办的世界地理标志大会；“盐池滩羊”地理标志商标志精准扶贫案例被中国工商报与原国家工商总局商标局评选为“商标富农和运用地理标志精准扶贫十大典型案例”。

（六）加强行政监督执法，维护公平市场环境

深化地理标志商标保护运用，通过开展调查摸底，全面建立地理标志商标保护名录，为进一步培育地理标志、打造区域品牌夯实基础。积极推进重点产业地理标志商标注册工作，“宁夏枸杞”地理标志证明商标于 2021 年 10 月 7 日获准注册，使“宁夏枸杞”得到《商标法》的有效保护，提升宁夏枸杞品牌知名度、美誉度和影响力。规范地理标志使用管理，制定印发《贺兰山东麓葡萄酒地理标志专用标志使用管理办法》《“盐池滩羊”地理标志证明商标使用管理办法》等规范性文件，指导地理标志证明商标规范使用、加强管理、强化保护。连续3年开展“中宁枸杞”“盐池滩羊”等注册商标专用权保护行动，打击侵犯商标专用权行动，以元旦、春节等重要节日为时间节点，以城乡接合部、农村市场、网络市场为重点区域，以流通领域农资、成品油、汽车配件、家用电器等为重点抽查商品，组织开展打击侵权假冒专项行动。2017—2021年，全区共查处各类侵犯商标专用权案件900余件，罚没金额800万元。

二、下一步工作考虑

（一）发挥特色产品优势，提升农业品牌影响力

紧紧围绕自治区确定的葡萄酒、奶产业、枸杞、肉牛和滩羊、绿色食品等五大农业重点产业，集合区域品牌、产品品牌等优势资源，实施农业品牌提升行动。到2025年，培育做大农产品区域公用品牌，做强农业企业品牌，做优特色农产品品牌，培育农产品电商品牌，全面提升“原字号”“老字号”“宁字号”特色优势农产品品牌影响力和美誉度，进一步增强农业品牌影响力和市场占有率。着力推进农业生产标准化，大力培育品牌农业建设主体。全力打造特色农产品“新三品”（区域公用品牌、企业品牌、产品品牌），提升品牌效益。积极拓展农产品市场营销渠道，提升品牌知名度。加强品牌农产品质量安全监管，做好品牌保障。推动农村电商综合服务平台与国内零售业态建立合作关系，提升品牌影响力。

（二）加强科技标准引领，提升工业品牌竞争力

组织企业参加企业品牌培育示范工作，指导企业学习实践品牌管理体系方法，增强品牌培育能力。鼓励重点产业园区开展区域品牌建设试点示范区，逐步打造一批特色鲜明、竞争力强、市场信誉好的产业集群区域品牌。引导自治区中小企业公共服务平台、中小企业公共服务示范平台（技术类）和服务机构开展中小企业质量品牌服务工作。加快科技成果转化，适时向企业发布推介攻关技术成果，把科技创新真正落到产业发展上。实施百项绿色低碳技术标准制定计划，形成覆盖新材料、电

子信息等重点产业和关键领域高质量发展的标准体系。引导大企业开放各类资源，为中小微企业提供上游产品供给、下游产品需求、产品质量及流程标准等信息支持；鼓励中小企业以专业化分工、服务外包等方式，与大企业建立合作关系，构建产业链上下游协同创新的创新生态。选树链主企业，发布补链项目、产品供需、技术需求目录，组织实施一批产业链协同创新项目和供应链保障项目。综合施策促进工业产品质量提升、品牌建设、产业发展。

（三）立足效率品质改进，提升服务业品牌美誉度

开展区域品牌创建行动、产品品牌创建行动、服务品牌创建行动等专项行动。引导服务业企业走品牌化发展之路，以建设宁夏优势特色标准体系为抓手，着力打造有特色、有优势的服务品牌，加快提高服务效率和品质，提升“宁夏服务”美誉度。以文化旅游产业为重点持续发力，打响“塞上江南·神奇宁夏”品牌，抓好资源整合和产品开发，以景区等为依托，以环线游为载体，串联地域特色文化荟萃形成“文化环”，开发亲子、研学、观光、度假、休闲、康养等多元化旅游产品，推出“文旅+葡萄酒”“文旅+枸杞”新产品，打造特色民宿，推出特色旅游线路。

（四）强化质量品牌建设，优化品牌发展环境

把提升质量作为创建品牌的基础保障，筑牢夯实质量体系。强化计量技术支撑，加强社会公用计量标准建设，提高检验检测能力，推动检验检测仪器设备资源共享。加强质量品牌人才队伍建设，将质量教育纳入干部教育培训内容。引导国家级第三方评价机构对区内质量品牌工作进行定期测评，结合测评结果查找问题，不断提高质量工作水平。积极开展“标准化+”行动，以高标准打造名品牌。实施“标准化+认证”的行业特色质量管理体系认证，提升企业质量管理水平和竞争力。加强质量认证与产品溯源体系建设，推动以地区特色优势产品标准为基础建立国家标准、行业标准，并与国际标准接轨。支持特色优势产业发展，加强品牌培育创建，打造一批拥有自主知识产权、具有较强市场竞争力和知名度的特色品牌企业。利用各类经贸合作交流平台，加大品牌推广力度，积极参展中国自主品牌博览会。鼓励企业实施专利、商标、品牌、版权等知识产权战略，加强品牌保护维权，强力打击侵犯知识产权、假冒名牌产品等违法违规行为，为品牌发展营造良好市场环境。

大力推进品牌建设
助力新时代中国特色社会主义新疆建设
——新疆维吾尔自治区品牌建设工作进展与展望

新疆维吾尔自治区坚持以习近平新时代中国特色社会主义思想为指导，深入贯彻落实党中央、国务院关于品牌发展的决策部署，充分发挥新疆独特区位优势和向西开放重要窗口作用，以丝绸之路经济带核心区建设为契机，全区上下抢抓政策创新的机遇、改革开放的机遇、稳定红利的机遇、人心凝聚的机遇，把质量强区作为转方式调结构的战略举措，大力发展品牌经济，以工业、农业、文化旅游等品牌建设为重点，培育了一系列国内外市场具有较强竞争力的品牌产品，形成了一批自主知识产权和核心竞争力的名优产品、名优企业，为新疆经济高质量发展提供持续动力。

一、品牌建设总体成效

（一）品牌创建和创新培育成果显著

面向中小微企业开展质量提升及品牌培育帮扶活动，累计为50家企业塑造品牌故事。组织申报中国企业品牌创新成果，树立新疆品牌创新标杆。中国电信乌鲁木齐分公司、国网乌鲁木齐供电公司等3家企业4个成果荣获全国产品/服务品牌创新奖。组织企业参与中国质量奖及自治区政府质量奖评选活动，截至2021年底，特变电工股份有限公司新疆变压器厂、新疆蓝山屯河化工股份有限公司、新疆金风科技股份有限公司、新疆众和股份有限公司等4家单位获得中国质量奖提名奖；新疆溢达纺织有限公司、美克国际家居用品股份有限公司、中信国安葡萄酒业股份有限公司、国网新疆电力有限公司乌鲁木齐供电公司、新疆天池管理委员会、特变电工股份有限公司新疆线缆厂、新疆路桥建设集团有限公司等12家单位获得自治区人民政府质量奖。石河子市成功创建全国质量强市示范城市，持续指导吐鲁番市、昌吉市、伊宁市、沙雅县等县市开展创建工作，推动区域质量品牌提升。

（二）农产品品牌评优推荐和宣传推介成效明显

截至2021年底，全区绿色食品、有机农产品和农产品地理标志总数达1970个，其中绿色食品642个、有机农产品1237个、农产品地理标志91个。全区共28个农产品品牌获得了中国国际农产品交易会金奖，414个（次）农产品获得新疆农产品北京交易会金奖，102个（次）农产品获得新疆名优特农产品上海交易会金奖。库尔勒香梨、阿克苏苹果、和田御枣等品牌接连入选“中国百强区域公用品牌”。吐鲁番高昌区哈密瓜、库尔勒香梨、若羌红枣、叶城核桃、鄯善葡萄、英吉沙杏、莎车巴旦木等7个特色农产品优势区成功获得“中国农产品优势区”称号。与京东集团、携程集团在农产品上行、品牌宣传推介等方面合作，2020—2021年线上农产品销售额超30亿元。“和田大枣”“吐鲁番葡萄”等7个地理标志入选国家地理标志促进重点联系指导目录。库尔勒市、精河县入选国家知识产权局确定的50个国家地理标志产品保护示范区筹建名单。

（三）成功打造“新疆是个好地方”和“新疆礼物”特色品牌

1. 着力打造“新疆是个好地方”文旅品牌

全面构建“新疆是个好地方”全媒体传播矩阵，发挥微信公众平台、新浪微博、抖音、头条号、小红书等各类平台属性优势，形成互联网传播集群，达到蓄力传播的效果。近年来，自治区依托传播平台，先后打造“打卡新疆”超级话题、花开伊犁、出发吧新疆、达人西游等系列品牌活动，推出“文物新疆”“诗画新疆”“悦读新疆”等一批群众喜欢看、看得懂、爱参与的专题专栏。截至2021年底，“新疆是个好地方”全媒体平台各类文旅话题全网传播量达到51.6亿人次；“新疆是个好地方”官方微博发布的多部短视频作品获得外交部点赞转发，境外平台Facebook、Twitter账号多次上榜国家文旅部颁布的省级文化旅游单位境外媒体传播排行榜榜单；“新疆是个好地方”百家号、头条号先后多次在百度政务文旅榜、全国省级文旅新媒体传播力指数排行榜、省级文旅新媒体传播力指数排行榜中获得榜首、第五名、第十名的好成绩。

2. 精心打造“新疆礼物”特色品牌

从品牌重塑、标准认证和渠道对接三个方面进行市场化专业运营，统一“新疆礼物”品牌形象。2021年3月成立“新疆礼物”品牌专家委员会，首批专家包括国家级、自治区级相关专家15人；在阿克苏地区、昌吉州等10个地（州、市）完成“新疆礼物”品牌说明会和选品会，初步构建新疆礼物品牌体系；累计对接超过1000家企业，83家企业的第一批优质产品已通过准入，660款单品成为首批“新疆礼物”企业和产品。分别与阿克苏好礼、昌吉礼物、和田礼物、独库礼物、喀什礼物、阿勒泰礼物、哈密礼物、奇台礼物、富裕民间等地区礼物签署联盟合作，为旅游商品品牌发展赋能。

二、主要做法和经验

（一）加强顶层设计，谋划品牌发展

1. 强化政策支持引导

大力实施质量强区战略，自治区先后出台《关于实施质量强区战略的决定》《自治区党委 自治区人民政府关于开展质量提升行动的实施意见》，围绕重点支柱产业、传统优势产业和战略性新兴产业提出落实举措，为质量品牌提供政策支撑。围绕粮食生产功能区、重要农产品保护区、特色农产品优势区建设，出台《2020—2025年自治区推进农产品地理标志品牌建设意见》等文件，指导和推动各地开展农产品区域公用品牌创建。

2. **完善知识产权保护政策体系**

将商标、地理标志工作纳入全区知识产权战略实施和知识产权“十四五”规划，先后印发《2020年自治区知识产权战略实施推进计划》《关于贯彻〈知识产权强国战略纲要（2021—2035）〉的实施意见》《新疆维吾尔自治区知识产权“十四五”规划》。上线“新疆知识产权公共服务平台”，集成网上教育、知识产权运营、维权援助等功能，构建完善知识产权公共服务体系。举办“知识产权服务万里行”活动，开展知识产权服务需求调查，收集各项需求内容并上报国家知识产权局进行备案。积极组织申报知识产权运营服务体系建设项目，乌鲁木齐市2020年获批列入知识产权运营服务重点城市，获得批准支持资金1.5亿元。

3. **做好品牌规范及产品准入工作**

建立健全品牌规划体系，重新对新疆礼物进行品牌形象定位、品牌标识统一、品牌应用规范、产品准入体系建设，与昌吉礼物、伊犁礼物、阿克苏好礼、和田礼物、喀什礼物、哈密礼物、克拉玛依礼物、富裕民间等各级区域公共品牌合作，实现品牌共建、渠道共享、联合推广。

（二）搭建活动平台，加强宣传引导

1. **组织开展中国品牌日等系列活动**

连续5年组织新疆自主品牌企业参加中国品牌博览会活动，展示活动表现形式丰富、宣传范围广、受众人数多，取得强烈的社会反响，新疆展馆受到全国重点关注，2021年线上展馆点击量突破10万频次，提振了企业自主品牌建设的信心决心。连续9年组织开展品牌故事大赛活动，累计参赛作品达500个，累计推荐68个优秀作品参加全国品牌故事大赛总决赛。举办新疆品牌消费万里行暨2021年新疆名优特新产品全国推介会，其间企业签约采购金额超5亿元。

2. **通过电商平台推广新疆品牌**

2019年9月，联合中国电商扶贫联盟，在新疆举办中国（新疆）贫困地区农特产品品牌推介会，达成合作147项，意向金额达4.89亿元。联合阿里巴巴举办2019年丰收节公益直播盛典·新疆专场活动，网络零售额达

2640万元。2020年9月，举办新疆农优特产云会展暨电商直播节活动，同步开展了“新疆农特产品3D全景线上展销会”，直播381场次，实现农优特产交易额1895万元。2021年8月，举办“2021线上（中国）亚欧商品贸易博览会”直播专场·第二届新疆好物电商直播节活动，30家企业100余款产品实现销售额5874万元，其中，直播带货销售额1874万元，企业间对接签约采购订单销售额4000万元。

3. 深化品牌管理和质量管理知识技能普及教育

每年面向企业开展两次全面质量品牌管理普及教育，促进企业品牌管理意识提升。深入开展先进质量管理方法推广活动，面向工业企业广泛传播先进质量管理知识，培养基层质量管理骨干，加大群众性质量管理活动的影响范围，规范企业生产过程，夯实品牌建设基础。启动2020年中小企业质量援助活动，为中小企业无偿提供管理与技术方面的质量援助。

（三）挖掘地标资源，强化品牌推介

1. 充分挖掘特色地理标志商标品牌

开展地理标志商标品牌统计调查，建立地理标志资源库，截至2021年底，全区地理标志保护产品达到39件，地理标志商标注册的数量达90件。规范地理标志专用标志使用，进行地理标志商标品牌注册和专用标志更换，确保企业正常用标。鼓励企业积极申报地理标志专用标志，以标准化促进地理标志产品质量品质提升，截至2021年底，全区共有181家地理标志产品的合法用标企业完成换标，完成率达100%。

2. 强化地理标志宣传和企业品牌推介

组织拍摄《新疆是个好地方——“疆果”味道》宣传片，开展“地理标志助力脱贫攻坚系列直播”，推介地理标志产品。组织编制《新疆农业品牌指导目录》《新疆农产品生产供应企业名录》，开发“品味新疆”App及小程序。积极做好全国名特优新农产品收集登录工作，累计申报名特优新产品124个。开展《新疆特色农业好产品名录》推荐收录工作，首批100个新疆特色农业好产品成功纳入名录。

（四）注重品牌培育，推进质量建设

树立品牌建设先进标杆企业。每年总结品牌建设方面的先进典型案例和经验做法汇编成册，广泛传播推广，对在品牌建设工作中表现突出的企业和个人进行公开表扬。全力打击假冒伪劣产品。举办中小企业扶持政策与打击侵犯知识产权和制售假冒伪劣商品、企业班组骨干、质量管理小组能力提升等培训班，提高企业及消费者对假冒伪劣产品的防范能力。持续开展全国“质量月”活动，组织实施“百千万质量强企工程”，推进标杆示范、中坚提升，加快培育形成新疆特色质量文化和品牌。

三、下一步工作计划

（一）加强品牌宣传，营造良好氛围

做好品牌建设宣传贯彻工作，持续开展中国品牌日、新疆品牌故事大赛、质量品牌发展论坛、品牌农产品推介会等活动，面向全疆企业挖掘品牌故事，丰富品牌内涵，促进品牌与市场全面融合，不断扩大新疆品牌农产品市场占有率。持续推进“新疆是个好地方”文旅融媒体中心建设，围绕新疆文旅品牌打造优质内容生产公共平台。持续对接企业进行优质产品纳入，同步开展优质企业指定联名产销。实施新疆礼物进景区、进酒店、进交通集散地、进商圈、进线上平台“五进”计划，实现公共平台资源链接转化功能。深化农产品市场开拓，充分利用各类农产品推介会、展示展销会、评奖评优活动以及“互联网+”等平台，加大品牌农产品展示展销力度。

（二）加强规划引领，加强体系建设

研究出台自治区农产品品牌建设指导意见，印发实施《2022 年推进“新疆品质”区域公共品牌建设工程行动方案》，推动新疆特色产品质量提升和优势产业高质量发展。以标准化生产引领带动农产品品牌建设，健全农产品质量和食品安全标准体系，推动形成一整套品牌农产品“从田间到餐桌”的全程质量控制标准体系。鼓励和引导新型农业经营主体开展绿色食品、有机农产品、农产品地理标志产品质量认证。强化质量诚信体系建

设，继续开展质量诚信承诺、用户满意测评、信用等级评价等活动，引导企业诚信生产，营造诚信营商社会环境。

（三）加强技术创新，推进品牌培育

加强产品研发技术创新支持力度，创新完善质量管理制度，加大推进消费品工业技术创新和转型升级步伐，不断提升消费品工业新技术、新工艺新产品的创新能力。推进地理标志商标品牌建设，运用地理标志助力乡村振兴。充分挖掘新疆特色地理标志产品，提升商标运用能力，形成更多区域特色地理标志品牌，发挥特色地理标志产品对区域产业的集聚带动效应，助力实施乡村振兴战略。突出培育发展农产品区域公用品牌，以全区“三区三园”规划建设为依托，以粮、棉、果、畜和区域特色农产品地理标志品牌为重要载体，进一步理顺自治区、地（州、市）和县（市）区域公用品牌管理、培育、发展和保护机制，打造一批各具优势的区域公用品牌“新疆名片”。

（四）加强品牌监管，提高意识水平

加快推进“新疆礼物”商标法律保护工作，完善品牌认证登记保护、产品防伪标识使用办法，强化对认证和授权的品牌农产品动态监管，严格落实市场准入和退出机制。加大对品牌经营主体在农产品质量认证、知识产权保护、品牌申报、品牌维护、品牌保护等方面的培训力度，加强农产品商标管理，防止商标恶意抢注和侵权行为，提高商标意识、品牌保护意识和能力。建立产品质量、知识产权等领域失信联合惩戒机制，完善打假协调机制，强化市场监管，依法加大对品牌的保护力度，维护品牌经营主体的合法权益。

（五）加强咨询服务，提供人才保障

探索建立知识产权高端人才引进机制，做好知识产权人才培养，为品牌建设工作提供人才保障。借助行业协会、品牌服务专家库等专业技术团队，增强信息咨询力度，积极开展品牌建设的经验推广和咨询服务。采取远程教育、专题培训等方式，针对生产经营者开展相关培训，培养企业经营者品牌意识，提升创建和发展品牌的能力。

推进“质量强兵团”战略
扩大兵团品牌影响力

——新疆生产建设兵团品牌建设工作进展与展望

新疆生产建设兵团历来高度重视自主品牌创建工作，致力于通过增品种、提品质、创品牌，强化品牌培育扶持，扩大兵团品牌影响力。近年来，兵团积极参加中国品牌日活动，持续推进“质量强兵团”战略，扎实开展质量提升行动，制定出台了相关政策举措，品牌建设工作有序推进，取得良好成绩。

一、品牌建设取得成绩

（一）品牌数量稳步提升

近年来，兵团加快推进自主品牌创建工作，品牌培育意识不断增强，品牌影响力逐步扩大，品牌数量和竞争优势不断增强，品牌创建工作成效明显。截至 2021 年 12 月，兵团有效注册商标数量 10110 件，较 2019 年增长 1.2 倍，辖区内有中国驰名商标 12 件，获批全国质量强市示范城市 1 家，拥有中国农业品牌目录区域公用品牌 2 个、产品品牌 2 个，中国农垦品牌目录产品品牌 6 个、企业品牌 6 个，地理标志农产品认证 38 个，绿色食品认证 98 个。

（二）品牌质量有效增强

深入贯彻实施“质量强兵团”战略，兵团产品质量水平稳中有升，形成了一批品牌形象突出、质量水平一流的现代企业。近年来，兵团先后组织开展了三届兵团质量奖评审工作；推荐5个组织和1名个人参评第四届中国质量奖，兵团建工（集团）有限责任公司荣获第四届中国质量奖提名奖。从兵团各师市来看，一师阿拉尔市成功申报并获批国务院2018年“质量成效突出地方”荣誉称号，与中国纤维质量监测中心设立中国棉花质量提升示范基地，“羊脂籽米”成为新疆首家通过SGS良谷类安全测试的优质大米；二师铁门关市新疆冠农果茸股份有限公司荣获“中国质量诚信企业”，“兵二十四”葡萄酒业五星级干红葡萄酒获得第十二届亚洲葡萄酒质量大赛金奖；第六师铝业公司被工业和信息化部确定为全国工业品牌培育示范企业。

（三）品牌推介进一步拓展

充分利用各类展洽会的平台推介作用，组织企业参加中国品牌日活动、南博会、丝博会暨西洽会、亚欧博览会等各类展洽会，进一步提升了企业品牌知名度，拓展了国内外销售市场。一师阿拉尔新农乳业有限责任公司新农牌和“新农·爱自然”品牌产品，在十六届中国国际农产品交易会被评为“十佳优质农产品”，有机纯牛奶荣获第十六届中国国际农产品交易会参展农产品金奖和中国国际有机产品博览会优质产品奖。二师新疆冠农果茸股份有限公司积极开拓国际市场，面向欧洲、非洲、中东、俄罗斯、日韩、东南亚等主流市场进行布局、销售和产品推广。五师双河市培育创建的“北疆”“灵峪双河”“葡疆果园”等葡萄品牌，不仅远销北京、上海等16个省市20多个地区，还开辟了澳大利亚、东南亚、南非等国际市场，每年出口达3.5万余吨。

（四）品牌知识产权保护加强

兵师团各级相关部门充分结合知识产权宣传周、“3·15”消费者权益保护日等活动，营造品牌保护社会氛围，商标侵权行为打击力度进一步加强，企业商标运用管理行政指导进一步规范。企业使用自主商标和注册商标的积极性主动性不断增强，品牌培育和知识产权保护意识显著提高。截至2021年12月，兵团通过国家知识产权管理体系认证的企业有15家，国家知识产权优势企业19家，国家知识产权示范企业1家。

二、主要做法和有效经验

（一）高度重视品牌培育工作

深入开展“增品种、提品质、创品牌”专项行动，在兵师各级形成了重视品牌、争创品牌的共识。兵团及师市各部门对企业品牌创建的服务意识不断增强，在帮助经营主体做好品牌产品的申报、推荐及辅导工作上能够积极主动作为，加强部门间协调联动，积极向企业提供法规、政策等相关信息服务，相关师市行业部门能够主导推进区域公用品牌创建，积极引导品牌主体实现标准化生产及示范，通过达标授权、统一标识、共建共享、统一推广的模式，强化质量标准，打造知名区域公共品牌。

（二）进一步加强顶层设计

为加强品牌建设工作的顶层设计，兵团先后出台多项政策用于指导推进质量提升和品牌建设工作，制定印发了《“质量强兵团”活动方案（2016—2018年）》《兵团质量奖评审管理办法》《兵团贯彻〈国务院办公厅关于发挥品牌引领作用推动供需结构升级的意见〉的实施方案》《兵团党委 兵团关于贯彻落实〈中共中央 国务院关于开展质量提升行动的指导意见〉的实施意见》《兵团贯彻落实〈国务院关于新形势下加快知识产权强国建设的若干意见〉实施意见》《关于推动农产品地理标志保护商标注册工作的通知》等系列政策文件，进一步完善了品牌培育创建的政策支撑。

（三）加大对品牌创建的支持力度

兵团相关部门以地理标志商标为抓手推动商标品牌建设，积极组织知识产权专家进团场、进专业合作社开展地理标志培训指导活动。持续加大品牌建设资金的扶持力度，投入专项资金支持地理标志商标培育和运用促进工作。组织完成兵团14个师市名优特产品、地理标志产品农产品资源采集，为品牌创建打下了坚实的基础。不断加强品牌建设的兵地合作，积极推动兵地地理标志产品保护和商标使用合作，兵团市场监管局会同新疆维吾尔自治区市场监管局签署了《兵地地理标志产品保护和商标使用合作备忘录》，推动“库尔勒香梨”“奇台面粉”等地理标志商标的兵地共享共用。

（四）积极引导企业加大品牌培育力度

以传统优势产业、高新技术产业、高端装备制造业和战略性新兴产业为重点，以行业龙头骨干企业、特色优势企业为主体，梯次选择一批制造业企业实施品牌企业培育工程。二师铁门关市为提升品牌的知名度和影响力，组织“兵二十四”品牌参加了海口中国首届国际消博会、线上商博会、第十二届亚洲葡萄酒质量大赛、新疆丝绸之路葡萄酒节展会、北京服贸会等展会。八师石河子市结合特色产业产品情况，整合区域农产品企业品牌，挖掘八师石河子市 14 个团场特色农副产品资源，打造八师石河子市“一团一品”品牌集群。

（五）加大品牌宣传和推广

按照国家关于开展中国品牌日活动的部署，2018 年以来组织辖区内 51 家品牌企业参加了中国品牌日活动，引起广泛关注。组织开展了形式多样的品牌培育、质量提升活动、“质量月”宣传活动，举办了兵团商标和地理标志工作研讨大会、“大美兵团——我的品牌故事”短视频征集评选等系列活动。2021 年，兵团宣传部门和行业管理部门统筹兵团主要新闻媒体，全方位、多角度报道兵团质量工作和品牌建设工作成效及典型案例，共刊播刊发稿件 625 篇（条），为全兵团认识质量、了解质量、重视品牌营造了良好舆论氛围。创新营销推广模式，通过各类网络平台引流促销。例如，十二师天润乳业通过微博、抖音等平台，以“对脾气就够了”为主题，发布天润奶啤话题征集活动，邀请用户分享与“对脾气朋友”的故事，向优秀内容创作者赠饮天润奶啤；“对脾气就够了”微博话题上线至今，阅读量高达 6752.6 万人次，互动量达 31 万人次，抖音互动话题播放量累计超过 700 万次。

（六）强化品牌保护和服务

不断加强品牌保护力度，建立完善企业自我保护、行政依法监管和司法维权保障“三位一体”的品牌保护体系。探索建立跨区域联合执法机制，依法严厉打击伪造、变造品牌侵权违法行为。组织开展“知识产权服务万里行”活动，广泛开展知识产权宣传周活动，“十三五”期间共举办知识产权各类专题、提高培训班 32 期，普及培训 45 次，累计培训知识产权行政管理、企业、高校和科研单位知识产权从业人员等近万人次。2020 年，兵团市场监管局联合自治区市场监管局举办了以“知识产权助力企业复工复产 走高质量发展道路”为主题的线上知识产权沙龙活动，组织知识产权线上培训和线上知识产权知识竞赛，累计参与 2350 人。

三、品牌建设下一步工作考虑

（一）积极引导企业培育品牌

进一步优化服务，积极引导企业增强争创品牌的主体意识，树立质量理念，鼓励企业采用国际和国内先进标准，切实帮助企业做好品牌的申报、推荐及辅导工作。紧紧围绕兵团经济社会发展，鼓励各师市立足自身特色条件研究品牌培育规划和品牌发展政策举措，通过自主创新、品牌经营、商标注册、专利申请等手段，培育一批市场影响力较强的知名品牌和知名企业。鼓励行业龙头企业结合自身产业优势和品牌基础，围绕重点产品的资源条件，充分发挥品牌竞争力、市场影响力、品牌发展潜力和对同行业、相关产业的带动作用，加强资源整合，提高争创品牌产品的积极性。

（二）加强区域公共品牌建设

以地理标志商标、集体商标和证明商标创建等为抓手，强化商标使用导向，积极开展商标布局，培育有影响力的知名区域商标品牌。鼓励兵团各师整合区域内商标品牌资源，构建以区域公共品牌为龙头，企业品牌、产品品牌相互支撑的金字塔型品牌体系，发挥品牌集聚效应。围绕兵团优势产业和特色产品，努力将区域公共品牌打造成代表产业集群的知名品牌，完善品牌培育机制。推动区域公共品牌标准体系建设，逐步形成区域公共品牌高质量标准体系，制定相应品牌管理办法，统一规范区域公共品牌标准在创新性、先进性、带动性和责任性方面的基本要求。协同自治区发布区域公共品牌产品目录，引导相关社会团体发布团体标准。鼓励相关行业协会、有社会知名度和行业影响力的企业主导和参与标准的制（修）订，推动满足市场和创新需要的团体标准建设。

（三）推进商标品牌工作体系建设

建立健全商标工作体系，加强部门间协同，形成商标品牌建设工作合力，打造一批有特色、有竞争力的兵团商标品牌。不断完善产品质量监督体系，健全监督信息交流共享机制，提升商标品牌质量。积极引导高校、科研机构、行业协会等服务商标品牌发展。建立兵团特色产品商标和地理标志协调发展机制，加强地理标志商标宣传、注册、运用和服务的保护工作，发挥地理标志区域品牌的引领作用，加快打造“地理标志+商标”的品牌保护和增值模式。

（四）加强品牌营销推介

加强对区域品牌产品展示主题活动、展销中心、连锁店、主流超市、电商平台、产品进景区等多渠道营销网络建设，创新线上线下营销推介方式。依托国内外知名电商平台，鼓励相关师市建立区域公共品牌产品网上商城，打造专业垂直电商平台。依托企业在全国各地设立的销售网点，多形式举办展销会、体验式消费、专业推介会、高峰论坛等主题活动，在全国特别是援疆省市加快建设一批集展示、订货、体验、销售为一体的区域公共品牌产品展销中心、品牌连锁店等，组织区域公共品牌产品整体打包进入主流超市或设立销售专区、店中店。抓住“一带一路”倡议发展机遇，以区域公共品牌形象塑造传播为动力，以认证交流互认为契机，进一步开拓海外市场。

（五）突出特色提升品牌档次

持续丰富品牌产品种类，提高品牌产品质量和档次。加强兵团本土成长型企业培育，借助内地省市对口援疆政策机遇吸引内地优质产业向兵团转移，培育引进一批影响面较广的行业知名品牌。在农业、轻工、食品制造等传统产业领域，探索资源整合，发展壮大龙头企业，形成具有兵团特色的品牌企业；在化工、建材、纺织服装等重点领域，引导企业强化品牌意识，提升产品档次，丰富产品系列，延伸产品服务，打造“兵团制造”知名品牌；在装备制造、生物制药等战略性新兴产业领域，引导企业推行卓越绩效等先进管理模式，提升产品质量和可靠性，积极争创知名品牌。

（六）强化品牌保护力度

严厉打击侵犯知识产权和制售假冒伪劣商品违法行为，打击虚假宣传、商业诋毁品牌等各类不正当竞争行为。加强对区域公共品牌认证活动的监管，实行动态管理机制，确保认证权威性和有效性。建设品牌公共服务平台，强化产品质量提升、研发设计、检验检测认证、金融服务、电商、标准计量、培训咨询、产品质量追溯等功能一体化建设，提供全链条、全方位、全过程的质量服务，为企业提高产品质量、开拓市场、打造品牌提供信息咨询、战略指导、法律援助等服务。营造尊重知识价值的营商环境和市场氛围，让优质的品牌产品、优秀的品牌获得应有回报。

（七）完善配套质量基础设施建设

标准、计量、检验检测等质量基础设施是推动品牌建设工作的重要基础性支撑。针对目前兵团主要工农业产业标准体系不健全、特色优势产品标准水平不高、计量和检验检测能力严重不足的现状，进一步加大投入力度，积极构建“好企业+好产品”的兵团优势产业标准体系，持续改进质量检验检测能力，全面提升兵团标准、计量、检验检测等公共服务能力，为提升兵团经济社会发展水平和品牌创建提供有力保障。

（八）加强人才队伍建设

加强对从事品牌工作的人才培育力度，推动建立完善由职业院校、成人学校、社会培训机构、公共实训基地、技师工作站和行业企业等共同参与的技能人才培养体系，为打造兵团品牌输送一批高素质管理人才、科研人才、设计人才和产业工人。鼓励高校科研院所，开展面向企业的品牌建设研究，支持有条件的高校建设与区域公共品牌发展相关的学科专业，培养专业型复合型品牌人才。

打造“深圳标准·圳品”品牌 壮大品牌经济

——深圳市品牌建设工作进展与展望

品牌是企业乃至国家竞争力的综合体现，代表着供给结构和需求结构的升级方向。深圳作为全国性经济中心和改革开放的试验田，历来十分重视品牌发展，在践行国家战略部署发挥品牌引领作用，推动供需结构升级的实践中努力走在全国前列。

一、品牌建设成绩

（一）企业品牌建设成效显著

1. 商标品牌规模和高水平品牌数量全国领先

2021 年，深圳国内商标申请量 57.5 万件，位居全国第二，仅次于北京；商标注册量 46.4 万件，位居全国第一。“十三五”期间，深圳商标申请量 221.4 万件，商标注册量 140.7 万件，较“十二五”期间分别增长 3.2 倍和 3.9 倍，增速在北上广深中排名第一。根据品牌估值和战略咨询公司 Brand Finance 发布的《2022 年全球品牌价值 500 强》，华为、微信、中国平安、腾讯、招商银行、万科、顺丰、比亚迪等 8 家深圳企业品牌上榜。

2. 品牌影响不断扩大

深圳在服装、钟表、黄金珠宝、家具、眼镜等领域形成强大的品牌优势。深圳服装在中国重点城市的市场占有率超60%，全国高端女装70%出自深圳；全国钟表行业12个中国驰名商标中，深圳占据8个，全国钟表10强企业中深圳有6家；深圳全年黄金、铂金制造加工量约占上海黄金交易所实物销售量的90%；国内一二线城市家具卖场的家具品牌的50%来自深圳及广东其他地区；深圳内衣占据国内内衣高端市场60%的市场份额；深圳已成为全国皮革精品的设计与制造中心；深圳眼镜年产量超1亿副，约占全球高端眼镜产量的50%。

（二）品牌活动形式多样

1. “首店经济”“首发经济”发展迅猛

2020年，知名品牌在深圳开设首店、旗舰店131家。2021年1—10月，深圳新开首店228家，其中全国首店49家，华南首店63家，深圳首店116家，增长74%。巴宝莉全球首家社交零售店、迪奥香水全球旗舰店等重量级品牌店落户深圳。

2. “深圳手信”品牌响亮

深圳结合细分领域头部企业创新产品，打造全新的、能够代表深圳精神的“深圳手信”。华为、优必选、天虹、华大等一批优秀企业的原创产品已加入“深圳手信”。“深圳手信”在深圳机场开设6家专卖店，市内销售网点超过100个，先后在广交会、进博会等重要展会进行宣传推广。

3. “深圳标准·圳品”广受赞誉

深圳推行“深圳标准·圳品”评价体系和深圳标准认证自愿性认证体系。截至2021年底，深圳标准认证发布了60个产品和2个服务深圳标准认证目录，其中在家具、眼镜、智能显示终端等3个行业对全国开放申请，112家企业的222个产品或服务通过深圳标准认证；累计发布“圳品”567个，产品覆盖全国24省96市172县252个基地。“圳品”全链条守护“舌尖上的安全”“打造‘圳品’帮扶新模式 探索消费帮扶新机制”等创新制度，由国家发展改革委向全国推广。

4. “深圳老字号”持续壮大

截至2021年底，深圳举办了11届“深圳老字号”评审会，共计评选出“深圳老字号”247家，涵盖餐饮、酒店、装饰、零售连锁等23大类别，推出光明乳鸽、八马茶叶、格兰云天、水贝珠宝等一批“深圳老字号”品牌。

5. “深圳知名品牌”贡献卓著

2003—2020年，深圳连续开展“深圳知名品牌”评选活动，共评选产生847个“深圳知名品牌”，占全市企业总数的万分之四，销售额合计占全市销售总额的49.82%、纳税额占41.95%、出口额占35.39%，品牌效益明显。

（三）产业品牌集聚效应凸显

知名品牌示范区建设是促进产业转型升级的重要抓手。近年来，深圳市大力推进国家级、省级知名品牌示范区创建工作，逐渐形成了“一区一品”的发展格局，建成罗湖黄金珠宝、南山移动电话、龙岗时尚眼镜、龙华时尚服饰产业集聚区等4个“全国知名品牌创建示范区”。宝安区“工业机器人产业”、坪山区“新能源汽车”、光明区“钟表产业”等围绕“一区一品”策略，加快建设多联式、全链条公共服务平台，涌现出华为、比亚迪、华星光电等一批市场占有率位居全球第一的代表性创新企业以及迈瑞、大疆、深南电路、研祥智能、大族激光等45家在国际市场细分领域排名前三的制造业单项冠军企业或产品，形成明显的品牌“虹吸效应”。

二、主要做法和有效经验

（一）创引领，高标准组织中国品牌日活动

自2017年国务院批复设立“中国品牌日”以来，深圳连续四年高标准组织搭建中国品牌日活动深圳地区线上线下展馆，组织政府和企业代表团赴上海参加品牌博览会，并结合品牌发展实际情况举办深圳地方特色活动。其中，2018年组织创维、比亚迪、大疆、华大基因等28家知名自主品牌和创新型中小企业参加首届中国自主品牌博览会，深圳展区选送的以

“创新深圳 舞动未来”为主题的“优必选机器人集体舞蹈表演”项目作为展会特色活动之一，得到组委会的专题报道及观众的喜爱。2019年，成功举办以“深圳品牌·共赢大湾区”为主题的2019年中国品牌日·深圳站暨第三届深圳国际品牌周活动，全方位展示了深圳品牌建设成果，在全市掀起深圳品牌建设热潮。2020年，因疫情影响，首次举办了以“鹏城万里”为主题的云上2020年中国品牌日深圳分会场活动，设计制作了云上“鹏城万里”深圳品牌虚拟展馆，开设8K超高清显示技术、防疫重点产品、数字娱乐、机器人等四大线上展区，海思半导体有限公司等22家深圳本土优秀企业品牌参与线上展示。2021年，搭建“风华圳茂”线上线下深圳品牌展馆，遴选了29家代表企业参加展馆展示，精心挑选13家代表企业赴上海参加2021年中国自主品牌博览会。

（二）提活力，高水平举办各类展览展会

自2015年连续举办深圳时装周，不断推陈出新，大胆探索具有“深圳基因”的发展之路，打造“中国高端女装展示平台”，发挥时尚要素资源集聚效应，促进产业高质量发展。深圳时装周已和上海时装周、中国国际时装周（北京）形成三足鼎立的良好格局。自2013年以来连续举办9届深圳国际工业设计大展，其中2021年第九届深圳国际工业设计大展以“新栖息地——设计重塑生态原力”为主题，聚焦5G+、数字经济、共享智造等新业态，设置全方位设计服务展区、新兴设计品牌展区、国际设计展区等，吸引来自国内外知名的创新设计机构参展，集中展示来自荷兰、土耳其、日本、丹麦、意大利、英国等国家和地区的6000余件设计精品。

（三）扩影响，调动三方机构宣传推广积极性

支持深圳工业总会举办深圳国际品牌周，深度探讨品牌发展的前瞻趋势、战略路径与创新思辨，成为“中国品牌日”活动的重要分会场。依托深圳工业总会，开展《深圳知名品牌评价规范》团体标准宣贯会、首席品牌官高级研修班，提升深圳企业品牌经营能力。依托深圳市质量协会，举办质量创新与技术成果发表交流活动，推动提升质量创新能力；举办深圳市职工技术创新运动会，鼓励企业开展质量创新、质量提升、质量变革，弘扬工匠精神；举办全国品牌故事大赛深圳赛区比赛，鼓励深圳企业积极创造品牌新价值，打造竞争新优势的故事。委托深圳市质量强市促进会举办食品工业企业诚信体系建设宣贯，强化食品企业主体责任意识，培养食品企业诚信体系管理专业人才，提高深圳食品安全整体水平。

（四）争高端，紧跟国家品牌战略部署

“十三五”期间，深圳积极推动产业集群区域品牌示范区建设，支持传统优势产业实现由“深圳制造”到“深圳创造”的品牌升级，实现传统产业从产业链中低端走向高端的转型升级，打造了一批特色鲜明、竞争力强、市场信誉好的区域工业品牌。深圳服装、钟表、黄金珠宝、内衣、眼镜等五大产业集群已经成为工业和信息化部首批全国产业集群区域品牌建设试点区；其中内衣产业集群成为首批全国产业集群区域品牌建设示范区。此外，根据《深圳市技术改造倍增专项操作规程》规定，对上年度获得“工业品牌培育示范企业”或“全国产业集群区域品牌集聚建设试点示范区”等国家级质量品牌荣誉称号的单位，每个奖励100万元。贯彻落实《中共中央 国务院关于开展质量提升行动的指导意见》要求，深入推进工业质量品牌建设，连续多年支持市质量协会开展深圳质量标杆遴选活动，2016—2021年共有15家企业的典型经验入围全国质量标杆。

（五）强扶持，发挥财政资金杠杆作用

实施质量品牌双提升扶持计划，支持企业开展品牌战略规划、品牌渠道建设、品牌营销推广、品牌国际化与交流合作等项目建设，支持行业协会等机构开展区域品牌规划、形象设计、宣传推广活动和品牌价值评估、品牌专业人才培养等品牌公共服务，提升本土企业品牌知名度及企业的品牌管理水平；对于单个项目，按照不超过上年度申报单位质量品牌提升项目实际投入总费用的30%给予扶持，且年度最高不超过200万元。2021年，制定出台《深圳市工业和信息化局质量品牌双提升项目扶持计划操作规程》，进一步提升资助标准。明确对深圳制造业产品生产和服务的自有品牌企业，以及提供质量品牌公共服务的第三方机构开展的质量品牌建设项目，按照总建设费用的30%给予最高限额500万元的资助，重点支持质量品牌管理体系建设、质量标准创新、质量检测手段提升、品牌营销推广、品牌管理、人才队伍建设等。依托中央外经贸发展专项资金，制定跨境电商企业市场开拓扶持事项支持政策，助力企业打造自有品牌，构建核心竞争力。

（六）促消费，发挥品牌引领带动作用

在总结2019年、2020年两届“鹏城八月欢乐游购”活动经验基础上，于2021年将其升级为为期三个月的“深圳购物季”活动，推出“八月欢乐游购、九月时尚乐购、十月优品嗨购”三大主题，组织全部辖区、100个大型商圈、1500多个品牌，开展600多场促消费活动，参与企业累计实现销售额1060亿元，增长26%。2021年，成功举办第十届中国新消费品牌大会，超过500位来自全国各地的特邀嘉宾参加大会，逾20万业内人士在线参会，邀请新消费领军品牌嘉宾，从品牌发展的战略、文化、营销、供应链以及消费生态构建等多维度分享发展经验。开展“留深过年福礼多多”促消费活动，向消费者送出1100万消费红包。开展“数字人民币春之礼”活动，向市民发放1000万元数字人民币。

（七）夯基础，高质量构建品牌共建大格局

完善深圳质量指数测评与分类指引制度，发挥对各领域质量工作的“导航仪”作用。持续推动智能手表产品、光伏产业等行业质量提升，帮助企业提质量、树品牌。截至2021年底，依托市长质量奖培育质量标杆，从中产生7家中国质量奖、10家广东省政府质量奖，中兴通讯、华大基因获第四届中国质量奖提名奖。大力推进质量基础设施“一站式”服务体系建设，成功入选全国质量基础设施“一站式”服务典型案例。建立全国首个品牌建设公共服务平台——深圳市品牌建设促进中心，为企业提供涵盖品牌培育、建设、管理与评价全链条的服务体系，截至2021年底，连续5年开展500余家企业品牌价值测评工作。截至2022年5月，本土品牌技术机构主导和参与制定品牌领域国家标准18项，推动深圳企业品牌建设与国际接轨。社会组织面向企业需求积极助推品牌建设，如深圳工业总会连续开展深圳知名品牌评价，市质量强市促进会已开展2届“深圳品牌百强”

评选活动；市质量协会成功承办全国品牌故事大赛深圳赛区比赛。

（八）筑堡垒，营造品牌发展良好环境

大力实施商标品牌战略，截至2021年底，深圳获批2个国家知识产权局地方商标受理窗口，建成2家商标品牌指导站，8家商标品牌基地。推动出台《深圳经济特区知识产权保护条例》，严厉打击“傍名牌”、侵犯品牌的违法行为。制定发布《企业商业秘密管理规范》地方标准，成为全省首个公平竞争独立审查机制试点城市，查处深圳市建设工程运输车辆协会等一批垄断和不正当竞争大案要案。创新“人工智能+双随机”事中事后监管模式，改革经验在广东全省推广。建成上线全市统一信用服务平台，成功创建全国社会信用体系建设示范区。2021年，深圳市推进信用监管、智慧监管方面的经验做法得到市场监管总局的肯定。

三、品牌建设展望和下一步工作

（一）以深圳品牌新定位为核心，建立健全深圳品牌评价体系

持续打造“深圳标准·圳品”品牌，加快扩大深圳标准认证产品范围和数量，支持知名国际认证机构开展深圳标准认证，为深圳企业“走出去”保驾护航，为打造知名品牌提供有力技术支撑。建立完善市场主导、国际接轨、价值导向的“深圳标准”“圳品”评价体系，探索更具时代引领性的“深圳品牌”评价规则体系。

（二）以特色品牌活动为引领，构建完整品牌体系

持续打造“首店之城”，支持各类新品首发、首秀活动，吸引知名品牌在深设立首店、旗舰店。出台品牌“瞪羚计划”工作方案，在消费电子、时尚服饰、黄金珠宝、钟表眼镜、美颜美妆、食品饮料等领域培育一批高成长性品牌，做大做强深圳本土品牌。持续打造“深圳购物季”活动品牌，充分挖掘深圳购物的特色和亮点，探索更加多元化的活动形式，全力打造2022年深圳购物季。

（三）以壮大品牌经济为着力点，提升深圳品牌辐射影响力

完善“深圳品牌”培育发展体系，依托商标品牌指导站推动深圳市重

点产业的商标品牌培育工作，促进商标品牌创造与运用，引导注册集体商标、创建公共品牌。积极参与打造“中国精品”行动，推进国家级质量品牌提升示范区创建，增强在更大范围内集聚资源、拓展市场的能力，形成深圳品牌组团式发展、群体性突破态势。

（四）以品牌管理运营为重点，引导企业质量品牌战略升级

推动深圳品牌社会化服务体系和市场化推广机制建设，促进品牌创造和运用，探索品牌融资和资产运营。加强商标品牌培训和质量品牌专业人才队伍建设，提升品牌风险防范和维权保护能力。深入推行深圳品牌产品和服务标准企业自我声明公开和监督制度，建立健全证后监督、业界监督和社会监督一体化的品牌增信机制。

（五）以知识产权保护为关键，优化品牌发展环境

持续推进知识产权领域改革，鼓励品牌企业进行专利申请、著作权登记，进一步提升品牌企业知识产权保护和运用能力。同时，严格落实《深圳经济特区知识产权保护条例》，严厉打击涉及品牌侵权违法行为。坚持制度建设和监管执法并重，不断强化反垄断和反不正当竞争执法。加快信用领域特区立法，健全完善守信激励、失信惩戒的企业和个人信用体系，进一步强化品牌信誉保障。

深入推进品牌强市 打造“品质青岛”名片

——青岛市品牌建设工作进展与展望

青岛是全国最早提出并率先实施“名牌带动、品牌兴市”战略的城市之一。近年来，青岛闯出了一条“品牌产品-品牌企业-品牌产业-品牌经济-品牌城市”的特色发展道路，涌现出以“五朵金花”（海尔、海信、青啤、双星、澳柯玛）为代表的大企业群体，以“青岛现象”为特征的“名家名企”群，形成了工业品牌带动服务业和农业品牌创建、三次产业品牌协同共进的良好局面，塑造了以崇尚品牌、尊重企业家、成就大企业为荣的鲜明城市文化，成就了品牌之都的城市美誉。

一、品牌建设成果

青岛市认真学习贯彻习近平总书记“三个转变”重要指示精神，落实国家和省关于品牌建设各项工作部署，把品牌建设作为转变经济增长方式，促进供给侧结构性改革的重要举措，深入推进质量强市、品牌强市和“标准化+”战略，品牌建设成绩显著。

（一）青岛品牌影响力不断提升

放大以品牌聚群为特征的产业优势，2021 年 3 月，智能家电、轨道交通装备两个产业集群入选国家先进制造业集群，同年 10 月，新能源汽车、电力装备等 6 个产业集群入选全省“十强”产业“雁阵形”集群。2017

年以来，家电及电子信息、软件和信息服务、船舶与海工装备等3个产业示范基地获评五星级国家新型工业化产业示范基地，数量位居全国城市第三位。创新构建“工赋青岛”品牌传播模式，设立“717青岛品牌日”，基于“工赋青岛”的“工赋强国”“1+N+X”模式荣获中国社会科学院“工赋强国奖”。截至2021年底，全市共有中国质量奖1个、中国质量奖提名奖8个、中国世界名牌产品2个、中国名牌产品68个、中国驰名商标123件，中华老字号19个，国家地理标志保护产品6个；全市马德里国际商标注册申请量近2000件，被原国家工商总局和世界知识产权组织授予“中国商标金奖-马德里国际注册特别奖”，品牌总量位居全国同类城市前列。近日在山东省政府发布的首批“好品山东”品牌名单中有26家品牌入选，占全省比重超过九分之一。

（二）产品质量持续提高

在产品质量方面，产品抽检合格率连续5年保持在97%以上，食品评价性抽检合格率达99.5%、药品评价性抽检合格率达100%。2022年，中消协发布的《2021年100个城市消费者满意度测评报告》中，青岛在全国百城消费者满意度测评中位列全省第一、全国第三，成为首批“全国质量强市示范城市”。截至2021年底，即墨区、西海岸新区、莱西市入选全国消费品工业“三品”（增品种、提品质、创品牌）战略示范城市；高速列车研发制造产业、家电电子及船舶产业、海藻生物产业获批全国知名品牌创建示范区。仅2021年，制订修订国际标准、国家标准和行业标准540项，创历年之最，获批建设国家石墨烯产品质量检验检测中心，国家级质检中心达8个。每万人有效发明专利拥有量达到46.8件。

（三）品牌强农成绩斐然

“青岛农品”连续两年进入中国区域公用品牌排行榜前十名。16个品牌入选中国500最具价值品牌，数量超过全省的35%。26家企业荣获“好品山东”称号。新增省高端品牌培育企业84家，总数达144家。截至2021年底发布数据统计，全市知名农产品品牌163个，“三品一标”农产品达到805个，其中国家地理标志农产品54个，位居全国副省级城市首位，“青岛农品”区域公用品牌连续三年进入全国十强。平度市在中国驰名商标“大泽山”品牌的带动下，葡萄种植面积达到12万亩，产值7.15亿元。品牌建设有效带动农业增效、农产品增值、农民增收。据测算，青岛品牌农业产值达到613.68亿元；崂山茶以品牌价值11.2亿元荣登全国茶叶区域品牌价值百强榜；佳沃蓝莓以产值17.8亿元占领国内60%以上的市场份额。

二、主要工作措施

（一）坚持以中国品牌日活动为抓手，提高品牌影响力

1. 精心组织中国品牌日活动

2021年中国品牌日期间，青岛积极遴选组织以“青岛金花”领衔的30多家知名品牌企业和具有发展潜力的中小企业参加中国自主品牌博览会，组织多场颁奖盛典、特色展演活动、企业直播等，精心制作品牌日青岛宣传片，借助地方媒体平台及国内一线重磅媒体的优势和影响力，将青岛品牌推向全国、推向世界。活动期间报道媒体多达80余家，有效浏览量达8000多万，在社会上产生强烈反响，展现了“匠心青岛”的品牌魅力。

2. 打造永不落幕的品牌盛典

将每年7月17日确定为“青岛品牌日”，建立城市级传播IP，通过线下线上综合部署，在全市各重要商业机构、重要场所、重点品牌企业同时展开活动，实现生态引领、IP呈现。2021年，“7·17青岛品牌日”系列活动于青岛浮山湾奥帆中心正式启动，全国工业企业品牌论坛同时举行，来自全国17个省市8个全国性行业协会的负责人出席论坛、参加青岛制造星工场开幕仪式。

3. 开展“品牌之都·工匠之城”为主题的大规模宣传传播活动

近年来，探索建立政府主导参与、媒体专业策划、企业个性服务的平台型传播新模式，海尔、海信、青啤等“五朵金花”领衔100多家新锐企业，集中亮相央视等各大媒体，“以老带新”创品牌、“以大带小”拓市场。2021年，线上线下“精准出击”，线上联合知名电商举办电商青岛品

牌日和直播嗨购季，累计开展直播带货等活动超过 100 场次，直播观看、点赞互动超过 1600 万人次，助力企业实现营销额超过 12 亿元；线下聚焦体验互动，设置青岛品牌体验馆，搭建升级版“青岛制造星工场”，创新举办裸眼 3D 体验活动，迅速成为游客和市民的“网红打卡地”。

（二）坚持全面质量管理，打造“信赖”品牌

1. 持续开展群众性质量管理活动

每年会同市质协、市总工会、团市委、市科协共同举办群众性质量管理经验交流会，表彰年度优秀质量控制（QC）小组、QC 小组活动优秀企业、质量信得过班组、优秀六西格玛项目团队等全市群众性质量管理优秀成果、先进集体和个人，举办优秀成果发表、质量标杆经验交流、质量知识竞赛等多项活动。

2. 积极推广先进质量管理方法

将质量提升与品牌培育密切结合，在各类品牌评选和认定过程中，将采用先进质量管理方法作为评价内容之一，突出标准引领。在工业企业中积极推广先进质量管理方法，开展质量标杆交流学习活动，全市累计有 17 个项目获得全国质量标杆，数量位居全国前列，青岛成为首批“全国质量强市示范城市”。

3. 积极推进标准化工作

支持行业和企业参与国际先进标准制定，以先进标准促进质量升级。截至 2021 年底，全市主导或参与制修订国际标准 97 项、国家标准 933 项、行业标准 735 项，获得国家标准创新贡献奖 19 项。海尔、海信、中车青岛四方等企业主持制定的一批“青岛标准”国内领先、走向世界。

（三）坚持企业主动，梯次培育青岛金花品牌簇群

青岛市从 2019 年出台《青岛市新一代“青岛金花”培育行动方案》起，创新实施新一代青岛金花培育行动，公开遴选 42 家重点培育企业，从科技、人才、信用、组织、政策等全方位赋能，支持大企业“倍增计划”，海尔、海信、青啤、卡奥斯等 18 个青岛品牌入选“中国 500 最具价值品牌”。强化企业主体地位，推动“五朵金花”等第一梯队迭代升级，梯次

培育壮大新一代“青岛金花”等第二梯队，以及专精特新“小巨人”、单项冠军等第三梯队，实现品牌建设由“树标杆”向“建梯队”延伸。

（四）坚持品牌聚群，以品牌优势汇聚产业优势

自2017年以来，青岛围绕家电电子和轨道交通装备2个世界级产业集群和一批国内知名产业集群，深入开展产业集群品牌培育试点和产业链招商攻坚。围绕人工智能产业链关键领域，布局建设一批创新应用示范园区。按照“以大带小、模式复制、协同创新”品牌建设思路，通过“品牌+品牌”式的发展，着力培育“平台+生态、龙头+配套、制造+服务”的新生态，着力做大产业规模、做高产业能级、做优产业水平、做强产业竞争力，着力提升全产业链品牌价值。

（五）以产业“育”品牌，提升优势特色农业发展水平

五年来，青岛实施特色农产品优势区建设行动，引导优势资源向优势区域集聚，高标准打造胶州大白菜、大泽山葡萄等4个特色农产品优势区。实施新型经营主体培育行动，做大做强农业龙头企业、农民合作社、家庭农场三大主体，全市85%以上的农业品牌来源于龙头企业或农民合作社，培育形成黄岛蓝莓、平度大花生、莱西畜产品加工等品牌集群30余个，农产品市场交易总额突破1000亿元。按照国际标准塑造“青岛农品”质量品牌，打造全国首个农业“国际客厅”，承办亚洲农业与食品产业博览会、中国国际农业机械展览会等国内外重量级展会，设置“青岛农品”热销区，推动300多种品牌农产品出海。大力发展“互联网+营销”，农产品新零售年交易额达到90多亿元，打造出“胶味领鲜”“即供”“云山大樱桃”等知名互联网品牌。

三、下一步工作考虑

下一步，青岛市将认真贯彻新发展理念，务实功、出实招，砥砺奋发，着力打造“质量提升、标准引领、品牌驱动、信誉保证”的工作模式，坚持质量第一、效益优先，以实体经济为着力点，全面提高工业产品、农产品等行业质量水平，落实好“好品山东”品牌建设工程，打造

"品质青岛"名片，大力推进质量强市、品牌强市、标准化建设等重点工作，创建全国质量品牌提升示范区。

（一）全面推进各行业领域质量提升

坚持优质发展、以质取胜，发挥质量在供给侧结构性改革中的基础性、支撑性作用，以实体经济为着力点，全面提高各行各业质量水平。一是提高工业产品质量。围绕实施实体经济振兴发展三年行动，推进七大优势产业、十大新兴产业高端化发展。要以技术创新提升产品质量，支持企业加大研发投入，市级科技创新资金投向企业比重达到90%以上，推动规模以上工业企业早日实现研发机构全覆盖。要以设备更新和工艺优化提升产品质量，坚持每年滚动实施500个重点技改项目。要以质量管理提升产品质量，推动大型企业质量管理创新，鼓励企业争创各级政府质量奖、"质量标杆"；实施中小微企业质量管理体系认证提升行动，帮助中小微企业建立有效运行的质量管理体系，提高制造业质量管理水平。二是提高农产品质量。推进农业标准化生产，制定农业地方标准和生产技术规程30项以上，推进农业品种培优、品质提升，加快优质农产品认证。实施农产品生产主体信用评价和农产品达标合格证制度，守牢农产品质量安全底线。

（二）大力加强品牌建设

学习借鉴外地先进经验，大力开展"品质青岛"塑造行动，重点打造"青岛制造""青岛农品""青岛服务""青岛购物""青岛文旅"五大品牌，更好发挥品牌对发展的引领作用。一是振兴传统品牌。发挥好市场和政府作用，进一步振兴"五朵金花"为代表的传统制造业品牌，以及崂山矿泉水、青食饼干等有历史底蕴、有市场需求的经典品牌。支持企业加大技术创新力度，广泛应用新技术、新工艺、新设备、新材料，推进产品更新换代、丰富品种。支持企业提升营销水平，推动品牌与文化创意、时尚设计融合发展，推动品牌年轻化，焕发新活力。二是打造新锐品牌。建立新锐品牌发现机制，聚焦新兴产业，建立新产品和新企业品牌培育库。开展品牌培育试点示范，在研发创新、品牌营销、运营管理等领域选树一批试点示范企业，加大政策扶持力度。加强品牌认证工作，面向企业开展高端品质认证，进一步发挥品牌标杆引领效应。推进“互联网+”品牌打造，通过大力发展直播电商，孵化一批“网红”新品牌。三是提升品牌影响力。结合办好中国（青岛）国际品质节暨国际品质生活博览会，开展好“中国品牌日”“质量月”等活动，依托境内外重点展会平台，用好线上线下各类媒体、各类宣传方式，大力加强品牌宣传推广，不断提升青岛品牌的市场影响力和美誉度。

（三）大力实施标准化建设

只有高标准，才有高质量高效益。一是抢占标准制定的制高点。引导企业更多参与制定国际标准和国家行业标准，每年争取参与制定100项以上国家行业标准，推动企业执行更高的标准，助力产品和服务质量提升。二是扩大标准覆盖面。开展新领域标准预研，在“四新”经济、工业互联网等领域，对相关标准要开展前瞻性研究。推进成熟领域标准制定，在城市现代化治理、海洋城市建设、农业农村现代化等领域，开展团体标准、企业标准和地方标准制定。实施优势领域标准化项目试点，推进已经立项的81项国家级、150余项省级标准化试点项目建设，积极争取获批开展国家标准样品试点项目，不断提升标准化水平。三是积极推进国际交流合作。做好2023年青岛国际标准化论坛的筹备工作。运用好国际标准化培训基地（青岛），加强国际标准的国际培训与交流合作，2022年培训300人次以上。

（四）强化政策保障

一是加强组织领导。充分发挥市质量工作领导小组职能作用，加强对全市品牌建设的统筹组织工作；领导小组办公室要协调推进品牌建设工作，加强品牌政策制定、品牌评审评价、品牌信息发布，实施品牌工作评价，推动各项工作落地落实。二是强化政策支持。进一步发挥好青岛市质量发展专项资金支持作用，统筹推进品牌建设工作。对获得中国质量奖、山东省省长质量奖、青岛市市长质量奖的企业，按规定给予激励。充分发挥青岛市新旧动能转换引导基金作用，支持品牌企业发展和重点项目建设。鼓励金融机构产品和服务创新，向企业提供以品牌为基础的商标权、专利权等质押融资。全面落实支持企业品牌发展的各类税收优惠政策。

实施“质优宁波”“品牌强市”战略
全方位深化品牌建设

——宁波市品牌建设工作进展与展望

加强品牌建设，是立足新发展时代、践行新发展理念、构建新发展格局的重要举措。近年来，宁波市加快实施品牌强市战略，积极营造品牌建设氛围，宣传展示品牌建设成果，扩大本地自主品牌知名度和影响力，切实推动品牌建设引领全市经济高质量发展，助力现代化滨海大都市建设。

一、宁波品牌建设主要成效

（一）品牌数量呈现大幅增长

截至2021年底，全市累计拥有有效注册商标40.11万件，年均增长20%以上，其中，马德里商标国际注册1200件、地理标志58件，均处于浙江省首位。近五年，28件商标被认定为驰名商标，总数达104件，位居浙江省第二。全市累计303家企业获得“品字标”证书468张；各级政府质量奖累计达425家，其中，中国质量奖1家，中国质量奖提名奖3家，浙江省政府质量奖5家，浙江省政府质量管理创新奖4家，宁波市政府质量奖34家，宁波市质量奖创新奖15家。

（二）农业品牌建设成绩喜人

截至2021年底，全市有效期内“三品一标”农产品总量共1662个，面积228.3万亩。其中，无公害农产品1362个，绿色食品277个，农业农村部中绿华夏认证有机食品3个，农产品地理标志登记产品20个。绿色食品生产资料企业2家，全国绿色食品原料标准化基地1个。绿色优质农产品比率在60%以上。与2016年相比，有效期内“三品一标”农产品总量增加35%，面积增加近20%。

（三）工业品牌建设成果丰硕

截至2021年底，全市共入选国家级制造业单项冠军企业63个，连续4年位列全国第一，稳居全国城市之首；累计拥有国家级专精特新“小巨人”企业182家，居全国城市第三位；入围国家重点“小巨人”39家，共获得国家8667万元奖补资金。荣获和继续保持“中国模具之都”“中国文具之都”“中国塑机之都”“中国水表之都”“中国厨具之都”等数十项国家级区域行业品牌称号；宁波模具产业园区投资经营有限公司运营的“模具产业”列入工业和信息化部产业集群区域品牌建设试点产业集群名单。

（四）服务业品牌建设成绩斐然

截至2021年底，全市荣获各级政府质量奖服务业企业累计14家。其中，宁波舟山港集团有限公司获批浙江省首个“中国质量奖”，宁波白金汉爵酒店投资有限公司和宁波保税区市场发展有限公司等企业的商标获得驰名商标保护。2021年，全市有5家金桂品质饭店纳入浙江省首批饭店业“品字标浙江服务”培育企业库，4家企业参评首批“品字标浙江服务”。

二、宁波品牌建设主要做法

（一）强化顶层设计，系统部署推进

“十三五”期间，宁波市政府制定实施《关于深入实施商标品牌战略的若干意见》，围绕商标品牌发展总量和质量、区域品牌发展、品牌发展环境等目标，提出四方面共十项工作任务。制定实施《关于开展全面质量提升行动深入推进“质优宁波”建设的实施意见》，明确品牌建设工作部署。2021年，宁波市政府印发《宁波市国民经济和社会发展第十四个五年

规划和二〇三五年远景目标纲要》，其中，明确“招引一批国内外优质品牌，鼓励国内外知名商业企业在宁波设立全球性、全国性、区域性品牌首店、旗舰店、体验店，提高中高端品牌投放首位度。培育提升一批宁波优质品牌，鼓励和支持老字号企业创新发展，形成一批名企、名家、名师、名品、名街、名区、名景、名吃等。到 2025 年，形成全国知名品牌 70 个以上、省级品牌 150 个以上”等品牌建设要求，并在市商务发展“十四五”专项规划中予以细化。

（二）强化政策引导，助力品牌培育

2017 年以来，设立市级质量提升专项资金，印发《宁波市质量提升专项资金使用管理暂行办法》，修订《宁波市人民政府质量奖管理办法》，明确对“浙江制造”品牌建设、全国知名品牌创建示范区等方面的支持，并将中国质量奖申报动员调研工作纳入市领导议事日程。2021 年，进一步设立市商标品牌战略专项资金，重点支持品牌指导服务站建设、地理标志品牌培育、商标品牌“走出去”、区域特色产业品牌发展、商标公共服务平台建设、商标品牌宣传教育等主要方面；设立市知识产权运营基金，通过市场化方式，用财政性资金撬动更多社会资本服务支持品牌培育与孵化。

围绕全面实施乡村振兴战略实施，制定宁波市地理标志运用促进工作意见，更有效地助力强企富农、助推块状经济发展。基于长江三角洲区域一体化发展国家战略，签订《沪甬一体化推进商标品牌国际化战略合作协议》，签订杭甬、甬舟商标品牌和知识产权战略合作协议，加强品牌建设和知识产权区域合作。

（三）强化宣传推广，营造建设氛围

1. 组织参加“中国品牌日”活动

在国家发展改革委统一工作部署下，从 2018 年起，每年组织全市自主品牌企业参展中国自主品牌博览会，分别以“温馨的家”“智尚甬城”“甬立潮头”等为主题，累计组织雅戈尔、方太、博洋家纺、海伦钢琴、深蓝科技、乐歌等超过 50 家企业参展亮相，实物展出件数约 1000 件，不少都是最新产品或者刚刚研制出来的产品，体现了创新和科技的力量。

2. **打响“宁波购物”品牌**

深入实施“十百万”消费提振系列行动，围绕节庆展会、数字商务、境外回流、民生保障等十大促消费主题，开展百场消费促进活动，带动万家龙头企业参与，做到“月月有主题、周周有活动、区区有响应、行行有惊喜”；提升传统消费能级，举办“宁波车展”、各类美食节、餐饮展、技能赛等促消费活动，加强老字号传承保护，打造宁波市老字号品牌集聚区；做强“首店经济”和“首发经济”，支持国内外知名品牌在宁波设立全国性和区域性的品牌首店、旗舰店、体验店；繁荣发展夜间经济，开展新一轮“六名”品牌评选活动，更新迭代城市消费地图，宣传推介商游公交专线，营造浓厚消费氛围。

3. **强化乡村品牌推广**

每年开展绿色食品宣传月活动，组织发动绿色食品和地标产品进社区、进企业、进超市，让广大居民体验宁波市绿色优质农产品的发展；持续组织参加中国绿色食品博览会、国家地标农产品展览会、农博会等大型展会活动，宣传推荐宁波市绿色优质农产品，已有多个产品如象山红美人、奉化水蜜桃、余姚榨菜等在展会活动上被评为金奖；利用文化科技卫生“三下乡”等活动，进行“三品一标”产品和科普知识的宣传，不断提高农产品品牌公信力和影响力。

（四）强化企业扶持，夯实培育基础

1. **大力培育制造业单项冠军**

自2016年工业和信息化部提出制造业单项冠军企业培育提升专项工程以来，宁波建立梯级培育机制，遴选出527家企业列入制造业单项冠军企业培育库。同时，积极培育专精特新“小巨人”，共有182家企业列入国家级专精特新“小巨人”名单，为打造“单项冠军之城”、培育更多细分领域名企名牌夯实基础。

2. **着力培育服务业龙头企业**

参与开展宁波企业“风云榜”评选，通过服务业“创新之星”、服务业“成长之星”等奖项评选，激发企业发展新动能；加强物流企业品牌梯度培育，通过评优评先、试点示范、政策扶持等举措，推进十佳物流领军企业评选、A级物流企业评级、物流企业“小升规”，形成一批物流服务品牌企业。

3. 有力培育“品字标”区域公共品牌

印发“品字标”品牌建设工作指南，开展“品字标”品牌行业试点，联合技术机构、行业协会，采取“专题培训+一对一辅导+线上专家面对面指导”模式，加强标准制定靶向精准服务，已累计主持制定“浙江制造”标准80项；率先开创“品字标”海外工厂认证新模式，启动“品字标”国际双认证，设立“品字标”网上展厅，“品字标”品牌建设工作始终走在浙江省前列。

4. 聚力培育发展农产品认证

围绕无公害农产品、绿色食品、有机食品和农产品地理标志登记保护产品等开展认证工作，2021年全市新增新认定无公害农产品82个、无公害农产品产地整体认定2个，新增绿色食品认证产品105个，新申报农产品地理标志登记保护产品2个，有机再认证农产品3个。

（五）强化服务指导，提升培育实效

1. 推进品牌指导服务站建设

以星级品牌指导服务站建设为牵总，印发实施《宁波市品牌指导服务站“一站一品”建设实施意见》，制定出台《品牌指导服务站建设与服务规范》《品牌指导服务站星级评价规范》两个地方标准，组织“你点我讲”品牌培训活动90余场，全市有效运作的品牌指导服务站累计152个，关联企业15.2万家，每年评定星级指导服务站40多家，基本实现基层“全网”覆盖，打造品牌指导服务站“宁波样板”，国家知识产权局商标局多次予以批示肯定。以数字化改革为牵引，在浙江省率先开发上线“宁波商标品牌工作平台”应用，嵌入“浙里办”，实现线上线下知识产权全流程一体化服务功能。

2. 推动“品字标”认证推介

启动“浙江制造”双认证、海外认证、“一带一路”国际认证等模式，助推“品字标”企业及产品登上国际舞台；推动5家行业协会制定专项“品字标”培育推进工作方案，实现从企业个体创牌到行业集体创牌转变；发布宁波“品字标”产品品字码，策划“品字标”推广活动，持续加大宁波“品字标”宣传推介力度，扩大宁波优质产品的市场影响力。

3. 实施地理标志运用促进工程

落实《国家知识产权局关于组织开展地理标志助力乡村振兴行动的通知》精神，围绕提升品牌价值内涵、深化产业融合发展、健全运用工作体系、增强运用促进能力挖掘资源等主要方向，指导和推进宁波市地理标志运用促进工程项目申报工作，经国家、省、市级专家组成员审核评议，共4个项目入围。

（六）强化综合施策，做好品牌保护

1. 推进重点商标保护

制定实施《宁波市重点商标保护名录管理办法》，建立线上线下多方合力协同重点商标保护工作机制，首批93件驰名商标已被主动纳入重点商标保护名录，以驰名商标、地理标志、老字号等有一定影响力、容易被侵权的商标为重点，围绕企业发展需求，进一步有效配置监管资源、突出保护重点、体现保护实效，实现商标保护工作新突破。

2. 推进商标专用权保险

全国首创推出“商标专用权保险”项目，为宁波企业的商标品牌提供更加有力的保护支持。将地理标志商标、产业集群集体商标、马德里商标国际注册申请损失纳入保险保障范围，打造“保险+维权+服务”的知识产权保险模式。目前已有5769件商标参加承保，累计保障额度2693万元，理赔立案32笔，结案31笔，理赔合计46.3万元。此项工作得到浙江省政府副省长的批示肯定。

三、下一步工作思路

下一步，以习近平总书记“推动中国制造向中国创造转变、中国速度向中国质量转变、中国产品向中国品牌转变”重要指示为方向，探照国家发展改革委统一部署，紧扣浙江高质量发展建设共同富裕示范区总体要求，聚焦“质优宁波”“品牌强市”战略实施，全方位深化品牌建设。

（一）完善发展规划，积极发挥政策引领作用

立足宁波现实基础和特色优势，深入实施《关于全面深化质量提升行动持续推进“质优宁波”建设的实施意见》，支持企业实施品牌战略，做好高端品牌培育和区域品牌建设，支持行业协会、产业集聚区开展区域品牌创建，推广品牌价值评价，全面开展特色品牌塑造行动，打响一批“宁波老字号”服务品牌，形成一批名企、名家、名师、名品、名街、名区、名景、名吃等。制定印发《宁波市深入实施品牌战略行动计划（2022—2026）》，推进品牌培育、品牌创建、品牌推广和品牌保护“四大行动”，构建品牌产品、品牌企业、品牌产业、区域公共品牌培育发展体系。研究制定商标专项规划，完善宁波市商标创牌、国际注册、品牌运用等方面扶持政策，加大政策保障力度。围绕长三角一体化发展战略实施，推高区域品牌建设工作层次和目标，引导各区县（市）结合区域经济发展及特色产业基础，针对性地细化落实工作举措，力促各区县（市）出台相应配套扶持政策，确保形成全面实施商标品牌战略良好政策环境。

（二）调整创牌思路，探索商标品牌培育路径

主动对接宁波市经济高质量发展规划，培育优势产业及符合当前扶持方向的细分行业、重点企业，强化对企业具体“创牌、用牌、护牌”工作指导。围绕制造业服务业发展，支持企业创国内国际知名品牌，继续支持优势产业龙头企业、行业协会注册集体（证明）商标等，引导产业链上下游开展商标资源整合和品牌联合，支持培育特色产业品牌或区域公共品牌，提升区域经济创业创新发展的核心竞争力。引导全市企业质量争先，加强中国质量奖和省奖培育和精准辅导，总结提炼各级政府质量奖获奖单位先进质量管理方法，大力推广先进质量文化和优质品牌培育，激发各行各业追求卓越。

（三）强化宣传推广，全方位营造品牌建设良好氛围

继续做好年度“中国品牌日”活动组织和参展工作，以共同富裕示范区建设、碳达峰碳中和推进、两业融合试点示范等为重点，聚焦重点产业集群、标志性产业链、单项冠军企业、专精特新小巨人企业等培育，引导更多企业品牌亮相全国舞台。充分利用“4·26”世界知识产权日等时间节点，举办新闻发布会、发布品牌发展报告、开展专题公益讲座等方式，以及利用各类媒体资源和渠道，宣传宁波市品牌建设成果，激发全社会重视品牌建设的积极性，提高政府质量奖、“品字标”、驰名商标、地理标志、区域品牌等品牌建设能力。继续开展重点商标保护、打击侵权假冒行为、“品字标”宣传活动、老字号品牌宣传等活动，为宁波品牌进行推广与宣传。

（四）整合有效资源，创新推进指导服务工作

充分利用“国际品牌科学院”评价平台，落实落细工作举措，加大宁波市企业及产业品牌孵化培育、品牌价值提升、品牌影响扩大等工作力度，进一步营造品牌建设良好环境，推动中高端品牌加快增长。实施品牌指导服务站标准化建设。不断提升宁波商标受理窗口服务质量和水平，在产业集聚区、特色小镇、专业市场等区域推出“流动受理窗口”服务，夯实商标注册申请量和注册量持续大幅度增长的基础。继续加强地理标志跟踪指导，打造一批高溢价的地理标志品牌，适时召开地理标志品牌大会，探索标志产品品牌产业发展路径。推进“品字标”品牌提质扩面，强化早谋划，早培育，早动员、早跟进、早获证。

（五）突出品牌保护，强化商标品牌维权力度

继续深化商标权保险工作。分层分步推进商标保险覆盖面，推进针对中小企业商标和地理标志保护保险保障项目。引导运营中心加强和第三方机构的合作，提升服务能力。进一步落实“双随机、一公开”执法工作，探索商标印制企业、商标代理机构等信用监管工作，从源头上防止商标侵权行为发生，不断净化市场竞争秩序。

精心打造“大器连成”品牌
全方位助力“两先区”建设

——大连市品牌建设工作进展与展望

大连是一座向海而生的城市，是一座开放包容充满活力的城市，是辽宁沿海经济带高质量发展主引擎，拥有全国文明城市、质量强市示范城市等多项荣誉称号。多年来，大连市深入实施品牌战略，推动质量强市，精心打造“大器连成”品牌，助力加快建设产业结构优化的先导区和经济社会发展的先行区，当好辽宁全面振兴全方位振兴“跳高队”。

一、品牌建设工作取得的成效

截至2021年底，大连市共有中国名牌产品20个，辽宁名牌产品184个，大连名牌产品275个，辽宁名牌产品数量位列全省首位；建有瓦房店市“全国轴承行业知名品牌创建示范区”和金普新区“全国生物医药和数字技术产业知名品牌创建示范区”3个国家级品牌示范区，拥有“中国轴承之都”“中国互感器之都”“中国西装名城”等5个省级知名品牌示范区；大连还拥有首届中国质量奖提名奖企业1家，辽宁省省长质量奖企业18家，大连市市长质量奖企业35家。全市经认定的老字号企业共12家，其中包括大商集团、群英楼、大仁堂药房等3家中华老字号企业，共庆园食品、长兴岛酒业、康德记门诊、益昌凝糕点、红塔罐头、糯米香食品、盐化集团海湾盐、普兰店新金猪、庄河御圣园酒业陈香酒等9家辽宁老字号企业。围绕质量兴农、绿色兴农、品牌强农，打造推广一批优质特色农产品区域公用品牌，共有地理标志农产品63个，占全省总数约40%；以“大连”冠名的地理标志农产品共15个，大连大樱桃、大连海参、大连苹果、辽参和庄河蓝莓5个区域公用品牌入选《中国农业品牌目录》，“大连海参”整体品牌价值在全国水产类地理标志产品中排名榜首；“大连大樱桃”“金州大樱桃”“瓦房店大樱桃”入选中国十大好吃樱桃品牌；“大连海参”“大连大樱桃”获批国家农产品优势区。

二、推动品牌建设的主要做法

（一）以质量建设为核心，筑牢品牌发展根基

1. 建立工作长效机制

出台了《大连市名牌产品管理办法》《大连市名牌产品奖励办法》等一系列文件，从政策层面加强对品牌建设的扶持。印发了《关于开展质量提升行动推动质量强市建设的实施意见》，构建了以品牌领军等为核心要素的高质量发展保证体系。

2. 增强企业核心竞争力

在加强品牌建设的过程中，对拥有核心竞争力的重点企业进行品牌培育，联合企业、社会第三方，全方位进行帮扶指导，指导企业建立品牌创建机制、提供公共检测服务，鼓励企业积极采用国际先进标准、技术与设备，引导企业追求卓越绩效，不断增强企业核心竞争力，形成以发展促品牌、以品牌推发展的良性循环。

3. 创新品牌评价机制

不断创新大连名牌产品评价机制，完善评价体系，规范评价程序，重视标准水平，建立起了以消费者认可和市场竞争力为基础的名牌产生机制。主动学习上海等国内先进地区经验做法，修订了《大连市市长质量奖管理办法》，在申报条件、评定程序要求、奖项设置、奖励资金等方面进行调整，增加奖项设置类别数量，健全完善评价组织机构及程序，扩大和

提高资金奖励的范围和额度。积极引导和推荐大连优秀本土品牌企业参加辽宁省品牌价值评价活动，五年来共推荐瓦房店轴承集团有限责任公司等85家企业参与品牌价值评价，进一步展示大连品牌。

（二）以发展区域公用品牌为重点，推进农业品牌建设

1. **加大资金投入，激发展会经济效益**

“十三五”以来，组织农业品牌企业参加展会、推介会、节庆等大型活动99场次，投入财政资金近2000万元。参加北京国际优质农产品交易会，拓展了以北京为中心的京津冀首都经济圈；参加中国品牌日活动、上海进口博览会、新春大联展、上海中食展等，拓展了以上海为中心的华东经济圈市场；举办大连海鲜中国行·长沙站、郑州站活动，大连海鲜品牌以河南为突破口，走向中南地区；举办中国樱商大会·大连大樱桃推介会、参加辽宁优势农产品推介会，重点宣传大连大樱桃、大连海参等优势特色农产品。截至2021年底，大连大樱桃销售占北京新发地市场销售樱桃总量的1/3，大米、裙带菜、辣根、杂粮杂豆等优质特色农产品出口量位居全国首位，禽肉、水果、水产品出口量位居全国前列，供港冷冻禽肉占香港冷冻禽肉产品市场的60%以上。

2. **利用网络平台，开拓更广泛市场渠道**

为促进农产品销售，不断加强线上农产品宣传推介工作，与京东、天猫等大型电商平台合作，打造大连大樱桃网络樱桃节、大连海参春捕节等节庆活动，组织大樱桃、海参大户、电商与京东平台对接；邀请头部主播宣传推介大连优势农产品。在大连首届直播电商选品大会、中国直播大连之夜等活动中邀请百名主播现场联袂开启“大连海鲜通达全国”直播活动；组织全国11个省市年销售额亿元级的渠道商、平台方、供应链及中高档社区团购服务商组成的“采购团”，助推大连企业加快进入国内主流市场。大连品牌农产品网络推介系列活动以网络直播带货的形式宣传、推介大连大樱桃、大连海参、大连扇贝等地标农产品，先后开展了7场网络直播活动，网络观看人数超过100万人次。

3. **加大宣传力度，营造良好发展氛围**

着力宣传农产品区域公用品牌，连续多年在中央1套、2套、新闻频道等多个频道播放大连大樱桃、海参广告总计2000余次；在辽宁卫视投放大连大樱桃、大连海参广告200余次；在《农产品市场》、今日头条等媒体、杂志投放扉页广告，策划、制作大连海参宣传片；在新华网、人民网、央视网、大连日报、大连新闻等国内各类媒体进行宣传报道300余篇。

4. **加强重点产品培育，推进农业品牌建设**

编制《大连市农业品牌目录》，与中国农村杂志社合作刊发《大连农业的品牌建设》特刊，介绍了全市地理标志农产品。制定印发了《关于加快推进农业品牌建设的实施方案》，重点打造大连大樱桃、大连海参、大连苹果、大连裙带菜、大连红鳍东方鲀、大连鲍鱼、大连紫海胆、大连栉孔扇贝等产业，真正让好品牌带来大市场、高效益。

（三）以创新为动力，做强做大工业品牌

1. **加强政策支持，助推品牌建设**

先后制定出台了《大连市消费品工业“三品”专项行动工作方案》《大连市消费品工业“三品”专项行动资金管理办法》，鼓励消费品企业增品种、提品质、创品牌，推动消费品行业转型升级。2018—2021年“三品”专项行动共支持品牌建设和产品的宣传推广项目50余个；支持企业品牌培育和提升项目20余个；支持企业参加消费品类专业展会项目350余个。

2. **搭建宣传平台，提升品牌影响力**

发挥大连国际工业博览会主场优势，对外广泛推介宣传“大连制造”“大连创造”“大连服务”“大连品牌”。举办中国（大连）服博会展会，提升品牌知名度。2021年服博会期间，组织了中国纺织服装行业“大连发布”、2021中国（大连）纺织服装产业融合发展大会、辽宁省纺织服装大会、第六届艺术与时尚融合科技创新学术论坛以及设计师沙龙活动等多项活动；同时举办2021大连时装周，其中2021大连时装周（秋季）举办50余场时尚发布活动，累计到场观众约1.5万人，线上观看人次200万余，全网传播总量超5000万。

3. **发挥行业协会作用，培树“大连制造”品牌名片**

充分发挥行业协会熟悉专业、了解行业、贴近企业的优势，聚力打造“大连制造”品牌名片。大连木业行业协会统一以“大连造”为品牌标识，组织行业重点出口企业参与国内顶级专业展会，取得了丰硕成果。2021年，在受到疫情冲击的背景下，大连木业行业协会搭建了“大连木业品牌运营平台”，注册了以“大连造”为依托的行业自主品牌“宜木艺家”，以大连舒迈克地板制造为引导，整合“木作大家居”生产销售平台，在国内顶级设计展（设计上海、设计北京）两个展会上备受关注。

（四）以培育大连“老字号”为抓手，打造服务消费品牌

1. **挖掘培育大连“老字号”品牌**

出台《大连市促进老字号改革创新发展的指导意见》，不断挖掘老字号资源，组织推荐大连老字号认定，积极推进老字号品牌企业发展。注重老字号企业的品牌提升，通过优先推荐老字号企业“走出去”参加各类展会，向社会和广大消费者广泛宣传老字号的品牌形象，先后组织老字号企业参加了沈阳特展会、大连消博会、南京消博会等国内展会。

2. **打造“大连礼物·大连名品”特色商品品牌**

2019年，成立了“大连礼物·大连名品”开发领导小组，制定了“大连礼物·大连名品”开发方案，推动提升特色商品及馈赠礼品的品牌文化内涵。大连市旅游集团作为“大连礼物·大连名品”特许运营商，组织了“大连礼物·大连名品”LOGO设计、门店设计、包装设计，并在国家知识产权局注册成功。截至2021年底，经专家评审，已有221种产品成为“大连礼物·大连名品”。首批“大连礼物·大连名品”专卖店完成选址，首批“大连礼物·大连名品”产品已在上海进博会、辽洽会、大连轻博会上精彩亮相，广受好评。

3. **打造大连消费节庆活动品牌**

2018年以来，连续举办大连购物节活动，打造大连消费节庆活动品牌。大连购物节在繁荣市场、拉动消费、展示品牌、提升能级等方面发挥了积极作用，成为集中展示商业企业形象、经营服务、品牌商品和管理水平的重要平台，成为商旅文体会跨界联动、线上线下互动的城市品牌节庆活动。2018 年以来大连购物节系列节庆活动已举办 4 届，其中 2021 年举办了 2021 大连乡村消费节、2021 大连品牌故事大赛、2021 大连品牌节、2021 大连国际消费品牌博览会等，开展了品牌故事大赛、自主品牌成果展、品牌大连发布、自主品牌高峰论坛等活动。

（五）以中国品牌日活动为平台，重点推介自主品牌

1. 高位推动、精心策划品牌日活动

大连市委、市政府高度重视中国品牌日系列活动，把中国品牌日活动列入市政府年度工作，成立由常务副市长任组长的中国品牌日活动专项工作组，印发《大连市中国自主品牌日活动组织实施方案》，建立工作联动机制，以每年的中国品牌日活动为平台，打造“大器连成”特色地方展馆，树立大连品牌形象，提升大连品牌价值，进一步推动大连品牌建设工作。2021 年 5 月 10—12 日，按照高规格、高质量、高水平的品牌日工作要求，以“大器连成”为主题，搭建线上和线下展馆，从城市、行业、企业三个品牌维度，着力宣传大连制造、大连氢能、大连软件、大连旅游、大连购物；严格遴选参展品牌企业，积极主动帮助企业讲好品牌故事，引导企业利用好品牌日活动的国家平台扩大品牌影响力，遴选大连华锐重工、冰山集团等 37 家自主品牌企业进行宣传展示，其中 18 家自主品牌企业在上海展览中心参加了线下展示。

2. 广泛开展品牌日活动宣传

2021 年中国品牌日活动期间，中国发展网公众号、学习强国、人民网、新华网、头条等新媒体对大连品牌日活动相关的 10 个短视频进行全媒体推送，国家发展改革委微信公众号发布了大连品牌日活动的总结性报道。全媒体公开报道宣传，进一步宣传了大连城市、行业品牌整体形象，扩大了自主品牌企业的知名度和影响力；同时进一步凝聚品牌发展社会共识，增强品牌发展意识，传播品牌发展理念，营造品牌发展氛围。

三、下一步推动品牌建设工作考虑

在推动品牌建设工作中还存在以下问题：一是品牌建设工作还未形成多部门合力；二是“品牌企业”或“品牌产品”缺少评定或认定标准和依据；三是从组织参加中国品牌日活动实践来看，虽然企业积极参与展示活动，但企业遴选还是以政府部门邀请为主，参展企业获得感、积极性有待进一步提高。下一步，大连市将围绕以下几个方面推动品牌建设工作。

1. 健全推进品牌建设政策措施

积极探索品牌工作的规律，充分发挥好市场的决定性作用，更好地发挥政府指导作用。出台支持品牌发展的指导意见，协同市场监管、工业和信息化、农业农村、商务等部门，建立和完善推动品牌发展的工作机制，设立品牌发展专项资金，支持成立品牌发展行业协会。探索建立依托第三方机构、按照国家标准的企业品牌评价和遴选制度，打造以品牌建设推动大连经济高质量发展的战略布局。鼓励企业通过出口转内销应对疫情影响，开拓国内市场，努力走出一条具有大连特色的品牌发展道路。

2. 创新谋划品牌日系列活动

利用好“中国品牌日”活动这个国家级平台，高标准谋划主会场展示活动，创新开展地方特色活动，加大大连品牌宣传力度，提高大连企业争创品牌的积极性，增强企业的品牌荣誉感，牢固树立质量第一、效益优先的意识，营造重质量、树品牌的社会氛围。引导支持大连自主品牌企业参加中国品牌日活动和其他重点展会，提升大连品牌影响力和知名度。

3. 激发企业品牌创建的主体作用

引导和激励企业积极参与人才培养、品牌培育、先进质量管理等一系列工作，进一步激发企业发展内生动力，持续提高品牌管理水平，增强核心竞争力，推动大连本土品牌高质量发展。提高企业对本土品牌的自我保护意识，强化对本土品牌的知识产权保护，为扶持大连本土品牌改革创新营造良好的知识产权保护环境。

品牌建设引领“厦门智造”“厦门创造”

——厦门市品牌建设工作进展与展望

厦门品牌，因改革而兴，因开放而强；与发展同步，与时代同行，见证厦门经济特区创新的活力和匠心的魅力。近年来，厦门市坚持把品牌建设作为创造高质量供给、促进国内消费、推动高质量发展的重要抓手，不断加大品牌培育力度，积极引导企业注重品牌建设、品牌培育，增强品牌竞争力，加快建设质量强市，全市质量水平和品牌优势持续提升。

一、品牌建设成绩

“十三五”以来，厦门市成功培育了一批质量品牌标杆，共有厦门航空 1 家中国质量奖企业，厦工机械、科华数据、美亚柏科等 5 家福建省政府质量奖企业，厦门会展集团、盈趣科技等 2 家福建省政府质量奖提名奖企业，天马微电子、长塑实业等 18 家厦门市质量奖企业。商标有效注册量达 49 万件，其中中国驰名商标 120 件，地理标志商标 4 件。

（一）制造业品牌显示度持续增强

电子信息、机械装备、生物医药、新材料等制造业领域品牌培育成果突出，在多个细分领域拥有“隐形冠军”，市场竞争力不断提升。在电子信息行业，宏发继电器在全球市场占有率稳居第一；法拉电子是国内最大的薄膜电容器生产商，全球市场占有率居前三；弘信电子是国内柔性电子行业领军企业，市场占有率位居国内前列。在机械装备行业，金龙汽车依托智能网联、5G技术打造全国首台“阿波龙”无人驾驶电动巴士，技术处于全国一流水平；科华数据连续多年保持中国UPS国产品牌市场占有率第一；厦船重工具有自主知识产权的汽车滚装船，在国际航运市场上被誉为“厦门型”。在生物医药行业，万泰沧海研发了国内首支获批宫颈癌疫苗馨可宁®、全球唯一获准上市戊型肝炎疫苗益可宁®；国控星鲨是国内知名鱼肝油、维生素制剂生产企业；金达威是全球最大的辅酶Q10生产企业；大博医疗已成为全国骨科植入类医用耗材领域龙头企业。在抗击新冠肺炎疫情期间，厦门市50多家生物医药企业开展防疫产品研发与生产，成为国内新冠肺炎检测试剂出口的重要基地。在新材料行业，厦门钨业拥有完整钨材料产业链，“金鹭”牌钨合金和“虹鹭”牌钨丝产品获得国家重点新产品，钨丝占国内市场份额前列，硬质合金产品产销规模为国内前列；当盛新材料创新运用闪蒸法特种材料工艺生产制造防护服。此外，厦门市积极推动水暖厨卫、消费品、运动器材、服装服饰等优势传统产业的品牌跨越升级，例如在厨卫行业积极探索新材料应用，产品不断迭代升级，行业年均增速30%，拥有金牌厨柜、瑞尔特卫浴等知名品牌，金牌厨柜连续9年夺得“中国房地产500强首选厨柜品牌”，瑞尔特卫浴产品远销亚欧美70多个国家。

（二）消费业品牌影响力持续扩大

1. 电商品牌发展势头迅猛

厦门是国家批准的第三批跨境电商综合试验区，电子商务发展势头迅猛。传统行业积极运用电子商务实现转型升级，便利店实现多业态跨界合作，云展示、云对接屡见不鲜，农贸市场升级为智慧菜市场。厦门市积极打造国内网络零售和电商直播新高地，多维度促进电子商务和直播经济高质量发展，拥有厦门跨境电子商务产业园、厦门中达电商园、厦门（海沧）电子商务产业园等多家国家电子商务示范基地，以及美柚、欣维发、雨果网等多家电子商务代表性企业。

2. **家政品牌领跑优势明显**

厦门是全国32个家政服务业提质扩容“领跑者”行动重点推进城市之一，家政服务业在全国行业的引领作用凸显，众多知名家政品牌位列全国一线，拥有好慷在家、小羽佳、孔雀河、好邦伲、金德佳等多家综合性家政龙头企业，以及从事搬家的蚂蚁，从事月嫂的齐邦、孕育年华，从事老年护理的金圣元等专业细分龙头企业。好慷在家辐射全国30多个一、二线城市，小羽佳、孔雀河业务延伸至全国20多个大中城市。

3. **生活类品牌表现抢眼**

厦门生活类品牌的发展壮大，满足了人们对美好生活的向往和消费升级的需求。燕之屋24年专注高品质燕窝，以创新工艺驱动燕窝行业革新提速，已发展成为燕窝行业头部企业；铂爵旅拍深受当下年轻人喜爱，成为中国旅拍领军品牌；元初食品是厦门本土成长起来的食品公司，旗下拥有多项自有品牌，致力于成为“健康三餐提供者”。

4. **老字号品牌焕发青春**

厦门拥有一批耳熟能详的老字号消费品牌，为保护老字号“立法”，增强老字号品牌认证和保护的法律基础。2018年7月，厦门市启动“厦门老字号”认定核定工作；2019年6月，吴再添、黄则和、古龙、银祥等112家企业通过评审，被认定、核定为“厦门老字号”。厦门老字号的认定和核定规范了老字号管理，使老字号管理走上了正规化的轨道；同时也激发了老字号企业热情，焕发了老字号企业的青春。厦门老字号协会搭建云上商城“遇见老字号”，积极帮助老字号企业拓展线上渠道，实现“老字号一网购天下”，同时，妙吉祥、八宝丹等老字号入驻改造升级后的中山路。

（三）乡村品牌美誉度持续提升

2017年以来，通过组织生产经营主体参加农业展会、产销对接会、农产品推介会，充分利用各种媒体媒介，讲好品牌故事，传递品牌价值，扩大优质绿色农产品品牌影响力，促进农业质量效益竞争力全面提升。培育特色鲜明、质量过硬、信誉可靠的农业品牌，拥有福建省名牌农产品品牌

8 家，市级重点龙头企业 55 家。厦门茶叶旗下的“海堤茶叶”凭借优质的产品和可靠的信誉，屡次登上国家级会议殿堂。华祥苑厦门儒士馆成为第 32 届、第 33 届、第 34 届中国电影金鸡奖颁奖盛典系列活动贵宾接待点。中绿食品旗下中绿“长粒香米”2021 年被评为第二十四届中国农产品加工业投资贸易洽谈会优质产品。安井食品深耕速冻食品领域，成为行业龙头企业，在速冻火锅料市场品牌中最受大众欢迎，市场份额占比约 45%。

（四）国企品牌价值持续提升

厦门市加大国企在商贸物流、地产物业、生产制造等方面的品牌培养力度，强化企业品牌展示，提升品牌价值。“十三五”期间，建发集团、国贸控股、象屿集团等企业名列世界 500 强，市属国企中有 8 家企业名列“中国服务业 500 强”，11 家企业名列“厦门 100 强”，4 家企业入围“中国 500 最具价值品牌”榜。建发集团实现了从特区建设初期的招商引资窗口到年营收与资产规模双超 5000 亿元的大型企业集团的蝶变，在供应链运营、城市建设与运营、旅游会展、医疗健康、新兴产业投资等领域发展迅猛；国贸控股集团精耕供应链、城市建设与运营、消费与健康、金融与科技四大赛道，带动一批高能级项目、优质项目落地厦门，实现招大引强新突破；象屿集团践行产业化投资与专业化运营，打造全产业链综合服务，建成覆盖全国、连接海外的网络化物流服务体系；夏商集团是全国为数不多的拥有多块中华老字号“金字招牌”的集团企业，包括“黄金香”“淘化大同”“好清香”等。

二、品牌建设主要做法

（一）加强组织领导

市委、市政府高度重视品牌质量建设，将质量工作摆到重要议事日程，市政府成立由市市场监管局、市发展改革委、市工业和信息化局、市商务局、市国资委等多个部门组成的质量强市工作领导小组，统一领导、协调全市质量强市工作，强化政府质量工作考核。每年的品牌日活动成立由常务副市长任组长的工作专班，各相关部门各司其职，密切配合，形成合力。

（二）加强品牌引领

出台《关于发挥品牌引领作用推动供需结构升级的意见》《关于开展质量提升行动推动质量强市建设的实施意见》等系列文件，持续完善质量奖励制度，深入实施政府质量奖滚动培育与发展滚动培育计划，对计划名单内的企业进行动态调整，进行分阶段重点培育。修订发布《厦门市质量奖管理办法》，持续优化评价机制，创新专家随机抽取公证制度、过问和干预评审工作记录报告制度以及评审员多维度评价体系。加大分级培育和重点帮扶力度，对厦门市质量奖、中国质量奖提名奖、中国质量奖分别给予150万元、200万元、300万元一次性奖励，对福建省政府质量奖、福建省政府质量奖提名奖分别给予100万元、50万元一次性奖励，引导全市企业改进质量管理、创建优质品牌。

（三）加强政策供给

出台标准化建设、品牌建设等扶持激励政策，设立产业转型专项资金，引导企业争创驰名商标、全国质量标杆以及工业和信息化部工业企业品牌培育示范、工业企业知识产权运用标杆示范企业。编制《厦门老字号保护发展规划》，谋划、指导老字号企业加强品牌的传承、保护和创新，促进老字号的改革创新发展；出台《厦门市加快发展流通促进商业消费若干措施》支持在厦首发新品，设立品牌首店、旗舰店、体验店；市国资委将质量品牌工作成效列为国有企业负责人年度绩效考核重要指标。

（四）加强企业服务

每年组织企业首席质量官任职资格培训和继续教育，以及各类质量管理培训，邀请省内外知名的质量、品牌、管理专家授课，夯实质量人才队伍理论基础。以计划名单内的企业为重点对象，根据自愿申请原则，组织质量管理专家和行业专家开展企业现场诊断，通过系统性和科学性的梳理，为企业的管理经营提出改进建议，每年为企业反馈建议300余条。以质量奖获奖企业为典型案例，组织管理方法交流、生产现场观摩、创奖经验座谈等各类经验分享活动，推广优秀企业的先进的质量管理方法；通过各类媒体、各类渠道宣传质量奖获奖企业及其成功的经营管理经验，树立质量标杆，推广品牌理念，营造“比、学、赶、超”的氛围。

（五）加强知识产权保护

打造跨区域知识产权保护协作平台，与厦漳龙三地法院签订知识产权司法保护协作协议，成立闽西南创新企业法务知识产权司法保护联盟。建立跨部门知识产权保护协同平台，与厦门自贸委、市市场监管局、市文旅局、厦大知识产权研究院共建厦门知识产权司法协同中心，动态聚合行政单位、调解组织、行业组织、科研院校等参与协同保护。打造全链条知识产权保护服务平台，设立全省首个自贸区跨境电商知识产权基地服务站、知识产权司法保护厦门火炬高新区工作站，加快海丝中央法务区建设，为企业提供涉诉风险防范指引、纠纷诉前化解绿色通道服务等。建立老字号品牌价值动态评估体系，量化老字号无形资产价值并依法确认所有权。完善老字号标识使用规定，确保老字号企业规范使用老字号标识。通过专利申请、商业秘密保护等方式对老字号独有产品配方、工艺、服务等实施知识产权保护。

（六）积极组织开展中国品牌日活动

认真遴选参展企业、精心设计展馆、策划地方活动、宣传推介品牌，自2018年起累计组织100多家次优秀品牌企业参展，通过线上线下集中展示，推动打造品牌影响力、企业产品竞争力的良好氛围。在中国品牌日活动期间，定期举办“厦门质量品牌故事大赛”，200多家次企业以自身亲历的品牌故事进行跨界交流，分享各自在质量管理、品牌培育及品牌文化积淀方面的经验和做法，共同打造厦门自主品牌良好形象。如2021年“厦门质量品牌故事大赛”共有53项作品参赛，吸引了140余名各界企业代表到场观摩。此外，为不断强化品牌示范作用、提升品牌质量意识，厦门市常态化举办各类质量品牌主题报告会、标杆企业经验分享会、品牌建设和质量提升现场推进会，累计已有2000余家次企业参加。

三、下一步工作考虑

以习近平总书记致厦门经济特区建设40周年贺信精神为引领，坚定不移推进质量强市、标准强市、品牌强市工作，以品牌建设引领高质量发展超越，为率先实现社会主义现代化奠定坚实的品牌基础。

（一）打造质量强市

围绕实施质量变革、推动质量提升、优化质量治理、升级质量基础设施等重点方向，制定厦门市未来5年质量发展工作方案，强化质量强市工作组织部署。继续深入实施质量品牌培育与发展滚动培育计划，动态调整企业培育库实施分阶段重点培育。加强质量宣传，促进企业牢固树立质量第一的强烈意识，推行最严格的企业质量首负责任制，推广先进质量管理模式方法，建立全员、全过程、全方位的质量管理体系，推进企业高质量发展。及时总结质量提升“项目制”的成功经验，精选典型品牌案例形成汇编，开展经验交流分享，营造质量提升“比学赶超”的良好氛围。

（二）提升企业服务

强化质量基础设施“一站式”协同服务。持续推进“市级服务大厅+区域服务基地+基层服务工作站”三级质量基础设施协同服务网络建设。主推实施中小企业质量提升工程，组织技术机构和专家团队，实施重点领域质量诊断和质量监测分析，定制开发服务套餐，开展企业需求调研，开展专项精准服务活动。根据企业自愿申请原则，组织行业专家开展企业现场诊断，通过系统性和科学性的梳理，为企业的质量品牌管理提出改进建议。深化“e鹭协同”一站式服务品牌建设。以企业、产业、区域需求为导向，持续打造多维度融合服务生态场景，进一步释放更加便捷、更低成本、更高效率、更趋完善的协同服务效能。

（三）加大品牌宣传

积极组织企业参加中国品牌日活动，持续提升品牌日参展办展质量，优先遴选具有一定自主创新能力、实用性、新颖性的产品参展，加强企业品牌文化提炼，增强观众现场体验感。继续开展卓越绩效系列交流活动，以质量奖获奖企业、品牌培育示范企业等为典型案例，通过座谈交流、现场参观、专家点评等多种形式，以质量标杆的成功经验鼓励各类企业和组织积极采用先进管理方法，传播先进质量文化。举办好“质量月”活动，坚持以质量促进发展活力、以质量增进人民福祉，强化部门联动，进一步将质量月打造成重要的质量宣传平台、交流平台、展示平台和推进平台。继续组织厦门质量品牌故事大赛，为企业提供跨界交流的平台，提升厦门品牌影响力，促进厦门自主品牌“走出去”。

行业篇

HANGYE
PIAN

中国机械工业品牌建设工作进展与展望

“十三五”以来，为贯彻落实《中共中央 国务院关于开展质量提升行动的指导意见》，机械行业积极行动起来，在营造重质量创品牌的行业氛围、落实企业质量主体责任、加强质量品牌建设、提升产业技术基础能力，实施共性质量问题攻关及培育产业集群等方面开展了相关工作，取得了显著成效。

一、品牌建设的工作成效和经验做法

“十三五”初期我国机械工业规模已稳居世界第一位，机械工业结构调整工作取得了很大进步。主要产品产量居世界同行业的前列，其中60%左右接近或达到世界先进水平，15%～20%掌握了核心技术。机械工业产品质量不断提高，涌现出一批国际和国内知名的品牌。机械行业以振兴国民经济支柱产业为目标，贯彻落实国家相关工作要求，结合行业特点每年制定品牌培育的相关工作计划。“十三五”以来，机械工业质量品牌主要围绕营造重质量创品牌的社会氛围、落实企业质量主体责任和诚信体系建设、加强机械工业质检工作体系、机械工业计量工作体系、机械工业品牌战略推进体系、机械工业质量品牌人才培训体系建设以及提高产品质量水平等开展工作。从各年来看，2016年为机械工业质量品牌建设年，培育机械工业优质品牌产品和质量诚信企业。2017为机械工业质量品牌提升行动年，表彰了93个机械工业优质产品和39家质量诚信企业。2018年是改革开放40周年机械工业发展成果展示年，遴选了193个杰出产品和97位优秀工匠。从2019年起以推动机械工业高质量发展为目标将质量品牌系列活动常态化，到2021年底培育机械工业优质品牌140个，机械工业质量品牌领军人物43位，为推动机械工业质量品牌建设，营造重质量创品牌的行业氛围起到积极的作用。

（一）引导企业发挥质量品牌建设主体作用，推进质量品牌文化建设

营造重质量创品牌、高质量发展的社会氛围是行业协会的主要任务。通过举办全行业的质量品牌建设活动，引导企业落实质量主体责任，推进质量诚信体系建设，杜绝恶性竞争、侵犯知识产权等违法行为。发布行规行约，按行业、地方和区域经济地区开展产品质量和服务质量自我声明，接受社会监督，加强行业自律。强化企业法定代表人的质量安全首要责任，树立优秀企业家典范。鼓励精益求精追求卓越，大力弘扬工匠精神，开展选树机械工业优秀工匠活动。形成全行业重质量、创品牌、尊工匠的氛围。

（二）试点建立产品质量分级制度，倡导优质优价的市场竞争机制

质量和品牌是制造业综合实力的集中反映，是制造强国的核心竞争力。为提升我国机械产品的质量水平和品牌影响力，改变机械产品“高端缺乏，中低端过剩”的现状，在部分行业和产品试行质量分级，力争实现优质优价。遴选技术质量较为成熟且量大面广的典型产品开展质量分级等试点。在工程机械领域选取装载机、推土机、挖掘机，在工业车辆领域选取叉车，在通用零部件领域选取紧固件类的螺栓、螺母以及基础件领域的轴承、齿轮为试点产品。依托组织相关技术机构（标委会、质检机构）制修订产品质量分级标准，参照现行的产品国标、行标，在合格要求的基础上，依照检测数据积累，提高产品指标限值和试验考核要求，制定发布中国机械工业联合会团体标准。

（三）完善质量和品牌活动推进平台

中国机械工业品牌战略推进委员会（品推委）是机械工业质量品牌活

动的领导机构，负责组织实施全行业的质量品牌建设工作。品推委积极响应国家各项质量品牌号召，在全行业每年组织大型质量品牌推进活动。

（1）在质量月期间组织行业的大型活动，营造氛围。2016 年召开标准化与质量提升大会，2017 年召开质量提升行动年表彰大会，2018 年召开改革开放 40 周年纪念大会，将质量品牌活动推向高潮。

（2）积极组织推荐企业参与中国质量奖评选，总结提炼先进质量管理方法。先后推荐了 30 多家企业，其中上上电缆获得三次中国质量奖提名奖。

（3）组织企业参加品牌价值评价工作，共推荐了 100 多家企业参加中国品牌建设促进会的品牌价值评价活动。

（4）先后在农机、工程机械、内燃机等行业开展质量兴业活动。

（5）积极向工业和信息化部推荐制造业单项冠军示范（培育）企业和单项冠军产品，共推荐和评审了数百家企业，100 多个企业或产品被评为单项冠军。

（四）完善质量和品牌标准体系

在《品牌价值评价 机械设备制造业》、《机械工业产业集群区域品牌认定管理办法》和《机械工业名牌产品管理办法》等相关标准和办法后，2018 年发布《品牌培育管理体系实施指南 机械设备制造业》行业标准并在行业内组织宣贯推广，提升企业的品牌培育能力。

（五）强化质量技术基础建设，夯实质量服务支撑能力

近年来，标准、计量、检验检测和认证认可作为质量技术基础的重要组成部分受到工业和信息化部和有关政府部门的高度重视。

1. 完善检验检测技术保障体系

截至 2020 年底，机械行业已设立产品检验检测机构、计量测试机构 249 家。各行业质检机构在业务范围、检测能力等方面都有了一定的发展，投入资金对实验室进行增建、扩建和环境设施全面装修改造，扩大检验中心检验能力，开展新检验项目。这些投入增强了质检机构在检验市场的竞争能力，为提高质检机构的检测能力和水平奠定了坚实的基础。

2. **完善计量科技创新与服务体系**

工业和信息化部行业计量技术规范的制定发布工作，解决了机械行业的一些专用计量器具的校准方法统一问题，有力支撑了行业质量技术基础。到2021年机械行业共立项120项校准规范，已经由工业和信息化部发布了4批共78项，解决了高压大电流、汽车驾驶安全、新能源汽车、轴承、原材料、磨料磨具等行业的专用仪器设备校准和量值溯源工作。

（六）开展质量信誉和质量诚信承诺活动，健全质量信用评价机制

宣贯《企业质量诚信管理实施规范》国家标准，引导企业发布质量信用报告，进行产品质量自我声明和质量信誉承诺。逐步建立健全行业诚信自律档案，推动国家信用体系建设。授予公开进行质量承诺、市场表现突出的企业"中国机械工业质量诚信企业"称号。到2021年底共授予86家企业"机械工业质量诚信企业"称号。

（七）健全质量和品牌人才的培养机制

以机械工业品牌战略推进委员会、机械工业质检机构联络网、汽车摩托车检测联盟、全国工业产品生产许可证机械产品审查部、全国机械汽车专业计量技术委员会、机械工业理化检验人员技术培训和能力评价委员会及数控多轴培训联盟等为平台，提高质量技术服务能力，形成了培训、诊断、辅导等质量提升服务平台，开展各类品牌专业人才和质量技术人才的培训，以适应质量提升对各级各类人才的需求。"十三五"期间，开展《中国制造2025》质量提升人才培训，培养各类数控操作人员，掌握数控一体化解决方法，共计8000多人次。开展机械工业理化检验人员及承压设备理化质控系统责任人员培训，严把原材料质量关，行业和地方共培训了上万人次。特种设备设计审核人员培训，提高质量风险管控能力，共计培训600多人。质检机构和实验室认可评审员培训，规范实验室管理，共计培训评审员近500人次。开展品牌经理培训，提高企业品牌培育综合能力，共计培训100多人次。机械汽车计量校准人员培训，共计200余人次。

（八）实施产业集群质量品牌提升行动

机械工业四十多年的高速发展，形成了多处特色鲜明的产业集聚区域，这些特色区域与产业的发展形成了互动关系：行业的发展带动了产业集群区域经济的形成；产业集群区域经济的发展又强力推动了机械工业的产业链完善和行业优化提升。中国机械工业联合会为推动机械工业产业集群的科学健康发展，从2003年开始进行机械工业产业集群区域品牌认定工作，制定发布了《机械工业产业集群区域品牌认定办法》，到2021年底已对47个地区授予产业集群称号，其中“十三五”期间发展7个产业集群。绝大多数集群在地方政府的大力支持下取得了跨越式发展，集群不断壮大，结构日趋优化，产业链日益完善，品牌效应不断增强，在地区经济发展中起到了支柱作用。

（九）实施关键共性质量技术攻关行动，提升产品可靠性水平

依托工业转型升级资金，组织行业有关重点企业、科研院所、大专院校、技术机构联合承担了2018年产业技术基础公共服务能力提升和行业质量共性技术推广项目——工程机械可靠性提升项目及关键液压元件可靠性提升和换热器关键零部件焊接质量控制、诊断与工艺提升等项目。通过项目实施，分析典型故障和失效模式，建立典型作业工况和特殊工况的载荷谱集成测试方法和技术规范，制订了一批产品质量技术评价标准规范，搭建工程机械可靠性远程监控系统和工程机械整机可靠性大数据共享平台，提出工程机械产品可靠性提升的系统解决方案，形成企业可靠性应用报告，实现产品平均故障间隔时间（MTBF）指标提升10%以上。组织应用推广活动，成立专业团队指导企业开展可靠性提升项目。针对关键液压元件产品的典型失效模式和失效原因进行理论分析，在已有失效案例库的基础上，对企业三包数据进行整理分析，建立关键液压元件失效模式、失效案例数据库平台。针对关键液压元件可靠性共性质量技术问题，形成可靠性设计仿真分析及可靠性试验验证能力，提出可靠性设计及共性质量问题解决方案。

二、品牌建设面临的形势和问题

机械工业产业关联度高、产业链长、带动能力强、科技含量高。当前我国机械工业仍存在的突出问题：产品结构不合理，核心技术缺乏，高端产品和关键零部件主要靠进口；中端不强，自主品牌优势不明显；低端产能过剩，市场低价竞争显著。产品的一致性、稳定性、可靠性差，产品品种不全，成套性差。产业结构不合理，出口产品以劳动密集型为主，技术主导性较少；产业集中度低，中小规模企业居多，具有国际影响力的企业少。在机械工业产品质量方面虽然有了很大提高，但与发达国家相比，仍然有明显差距：一是国内产品在性能、功能上基本能够达到国家及行业标准，但发达国家仍占有明显的优势；二是关键零部件和配套件产业发展滞后，部分关键技术及零部件仍主要依靠进口，成为制约行业质量提升的瓶颈；三是在质量安全、共性技术研发方面仍存在明显的问题，制约了我国装备产品的国际竞争力；四是机械工业质量管理的理论、理念引进较早，但在应用实践中发展不平衡，滞后的现象仍比较突出。

三、品牌建设的下一步工作考虑

“十四五”时期，机械工业要继续深化实施品牌战略，培育机械工业优质品牌产品，提升产品形象和市场竞争力。以提高制造业质量和效益、推动质量变革为目标，加强全面质量管理，深入实施质量提升行动，不断提高产品和服务质量。提高企业质量主体责任意识，推行先进的质量管理方法及理念，健全企业全过程质量管理。强化精益生产理念、倡导“工匠精神”，培养一批专业、专心、专注的专家和技术工人，深耕细作、精益求精。加强行业公共质量技术服务平台建设，大力加强关键整机和零部件可靠性、系统集成可靠性的研究。

（一）持续优化机械工业质量品牌发展环境

营造重质量创品牌、高质量发展的社会氛围是行业协会的主要任务。行业协会继续以行规行约作为行业自律、诚信经营的规范，引导企业承担质量主体责任。弘扬优秀企业家精神和工匠精神，开展选树优秀企业家活动，树立重质量创品牌的企业家榜样。继续开展选树机械工业工匠活动，形成全行业重质量创品牌尊工匠的氛围。

（二）推动诚信体系建设

积极配合政府部门，加强对重点行业的监测，为政府的监管出谋划策。开展企业信用等级评价活动，完善行业自律规约，创建行业诚信氛围。

（三）总结推广一批质量与可靠性解决方案

落实《工业和信息化部关于印发2020年机械装备可靠性提升工作方案的通知》，开展机械产品可靠性解决方案应用和推广研究。在首届机械行业产品质量创新大赛成功举办的基础上，每年定期举办大赛，以大赛为切入点，筛选出一批可靠性水平高、技术先进、一致性好、产品适应性强的自主创新优质产品和优质企业，向社会进行广泛宣传推广和推荐，满足高端用户对于机械工业高质量产品的市场需求。提炼总结并推广应用一批优秀的可靠性解决方案，梳理制定可靠性相关标准，全面推进提高机械产品可靠性水平。

（四）推动重点产品质量分级评价

在工程机械、基础零部件等行业试行开展产品质量分级评价活动，继续扩大行业研究制定产品质量分级标准，探索建立质量分级发布机制和采信机制，倡导优质优价，激发企业质量提升的动力。

（五）推进质量管理数字化

落实《工业和信息化部办公厅关于印发制造业质量管理数字化实施指南（试行）的通知》精神，在重点行业研究质量管理数字化管理方法并推广。中国机械联联合上海电缆研究所和中国物品编码中心初步建成了电线电缆质量管理与分析平台。平台经过近一年的试运行，已为河北、贵州、湖南、四川、福建、安徽、江苏、浙江等8个省份的20余家线缆企业提供了基于Ecode标识的线缆产品生产、流通全生命周期的产品质量追溯服务，累计发放Ecode编码2280万。“十四五”期间将继续推广电线电缆质量追溯方法，积极推进线上线下一体化监管，全力推进智慧市场监管平台建设。结合中国机械联团体标准《电线电缆生产企业质量信用评价规范》的发布实施，破解监管力量不足与监管手段滞后的难题。

（六）提升行业质量基础支撑能力

标准、检测、计量和认证认可是质量技术基础的主要组成部分，中国机械联具有行业标委会、质检机构、计量技术委员会等多个质量基础公共平台，并且根据产业发展的需要不断发展完善平台体系。

（七）充分发挥行业质量平台作用

充分利用机械行业多个质量平台，为质量提升和品牌建设提供优质服务。开展重点行业和产品的质量品牌状况调研，从标准、性能、可靠性等方面与国际先进产品比对，提出缩小差距的意见建议。组成企业、质检机构和大专院校联合体开展共性质量问题攻关，攻关成果以公益形式为企业服务。

（八）加强优质企业培育

培育机械行业领军企业、单项冠军、“专精特新”企业，产业集群区域品牌，发布优质企业上榜目录，发挥标杆企业的引领导向作用。

中国石油和化工行业品牌建设工作进展与展望

中国石油和化学工业联合会高度重视石油和化工行业品牌建设工作，全面贯彻落实习近平总书记关于品牌建设的重要指示批示精神，按照党中央、国务院品牌建设工作部署要求，积极发挥“质量兴业”活动载体平台优势，宣传推广品牌理念和管理方法，讲好企业品牌故事，引导企业走品牌发展道路，持续推动行业品牌战略实施，行业品牌建设工作深入、长效、常态化开展。

一、品牌建设的做法经验和工作成效

（一）以讲好企业品牌故事为着力点，营造行业品牌发展良好氛围

为营造行业品牌发展良好氛围，提升石油和化工企业品牌意识，塑造行业品牌发展新形象，2015 年在业内组织了“首届石油和化工企业品牌故事征文比赛活动”，产生了较好反响。近年来，持续开展了石油和化工企业品牌故事征文比赛活动，每年 5 月 10 日“中国品牌日”开始组织企业申报品牌故事作品，据统计，已累计收到企业选送故事作品 1100 多篇，评选出优秀故事 400 多篇。每年通过国家石油和化工网、中国化工报、微信公众号等媒体平台，专题、专栏宣传报道获奖优秀故事。通过持续开展和深入宣传，该项活动已受到广大企业及社会各界的关注和喜爱，参与热情

持续高涨。在每年举办的“我最喜爱的企业品牌故事”大众网络投票环节，总浏览量、参与投票人数都保持较高数量。2021 年活动的总浏览量达到 33.8 万次，参与投票人数近 10 万人次，使更多人领略到了企业品牌发展背后的感人故事。

征文内容每年坚持与时俱进，彰显时代特色，2020 年，为了弘扬伟大抗疫精神，在征文内容上新增了“讲述企业积极响应党和国家号召，助力打赢疫情防控和有序推进复工复产，以实际行动彰显新时代企业责任担当的感人事迹”等方面的内容。包括：获得全国抗击新冠肺炎疫情先进集体的中国石化燕山石化合成树脂厂的《半月建成一座厂 彰显速度与担当》、获得中央企业抗击新冠肺炎疫情先进集体的中国化学第十六建设公司援建雷神山医院突击队的《在“大疫”中书写“大义”》等作品参加征文活动，并获得本届征文比赛的一等奖。2021 年，紧紧围绕庆祝中国共产党建党 100 周年活动，在征文内容上进一步突出了“讲述身边共产党员‘不忘初心、牢记使命’，尽职尽责，以实际行动践行誓言，在平凡的工作岗位上努力拼搏、积极奉献，为企业增光添彩的先进事迹和动人故事”等方面的内容。同时，结合“双碳”，新增了讲述企业增强绿色发展内生动力，加快构建绿色制造体系，推动绿色低碳转型，助力实现“碳达峰、碳中和”的做法和典型案例等方面的内容，取得了较好效果。最终，延长油田股份有限公司七里村采油厂选送的《一家三代党员传承百年初心》等 115 篇作品被评选出为第七届石油和化工企业品牌故事征文比赛获奖作品，中国海洋石油集团有限公司、湖北兴发化工集团股份有限公司、陕西延长石油（集团）有限责任公司、青海盐湖工业股份有限公司、中国中化控股有限责任公司、中国化学工程集团有限公司等六家单位荣获优秀组织奖。

（二）以推广实施品牌培育管理体系为抓手，提升企业品牌培育能力和绩效

为引导企业加强品牌管理，持续提升品牌培育能力和绩效，2017 年在工业和信息化部的统一部署和指导下，申请立项了《品牌培育管理体系实施指南 石油和化学工业》行业标准制订计划。牵头组织有关专业机构和企业共同起草编制了《品牌培育管理体系实施指南 石油和化学工业》行业标准（HG/T 5326—2018），对于指导石油和化工企业建立系统、有序、稳健和高效的品牌管理机制具有重要意义，该标准于2018年4月30日发布，并于同年9月1日正式实施。2019年，在第三个“中国品牌日”来临之际，在工业和信息化部的指导下，还联合机械、钢铁、轻工等八个全国性行业协会共同向全国工业界发出了“加快培育壮大工业品牌倡议”，倡导坚持科学培育品牌，推动企业品牌培育能力和品牌竞争力同步提升。品牌培育管理体系实施指南行业标准发布实施以来，为便于企业准确理解、掌握和使用此标准，相继在山东、北京等地组织了多期标准宣贯活动，累计有400多家企业参加集中培训学习。相关标准知识的宣传推广和学习应用，为中国石油天然气集团有限公司、中国石油化工集团有限公司、中国中化控股有限责任公司等广大企业加强品牌管理提供了有力支撑和方法指导。具体成效如下：

中国石油天然气集团有限公司坚持以持续构建和不断完善品牌工作体系为抓手，自上而下加强品牌建设工作顶层设计和统筹谋划，推动品牌全企业管理。早在2004年，中国石油就专门成立了品牌管理委员会，2011年在此基础上又成立了社会责任管理工作委员会，党组领导任主任，总部部门、专业公司领导任委员，负责品牌建设和社会责任的顶层设计和统筹部署。通过不断优化主副、母子品牌关系，持续完善品牌架构体系，逐步建立了油气业务以“宝石花”品牌标识为统领，非油气业务以个性化形象出现的“统一规范、特色鲜明”的中国石油品牌架构体系。因品牌建设工作成绩突出，2016年中国石油荣获国务院国资委2013—2015年任期“中央企业十大品牌建设优秀企业”，2019年中国石油入选国务院国资委确定的首批10家创建世界一流示范企业。

中国石油化工集团有限公司加强谋划和推进品牌建设，不断推动品牌工作组织机构建立健全。目前，中国石化已经成立以公司主要领导为组长的品牌管理领导小组、总部挂牌成立品牌部，52家所属企业设立了企业品牌管理领导小组，有效保证了组织管控力和支撑保障力不断提高，上下一体，初步建立起“单一母品牌为主+少量优质子品牌为辅”的品牌架构，形成了母子品牌协调发展的品牌架构体系。“中国石化品牌架构管理实践”被国务院国资委评为中央企业品牌建设最佳实践，在国务院国资委组织开展的“中央企业品牌建设工作对标评估”考评中，中国石化品牌建设能力位居中央企业第一名。

中国中化控股有限责任公司由中国中化集团有限公司和中国化工集团有限公司联合重组后成立，为重塑新公司品牌，新公司成立之日就正式发布了全新的“牡丹花”品牌标识，相继完成了《中国中化品牌管理规定》等系列品牌管理制度的修订和正式发布，构建起“公司-二级公司-三级公司”的三级品牌管理机制，夯实了新公司品牌管理的制度基础。同时，综合考量原有品牌资产和架构模式，以及“十四五”期间公司发展战略及定位，根据公司业务整合方案，确定了新公司品牌架构模式。

（三）以品牌价值评价发布为牵引，持续增强企业品牌影响力和竞争力

为引导石油和化工企业加强品牌建设，持续增强品牌影响力和竞争力，2013 年在原国家质检总局的统一部署和指导下，牵头联合有关专业机构和企业共同起草编制了《品牌价值评价 石油和化学工业》国家标准（GB/T 31281—2014），该标准于 2014 年 9 月 30 日发布并于同年 12 月 1 日正式实施，从 2014 年起每年积极组织推荐优秀石油和化工企业参加全国品牌价值评价工作。“十三五”以来，已累计组织包括中国石油、中国石化、国家能源集团、中国中化、万华化学等在内的数百家大型石油和化工企业参与了评价。同时，组织业内专家配合做好参评石油和化工企业品牌强度系数测算评审工作。2018 年以来，每年“中国品牌日”来临之际，由中国品牌建设促进会统一发布品牌价值评价结果。近年来，坚持面向石油和化工企业开展《品牌价值评价 石油和化工行业》（GB/T 31281—2014）、《品牌价值评价 自主创新企业》（GB/T 36679—2018）等品牌价值评价国家标准说明会，推介品牌价值评价工作和品牌建设相关标准知识，以使企业更好理解品牌价值评价理念、方法，引导企业加强品牌建设，持续提升企业品牌价值和影响力。

“十三五”期间，业内相关石油和化工企业品牌价值均实现了大幅增长。中国石油化工集团有限公司品牌价值由2462.88亿元增长至3085.91亿元，增长了25%，位居中国能源化工领域第一、全国第三。中国石油天然气集团有限公司品牌价值由2075.02亿元增长至3015.24亿元，增长了45%，位居中国能源化工领域第二、全国第四。万华化学集团股份有限公司品牌价值由103.29亿元增长至248.54亿元，增长140%，位居全国自主创新品牌第一。业内中国石油天然气集团有限公司、中国石油化工集团有限公司、陕西延长石油（集团）有限责任公司等大型企业集团，相继亮相中国自主品牌博览会，充分展示了近年来石油和化工行业品牌建设取得的成绩。

（四）以培育优质企业为依托，鼓励引导企业加强品牌建设

近年来，积极研究推进品牌建设工作与中国工业大奖、制造业单项冠军、“专精特新”小巨人等优质企业培育工作相融合，并及时向相关方提出建议意见，推动将企业品牌建设工作作为重要考评内容纳入相关文件，以此引导带动企业更加重视品牌工作，加强企业品牌建设，促进行业品牌建设工作进一步深入发展。随着企业品牌建设工作的不断加强，企业品牌影响力和产品竞争力取得了明显提升，同时也促进了企业的全面发展，涌现出了一大批的优质企业。据统计，截至2021年底，石油和化工行业已累计有17家企业、11个项目入选中国工业大奖获奖名单。在工业和信息化部已公布的六批制造业单项冠军名单中，石油和化工行业共有59家企业被确定为制造业单项冠军示范企业，62个产品被确定为制造业单项冠军产品。在工业和信息化部已公布的三批“专精特新”小巨人名单中，石油和化工行业共有875家企业入选。

二、品牌建设面临的形势和问题

石油和化学工业是我国国民经济重要的能源和基础原材料工业，也是国民经济的支柱性产业。经过多年发展，我国已成为仅次于美国的世界第二石油和化工大国，形成了中国石油天然气集团有限公司、中国石油化工集团有限公司等一大批具有竞争优势的大型企业和大型企业集团，但目前我国石油和化学工业仍然是大而不强，产品竞争力、企业品牌影响力等与发达国家都还存在一定差距。与我国石油和化学工业发展的速度和规模相比，目前我国石油和化工行业品牌建设明显滞后，还不能满足培育世界一流企业、建设世界石油和化工强国的要求，也还不适应石油和化工行业高质量发展的需要。

（一）行业品牌建设缺少工作抓手和有力支持

行业协会深耕行业，贴近企业，是联系政府和企业的桥梁纽带，具有推进品牌工作的经验基础和天然优势，目前在“中国品牌日”等工作推进中参与度还不够。今后要进一步加大对行业品牌建设工作的指导和支持力度，更好地利用和发挥行业协会作用，更多地将相关任务和工作交由行业协会组织和承担，形成合力，持续深入推动行业品牌建设。

（二）民营企业、中小企业品牌建设工作还比较薄弱

企业是品牌建设的主体，目前民营企业、中小企业在品牌建设中还存在企业重视力度不够、认识上还存在误区等问题。要加大对企业品牌建设的政策扶持，积极研究出台相关配套政策和奖励措施，在税收等方面给予一定的优惠政策，从机制体制方面加以支持，使其有充足的资金进行品牌建设，增强企业内生动力。

（三）缺少品牌专业人才和智力支撑

品牌建设离不开专业人才队伍，要进一步加强品牌工作组织协调，建立协同机制和合作平台，充分发挥专业机构、行业组织和媒体等各方的作用，凝聚品牌建设的内外合力。加强品牌专业人才的引进、培养、使用，建立一支素质高、专业精、能力强、负责任的专业人才队伍，以便更好服务行业、企业品牌建设工作。

三、品牌建设的下一步工作考虑

（1）做好宣传引导，充分发挥国家石油和化工网、中国化工报等媒体

平台作用，及时向行业企业传达政府关于品牌建设最新文件精神和部署，宣传推广品牌理念和管理方法，讲好企业品牌故事，引导企业建设品牌文化。

（2）强化服务支撑，不断完善品牌服务体系，建立品牌专家人才队伍，加强品牌价值评价、品牌培育能力管理体系等品牌建设相关标准知识培训和推广应用，为企业品牌建设工作提供优质服务和有力技术支撑。

（3）做好总结推广，结合优质企业培育工作，提炼一批制造业单项冠军企业、“专精特新”小巨人企业成功经验和品牌建设典型做法，开展交流学习活动。

中国纺织行业品牌建设工作进展与展望

我国纺织行业品牌建设贯彻创新、协调、绿色、开放、共享的新发展理念，以推动高质量发展为主题，以深化供给侧结构性改革为主线，以满足人民日益增长的美好生活需要为根本目的，以《纺织工业发展规划（2016—2020 年）》《纺织行业“十四五”发展纲要》为指导方向，坚持推进行业“科技、时尚、绿色”的高质量发展，向全社会展示了中国自主品牌的新面貌。

一、品牌建设的经验做法和工作成效

纺织行业品牌建设工作遵循国家品牌战略整体框架，主要从品牌竞争力评价提升、区域品牌与创意园区建设、品牌创建培育平台搭建、当代中华礼仪服饰研究推进、青年时尚生活趋势研究等方面着手，开展了系列行业工作并取得显著成效，逐步形成并优化由制造品牌、消费品牌和区域品牌组成的品牌建设三级体系。

（一）开展品牌研究与竞争力评价，为品牌建设提供方向指导

1. 确定一批重点跟踪培育品牌企业

建立并不断完善纺织行业品牌数据库，每年组织开展品牌建设情况调查，为行业品牌建设工作奠定基础。确定“重点跟踪培育纺织服装品牌企业”，每两年进行动态调整，作为行业管理部门、行业协会重点培育对象，2020 年动态

调整至80家企业，其中制造品牌企业40家、消费品牌企业40家。

2. **编制行业年度品牌发展报告**

自2012年起，连续十一年编制发布《中国纺织服装品牌发展报告》，基于品牌建设情况调查与典型案例剖析，系统梳理中国纺织服装品牌面临的新环境、新态势、新做法、新方向。同时，在编制《纺织工业发展规划（2016—2020年）》、《纺织行业“十四五”发展纲要》及《纺织行业“十四五”时尚发展指导意见》工作中，将品牌建设目标任务列为重点内容，配套制定品牌建设工程。

3. **开展品牌竞争力评价提升**

以相关国际标准、国家标准为基础参照，结合行业品牌发展特色，制定纺织服装品牌竞争力评价体系，以制造品牌、消费品牌、区域品牌为对象，在全行业系统化开展品牌竞争力评价提升工作，推动品牌竞争力评价提升。在制造品牌与消费品牌方面，遴选确定品牌价值超过50亿元的“2021中国纺织服装品牌竞争力优势企业”共55家、“2022中国纺织服装品牌竞争力优势企业”共57家，评价结果在“2021中国品牌发展国际论坛——纺织服装行业品牌建设分论坛”与行业媒体等平台正式发布，2022年入围的57家企业品牌价值总计达1.4万亿元；为波司登、影儿、三枪等企业出具了《2021年品牌价值评价研究报告》；在国家产融合作试点平台工作框架下，组织金融机构与纺织服装品牌，推进产融对接合作。在区域品牌方面，组织区域品牌试点地区、产业集群地区积极参与评价工作，已编制完成濮院服装、叠石桥家纺、青山湖针纺等区域品牌建设水平研究报告，助推区域品牌把脉竞争力水平，明确提升方向，同时配套系列区域品牌竞争力提升措施，保障区域品牌建设工作科学、高效开展。

（二）开展区域品牌试点与创意园区建设，发挥行业辐射带动作用

1. **开展区域品牌试点建设**

支持引导区域品牌试点地区开展品牌宣传推广、时尚发布、资源对接、专业人才培训、交流互访等活动。截至“十三五”末，中国纺织工业联合会共确定10个区域品牌试点地区。与试点地区共同举办品牌建设专题论坛、时尚发布、专业培训活动等，从工作方向指导、先进经验交流、优势资源对接、人才队伍建设、品牌宣传推广等方面助推区域品牌建设能力提升。

2. 开展创意设计园区试点示范建设

制定“纺织服装创意设计园区（平台）试点示范评价体系”，每年组织开展试点示范评审工作。截至 2021 年底，工业和信息化部已确定五批、53 家试点园区，培育首批 9 家示范园区，53 家园区线上线下共入驻纺织服装类设计机构 126 万家，线下入驻设计师 6.3 万名，网签设计师 173 万名，服务纺织服装企业数量 146 万家，孵化纺织服装品牌数量 6637 个。创意设计园区试点示范实现了创意平台的集聚，突出了行业创意设计公共服务平台的重要作用。

（三）组织开展品牌培育推广活动，搭建专业化宣传交流平台

1. 举办中国品牌日纺织行业专场活动

在国家发展改革委、中宣部、工业和信息化部等部委的指导支持下，自 2019 年起，围绕专题论坛、消费体验区、特色活动等，每年举办“5·10”中国品牌日纺织行业专场活动，积极协助各地政府开展“云上 2020 年中国品牌日”活动，邀请优势品牌进行主题分享，借助线上线下专业化平台，展现行业品牌发展新面貌，诠释品牌建设新内涵，彰显中华传统文化新活力，对于拉动自主品牌消费、坚定文化自信发挥积极作用。活动受到广泛的社会关注，2019 年活动 3 天，新闻稿件发稿媒体（平台）共计 32 个，累计点击阅读量 33.7 万次，在线直播点击量 9979.8 万人次；2021 年活动开始一周内，累计点击阅读量突破 370 万次。

2. 举办中国纺织服装品牌大会

发布年度《中国纺织服装品牌发展报告》，发布“重点跟踪培育纺织服装品牌企业”“中国纺织服装品牌价值评价结果”“纺织服装创意设计试点园区”“纺织服装区域品牌试点地区”等年度品牌建设工作成果。围绕年度行业品牌建设的新趋势、新特点，举办专题论坛，邀请优秀品牌企业代表与业内外专家学者，交流分享品牌建设经验成果，组织开展考察学习与资源对接活动。品牌大会不断创新内容形式，引入更多跨界品牌，关注时尚消费与当代生活方式，启迪思维，创新做法，已成为纺织服装行业乃至时尚产业领域品牌建设成果发布与交流学习的专业化平台窗口。

3. **搭建专业化展会平台与时尚发布活动**

组织举办中国国际纺织面料及辅料（春夏）博览会、中国国际服装服饰博览会 2019（春季）、中国国际家用纺织品及辅料（春夏）博览会、中国国际纺织纱线（春夏）展览会、中国国际针织（春夏）博览会，通过会展联动的形式，为制造品牌、消费品牌建设搭建专业化供应链合作平台、推广展示平台、供需对接平台。举办中国国际时装周、中国国际大学生时装周等活动，每年分春夏、秋冬两季在北京举办中国国际时装周，涵盖时尚发布以及专业大赛、DHUB 设计汇商贸展、中国国际时尚论坛、中国时尚大奖评选等超百场专业活动。

（四）启动当代中华礼仪服饰项目，传承弘扬中华优秀传统文化

立足当代中国社会发展和生活方式，挖掘和推广中华丰富的服饰文化，从了解中华服饰文化、认识礼仪服饰文化到构建文化自信、自觉，以商务着装、婚庆服装、学位服、校服、职业装、体育赛事服装礼仪场景着装为契机，梳理“新中装”的知识脉络和应用图谱，总结实践路径、凝聚产业智慧，编撰完成《当代中华礼仪服饰白皮书》并公开发布，为设计师、品牌企业、消费者提供设计与穿着指南，为助力新时期文化赋能和高质量发展提供具有实用性和功能性的参照样本。

（五）开展青年时尚生活趋势研究，引导提升年轻化时尚化供给

为提高供给适应引领创造新需求能力，适应个性化、差异化、品质化消费需求，聚焦青年时尚生活方式与消费趋势，主动感知新生代时尚消费者的新时尚观念，从年轻消费群的视角去探索感受以中国当代青年为目标人群的时尚创意、时尚设计、时尚品牌，与“太平鸟”品牌合创“中国当代青年时尚研究中心”，联合“青年志”研究团队合作推出《当代中国青年时尚生活趋势白皮书》，从中汲取新鲜力量，启发更加敏锐化、多样化审美，深刻挖掘时尚服饰的全新定义，赋能我国时尚服装行业向年轻化转型。举办青年说沙龙上海站、宁波站等活动，并借助2021中国品牌日纺织行业专场活动、北京时装周等平台，多次进行公开发布，为品牌创新发展提供更有实操价值的方向指导。

二、品牌建设面临的形势和问题

实现中华民族伟大复兴的中国梦，是每一个中国人共同奋斗的目标，成为新时代最伟大的梦想。在此背景下，国潮文化受到更加广泛、深刻的关注，加之国内消费市场逐步恢复，营商环境持续向好，中国品牌迎来更加良性、积极的成长环境。

（一）品牌建设面临的形势

1. 民族复兴大计打开更广阔的品牌市场空间

2017年1月，中共中央办公厅、国务院办公厅发布的《关于实施中华优秀传统文化传承发展工程的意见》提出，到2025年，中华优秀传统文化传承发展体系基本形成，具有中国特色、中国风格、中国气派的文化产品更加丰富，文化自觉和文化自信显著增强，国家文化软实力的根基更为坚实，中华文化的国际影响力明显提升。中华民族伟大复兴的根本是文化复兴，而品牌是文化的载体，也是行业高水平发展的凝结和体现。新发展格局对于“国内大循环”主体地位的确定，为自主品牌、自主创新打开了更大的空间，为国内市场激发了更强的活力。

2. 国内消费市场恢复韧性继续显现

根据国家统计局数据，2021年我国服装行业规模以上企业完成服装产量235.41亿件，同比增长8.38%，增速比上年同期提高16.03个百分点。运动健康领域备受关注，运动类服饰的穿着场景延伸的同时，服装的运动泛化趋势明显。数据显示，“十三五”期间，我国运动服装市场规模由1650亿元增长至2540亿元，年复合增长率达9.01%。京东“6·18”消费趋势显示，2021年6月1—18日期间，国潮运动品牌整体成交额同比增长超100%，安踏和李宁成为最受欢迎的国潮运动品牌。后疫情时代人们愈加关注健康生活，国务院于2021年7月发布《全民健身计划（2021—

2025）》，全民健身运动概念逐渐普及，将进一步拓宽运动健康领域纺织服装产品市场空间。

3. **国货国潮受到更广泛关注**

在大国复兴、民族振兴的时代背景下，中国文化日益走近世界舞台中央，人民多元化、高品位的文化需求逐步提升，美好生活需要日益广泛。在年轻人群成为消费主流、居民收入水平提升、民族文化认同感提高、人们消费理念革新等多因素的共同支撑下，国潮兴起成为标志性社会现象。百度发布的《2021 国潮骄傲搜索大数据报告》显示，近五年，中国品牌和境外品牌的关注度发生巨大变化，2016 年关注度分别为 45%和 55%，而 2021 年为 75%和 25%，中国品牌的关注度提高三成，其中服饰品牌关注度五年来提升 56%。年轻消费者对于国货的购买动机，不仅仅停留在爱国“情怀”，且是基于对产品本身的“认可”。汉服作为国潮产品的一个类别，愈加受到消费者的追捧。电商平台天猫统计的数据显示，2020 年是汉服市场集中爆发的一年，2021 年天猫汉服销售额同比增长超过 15%。艾媒咨询《国潮经济发展报告》预测，2021 年汉服市场销售规模达到 101.6 亿元，汉服爱好者数量规模达 689.4 万人，同比增幅分别达 59.7%、33.5%。《2021 新青年国货消费研究报告》显示，近半数的“00 后”在实际消费中因产品融入国风元素而购过国货。利用现代科技与现代审美在产品设计上融合国风元素，既能在客观上实现年轻消费者对产品的使用需求，又能在主观上满足他们对于颜值审美和精神内涵的追求。

4. **营商环境持续向好**

我国营商环境改革持续深化，营商环境进一步优化。2021 年 10 月 31 日，《国务院关于开展营商环境创新试点工作的意见》发布，明确在北京、上海、重庆、杭州、广州、深圳 6 个城市开展营商环境创新试点，提出首批改革事项清单共 101 项举措。2021 年 11 月 18 日，国家市场监督管理总局反垄断局正式挂牌，国家对反垄断体制机制进一步完善，将充实反垄断监管力量，切实规范市场竞争行为，促进建设强大国内市场，为各类市场主体投资兴业、规范健康发展营造公平、透明、可预期的良好竞争环境。

（二）品牌建设存在的问题

1. 品牌的核心竞争力有待提升

我国纺织服装行业竞争力优势品牌数量仍然偏少，具有较高国际影响力与知名度的品牌更是寥寥无几，纺织服装产品中能够形成较强品牌效应的仍占少数。世界品牌实验室发布的2021年“世界品牌500强”中，中国共44个品牌上榜，纺织行业仅3个品牌入围，皆分布在制造领域，消费品牌尚无一家。究其原因，一方面，与大部分企业品牌核心竞争力不足，亟待构建系统化体系相关；另一方面，也与品牌内涵积淀、文化软实力等核心竞争力息息相关。

2. 品牌的文化承载力有待提升

纵向来看，纺织服装品牌对于中国优秀文化资源的传承与转化仍然存在很大空间。多数产品尚未形成鲜明的中国特色和文化定位，缺乏具有强劲市场竞争力的老字号品牌，自主品牌的独特性、文化和风格识别性不够，根本原因在于民族文化自信不足、文化底蕴挖掘不够。横向来看，纺织工业与建筑设计、平面设计、文学、音乐、美妆等其他时尚文化领域的融合不足，跨界合作、IP赋能、品牌联动尚未在全行业形成泛文化的活跃生态。纺织服装品牌作为传承优秀文化、提升民族自信的载体，其承载力有待着重加强。

3. 品牌的金融支持渠道有待完善

自主品牌尤其是初创型品牌，很多是轻资产运营，其品牌价值更多体现在时尚创意能力、文化软实力，固定资产、技术设备处于弱势，与金融机构贷款抵押授信的条件规则不相符，因而带来了这部分品牌的融资难题，不利于品牌成长壮大。

三、本行业品牌建设的下一步工作思路

2022年，纺织行业品牌建设工作坚持以《中华人民共和国国民经济和社会发展第十四个五年规划和2035年远景目标纲要》为指导方向，立足新发展阶段、贯彻新发展理念、构建新发展格局，贯彻落实《纺织行业

“十四五”发展纲要》提出的品牌建设工作任务，遵循2035年我国纺织行业成为“世界纺织科技的主要驱动者、全球时尚的重要引领者、可持续发展的有力推进者”的远景目标，巩固深化“国民经济与社会发展的支柱产业、解决民生与美化生活的基础产业、国际合作与融合发展的优势产业”的行业地位，切实发挥品牌建设对于创建美好生活、推动行业高质量发展、推进全社会共同富裕的强劲支撑作用，更加注重提升工作的深度化、落地化与开拓创新。

（一）系统提升中国纺织服装品牌竞争力

立足消费品牌、制造品牌、区域品牌三大领域，注重提升消费品牌的文化承载力、时尚引领力与国际认可度，提升制造品牌的产业链协作能力、新产品新技术开发能力与快速响应能力，持续提升重点区域品牌的区域协作与联动辐射全行业的能力，进一步推动企业品牌与区域品牌协调发展。借助科学系统的评估提升工具，开展不同主体的品牌价值评价，系统性、针对性提升品牌竞争力；培育一批品牌价值百亿以上的制造品牌和消费品牌，以及品牌价值千亿以上的区域品牌；打造科技创新能力高、时尚消费引领能力强、国际竞争优势明显的优质品牌；制定实施“国潮品牌培育计划”，培育一批中国文化特色明显的“国潮”品牌，进一步扩大跻身国际第一梯队的品牌企业规模。

（二）加大培育新型消费的品牌引领力

在消费群体上，重点关注当代青年消费生活方式、三胎政策带来的消费市场空间，同时重视人口老龄化的相应消费需求；在产品创新创意设计上，注重先进技术、流行趋势、多元文化、跨界融合等在产品设计的融合体现，加强新信息技术的应用，满足健康功能、自然舒适、时尚创意、环境友好等不断升级的新消费需求；注重中华文化在当代时尚生活的引领应用，推进《当代中华礼仪服饰白皮书》实践应用，组织实体展会、论坛峰会、跨界交流与传播推广活动，引导基于中华优秀文化的礼仪服饰设计与广泛的社会化应用；在品牌运营管理上，基于人们消费与生活方式，依托数字化、信息化、智能化等新技术手段，不断提升全链路运营、快速响应、内容营销、话题营销、社群营销等水平，挖掘创新消费方式；与专业化渠道平台合作，开展终端品牌消费数据分析研究，组织中国服装家纺品牌消费节活动，联合时尚产业空间、商业渠道，通过组织举办品牌发布推介、时尚好物等品牌市集活动，推进自主品牌消费。

（三）着重强化品牌的可持续发展力

开展绿色产品评价，发布绿色产品目录，促进绿色生产与绿色消费良性互动。鼓励制造品牌、消费品牌、区域品牌实施绿色发展战略，加快绿色化改造提升，促进品牌主体环境信息公开，建设绿色工厂、绿色园区。构建从采购、生产、物流、销售、回收等环节的绿色供应链管理体系，培育绿色供应链示范企业。加快落实生产者责任延伸制度，建立重点产品全生命周期追溯机制。营造绿色消费的良好氛围，深入开展系列宣传活动，引导公众践行绿色生活理念，引导绿色消费，推动构建全民参与的生态环境保护新格局。

（四）注重发挥专业化平台的支撑力

纺织服装创意设计园区已成为提升创意设计能力、孵化新生品牌、培训专业人才、培育壮大品牌企业的重要平台，成为促进区域品牌建设、行业高质量发展、文化自信提升的重要力量。注重发挥纺织服装创意设计试点示范园区对于培育自主品牌、提升创意设计能力、服务行业提质增效的支撑作用，加大对创意园区共同服务平台建设水平提升与培育力度；借助中国品牌日、品牌消费节、时装周、博览会、时尚节以及优势网络平台的作用，设立纺织服装优势、特色品牌专区，不断增加中国品牌拉动消费、共建美好生活的重要作用。

中国钢铁行业品牌建设工作进展与展望

品牌是企业、行业乃至国家竞争力的综合体现。随着经济全球化深入发展，全球市场各个领域的竞争已经越来越集中地体现为品牌竞争。中国钢铁工业协会（以下简称：钢协）与各专业协会、地方行业协会、各会员单位以及宣传机构等通力协作，开展钢铁行业品牌建设工作，培育、宣传和推广钢铁行业品牌，提升品牌质量，进一步扩大钢铁行业品牌知名度和影响力，促进行业综合竞争力提升取得成效。

一、品牌建设的经验做法和工作成效

近年来，钢铁行业积极推进供给侧结构性改革，使中国钢铁走上健康发展的轨道，行业面貌发生根本改变，企业竞争力明显增强，各项工作取得突出成绩，为行业实现高质量发展打下了坚实的基础。

（一）加强冶金产品实物质量品牌培育

钢协为进一步加强冶金产品实物质量品牌培育工作，组织制定了《冶金产品实物质量品牌培育管理办法》，在行业内开展冶金产品实物质量品牌培育活动。“品牌培育活动”是按照国内外同类产品先进实物质量指标、标准制定的相关要求和条件，由专业机构和人员对冶金产品实物质量进行诊断、咨询改进并给予客观公正评价，旨在推动产品质量的持续改进，加快产品升级换代，提升企业质量管理水平，也有利于向下游用户推介品牌产品，帮助企业提升产品品牌价值和市场竞争力。品牌培育工作主要包括：企业申报、初审、现场核查及专家诊断咨询、用户满意度调查及专家咨询、专业认定等程序。认定工作已经在行业内开展了20多年，深受钢铁企业和下游用户的认可与欢迎。“十三五”期间，通过钢协认定获得“金杯优质产品”称号的产品有729项，获得“金杯特优产品”称号的产品51项。企业通过品牌培育工作平台，创建优质产品品牌，提高了品牌知名度和美誉度，促进了管理工作水平提高。

（二）发挥标准引领作用

1. 组织制定《品牌培育管理体系实施指南 钢铁行业》行业标准（YB/T 4694—2018）

标准自实施以来，钢协积极推进标准宣贯实施，促进钢铁行业企业品牌管理体系导入和评价，科学推进品牌建设。组织行业企业宣贯解读《品牌培育管理体系实施指南 钢铁行业》（YB/T 4694—2018）行业标准，开展品牌培育成熟度评价相关工作，通过案例讲解，引导企业导入品牌培育管理体系，推进钢铁企业科学开展钢铁品牌建设工作。

2. 研究编制冶金优质产品团体标准

为进一步推广实物质量品牌培育的成果，基于上下游行业专家共同研究制定的“冶金产品实物质量认定条件”，结合用户行业发展的需要，组织获得优质品牌产品的先进生产企业，开展冶金优质产品标准的研究、制定工作。冶金优质产品标准是组织行业先进生产企业及下游用户共同制定、完成的团体标准，针对细分用户群体的使用及加工过程的特定需求，规定产品生产关键工序工艺及装备控制、技术要求，是钢铁企业生产及下游用户选择优质品牌产品的重要标准。截至2022年5月，行业已经发布8项冶金优质产品团体标准。

3. 组织开展质量能力分级标准编制

开展质量能力分级工作对加快钢铁产品升级换代、企业转型升级、提高品牌影响力具有重要意义，目前已发布《钢铁产品质量能力分级评价规范 第1部分 通则》（T/CISA 008.1—2019）、《钢铁产品质量能力分级规范

第 2 部分：船舶及海洋工程用钢板》（T/CISA 008.2—2021）、《钢铁产品质量能力分级评价规范 第 3 部分 焊接材料》（T/CISA 008.3—2019）系列质量能力分级团体标准。质量能力分级标准中采用的实物质量评价手段充分考虑了稳定性、可靠性、适用性，采用的方法体系涵盖了指标体系、制造体系、评价体系和企业文化体系，整个质量能力分级标准体系渐趋于成熟。质量能力分级工作实现了用户、生产企业、评价机构等主体联合协作共同推进，促进生产企业自主淘汰落后产能，实现产品质量的升级。产品质量能力分级是提高国内钢铁企业国际知名度、打造钢铁行业“金牌供应商”、实现“优质优价”市场环境的重要方法和途径。T/CISA 008 系列标准成功入选 2020 年工业和信息化部百项团体标准应用示范项目。

（三）组织企业参加国家品牌价值评价

截至 2022 年 1 月，组织推动钢铁行业共有 53 家钢铁企业获得中国品牌建设促进会举办的品牌价值评价信息发布。品牌培育活动提升了企业品牌价值，为行业设立品牌价值提升的标杆，提高了企业建设品牌、提升品牌价值的积极性，推动中国产品向中国品牌转变，打造了一批具有竞争力的钢铁知名品牌。

（四）通过各方平台加强钢铁品牌文化宣传

钢协注重行业品牌宣传，结合中国品牌日活动通过《中国冶金报》《世界金属导报》等行业主流媒体及钢协官网等平台做好品牌宣传和舆论引导，在推广先进企业经验、优秀质量管理成果等工作基础上，鼓励和调动广大企业积极开展形式多样、内容丰富的品牌活动。

钢协主办的《中国冶金报》，形成了卓越品牌、优秀品牌、国际竞争力十强品牌、绿色发展标杆品牌、优秀产品品牌等品牌体系，搭建了高质量发展高峰论坛、绿色发展高峰论坛等高层次发布和交流平台。截至 2022 年 1 月，共组织了 5 次“品牌钢铁 TOP”点赞活动，利用报纸、网站、微信、App 等，重点以图片、文字、视频相结合的方式，向全行业全面展现当代钢铁企业的品牌形象，每年都吸引了数十万人参与；“绿色钢企万里行”栏目宣传报道了近百家企业在环境治理方面的努力与措施，推出了一批企业典型经验；每年6月5日是世界环境日，这一天推出“绿色钢铁”特刊，并通过旗下的新媒体平台进行网络投票，选出公众心目中的“最美钢城”和绿色标杆企业，对绿色标杆企业进行大力宣传，每年都有上百万人参与活动；开设“品牌营销”（后改为“品牌品种”）专版，每年50期，平均每期报道超过10条信息，全年超过500篇；在中国钢铁新闻网开设“品牌联盟”专栏，与50多家优秀企业建立连接，着重品牌和品种方面宣传，对钢铁行业塑造正面形象起到了很好的引领作用。

钢协主管的《世界金属导报》发起了“聚焦中国钢铁，感受品牌力量”活动，征集、遴选和报道1949年以来最具全球影响力的中国钢铁故事，通过认真遴选和深入采访报道，大力宣传中国钢铁自主品牌，讲好中国钢铁故事；以《交通基础设施重大工程建设三年行动计划》中交通基础设施重大工程建设钢筋为对象，综合分析有关钢铁企业供应的钢筋等钢材品种、质量、数量、服务以及建设效果等，开展“重大工程用钢筋品牌展”活动，通过深入报道形式，挖掘背后故事，展示品牌价值；开展了“中国钢铁工业‘十三五’科技创新成果展”，完成全国六地巡展，出版《中国钢铁工业“十三五”科技创新成果汇编》，向社会各界宣传展示中国钢铁工业“十三五”科技创新成果，宣传行业品牌、企业品牌、科技创新品牌，凝聚更多社会共识，增强行业发展信心，促进行业科技创新。

（五）典型钢铁企业品牌建设成果

1. 中国宝武钢铁集团有限公司品牌建设

中国宝武钢铁集团有限公司（以下简称中国宝武）贯彻落实国资委《关于加强中央企业品牌建设的指导意见》要求，构建符合国有资本投资公司试点要求的品牌架构及管理模式，进一步优化品牌资源配置，区分不同业务领域的价值追求，提升品牌资产管理效率，中国宝武在联合重组和专业化整合过程中，对集团的品牌架构进行了探索性重构。确定了“一基五元”发展战略及各产业以一到二个统领品牌作为业务品牌的指导思想，对比分析中国宝武旗下各业务品牌的品牌资产、知名度、美誉度、业务丰富度和覆盖面、销售渠道、市场营销模式等，确定了以“宝武”品牌作为集团统领性品牌和钢铁、新材料及与之相关的产业品牌；保留知名度、美誉度及品牌资产最高的“宝钢”品牌，作为精品钢铁产品生产企业和产品品牌；在多元产业领域，保留并培育“宝信软件”“欧冶”“宝地”“华宝”“宝钢包装”等品牌。进一步加强品牌建设与管理，持续为品牌进行绿色赋能，2021 年中国宝武迎来品牌形象、品牌价值的双提升。形象方面，作为钢铁行业绿色发展领军企业，通过全方位、多维度的品牌传播，在品牌形象认知方面实现了从传统钢铁企业向绿色高科技企业的转变，极大提升了中国宝武品牌形象，得到了钢铁生态圈合作伙伴和社会大众的普遍认可。价值方面，在世界品牌实验室（World Brand Laboratory）发布的 2021 年“世界品牌 500 强”榜单中，中国宝武排名再次提升，比 2020 年提升 7 位，位居第 333 位，在 44 个上榜中国品牌中排名第 31 位；英国品牌评估机构 Brand Finance 发布的 2021 年“全球最有价值的采矿和钢铁品牌”，中国宝武排名第 7 位，比 2020 年提升 3 位。

2. 鞍钢集团有限公司品牌建设

鞍钢集团有限公司（以下简称鞍钢集团）把品牌建设作为推进企业实现高质量发展的重要任务，坚持创新驱动，强化履责担当，全力建设世界一流品牌。2021 年鞍钢集团入围 2020 年中央企业品牌建设能力 TOP30 排行榜，位列 26 位；鞍钢集团《品牌价值发展指数的构建与应用》入选 2020 年度 100 个国有企业品牌建设典型案例，品牌形象和品牌影响力显著提升。梳理构建了集团品牌体系，构建形成“集团品牌、子企业品牌、产品品牌”三个品牌层级和“统一主品牌+少量子品牌”模式的鞍钢集团品牌架构体系，少量子品牌包括联合品牌、背书品牌和独立品牌，进一步清晰了集团品牌体系。完善品牌视觉识别系统。以鞍钢集团品牌架构和《鞍钢集团视觉识别系统》为基础，编制了《鞍钢集团品牌架构手册》，对不同品牌模式下子企业品牌和产品品牌的视觉表达形式进行规范设计，形成覆盖集团所有品牌、清晰有序的品牌视觉识别系统。建立统一的集团品牌传播口径。提出“制造更优材料、创造更美生活”集团品牌传播口号，编辑形成《鞍钢集团品牌传播手册》，整理编制了鞍钢集团品牌传播基础信息，包括鞍钢集团简介、鞍钢集团品牌口号、鞍钢形象相关内容；设计了品牌基础信息表现方式，统一了鞍钢集团品牌传播口径等。形成集团品牌建设合力。品牌价值发展指数评价指标体系的设计体现了鞍钢集团品牌建设工作的重点和方向，以此为路径开展品牌建设，有效聚合了品牌建设力量。在世界品牌实验室发布的 2020 年中国最具价值品牌 500 强排行榜中，鞍钢品牌以 891.69 亿元的品牌价值位列第 55 位（依据 2019 年企业数据计算），品牌价值比 2019 年提升了 16.47%。

3. 北京首钢股份有限公司品牌建设

北京首钢股份有限公司（以下简称首钢股份）是世界 500 强首钢集团在中国境内的钢铁及上游铁矿资源产业发展、整合的上市公司。首钢股份以建设具有世界竞争力和影响力的钢铁上市公司为愿景，始终坚持创新、协调、绿色、开放、共享发展理念，坚持绿色制造、智能制造、精品制造、精益制造、精准服务的高质量发展之路，实施品牌战略，持续深入推进公司品牌培育和品牌管理，促进公司品牌管理专业化、规范化、系统化，打造具有独特竞争优势的高端产品品牌，形成具有核心竞争力的高端产品集群，首钢股份品牌影响力和行业引领力持续扩大和增强，进入全国品牌培育示范企业行列，实现公司品牌战略明晰、品牌管理体系健全、品牌建设成果显著的目标，形成一批具有广泛影响力和国际竞争力的品牌产品。首钢股份积极实施品牌战略，紧紧围绕市场需求，从产品质量控制、市场营销、新产品研发、客户服务等方面多管齐下，运用加工配送中心不断优化售后服务，使首钢股份品牌溢出效应不断凸显，为企业拓展市场、快速发展奠定了坚实基础。

二、品牌建设的下一步工作考虑

与国外典型钢铁企业比较，我国大部分钢铁企业在品牌意识、品牌设计、品牌传播等方面还有一些差距，有些企业对品牌建设重视程度不足，有的企业无品牌建设文化，甚至没有专门的品牌建设部门或专业人员。“十四五”期间，钢协将继续做好行业品牌建设，讲好钢铁品牌故事，持续通过冶金产品实物质量品牌培育、标准化引领、各方平台等促进行业品牌提升。

（一）做好质量评价和品牌培育工作

引导企业质量管理体系升级，稳步推动质量能力分级评价、深化开展品牌培育，树立品牌价值观，通过参与全球竞争，在竞争中创出中国品牌效应，持续提升钢铁工业品牌形象。

（二）开展企业标准领跑者评价工作

加强宣传、引导，使企业充分认识企业标准化工作的重要性和紧迫性。发挥好企业标准领跑者团体标准作用，同中国标准化研究院、冶金工业信息标准研究院等单位进一步推进企业标准“领跑者”工作有序开展，发挥企业标准“领跑者”制度更大的优势和作用。通过“领跑者”标准推进品牌价值提升。

（三）加强行业知识产权宣传

进一步发挥知识产权在服务钢铁工业发展中的重要作用，不断增强企业对于知识产权的保护意识，提升企业知识产权管理的基础水平，主要包括关于产品品牌授权、商标授权、经营范围限制等知识产权保护，增强企业竞争力。

（四）加强品牌宣传

鼓励会员单位加强各自品牌建设成果宣传力度，与媒体联合协作，做好全媒体宣传活动，加强如超低排放、智能制造、低碳发展、冠军产品、卡脖子技术和产品等推广宣传，宣传展示中国钢铁行业各项成果。

中国食品行业品牌建设工作进展与展望

近年来，我国食品行业品牌数量大幅增加，品牌价值显著提升，品牌成为引领消费、加速市场循环、带动产业发展、助力乡村振兴的重要动力，伴随品牌建设成为国家、行业和社会共识，食品行业正在不断结出丰硕的品牌建设成果。

一、品牌建设的经验做法和工作成效

（一）加强品牌建设成为食品行业共识

在习近平总书记推动中国制造向中国创造转变、中国速度向中国质量转变、中国产品向中国品牌转变“三个转变”重要论述的指引下，在国务院消费品工业增品种、提品质、创品牌“三品”战略的推动下，我国食品行业的品牌意识不断增强，加强品牌建设成为行业共识和企业共识，形成了“人人创品牌、人人爱品牌”的良好氛围。

（二）食品行业形成丰富多彩的品牌格局

从品牌影响力来看，我国食品行业涌现出多个具有较高国际知名度的品牌、众多全国性知名品牌、大量细分门类标志性产品品牌和区域产品品牌。从品牌建设主体来看，国有企业振兴发展、民营企业的突飞猛进、外资企业深化布局，创造了丰富多彩的企业品牌和产品品牌，如中粮、光明、伊利、茅台、五粮液等国有企业品牌，娃哈哈、农夫山泉、达利、金锣、双汇、今麦郎等民营企业品牌，如康师傅、统一、旺旺、可口可乐、百事、雀巢、亿滋、益海嘉里等外资企业品牌，均成为中国食品品牌格局的重要组成部分。从品牌建设的时代来看，具有悠久历史的老字号，改革开放之后快速崛起的主流品牌，以及近年来伴随互联网诞生的新品牌，让中国食品行业的品牌建设呈现出欣欣向荣的景象。中国食品工业协会对2016年以后注册成立的300个新兴食品品牌进行了深入观察，它们主要集中在食品、饮品、酒类、乳品、调味品等门类。其中，食品类131个，占比44%；饮品类95个，占比31%；酒类45个，占比15%；乳品类20个，占比7%；调味品类9个，占比3%。

（三）品牌建设对食品行业发展的带动性不断提升

随着品牌建设的深化，品牌对食品行业持续发展的带动作用不断提升。主要体现在以下几个方面：对企业的带动，显著提升企业的市场价值和竞争能力；对产业的带动，加速新兴食品门类成长；对消费的带动，品牌成为消费识别的重要符号；对脱贫攻坚和乡村振兴的带动，以品牌为引擎，加速一二三产业融合发展，有力带动了上游原料和全产业链发展。2020年，我国农产品加工业与农业总产值比提升到2.4∶1，与2015年相比提高了11.1%，食品品牌建设和食品工业发展显著带动了农产品加工率转化与附加值的提升。国潮消费潮流体现了消费者对本土品牌的信任，给国产品牌崛起和超越提供了消费端的支撑。国潮消费潮流和国内食品企业的不懈努力，让国产食品品牌在多个细分赛道超越进口品牌，呈现强劲发展态势。比较显著有奶粉、啤酒等行业，在进口奶粉品牌占领国内高端市场多年之后，国产奶粉品牌快速崛起，成功占据主流市场地位。

（四）中国食品品牌积极拓展国际市场

中国食品品牌正在积极地走出去，创造国际品质、接轨世界潮流、拓展国际市场成为中国食品企业的新标签。与以往中国食品行业“走出去”是为了在全球寻找合作资源以便更好地服务中国市场不同，中国食品企业正改变过去“走出去、再回来”的面貌，通过产品出口、文化输出、海外建厂或并购、建设海外研发中心等方式，不断融入国际市场，在国际舞台上展示中国品牌力量。茅台、五粮液等中国名酒积极通过文化宣导和经销网络建设打开海外主流市场。目前，茅台销售网络覆盖五大洲68个国家和地区，五粮液进入英国、美国、法国等60多个国家和地区，并在60余个“一带一路”沿线国家和地区建立了经销网络。2014年，中粮集团收购全球农产品及大宗商品贸易集团Nidera 51%的股权，打通了从海外产地到国内销售地的国际通道，加快了发展为全球粮油市场骨干力量的步伐。目前，中粮集团的粮油食品产业链条已经辐射全球140多个国家。2020年11月15日，区域全面经济伙伴关系协定（RECP）签署，中国与东盟十国的经济往来更加密切。广东、福建等地的休闲食品出口到东盟国家，以其特有风味，受到当地消费市场的青睐。如今，越来越多有实力的食品企业开始了全球市场的布局，伴随“一带一路”建设拓展全球朋友圈，通过跨境电商、投资建厂、加大海外市场网络拓展等方面，将中国食品品牌推向世界各地。

（五）中国品牌日成为食品品牌表达和绽放的大舞台

食品品种丰富多样，既有米面粮油奶等基础民生产品，又有零食等休闲消费产品，食品行业各细分行业的领军品牌参与“中国品牌日”系列活动，以品牌引领食品行业高质量发展，推动供给结构和需求结构升级，激发企业创新创造活力。2019年上海展览中心举办的中国品牌日活动现场，35家知名自主食品品牌企业参与活动之中，通过不同的主题体验场景，构成以“味美中国”为主题的食品行业自主品牌消费者体验区，代表食品行业向全社会展示中国自主食品品牌发展新高度。“中国品牌日”成为中国食品品牌绽放自己独特的魅力的舞台。“中国品牌日”不仅仅可以宣传自主品牌，提升知名度和扩大影响力，在未来还会成为自主品牌交流的平台，越来越多的自主食品品牌借此来宣传展示品牌发展新成果、新形象，还可以激发食品企业的创新创造活力，来提升其产品品质。

二、品牌建设工作展望和发展方向

我国食品行业品牌建设取得了可喜的成绩，但是和国民美好生活目标相比，和国际一线食品品牌相比，还有很大差距。和国民美好生活目标相比，尚有大量细分的、升级的消费需求没有相应代表性品牌。与雀巢、联合利华、百事、可口可乐等国际知名品牌相比，我国食品品牌在知名度、市场规模、国际化、科技实力等方面都还有显著差距。

（一）冬奥会开启中国食品品牌建设新篇章

北京冬奥会是全球关注的最大的赛事之一。对于食品品牌而言，将品牌与运动相结合，借助体育运动所呈现出的健康与活力，不仅可以提升知名度、增加推广平台、体现健康为本的定位，更能够以此提升与其他同类品牌之间的竞争力，在全球范围内提升自己的影响力。一场冰雪盛宴的开启，让不少食品品牌在世界舞台上亮相，中国食品品牌“强起来”的振兴之路，已然徐徐铺开，他们通过赞助商的身份，参与到冬奥会之中，在这个国际大舞台上，展现着中国自主食品品牌的价值，提升了影响力，也借此开启了中国食品品牌新篇章。

（二）创新传播、推广方式让食品品牌更加深入人心

近年来，我国食品行业的品牌建设理念正在发生深刻变化，加速从输出型走向共建型，广泛邀请消费者参与产品开发、品牌建设和市场推广。从电视上脍炙人口的广告语，到网站上的视频贴片广告，再到 KOL 种草、网红直播带货，中国食品企业正在积极创新品牌传播、推广方式。从传媒时代到融媒时代，再到智媒时代和人人媒体时代，传播媒介的变化对营销环境造成了巨大影响。在传统品牌营销中，自上而下的传播路径决定营销是漏斗式的，品牌方发出内容，消费从接收内容、考虑评估到最终购买，层层递减；当下食品行业的传播路径正在变成同心圆式的，由品牌方发出的品牌内容和消费者发出的公开内容相互交融和互动，并通过互联网媒介传达给所有参与者。在精准营销方面，为获得新的市场增量，品牌食企不断创新品牌传播方式，进行数字化升级，运用大数据分析描绘用户画像、用户偏好，试图拥有更多互联网运营渠道，沉淀更多目标用户。从最早的搜索式购物到淘宝、天猫、京东再到以抖音、小红书等为代表的新媒体传播投入，直播引流、店铺转化，再通过短视频沉淀私域流量，甚至利用知

乎上达人和知识点产生的商品推荐，不断提升数据打通能力和营销渠道拓展下沉。从文字传播到图片传播，再到视频、直播传播，食品行业品牌营销的迭代史暗含着消费者需求的变迁史。一切都是从消费者的视觉需求和情感需求出发，实现品牌与消费者的跨屏黏合。如今，5G 时代即将到来，传播媒介将进一步立体化、多样化，这无疑为品牌营销带来了更多想象空间和可能。

（三）中国食品行业产业集群品牌建设方兴未艾

食品工业纵向贯穿三次产业、横向融合多个领域，具有“一业兴，多业旺”的核心产业拉动作用。大量省市县政府将发展食品工业作为发展地方经济、巩固脱贫攻坚成果和加速乡村振兴的抓手，积极建设产区品牌和产业集群品牌。河南是我国食品工业大省，食品工业是河南省第一大产业。截至 2020 年底，河南省共有食品生产企业 10864 家，拥有冷链食品、休闲食品、农副产品加工及食品装备等多个千亿级优势产业集群。过去二十年，河南完成了从“国家粮仓”向“国人厨房”的跨越，目前正在积极打造“世界餐桌”的品牌形象，按照河南省政府《河南省先进制造业集群培育行动方案（2021—2025 年）》规划，2025 年，河南将建成具有世界影响力的万亿级现代食品集群。广西柳州螺蛳粉产业集群快速崛起，2020 年柳州螺蛳粉销售收入 110 亿元，配套及衍生产品销售收入 130 亿元，螺蛳粉原料标准化生产示范基地有效带动了当地村民脱贫致富。2021 年 7 月，广西壮族自治区政府印发《加快推进柳州螺蛳粉及广西优势特色米粉产业高质量发展实施方案》，重点推进柳州螺蛳粉生产集聚区建设，力争到 2025 年实现广西优势特色米粉全产业链销售收入超 1000 亿元。2021 年，中国食品工业协会向国家发展改革委提交《关于“十四五”食品工业高质量发展的建议》，明确提出加速发展特色食品产业集群，“从资源禀赋、区位优势、消费习惯及产业基础出发，突出串珠成线、连块成带和集群成链，鼓励食品企业向原料主产区和优势区、重点销区、重要交通物流枢纽集中，大力发展规模效益显著、融合程度较深的优势特色产业集群”。

（四）科技、资本为食品品牌的成长插上腾飞翅膀

近年来，食品工业企业不断加大研发资金投入，2019 年，规模以上食品工业企业研发经费 605.8 亿元，2020 年为 634.1 亿元，食品行业新技术、新材料、新工艺、新装备取得显著突破，一大批行业龙头企业的科技实力已经达到甚至超过发达国家同类企业。与此同时，网络信息技术与食品行业的结合也在不断深入，互联网正在贯通于食品行业的研发、生产、流通、消费以及服务等全产业链，“食品+互联网”带来食品行业新模式、新业态的不断涌现。大量食品企业通过数字研究、深度洞察消费者需求，不断拉近品牌与消费者的距离。工业云、大数据、互联网、物联网、智能机器人等新代工业革命技术在食品企业研发设计、生产制造、流通消费等领域深度应用，大量食品企业走向智能化制造。中国食品行业蓬勃发展，除了科学技术的支撑，同样离不开资本市场的“输血供氧”。资本具有发现价值、放大价值，助推实业快速发展的功能，越来越多的食品企业开始借助资本力量发展壮大，而作为中国第一大产业的食品行业也正在迎来更多产业资本的青睐。大量食品企业登陆资本市场，A 股和港股上市食品企业 100 多家，市值规模数万亿。大量社会资本看好食品行业发展前景，纷纷进军食品行业。据中国食品工业协会不完全数据统计，2021 年 1—11 月，食品新兴品牌发生融资轮次 292 次，其中，3 月、7 月份融资金额超过 60 亿元；6 月份超过 30 亿元；4 月、8 月、11 月超过 20 亿元，其他月份均在 10 亿元以上，融资总规模超过 350 亿元。

（五）渠道、产业链品牌成为食品行业品牌家族新成员

长期以来，生产企业是食品行业品牌建设的主体，创造了大量的终端产品品牌。最近几年，食品行业全产业链条成员积极开展品牌建设工作，中国食品行业正在形成新的、更加丰富的品牌矩阵。一方面，食品渠道平台品牌大量涌现，休闲零食、乳制品、火锅烧烤食材、冷冻冷藏食品、母婴食品、即饮店等细分领域的连锁系统快速发展，涌现出锅圈食汇、来伊份、良品铺子等佼佼者，他们既是食品行业销售的通路，也成为中国食品行业品牌家族的重要组成部分。另一方面，食品添加剂、机械设备、原辅

材料、包装包材等食品行业产业链成员，对品牌建设的重视程度持续提升，开始不断塑造和输出品牌理念，或者与食品制造企业共同生产联名品牌产品。在辣椒红素、黄原胶、谷氨酸钠、透明质酸钠、赤藓糖醇等细分食品原料领域，已经出现了多家上市公司，他们积极研发产品，举办行业及消费者推广活动，成功塑造了领先的专业品牌形象。品牌建设除了促进消费、提升产品附加值，也在深刻改变着食品行业产业链的结构，改变着食品产业链上中下游的协作模式。从最初火热的 OEM（原始生产制造商，即代工生产）到后来白热化的 ODM（原始设计制造商，即包含研发、设计、生产、后期维护的代工生产），再到如今 OBM（原始品牌制造商，即代工企业经营自有品牌）的崛起，中国食品行业正在进入品牌营销与专业制造分工协作，社会资源充分整合利用的产业链协同发展阶段。

（六）中国食品工业协会深入推进行业品牌建设工作

品牌建设工作是食品工业推进创新升级、提升竞争力的重要抓手。为贯彻落实中央关于加强品牌建设和创新的战略部署，推进食品行业品牌战略的实施，2016 年，中国食品工业协会成立品牌战略工作委员会，积极开展品牌培育工作。

（1）与各地政府合作推动食品品牌建设。围绕食品产业园区建设，开展项目引进、品牌提升、宣传推介、展览展示等工作，协助政府推动本地区食品企业品牌影响力的提升、促进食品产业高质量发展。

（2）积极参与品牌培育工作。组织专家起草《品牌培育管理体系实施指南食品行业》行业标准，为企业提供质量品牌建设的科学方法及有效路径；组织骨干企业申报工业和信息化部品牌培育试点企业，组织专家对试点企业品牌培育管理体系的有效运行进行指导；与地方政府及食品产业园区、产业集聚区开展区城品牌试点示范建设，打造特色鲜明、竞争力强、市场信誉好的产业集群区域品牌。

（3）推动食品行业品牌价值评价。开展品牌价值评价国家标准的学习与宣贯，结合行业特点积极参与食品行业品牌价值标准的修订、完善；组建行业品牌价值评价专家组，依企业需求开展咨询服务；搭建品牌价值评价发布平台，促进我国食品行业品牌价值评价国际化进程。

（4）研究并发布行业报告。2017 年，牵头编纂《中国食品产业发展报告 2012—2017》，2018 年编纂《中国食品产业改革开放 40 年报告》，2021 年，牵头编纂《中国食品品牌百年发展报告》，梳理了民族食品品牌从萌芽时期、品牌意识逐步加强，到不断壮大、积极参与国际竞争的几个发展阶段，并针对未来食品行业转型升级、高质量发展提出了合理建议。

中国家电行业品牌建设工作进展与展望

经过40多年的发展，中国家用电器产业生产规模居世界首位，综合实力居世界前列，是我国具有较强国际竞争力的产业之一。如今，已涌现出海尔、美的、格力、海信、TCL等一批千亿级，甚至超过3000亿元规模的企业，和一大批在国内市场上有知名度和影响力的品牌。2015年以来，中国家电品牌立足创新，围绕用户需求，努力提高产品和服务质量与综合竞争力，不仅国内市场份额进一步提高，而且开始积极布局全球市场，正在成为全球市场值得信赖的选择。

一、品牌建设的做法经验和工作成效

品牌是企业核心竞争力的综合体现，中国家电行业的品牌建设，始终围绕推动中国家电行业转型升级，提升中国家电企业竞争实力来进行。

（一）做法经验

1. 明确目标，转变品牌增长方式

自2010年以来，中国家用电器协会先后编制发布《中国家电工业“十二五”发展规划的建议》、《中国家电工业“十三五”发展指导意见》和《中国家用电器工业“十四五”发展指导意见》。这些文件站在行业前沿，以全球视野，着力推动行业向创新驱动转型，为行业健康发展提出目标并指明方向。《中国家用电器工业“十三五”发展指导意见》提出到

2020 年进入全球家电强国行列的目标，《中国家用电器工业“十四五”发展指导意见》提出 2025 年成为全球家电科技创新的引领者的目标，并就如何实现这些目标，分别针对企业发展、政府政策和行业建设提出了具体建议，成为指导行业创新发展和品牌建设的纲领性文件，对引导行业转变观念、推进产品结构升级、推动智能制造升级起到重要作用。

2. 创新驱动，夯实品牌发展根基

科技创新能力是品牌发展的有力支撑。中国家电行业高度重视产业转型升级和科技创新工作，技术创新能力不断提高。尤其是“十三五”以来，龙头家电品牌重塑创新体系，激发创新活力，培育新兴业态，不仅满足人们日益增长的消费需求，也为家电行业转型升级注入了新的能量。

中国家用电器协会每年都召开中国家用电器技术大会，至 2021 年已成功举办 18 届。家电技术大会已成为家电行业最具规模、最高水平的技术盛会，为加强企业技术交流、跟踪前沿技术趋势和科技动态、加强产业链协同创新和合作起到了重要的作用。

中国家用电器协会技术委员会 2012 年成立以来，先后聚焦物联网、智能制造、数字孪生、人工智能、5G 等新技术以及碳中和等新政策、新趋势，对家电行业技术发展方向进行提前研讨和布局。2013 年以来，中国家用电器协会技术委员会组织企业编制发布了《中国家用电器产业技术路线图》，包括行业综合及电冰箱、房间空调器、家用电动洗衣机、电饭锅、厨房电器、家用热水器等重点产品产业技术路线图，并多次进行修订。这一系列家电产业技术路线图构建了相关产品产业未来 5~10 年技术发展路径，为产业技术发展指明方向。2021 年，中国家用电器协会首次发布《中国家用电器工业“十四五”科技发展指南》，明确提出了“十四五”时期家电技术发展的目标、重点任务和措施建议。

海尔、美的等龙头家电品牌不断加大研发投入力度，为全行业创新发展起到了带头作用。2020 年 62 个家电相关上市企业（包括关键零部件）研发投入合计约 336 亿元，同比上年增长 5.1%，明显高于同期营业收入 1.2%的增幅；研发投入强度为 3.59%，比上年提升 0.13 个百分点。其中美的集团、海尔智家、格力电器研发投入合计超过230亿元。

3. **节能环保，承担品牌绿色责任**

在国家各项政策、标准以及中国家用电器协会引导下，在龙头企业带动下，家电行业持续强化绿色产品和技术创新投入，积极生产节能、节水、环保、低噪声、高品质的绿色产品；积极推行清洁生产，创建绿色工厂，降低家电产品制造能耗水平，龙头企业努力构建绿色供应链；积极推动绿色设计，如易拆卸设计、模块化设计和节材设计；履行国际公约，加快家电制冷剂发泡剂环保替代。

4. **重视用户，满足消费升级需求**

近年来，家电消费需求呈现智能化、健康化、品质化、个性化、碎片化趋势，家电行业努力改善供给结构，全面提升家电产品品质和档次，满足不同人群的消费需求。家电企业产品创新模式正在向以用户为中心改变。许多家电品牌利用大数据、AI等新技术，努力开展用户研究，精准把握用户需求。海尔、美的、海信、方太等企业，建立了注重用户体验的研发管理体系和产品创新流程。家电产品结构不断优化，国内品牌大容量多门冰箱、大容积滚筒洗衣机、洗碗机、干衣机、扫地机器人、破壁机、推杆式吸尘器、IH电饭煲、嵌入式家电等中高端家电产品越来越多。国内家电企业积极应用设计思维及先进设计技术，提高产品工业设计和加工水平，从根本上提升家电产品品质和档次；开展与国际品牌中高端产品对标，逐步缩小与国际一流产品的差距；通过落实先进质量管理方法，改善设计、工艺以及设备改造、管理改进，持续提升产品的品质。近年来，家电企业自动化、数字化、智能化水平显著提高，不仅大大提高生产效率，还有效减少人为失误，产品质量也明显提高。

5. **强化宣传，提升自主品牌形象**

按品牌规模和影响力，国内家电品牌主要分为几类，一是海尔、美的、海信、TCL、长虹、格力、格兰仕等综合家电品牌；二是细分领域小巨人品牌，如美菱、小天鹅、老板、方太、九阳、苏泊尔、莱克、科沃斯等；三是关键家电零部件头部品牌，如GMCC、海立、东贝、加西贝拉、威灵、三花等；四是大量规模和影响力都较小的中小品牌。2018 年以来，中国家电品牌已经成为全球家电产业创新发展的主力军，龙头家电品牌整体实力已经可与跨国家电品牌比肩。经过多年培育，中国家电及消费电子博览会（AWE）已成长为全球三大家电和消费类电子展之一。众多中外媒体到场集中报道，AWE 成为向全世界宣传中国家电品牌的窗口。在 AWE，中外家电品牌同台竞技，充分展现了中国家电品牌的崭新形象和科技创新实力。几年来，海尔、美的、海信、创维、TCL、格力、格兰仕、长虹、方太、奥克斯等国内家电品牌均以不同形式参加了中国品牌日活动。2019 年，中国家用电器协会率海尔、美的、海信、长虹美菱、康佳、云智易、TCL、创维、涂鸦、格兰仕 10 家知名自主品牌参加中国品牌日活动，向广大消费者展示了以“创新智慧家居 便捷百姓生活”为主题的家电行业自主品牌现场体验区，依据实际家居生活场景，构建了“智慧客厅”“智慧卧室”“智慧厨房”三大体验区，使消费者亲身体验到跨品牌的智慧家电、智慧设备互联互动带来的巨大便利和价值，彰显我国家电行业在智能家电领域的技术和品牌实力。

6. 行业自律，强化品牌社会责任

中国家用电器协会 2016 年就牵头制定了《中国家用电器协会公平竞争行业自律公约》。在《中国家用电器工业“十二五”发展规划的建议》和《中国家用电器工业“十三五”发展指导意见》、《中国家用电器工业“十四五”发展指导意见》中，行业自律始终是重要内容之一。长期不断推行行业自律，为加强家电品牌企业文化和价值观建设，增强企业社会责任感，提升品牌形象起到重要作用。

（二）工作成效

1. 自主品牌转型升级成效显著

中国家电行业积极向创新驱动转型，技术创新能力稳步提升，产品结构加速升级，智能化水平有质的飞跃，智能制造取得积极进展，绿色发展成效显著，龙头品牌全球竞争力及自有品牌全球影响力明显增强，综合竞争实力居全球家电行业前列。2020 年以来，面对全球疫情、国内市场需求低迷、逆全球化浪潮等诸多挑战，中国家电品牌表现出的强劲韧性，彰显中国家电全产业链优势及品牌转型升级成效。2021 年，家电行业主营业务收入达 1.74 万亿元，同比增长 15.5%；实现利润总额 1219 亿元，同比增长 4.5%；出口总额首次突破千亿美元大关，达到 1044 亿美元，同比增长 24.7%。家电行业品牌集中度进一步提高，重点自主品牌的竞争力进一步增强。2021 年，海尔集团、美的集团、格力电器主营业务收入合计超过 8500 亿元，在行业占比达 50%。尤其是海尔集团、美的集团加大创新投入，加快网络化、数字化转型步伐，取得显著成效，在逆境中的表现更为突出。

2. 自主品牌创新能力显著提高

“十三五”期间，中国家电行业加速向创新驱动转型升级，技术创新投入飞速提升，技术创新能力显著提高。到“十三五”末，中国家电企业已从跟随、学习模仿为主，转向与跨国品牌并跑、领跑并存的新阶段，成为全球家电创新发展的重要力量。智能化技术应用水平处于全球第一阵营，干湿分储技术、双滚筒洗衣机等全球首创或者领先的技术不断涌现并实现市场化。国内龙头家电品牌整合全球研发创新资源，构建具有全球先进水平的研发创新体系和开放式创新体系，在节能、智能、健康、保鲜、舒适度、自清洁等方面技术创新达到国际先进水平。中国家电企业不断推进海外研发中心建设，为产品和技术不断创新且更好地服务当地用户奠定了坚实的基础。海尔在全球建立了“10+N”研发体系，美的在全球建立了 28 个研发中心。企业自主知识产权快速增加。截至 2021 年底，海尔全球申请专利累计超过 7.5 万件，其中发明专利 4.7 万余件，占比超过 63%，海外发明专利达 1.4 万余件；美的集团（含东芝）累计专利授权维持量超过 7 万件，2021 年当年获得发明专利授权超过 3000 件。

3. 新产品、新品类成为拉动自主品牌增长的主要动力

家电品牌积极开发新产品，改善产品结构，努力满足消费升级需求。在整体需求低迷的大家电市场，变频、节能、大容量等高端、新技术类产品却快速增长，且国内品牌居主导地位。中怡康数据显示，2021 年，空调、冰箱、洗衣机变频机型零售量份额为97.6%、73.7%和71.0%，分别比2017年提升29.6%、29.4%和14.9%；多门、对开门冰箱零售量比重合计上升到64.4%，比2017年提升21.8个百分点；10公斤（含）以上洗衣机已经成为主流，零售量比重达62.9%，比2017年提升50.9个百分点。干衣机、集成灶、洗碗机、洗地机、嵌入式电器、扫地机器人等新兴家电产品或品类，成为低迷市场中拉动增长的主要动力。据奥维云网（AVC）推总数据，2021年，干衣机零售额同比上年增长78.2%，是2017年的7.3倍；集成灶零售同比上年增长40.7%，是2017年的2.8倍；洗碗机零售额达同比上年增长14.4%，是2017年的2.3倍；近两年才出现的新品类洗地机零售额同比上年增长超过340%。洗地机、集成灶是由我国家电品牌自主研发的创新产品，由于很好地解决消费痛点，成为近年来的市场爆品，先人一步的自主品牌如添可等成为市场的绝对主导。

4. 国内高端品牌市场竞争力迅速增强

伴随着消费升级，中国自主家电品牌加大技术投入，努力提升产品质量及品牌价值，竞争能力显著增强，涌现出卡萨帝、方太、老板、COLMO等一批成功的自主高端品牌。奥维云网（AVC）监测数据显示，2021年，万元以上冰箱市场有众多国际知名品牌参与竞争，前20品牌中国内品牌仅有6个，但零售份额优势已经确立，海尔、卡萨帝在多个高端细分市场优势突出；万元以上线下高端空调市场，国内品牌合计零售额份额达87.2%，同比上年提升1.04个百分点；滚筒洗衣机市场，2015年国内品牌零售额占比开始超越外资品牌，2021年线下占比超过65%，线上市场更超过80%。

5. 国内品牌企业数字化、智能制造居领先地位

家电企业纷纷加大信息化、自动化投入，智能制造水平显著提高。海尔、创维、长虹、海立、老板、九阳、美的、海信、美菱、格力、莱克、华意等一批企业先后成为工业和信息化部“智能制造综合试点示范”项目，更多企业入选省市智能制造试点示范项目。5G、人工智能、大数据、云计算等新一代信息技术和智能技术正与家电行业深度融合。海尔、美的等龙头企业建立了工业互联网平台，建成多个智能工厂，形成以用户为中心的大规模定制生产模式，智能制造达到世界先进水平。

6. 中国家电品牌国际影响力进一步提高

到“十三五”末，中国家电行业积极向创新驱动转型，产业发展质量明显提高，龙头企业全球竞争力及自有品牌全球影响力明显增强，综合竞争实力居全球家电行业前列，基本实现全球家电强国的目标。

中国家电行业对外投资、兼并增多，自主品牌全球市场拓展加速，国际角色发生显著变化。海尔、美的、海信、TCL等一批龙头企业大举在海外进行生产、研发、营销和品牌布局，推进全球品牌战略，取得显著进展。2016年至2021年，海尔先后收购三洋白电、斐雪派克、GE家电、Candy等，美的先后收购埃及Miraco、开利拉美空调业务、东芝家电、意大利Clivet、德国库卡、以色列Servotronix等，海信收购Gorenje……中国家电企业全球品牌布局日趋完善。中国产家电在全球家电出口贸易占比接近40%，且自主品牌占比越来越高。2021年，海尔、海信、美的出口产品自主品牌占比分别达到100%、80%和40%。

二、本行业品牌建设面临的形势和问题

（一）面临的形势

当今世界正经历百年未有之大变局，我国经济发展的内部条件和外部环境正在发生深刻复杂变化，给我国经济发展和企业经营带来严峻考验。2022年，全球疫情依然在蔓延，俄乌冲突让国际环境更趋复杂严峻和不确定。疫情及复杂多变的国际地缘政治局形势将对全球供应链稳定性以及大宗原材料、国际物流价格产生影响。同时，我国加快社会发展全面绿色转型步伐，推进产业结构、生产方式、生活方式绿色环保，并提出2030年前实现碳达峰、2060年前实现碳中和战略目标。物联网、大数据、云计算、5G、人工智能等新技术正给整个社会带来巨大变革，成为带动经济高质量发展的重要引擎，同时也给包括家电工业在内的传统制造业的生产组织和业务模式带来巨大变革。疫情倒逼传统家电及零售企业加速数字化转型及

线上能力构建。家电品牌将由卖产品向卖“产品+服务”转变，提供围绕“家”和“居室”的场景解决方案。

连续两年的疫情对很多行业带来冲击，国内市场消费需求压力依然较大。从中长期来看，中国城镇化率进一步提高、共同富裕政策的加速推进以及养老医保等社会福利的普及，将对我国消费增长提供支撑。在消费升级的大趋势下，通过科技创新和精准匹配细分人群需求的高品质、个性化、时尚化、舒适化产品，以及具备智能、健康等功能的新兴品类和场景解决方案成为拉动家电消费增长的主要动力。

（二）存在的问题

尽管已经成为全球家电强国，然而由于发展迅猛，中国家用电器行业仍然存在发展不平衡和不充分的问题。

1. 企业发展不平衡

家电企业发展不平衡，产品质量及企业质量管理水平参差不齐。龙头大品牌全面转向创新驱动，技术、管理水平及经营理念走在全球前列，但还是有一些中小品牌，仍然以价格竞争为主要经营手段。

2. 自主品牌全球影响力不足

中国家电业的全球品牌布局刚起步，总体看全球市场深耕不足，品牌国际经营能力有待加强，自有品牌份额及美誉度有待进一步提高，一流国际化经营人才依然缺乏。

3. 公平市场竞争秩序仍须进一步加强

虚标、模仿、抄袭、傍名牌现象依然存在，滥用市场支配地位的平台垄断行为影响市场公平竞争和行业健康发展，知识产权保护力度有待加强，企业社会责任感、自律意识还须进一步提高。

三、本行业品牌建设的下一步工作考虑、思路或展望

（一）推动品牌自主创新

强化科技创新，是家电行业的首要任务。加强对《中国家用电器工业“十四五”发展指导意见》宣传，引导家电企业全面摒弃跟随型、模仿型

研发模式，提高自主创新能力；加强基础性、关键性和原创性的技术研究，努力攻克核心技术和卡脖子技术，全面提升核心竞争力；强化用户研究，基于“用户思维”开发差异化的产品。继续举办中国家用电器协会技术委员会议和中国家用电器技术大会，积极跟踪国内外行业及技术发展前沿动向和趋势，助推产业链上下游合作，促进企业与大学研究机构、创新公司等的融合与跨界合作，推动人工智能、5G、云计算、大数据、边缘计算等新技术以及节能环保技术在家电领域的应用。

（二）增加新产品新品类有效供给

积极把握消费升级趋势，通过洞察消费需求，在新兴产品领域及细分领域寻找新增长点。以人为本，遵循市场规律，重视用户价值，基于用户需求场景，通过科技创新、模式创新及业态创新，开发精准匹配需求的好产品，更好地满足用户多样化、多层次和个性化的需求。

（三）进一步提升品牌产品及服务质量

重视产品设计质量，从根本上提升产品可制造性、可靠性、可用性，优化人机交互设计水平；不断升级企业质量管理体系、质量文化及质量管理方法，推动智能化、数字化质量管理，全方位提升产品质量；推动产业链协同合作、技术交流和质量指导，带动产业链中小企业质量提升，提升产业链整体质量水平。

（四）推动碳达峰碳中和行动

中国家用电器协会将组织家电品牌发布《中国家用电器行业碳达峰碳中和行动倡议书》，制定《中国家用电器行业碳达峰碳中和行动方案》。推动家电品牌提高绿色低碳意识，构建绿色低碳制造体系，实现产业链全流程节能减排降碳。进一步推动产品绿色设计、推广绿色低碳技术在家电领域的应用，引导企业加大低碳节能产品市场供给和市场推广，助力绿色低碳生活方式。

（五）推动数字化、智能化升级

推动家电品牌制定分步实施智能制造升级规划，加速向数字化和智能制造转型。推动端到端价值链数字化运营，同时开展服务化延伸，实现提质、增效、降本，提高家电供给质量和水平，适应多元化、个性化、差异化、品质化消费需求。推动生产模式和产业组织方式创新，保持持续的竞争力，实现高质量发展。

（六）完善标准体系建设，提升国际标准话语权

加强国家标准和行业标准在产品安全、节能环保、质量提升方面的技术支撑作用，同时充分发挥市场自主制定标准对政府组织制定标准的补充支撑作用。加强对新兴品类产品团体标准的制修订工作，加快对新兴品类、新兴产品的标准供给，以填补现有标准的空白。在智能家电互联互通、新兴家电品类、环保替代工质安全应用、面向儿童、老年人等特殊人群的家用电器标准等重点领域，开展标准化科研和标准应用示范工作。积极参与相关国际标准/规则制定，继续支持在中国特色领域及某些新兴技术领域提出有影响力的国际标准提案，在重点家电产品的安全、环保、性能国际标准上提升话语权，贡献中国解决方案。

（七）提升品牌全球经营能力和影响力

加强对新兴国家市场拓展，培育新的增量市场。深化全球经营战略，强化本土化理念。用国际化视野和经营理念不断优化内部管理，切实提升企业国际运营能力，将制造、研发优势与当地市场、文化有机融合，深入研究和响应当地细分需求，更好地满足全球各地用户的需要。强化全球品牌战略，提升自有品牌美誉度和影响力。积极利用跨境电商等新模式，推动自主品牌出海。将中国家电及消费电子博览会（AWE）打造成国际一流的家电及消费电子展览品牌，进一步提升中国家电品牌的全球影响力和美誉度。充分利用中国品牌日系列活动平台以及中国家电网、《电器》杂志等媒体平台，宣传中国家电品牌自主创新及低碳环保优秀经验和做法，大力传播优秀家电品牌科技创新形象。

中国工程建设行业品牌建设进展与展望

党的十八大以来，工程建设行业的品牌建设在习近平新时代中国特色社会主义思想的指引下，把握大势，抓住机遇，呈现出强劲发展的良好势头。特别是近年来，广大工程建设企业认真贯彻习近平总书记关于品牌建设的重要指示批示精神，在品牌建设上进一步转变思想观念，加大工作力度，取得了扎实成效。

一、品牌建设的经验做法

品牌是企业竞争力的重要体现，也是赢得市场的重要资源。工程建设行业的品牌建设见事早、抓得紧、力度大；广大施工企业积极探索、勇于实践，在品牌建设上逐步走出了一条着眼高质量发展、适用市场需求、体现行业特色的方法路子。

（一）统一思想，强化打造工程建设行业品牌的使命担当

2014 年 5 月 10 日，习近平总书记视察中铁工程装备集团时明确提出："推动中国制造向中国创造转变，中国速度向中国质量转变，中国产品向中国品牌转变"，为工程建设行业的品牌建设指明了方向，增添了动力。广大施工企业认真学习贯彻总书记的重要指示批示精神，用"三个转变"的要求统一思想和行动，进一步激发打造工程建设行业靓丽品牌的使命担当。

1. **搞好政策宣传**

广大施工企业在党的十九大及历次全会精神的学习宣传中，在党和国家推动企业改革的一系列方针政策的贯彻落实中，都把品牌建设作为重要内容突出出来。

2. **讲好品牌故事**

中国施工企业管理协会在组织开展庆祝中华人民共和国成立70周年，庆祝中国共产党成立100周年重大宣传活动中，把工程建设行业创品牌、树品牌的生动故事，把弘扬红色文化、传承红色基因的政治责任，把弘扬工匠精神、打造企业品牌的优良传统和作风，把勇于改革创新、书写时代华章的英模人物，搬上艺术舞台，用文艺节目和嘉宾访谈的形式进行宣传，形成了强有力的宣传效果。

3. **开展对标学习**

中国施工企业管理协会联合各省级协会，选择在品牌建设上特点突出、特色鲜明的企业作为品牌建设的标杆，组织会员企业进行对标交流。2017—2021年，先后围绕党的建设、文化建设、质量建设、诚信建设、项目管理、科技创新、绿色建造的品牌企业、品牌项目开展对标交流63次，将2660多份品牌建设的好经验好做法编入《工程建设蓝皮书》《典型案例集》《经验成果集》进行推广，指导和服务企业的品牌建设。

（二）加强对品牌建设的组织领导，纳入企业发展战略大事大抓

广大施工企业普遍把品牌建设作为党委工程、一把手工程，纳入企业发展战略，纳入企业年度工作规划，纳入企业的各项工作和建设综合施策，普遍做到了三有：

1. **有工作规划**

企业在贯彻落实《中华人民共和国国民经济和社会发展第十四个五年规划和2035年远景目标纲要》的措施中，在制定自身改革发展的规划中，都有品牌建设的内容。特别是一些国有大中型企业，制定了专门的品牌建设实施方案，围绕品牌建设指导思想、目标要求、工作思路、具体措施、组织领导等，规划了详细的路线图。

2. **有组织机构**

普遍成立了以主要领导挂帅的企业品牌建设领导小组，吸纳企业科技、信用、管理、财税、营销、项目等各方面人才参加，明确各方职责，统筹解决推进品牌建设上的矛盾问题。

3. **有成效评估**

施工企业把品牌建设的内容纳入年度工作总结，纳入企业绩效考核，纳入企业评优评先，定期进行工作总结，每年进行情况汇总，及时总结推广运用好的经验做法，查找和纠正在组织指导、力量运用、措施办法上存在的差距不足，使企业的品牌建设始终保持常抓不懈的良好状态。

（三）坚持将品牌建设与企业发展融合推进，形成聚焦品牌建设的整体合力

工程建设行业的品牌建设，始终与企业的建设同步推进，与企业的发展深度融合，形成“以品牌促建设，以建设铸品牌”的发展格局。

1. **与文化建设融合**

近年来，企业的品牌文化不断发展，品牌建设已经成为企业文化建设的重要内容。企业的展览展厅，普遍设置品牌文化专区，展示企业锻造品牌、不断壮大的发展历程，介绍企业品牌建设的重要成果；企业的施工工地，打出宣传企业、宣传项目的横幅、条幅，设置介绍企业特色特点的宣传专栏，项目建到哪里，企业的品牌文化就推进到哪里。

2. **与质量管理融合**

始终把企业的质量建设作为品牌建设的晴雨表，用工程项目的质量来衡量企业品牌建设的成效。中国施工企业管理协会每年组织召开质量大会，指导工程建设企业广泛开展群众性质量管理活动，截至2021年底，登记在册质量管理小组有2万余个，参加活动人数超过40万人。

3. **与诚信建设融合**

中国施工企业管理协会与各关联协会和省级协会联手，引导企业通过诚实守信创品牌、建品牌，构建“信用数据一个库、信用监管一张网、信用评价一个标准”的工作模式，对企业诚实守信的各类信息实现共享，开展企业信用星级认定、企业信用等级评价、诚信典型企业评价、诚信企业家评价、诚信项目经理评价。2017—2021 年，为 2910 家企业给予星级认定，其中授予 AAA 企业 980 家，授予诚信典型企业 1204 家，授予诚信企业家 144 人，授予诚信项目经理 258 人。

4. 与科技创新融合

坚持把科技创新作为推进品牌建设的重要支撑，依靠科技实力赋能和推动企业的品牌建设。中国施工企业管理协会在工程建设领域持续开展工程建设科学技术奖、技术发明奖和科学技术进步奖的评定，促进企业自主创新能力和品牌建设水平的不断提高。2017—2021 年，评选出 6 项最高科学技术奖，28 项科学技术杰出成就奖，25 项科学技术青年创新奖，33 项技术发明奖，1963 项科学技术进步奖。

5. 与绿色发展融合

随着新发展理念的深入贯彻落实，绿色品牌的影响力越来越大，绿色建造在企业品牌建设中所占的分量越来越重，工程建设企业建立和推行了全方位、全过程、全生命周期的绿色建造指标体系，建立从绿色规划、绿色设计、绿色投资、绿色施工到绿色运营的施工管理模式。中国施工企业管理协会开展工程建设项目绿色设计水平评价和工程建设项目绿色建造施工水平评价。2017—2021 年，共有 1404 项成果参与绿色设计水平评价，其中一等成果 162 项，二等成果 491 项，三等成果 751 项；共有 308 项成果参与绿色建造施工水平评价，其中一星成果 30 项，二星成果 226 项，三星成果 52 项。

（四）勇于在重大工程建设和重大任务面前展示责任担当，形成推进品牌建设的良好舆论氛围

企业在品牌建设中，善于抓住机遇，展示服务社会、服务人民的责任担当，赢得和形成了有助于企业品牌建设的良好舆论氛围。

1. 在承揽国家重大建设项目中创品牌

近年来，国家实施东北振兴、西部大开发、中部崛起等战略，进行粤港澳大湾区、长三角一体化发展、海南自由贸易试验区、雄安新区建设，等等，工程建设企业积极融入国家发展战略，投身到国家重大项目建设中去，在高标准、高质量完成重大工程建设项目的同时，展示企业的实力和形象，打造宣传企业的品牌。

2. **在承担急难险重任务中创品牌**

新冠肺炎疫情暴发后，中建三局积极承担武汉火神山、雷神山医院建设，4 万余名建设者逆行出征，分别用 10 天、12 天时间完成了两所医院建设任务，创造了举世瞩目的建造奇迹。2017 年至 2021 年，广大工程建设企业参与抢险救灾、抗震救灾、抗洪抢险及其他急难险重任务 5000 多次，有力展示了施工企业的责任担当，赢得了社会和群众的广泛赞誉，也展示了施工企业的品牌形象。

3. **在服务当地经济社会发展中创品牌**

在经济社会发展中，急当地政府所急，急当地群众所需，在创造产值、税收，承揽标准要求高、施工难度大的工程建设项目，缓解就业压力，见义勇为、扶贫帮困、捐资助学等方面，都赢得了良好的口碑。据不完全统计，2017—2021 年，共有 116 家工程建设企业荣获五一劳动奖章、全国文明单位、全国先进基层单位、全国抗击新冠肺炎疫情先进集体等国家级荣誉称号；共有 832 家工程建设企业荣获省级五一劳动奖、省级精神文明单位、省级先进基层单位、省级抗击新冠肺炎疫情先进集体等省级荣誉称号。

二、品牌建设取得的成效

广大工程建设企业重视品牌建设、推进品牌建设，为自身和行业发展增添了活力，在日趋激烈竞争环境中赢得了市场、赢得了主动、赢得了机遇，进一步增强了企业的核心竞争力和影响力，不断创造出服务社会、服务人民、服务经济社会发展的辉煌业绩。

（一）品牌培育能力不断增强

在广大工程建设企业研究探索和行业协会的具体指导下，完善了《建设工程全过程质量控制规程》《施工企业信用评价规范》等 14 项团体标准，使企业在品牌建设上有据可依、有章可循。近年来，住房和城乡建设部等部门下发了《加快培育新时代建筑产业工人队伍指导意见》《关于劳务品牌建设的指导意见》等文件，对提升产业工人技能素质、打造优质劳务品牌给予有力指导，施工企业普遍建立完善的产业工人技能培训机制。截至2021年底，中国施工企业管理协会发布线上培训课程849部，线上培训48期，平台注册人数131583人，通过产业工人素质提升，极大地推动了企业的品牌建设。

（二）品牌企业不断增多

建筑施工企业中，品牌影响力较大的有中国建筑、中国中铁、中国铁建、中国交建、中国电建、中国能建、中国化学、中国建材、中冶科工、中国核工业等，这些企业在工程建设行业的品牌建设中，始终保持“领头羊”的姿态。在承揽重大工程项目中，不断向“专精特新”迈进，在500米口径球面射电望远镜、北京大兴国际机场、港珠澳大桥等重大项目建设中，创新应用了球冠型索膜结构、特大钢结构工程安装、全预制墩台技术等一系列新材料、新技术，在多个领域填补了我国行业标准和国家标准的空白，创造了一系列专业品牌。

（三）企业建造水平不断提升

工程建设企业掌握了全球领先的单体建筑平移、大型屋盖滑移、复杂钢结构生产与施工、建筑预筑下沉建造等建造技术，成功研发出万吨压力机、空中造塔机、空中架桥机、竖向盾构机等重大建造设备；形成在超高层建筑、大跨空间结构等工程建造优势，在重大装备研发制造、大型桥梁建造技术等领域取得新突破。按照新发展理念的要求，在工程建设中突出科技创新、绿色生态、人文环境的应用，2017—2021年已有1988项目获得工程国家优质工程奖。

（四）企业影响力不断扩大

2017—2021年，共有42家工程建设企业入围《财富》世界500强企业榜单；共有361家工程建设企业入围《工程新闻记录》（ENR）全球最大250家国际承包商榜单；共有216家工程建设企业入围中国企业500强榜单。广大工程建设企业积极响应“一带一路”倡议，截至2021年底，在境外施工的企业超过1300家，较2017年增长了240家。2021年，我国对外承包工程业务完成营业额9996.2亿元人民币，我国企业在“一带一路”沿线的60个国家新签对外承包工程项目合同6257份，新签合同额8647.6亿元人民币，占同期我国对外承包工程新签合同额的51.9%；完成营业额5785.7亿元人民币，占同期总额的57.9%。

三、品牌建设存在的主要问题

工程建设行业的品牌建设虽然取得了很大成绩，但是也存在一些差距和不足。总体看，发展不够平衡，国有大中型企业的品牌知名度相对较高，占据的专业品牌也比较多，而小企业在品牌建设上相对较弱；从分布地域看，发展速度相对较快、重大建设项目较多的中东部地区，拥有的品牌数量相对较多，知名度相对较高，而其他地区相对较弱。

（一）一些企业品牌建设的能动性有待提升

有的认识不高，没有从企业高质量发展、可持续发展上看待品牌建设，往往是从理论上谈起来重要，而在实际工作中摆不上位置；有的缺少思路，想抓不会抓，在品牌建设上对自身的优势把握不准，不知道从哪里切入，不知道从哪里突破，虽然很努力，但牌子闯不出来；有的韧劲不足，想起一阵抓一阵，不能够持久用力，在项目招标、对外交流中想到了品牌的重要性，而在日常工作中忽略了品牌建设。

（二）制约行业品牌建设的短板问题有待突破

施工企业准入门槛低，企业与企业的实力落差较大，许多企业在品牌建设上的短板也比较明显，突出的是，有的创新能力不足，在建造方式变革上跟不上趟、迈不开步；有的专业人才短缺，特别是受新冠肺炎疫情的影响，工程建设行业对从业人员的吸引力下降，劳动用工的难度越来越大，高素质产业工人的数量与品牌建设的要求存在较大差距；有的业务拓展能力不足，上下游产业链、供应链水平不高，品牌的附加值低，效益发挥不够，没有形成良性循环的格局。

（三）对企业品牌建设的宣传指导有待加强

在品牌建设快速发展的新时代，不仅企业要努力，政府部门和相关协会，要从工作指导和营造社会影响上加强研究探索，力求有更大作为。品牌的形成，需要社会和公众的认可，认可度越高，品牌的影响力越大，而这种认可力量的形成，仅靠企业自身是不够的，需要政府和相关协会搭建平台，助力推动。怎样评价品牌，达到什么行业标准才算品牌，目前没有统一的衡量依据，需要在政府部门和行业协会的主导下加以研究规范。

四、品牌建设下一步工作展望

当前，随着我国改革开放的不断深化，社会主义市场经济体系的不断完善，企业品牌建设的地位作用越来越大，各行各业重视品牌、建设品牌、争创品牌的氛围越来越浓，工程建设行业也要坚定信心、乘势而上，力求取得品牌建设的更大成效。

（一）提高认识，抢抓机遇，伴随新征程开启品牌建设的新局面

要进一步加大学习宣传的力度，学习品牌建设的方针政策，学习国内外品牌建设的先进经验，进一步激发企业加强品牌建设的内生动力。中国施工企业管理协会在总结近年来企业品牌建设经验成果的基础上，拟专门下发指导意见，有针对性地引导企业解决好品牌建设上存在的重难点问题。协会拟开设专题网页，围绕品牌政策、品牌文化、品牌经验、品牌典型进行广泛宣传，为企业品牌建设树立思想和典型引领。

（二）抓住关键，综合施策，着力解决制约品牌建设的重难点问题

着眼高质量发展的要求，围绕科技创新、建造方式转变、工程技术攻关、推动绿色建造、厚植企业文化等，打好企业品牌建设的组合拳。加大品牌建设典型经验宣传推广力度。中国施工企业管理协会指导施工企业与高等院校、科研院所、专业机构建立协作关系，对企业在品牌建设上的重难点问题开展专题研究，每年解决一到两个突出问题，每年都要有新的进步和发展，步步为营、稳扎稳打地将企业品牌建设向前推进。

（三）边创边护，边建边管，探索推进品牌建设的指导激励机制

进一步开展好“中国建造”专业品牌企业的认定工作，使房屋工程、桥梁工程、隧道工程、公路工程、市政工程、铁路工程、电力工程、化工工程、冶金工程等专业，都有自己的品牌企业，能够拥有更多的品牌企业。在各省市开展“中国建造”区域品牌企业认定工作，带动区域发展，消除地域发展不均衡对企业品牌建设的影响。加强对品牌企业的管理，既要发挥他们在行业内的示范引领作用，同时还要实施有效监管，对品牌企业不搞“一锤定终身”，不搞“一枝独秀”，创出品牌就要及时授牌，在动态管理中激发企业创品牌的积极性。中国施工企业管理协会拟成立品牌建设专家委员会，研究探索“中国建造”品牌企业认定标准，制定品牌管理办法，建立品牌企业信息库，为企业品牌建设提供有效的服务、更加有力的指导。

中国质量协会品牌建设工作进展与展望

“十三五”以来，中国质量协会（以下简称“中国质协”）作为专业型科技类协会深入贯彻习近平总书记关于品牌建设的系列重要指示精神，紧紧围绕高质量发展主线，认真贯彻落实协会“16235”战略部署及“三型五力”愿景目标，加强工作部署，深入研究质量品牌专业理论，积极搭建交流平台，多措并举做好品牌建设工作，取得积极进展和明显成效。

一、品牌建设的经验做法和工作成效

（一）落实质量强国战略要求，强化质量提升

推动质量强国建设，实现高质量发展是以习近平同志为核心的党中央统筹国际国内两个大局，立足我国社会主要矛盾的变化做出的重大战略决策。中国质量协会从服务大局角度深刻认识新时代专业社会组织的时代使命。社会组织是建设社会主义现代化国家的重要力量。中国质协伴随国家改革开放的历史进程，始终以振兴国家质量事业为使命，以服务国家经济社会建设为己任，积极推广先进质量管理理念和方法，扎实开展质量提升活动，积极创新质量管理模式，并将这些尝试不断向全球范围延伸，积极参与全球各项质量活动，传递中国质量声音。2021 年，中国质协完成《习近平总书记关于质量工作的重要论述汇编》；出版《中国制造业企业质量管理蓝皮书（2021）》等专业图书；开展质量培训，其中，2021 年“企

业骨干员工全面质量管理”课程被工业和信息化部教考中心列入《工业与信息化职业技能提升培训项目指导目录》；2002 年发起全国企业员工全面质量管理知识竞赛活动，2016—2021 年每年开展一次，2021 年参与人数达 612 万，较 2020 年增加 102.1 万人，再创此项活动的历史新高；开展 QC 小组活动，2021 全年注册 QC 小组 171.5 万余个，创效 594 余亿元，创效显著提升；组织全国质量标杆经验交流和推广活动，2021 年举办 4 期线上经验交流活动，上千家企业的近万名代表参与活动，通过多种渠道登载 80 余家企业典型经验，超 10 万人次观看学习，引导更多组织学标杆、做标杆、超标杆。

（二）支撑政府部门开展品牌课题研究，发挥智囊作用

多年来，中国质协支撑工业和信息化部、国务院国资委等政府部门开展品牌课题研究。2011 年、2017 年受工业和信息化部委托开展《中国制造业企业品牌建设现状调研》；2017 年支撑国资委制定印发《关于加强中央企业质量品牌工作的指导意见》；2019 年制定印发《关于加强中央企业品牌建设工作有关事项的通知》等文件，推动企业做好品牌建设工作的统一规划、统一投入、统一管理、统一维护和统一评价，引导企业进一步优化资源配置、强化组织机构，做好全面品牌管理。2018 年协助国资委组织开展中央企业品牌发展战略、中央企业品牌建设工作成熟度评价等课题研究，为指导企业做好品牌建设工作奠定基础。2018—2020 年组织开展中央企业品牌建设对标。2014—2016 年汇编《国际标杆企业品牌建设案例集》，收录 IBM、苹果、西门子等 66 家国际企业品牌建设经验做法，印发各中央企业，并于 2021 年出版书籍《镜鉴——透视一流企业的成功密码》。

（三）探索中国特色品牌管理理论研究，发挥专业效能

中国质协基于中国企业本土实践和国际品牌管理理论规律总结为全面品牌管理理论，并出版书籍《全面品牌管理》，该理论是关注企业全面、系统的品牌决策和管理活动，具有“全员、全过程、全方位和系统化”的特点。全面品牌管理既是品牌管理发展到新阶段的必然趋势，也是中国企业在探索品牌管理实践过程中的一种创新。实践证明，这种围绕着价值链

而设计的体系化的品牌管理模式，对全体员工提高品牌意识，加强品牌规划和决策，系统建立品牌管理制度，开展品牌传播等方面能够发挥重要作用。

（四）搭建国际质量品牌交流平台，促进交流联动

配合国家发展改革委等部门，参与中国品牌日系列活动，组织动员企业积极参与中国品牌博览会和中国品牌发展国际论坛，承办 2019 年中国品牌发展国际论坛品牌故事分论坛。2016—2021 每年组织举办品牌创新大会，专家、学者品牌管理者共同参与，引导国内品牌领域的专家、学者和广大品牌管理工作者积极投入品牌创新、品牌管理的方法研究、推广和应用之中。受国务院国资委委托承办 2021 年中国品牌发展国际论坛中国企业品牌建设分论坛，合力推动品牌发展。2019—2021 年配合国务院国资委积极开展中央企业一把手谈品牌、品牌典型案例、优秀品牌故事征集等活动，在协会媒体《品质》杂志专题刊载企业主要负责同志署名文章，印发中央企业品牌建设案例和品牌故事汇编，并对优秀作品进行线上集中展示，促进企业间借鉴学习，推动企业进一步增强品牌意识，提高品牌建设工作能力。通过搭建“一带一路”国际质量论坛、“全球华人品质峰会”等质量交流协作平台，推进全球质量领域的开放创新、包容互惠。

（五）开展群众性品牌公益活动，落实责任担当

全国品牌故事大赛是 2013 年在工业和信息化部委托下，由中国质量协会策划发起的一项群众性质的品牌管理、品牌传播活动。该活动的举办，旨在展示我国广大企业员工在品牌培育、品牌文化塑造和品牌走向世界等过程中的不懈努力、深刻感受与具体收获。2017—2021 五年间全国分赛区增至 29 个，有 7000 余家企业参与，彰显了中国企业的品牌形象，促进企业提升品牌管理意识和讲故事的能力，企业重视程度和比赛整体作品质量每年都有显著提高。此外，2014 年受工业和信息化部委托开展中国企业品牌创新成果发布活动，从品牌战略创新、品牌文化创新、产品/服务创新、品牌传播创新、履行社会责任创新五个方面对企业的品牌创新成果进行评价和推广，2017—2021 五年来累计有近 2000 个品牌创新成果进行申报。

中国质协坚持线上线下结合的模式开展全面品牌管理普及教育系列活动，五年累计有7万余人参与培训，引导广大企业重视品牌建设，掌握开展品牌管理工作的系统方法，自主开展品牌培育工作。“中国质量大讲堂”由中国质量协会搭建的质量公益平台，汇聚了国内外享有盛誉的质量大师、品牌大师、具有先进管理经验和创新思想的企业管理者。“中国质量大讲堂”平台帮助会员单位更好地了解国际质量专业前沿，2020—2021两年累计超过15万人次在线观看。

二、品牌建设面临的形势和问题

（一）“一带一路”给企业“走出去”带来机遇

伴随“一带一路”等国际化倡议的实施推进，中国业务与产品走出去进程的不断深化，也促进了企业自身的国际化进程，通过与沿线国家的企业、员工各方面深层次合作，很多中国企业更加熟悉当地的法律、政策和人文环境，增加国际化经验，推动产品和技术的创新，提升企业的核心竞争力，对中国企业品牌影响力形成良好的带动拱卫作用。中国企业需要充分把握“一带一路”机遇，开展品牌国际化建设。努力提升国际影响力和话语权。提升中国企业的国际影响力，要更进一步参与国际重要组织活动，通过和海外合作伙伴携手并进，在目标市场政府和市场上树立起良好的企业形象和口碑。

（二）国家整体品牌战略为企业提供了政策机遇

当前我国正处在重要战略机遇期，这正给企业品牌带来前所未有的发展机遇。立足我国经济发展新常态，面向经济社会长远发展，党和国家加强了对中国品牌的整体战略布局，鼓励企业加强品牌培育，推动中国产品向中国品牌转变，培育一批世界知名的自主品牌。在国家政策的支持下，品牌战略的地位和作用正从辅助、支持向引领、支撑和主导升级，品牌正成为推动经济增长与社会发展的新动能、新力量，促进品牌强国建设已成为全社会的共识和行动。如何掌握科学的方法，把握品牌的发展趋势，系统推进，精准发力，提升品牌管理能力和竞争力，已经成为摆在企业面前的时代命题。

（三）数字化智能化为企业提供了跨越式发展的机遇

伴随着“工业 4.0”“互联网+”“数字化转型”等概念的提出，新一轮科技革命和产业变革正在孕育兴起，新旧技术替代趋势明显，部分核心技术交叉融合、协同跃进，跨行业、跨领域的创新合作不断冲击着传统行业，日益积累的新能量或很快带来变革性突破。全球各国纷纷抓住当前科技革命、产业变革与经济发展方式转变交汇的历史机遇，力争实现新一轮的经济繁荣。同样，我国企业应抓住这一机遇，实现企业跨越式发展。一是加快推进以“互联网+”为代表的信息技术与产业深度融合，实现流程再造和资源整合利用，以产信融合促进产业升级。二是加快培育基于互联网的融合型新产品、新模式、新业态，打造“互联网+”新生态。三是利用云计算、云服务和云应用等新兴技术，实现大数据计算；利用北斗卫星、智能分析、物联网等技术，进一步应用和完善计算机辅助决策；加大协同设计、三维设计等技术的应用和试点；适应以产品全生命周期和全制造流程的数字化为核心的“工业 4.0”要求，打造世界领先的“智能制造”技术体系。

（四）新冠肺炎疫情引发全球经济不确定性加剧

“不确定性”是描述近年来全球经济形势的关键词。当前全球经济的不确定性，既有前期已存不确定性的累积和延续，也有因疫情全球大流行引发不确定性的骤升和加剧。自 2008 年全球金融危机以来，全球发展渐入应对世界格局与国际秩序新挑战的历史时期。这一时期，随着全球化的演进，国际主要经济力量的对比发生了改变，国际治理体系显现相对滞后且改革进展缓慢，全球经济不确定性趋升，新冠肺炎疫情全球大流行迅速将业已存在的全球不确定性推到了一个更危险的边缘。由疫情引发的全球经济不确定性直接表现为全球供应与需求的突发性中断，临时性贸易限制措施加大了全球贸易的不确定性，跨国公司全球运营的外部环境正在发生变化，全球经济复苏也受制于不确定因素的影响。全球化促进了各国经济贸易相互依存，但其脆弱性也逐渐显现。各国调整全球化利益目标将推动全球化结构性转型，全球价值链将从快速扩张走向稳健布局和产业风险可控。一国的全球竞争优势也逐渐从全球化初期基于产品成本的比较优势，转向更加重视营商环境制度和国家治理能力优势。

（五）中国企业自身的品牌竞争力存在差距

在走出国门、站上国际舞台参与竞争的同时，中国企业将面临巨大的挑战，其中最大的挑战是企业自身的品牌竞争力不足。品牌竞争力是品牌拥有区别或领先于其他竞争对手的独特能力，能够在市场竞争中显示品牌内在的品质、技术、性能和完善服务，可引起消费者的品牌联想并促进其购买行为。从某种程度上讲，品牌竞争力就是企业核心竞争力的外在表现，也是企业站上国际舞台，参与全球化竞争的最重要的武器。但目前中国企业在品牌竞争力方面确实存在不足。

（六）提升品牌海外认知度和认可度面临挑战

目前，中国企业品牌呈现出在全球各地区发展不平衡的趋势，相对于在国内知名度和美誉度较高的情况，品牌的海外认知度和认可度较低。许多中国企业在国内市场的运作比较得心应手，但在国际市场上却面临着巨大的竞争压力。无论全球化思维和意识，还是对全球品牌整合的认识与把握，再到品牌培育能力，中国品牌的全球化博弈都面临挑战。在品牌国际化进程中，我国企业大部分仍然沿袭既有的管理模式，对国际品牌的运营缺乏深入分析与研究，未能充分了解与剖析国际品牌的运行模式，因而也未能结合品牌自身特点，参考国际经验，制定出科学可行的措施，系统塑造品牌的国际形象。如何在国际市场获得品牌认知，在境外消费者心目中提升品牌的知名度和认可度，是中国企业品牌面临的重大挑战。

三、下一步工作考虑，思路或展望

当前，我国经济社会发展进入新阶段，经济全球化面临新情况，社会组织面临新形势、新任务，中国质协始终坚持党的全面领导，坚持“服务立会、人才兴会、依法治会、开放办会”的发展方针，大力推进“三型五力”发展战略，下一步，中国质协将继续坚持以习近平新时代中国特色社会主义思想为指导，以供给侧结构性改革为主线，统筹谋划，积极推动中国企业加强质量品牌建设，引导中国企业进一步建立健全品牌创建、保护和发展的体制机制，加快建设产品卓越、品牌卓著、创新领先、治理现代的世界一流企业。

（一）加强全面质量管理，持续推进质量强国建设

中国质协倡导用全球质量治理的视野，从人类命运共同体的高度寻求全球质量发展的最佳方案，打造以“互学、互帮、互促、共进”为原则的，涵盖中国乃至全球的质量治理体系，努力整合全球先进的质量管理经验，推动全球质量治理理念和治理能力的现代化、科学化、前瞻化。未来，中国质协要把深入学习贯彻党的二十大精神与贯彻落实习近平总书记重要讲话精神紧密结合起来，把思想和行动进一步统一到以习近平同志为核心的党中央重大决策部署上来，筑牢质量根基，推动质量变革，全力推进质量强国建设，为实现中华民族的伟大复兴提供坚实的战略支撑。

（二）落实政府品牌政策，提供专业支撑

落实中共中央、国务院关于品牌建设政策、加强政策调研，掌握国内外行业动态，分析行业发展趋势，积极协助国家发展改革委、工业和信息化部、国务院国资委等政府有关部门及时掌握企业质量品牌发展需求，为科学决策提供支撑。根据国家有关部门要求，发挥协会组织协调优势，继续组织推进开展“全国品牌故事大赛”“品牌创新成果发布”“全面品牌管理普及教育”等系列品牌活动，不断营造有利于国家品牌发展和企业品牌建设的环境。

（三）强化智库建设，探索中国特色品牌管理方法

品牌管理能力的提升是企业获得品牌竞争力和影响力的前提。针对中国企业品牌管理方面普遍存在的品牌引领作用发挥不足、专业团队培养不足、资源投入不科学、系统化管控能力不强、国际竞争力不够等共性问题，企业品牌管理工作应统筹推进，善于抓住关键。未来中国质协将继续加强智库建设，注重运用战略思维、历史思维、辩证思维、创新思维、法治思维、底线思维分析问题，基于中国企业本土实践，吸纳国际先进的品牌管理理论和经验，加大中国特色品牌管理方式方法研究，引导企业进一步建立健全全面品牌管理体系。

（四）发挥桥梁纽带作用，搭建国际化交流平台

加强国际交流合作，积极参与全球各项质量品牌活动，传递中国质量品牌声音。梳理总结中国品牌发展之路，搭建“一带一路”国际质量论坛和全球品牌论坛、“全球华人品质峰会”等质量品牌交流协作平台，推进全球质量品牌领域的开放创新、包容互惠。拓展和国际质量品牌组织的对外交流合作，通过项目合作、学术研讨、人员往来等多种方式，积极推广中国企业先进质量品牌管理经验，广泛宣传中国智慧、中国主张、中国方案。